클론 코딩으로 시작하는 Next.js

Next.js와 타입스크립트로 숙박 공유 플랫폼 만들기

클론 코딩으로 시작하는 Next.js

이창주 지음

Next.js와 타입스크립트로
숙박 공유 플랫폼 만들기

서문

넥스트(Next.js)는 리액트(React.js) 기반의 웹 프레임워크입니다. 대부분의 사람들은 넥스트를 그저 리액트를 사용할 때 서버 사이드 렌더링(Server Side Rendering)을 하기 위한 도구라고 생각하고 있습니다. 하지만 그렇지 않습니다. 넥스트는 서버 사이드 렌더링 지원하는 것 이외에도 강력한 기능을 지원하고 있으며, 개발자에게 편리함을 주는 프레임워크입니다. 이를 증명하듯이, 넥스트를 찾는 사람들은 점차 많아졌고, 넥스트의 생태계는 거대해지고 있습니다. npm 다운로드 횟수는 주간 100만 회를 넘어섰으며 넥스트를 사용하는 회사와 글을 쉽게 찾아볼 수 있게 되었습니다.

하지만 국내에세 넥스트에 대한 책과 튜토리얼을 쉽게 찾아볼 수 없습니다. 그 이유는 사람들은 넥스트는 리액트를 배운 다음에 공부해야 할 어려운 도구로 생각하고 있기 때문입니다. 하지만 넥스트는 리액트 개발을 편리하게 해주어 진입장벽을 낮추어 주며 더 나은 개발자 경험을 제공하고 있습니다.

필자도 처음에는 넥스트를 사용한 개발이 쉽지 않았습니다. 익숙하지 않기도 했고, 개발을 하면서 한글로 되어 있는 정보는 구하기 힘들었습니다. 영어로 되어 있는 문서와 사이트들을 구글링 하며 문제를 해결해왔고, 그 과정을 거치며 넥스트 개발 지식이 쌓였습니다. 지식과 경험이 쌓이고 쌓이다 보니 어느새 넥스트 개발을 쉽고 편하게 하기 위한 저만의 노하우가 생기게 되었습니다.

처음 넥스트를 사용할 때의 코드를 본다면 지금의 코드와 매우 다른 것을 볼 수 있었습니다. 과거의 코드를 개선해왔고, 더 좋은 코드를 쓰기 위해 많은 변화를 거쳤습니다. 제가 지금 작성하는 코드의 방식이 정답이라고 할 순 없지만, 코드를 쉽게 그리고 보기 쉽게 작성하는 것을 알려드릴 수 있다고 생각합니다. 넥스트의 기능만을 익히는 것뿐만이 아닌, 넥스트를 사용하여 개발하는 노하우와 코드 스타일을 여러분께 공유하여 도움이 된다면 기쁠 것 같습니다.

책을 진행하면서 세 개의 프로그램을 함께 만들게 됩니다. 첫째, 넥스트의 기본 기능을 사용하여 깃허브 레파지토리를 만들어 보려고 합니다. 둘째, 넥스트와 타입스크립트(TypeScript) 그리고 리덕스(Redux)를 사용하여 투두리스트를 만들어 보면서 해당 기술들에 친숙해지도록 하겠습니다. 셋째, 숙박 프로그램을 만들어 보면서 앞서 작업한 기술들로써 실제로 간단하지 않은 기능들을 만들어 보면서 큰 프로그램을 만드는 작업을 해보도록 하겠습니다.

저자 소개

이창주

항상 더 나은 서비스 개발을 하기 위해 공부하는 개발자입니다. 지식을 공유하지 않으면 아깝다고 생각합니다. 그래서 지식을 공유하는 것을 좋아합니다. 개발자이지만 서비스의 완성도를 높일 수 있도록 프론트엔드 이외에도 디자인과 백엔드, 인프라 공부를 꾸준히 하고 있습니다.

베타 리더 리뷰

자바스크립트에 다양한 기술들이 활용됨에 따라 각각의 기술들에 대한 설정을 하는 것만도 쉽지 않은 상황입니다. 그러다 보니 설정에 시간을 많이 보내고 실제 구현에는 치중하지 못하게 되는 경우가 많이 있는데요. next.js를 활용하면 설정시간이나 다양한 기술의 연동에 걸리는 시간을 많이 줄일 수 있습니다. 이 책에서는 next.js뿐만 아니라 React, TypeScript, git 등 다양한 기술을 소개하고 있고 처음부터 하나하나 따라 하다 보면 ToDo 리스트나 airBnB나 Github 같은 최신 웹페이지와 유사 페이지를 만들 수 있습니다. 자바스크립트 실무기술을 익히고자 하는 분들께 강력 추천합니다.

최희욱

저는 지난 5월부터 병원정보시스템 개발 프로젝트를 하면서 프론트엔드에 Vue.js를 적용하고 있습니다. 하지만 Next.js는 해본 적이 없어서 호기심으로 해당 책을 리뷰하게 되었으며 리뷰하는 동안 저자께서 그동안 개발한 경험을 바탕으로 실무 수준의 예제를 가지고 개발자들이 반드시 알아야 하는 내용들을 친절하게 설명해 주셔서 이제 프론트엔드 개발에 진입하시는 모든 개발자 분들에게 정말 유익한 교재가 되리라 여겨집니다.

이동원

이 책을 읽은 후 내린 하나의 결론은 "친절한 책"이라는 것입니다.

10여 년 넘게 window desktop application만 개발해 온, 2017년에 출간된 리액트의 기초 of 기초 "Learning React" 한 권만 읽어 본 완전 초보 40대 아저씨가 읽고 따라 하기에도 크게 어려움이 없는 책이었습니다. 책 초반 개발환경을 구성하는 것부터 Github 화면 만들기, To-do List앱을 거쳐 AirBnB 클론 코딩까지 실습을 진행하면서 가끔 헤매기도 했습니다만, 계속 진행하다 보면 "친절"하고 구체적인 설명이 있어서 문제 해결이 어렵지 않았습니다. 그리고 그에 따른 만족스러운 결과물도 얻었고요. 책에서 소개된 코드를 따라가다 보면 (초보의 입장에서) 이 코드가 어떤 작용을 하는지 알수 있었고, 또 어떤 부분을 더 공부해야 할지 확인할 수 있었습니다.

이 책 한 권 읽음으로써 왕초보가 혼자서 완벽한 상용 앱을 만들 수는 없을겁니다. 하지만, 아이디어를 구체화하고 싶지만, 어떻게 시작해야 할지 막막한 사람에겐 구체적인 가이드를 제시해주는 아주 "친절한" 책이라고 생각합니다. 끝으로 이렇게 "친절한" 책을 미리 경험할 수 있게 되어 영광입니다. 읽는 동안 행복하고 뿌듯했습니다.

이한민

Next.js, 리엑트 등을 전혀 모르고 시작한 베타리더였지만 이 책을 통해 새롭게 알게 되어 좋았습니다. 초보자들도 이해할 수 있는 적절한 예제와 사람들이 쉽게 접접할 만한 Todo-List, 숙소 등록하기를 직접 만들면서 어떻게 만드는지에 대해 새롭게 알게 되는 경험이었습니다. 이책은 입문자보다는 기초 지식이 있는 초보자분들에게 추천을 드립니다. 책을 읽고 자신만의 웹 사이트를 만들어 보세요!!

정석천

프런트엔드 개발자, 특히 Javascript 프레임워크를 사용하는 사람들은 배워야 할 것이 끊임없이 생기고 없어지고 있기에 우리들은 계속 공부를 하며 지식을 습득해야 한다고 생각합니다.

이 책에서는 Nextjs와 Typescript, redux-tookit, styled-components를 이용하여, 세 가지 프로젝트를 통해서 단계별로 이해할 수 있도록 하고 있습니다.

다만, 세 가지의 프로젝트를 한 책에 담기 위해, 필요한 핵심 위주로 담아내었기에, 기초 지식이 없으시다면 자세한 설명의 부족함이 느껴질 수 있습니다.

프로젝트를 직접 코드를 작성해가며, 커밋을 해보고, 작동하는지를 확인해 가는 것을 추천드리며, 부족하다고 생각되시는 부분은 각각의 도큐먼트들을 찾아가며 천천히 공부하기에도 괜찮다고 생각합니다.

최신 기술들을 빠르게 경험해보고, 작동원리를 이해하고자 한다면, 부담 없이 한번쯤 읽어볼 만한 서적으로 추천드립니다.

우정민

목차

Chapter 13 숙소 등록하기 3단계(욕실) 397

Chapter 14 숙소 등록하기 4단계(위치) 403

Chapter 15 숙소 등록하기 5단계(편의 시설) 441

Chapter 16 숙소 등록하기 6단계(편의 공간) 451

Chapter17 숙소 등록하기 7단계(숙소 사진) 455

넥스트(Next.js)

1.1 넥스트(Next.js)?

현재 자바스크립트 생태계에서 웹 프레임워크 3대장이라 불리는 리액트(React), 앵귤러(Angular), 뷰(Vue) 프레임워크들이 있습니다. 그중에서 가장 많이 사용되고 있는 프레임워크는 리액트입니다. 리액트는 페이스북에서 개발한 오픈소스 라이브러리로, '컴포넌트'를 사용하여 UI(User Interface)를 효율적으로 만들기 위한 프레임워크 입니다.

저희가 사용하게 될 넥스트는 리액트 기반의 프레임워크입니다. 넥스트는 vercel(버셀)에서 만든 리액트 기반 프레임워크로 개발자에게 뛰어난 생산성과 편의성을 제공합니다. 리액트 기반 프레임워크이기 때문에 리액트에 대한 기본적인 지식을 필요로 합니다. 리액트만으로도 프론트엔드 개발을 할 수 있는데, 왜 넥스트를 사용해야 할까?

그 이유는 리액트의 단점에서 찾아볼 수 있습니다.

1.1.1 React의 단점(SPA의 단점)

리액트는 단일 페이지 애플리케이션(SPA)으로서 사이트에 접속할 때 하나의 페이지를 불러옵니다. 페이지를 불러올 때 필요한 모든 자바스크립트 파일을 한번에 불러옵니다. SPA는 페이지 이동을 하게 되면, 받아온 파일을 이용하여 UI를 변화시키고, 필요한 데이터는 서버에서 JSON 형태로 받아서 UI를 빠르게 변화시킬 수 있습니다. 이러한 특징으로 인하여 사용자 경험(UX)이 좋습니다. 하지만 이러한 특징은 SPA의 장점이자 단점이 됩니다. 모든 자바스크립트 코드를 불러와야 하기 때문에 처음 페이지를 불러올 때 시간이 오래 걸리게 됩니다.

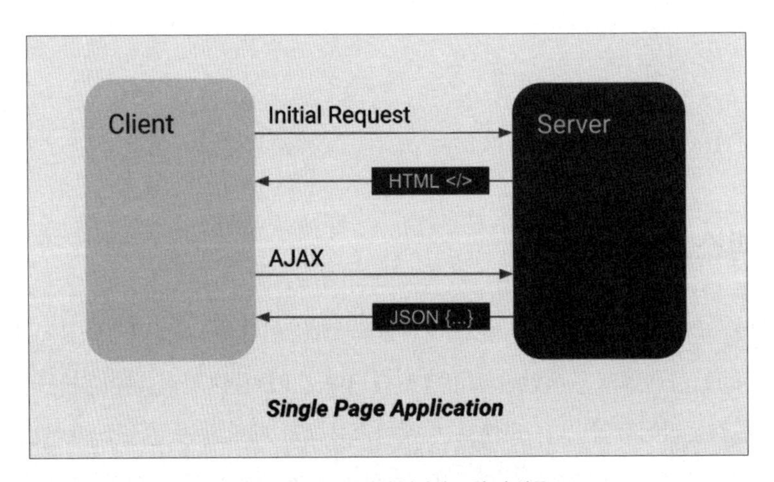

[그림 1-1] SPA에서의 페이지 요청 시 작동

또한, SPA는 검색 엔진 최적화(SEO)에 좋지 않습니다. 검색 엔진 봇이 사이트에 방문하였을 때 콘텐츠를 제공하지 못하여 사이트를 파악하는 데 어려움이 있습니다. 이 두 가지 문제를 서버 사이드 렌더링(SSR)을 사용함으로써 해결할 수 있습니다.

서버 사이드 렌더링은 사이트에 접속할 때 렌더링된 html을 불러오게 됩니다. 필요한 자바스크립트 파일을 불러올 때까지 반응은 하지 않지만, 빠르게 화면을 보일 수 있기에 속도가 빨라 보이게 됩니다. 검색 엔진 봇에 렌더링 된 html을 제공하여 SEO에 좋습니다. 하지만 서버 사이드 렌더링은 페이지 이동 시 새로운 페이지를 요청하기 때문에 페이지 이동 시에 깜박임이 존재합니다. 또한, 페이지 이동 시 템플릿을 중복해서 로딩하고, 서버 사이드 렌더링을 하는 것이 서버에 부담을 주기 때문에 성능상 좋지 않다는 단점을 가지고 있습니다.

넥스트는 SPA와 SSR의 단점을 해결하기 위해서 리액트(SPA)에 서버 사이드 렌더링 기능을 더하여 SPA와 SSR의 장점을 가질수 있게 됩니다. 리액트에 서버 사이드 렌더링 기능을 추가하려면 웹 서버를 만들어 주어야 하고, 웹팩 설정, 데이터 로딩, 코드 스플리팅 등 복잡한 과정을 필요로 합니다. 하지만, 넥스트를 사용한다면 이러한 것들을 설정하지 않고 사용할 수 있게 됩니다. 이러한 개발 환경을 설정하는 번거로움을 줄일 수 있는 것이 넥스트의 특징 중 하나입니다.

1.2 넥스트의 특징

SPA와 SSR의 특징들을 살펴보았으니 넥스트가 어떻게 두 가지 방식의 장점을 사용하였는지 살펴보고, 넥스트의 특징이 무엇이 있는지 살펴보도록 하겠습니다.

사전 렌더링 및 서버 사이드 렌더링

넥스트는 기본적으로 빌드 시에 만든 모든 페이지를 미리 렌더링 합니다. 이렇게 만들어진 HTML은 처음 페이지를 불러올 때 사용자에게 빠르게 보이게 됩니다. HTML이 미리 렌더링 되어 SEO에도 좋습니다. HTML을 불러온 후에는 페이지에 필요한 최소한의 자바스크립트 코드를 불러와 페이지를 사용할 수 있게 됩니다. 서버의 데이터를 필요로 하는 페이지에 대해서는 요청 시에 서버 사이드 렌더링을 통하여 HTML을 생성하게 됩니다.

Hot Code Reloading을 지원하는 개발 환경

Next 개발 환경에서는 코드 변경 사항이 저장되면 응용 프로그램을 자동으로 다시 로드합니다. 개발 모드일 때 소스코드를 저장하면 오른쪽 하단에 다음과 같은 삼각형 애니메이션이 생기는 것을 보실 수 있습니다. 이는 넥스트가 응용 프로그램을 컴파일 하고 있다는 것을 알려줍니다.

[그림 1-2] 넥스트 컴파일링 진행 중 표시 아이콘

자동 코드 분할

자동 코드 분할 기능 덕분에 코드의 모든 가져오기가 번들로 묶여 각 페이지와 함께 제공됩니다. 결과적으로, 불필요한 코드가 페이지에 로드되지 않게 됩니다.

설정이 필요 없다

넥스트는 기본적으로 웹팩(webpack)과 바벨(babel)을 사용하고 있습니다. 웹팩과 바벨을 사용하여 서버 사이드 렌더링 및 개발에 필요한 설정이 이미 되어 있어 빠르게 개발을 시작할 수 있습니다. 또한, 사용하고 싶은 플러그인이 있다면 손쉽게 추가하여 사용할 수 있도록 지원을 하고 있습니다.

Typescript 내장

타입스크립트(Typescript)는 자바스크립트의 슈퍼셋인 오픈소스 프로그래밍 언어입니다. 타입스크립트는 기존의 자바스크립트 문법을 그대로 사용하면서 정적 타입 언어의 장점을 가질 수 있습니다. 넥스트를 타입스크립트와 함께 사용할 때 타입 지원을 통해 편리함과 안정성을 얻을 수 있습니다. 넥스트는 타입스크립트 설정을 따로 할 필요 없이 사용할 수 있으며 타입스크립트를 잘 지원하고 있습니다.

파일기반 내비게이션 기능

리액트에서는 라우트를 위해서는 'react-router'라는 라이브러리를 사용하여 라우팅 설정을 해주어야 합니다. 그로 인해 페이지의 경로에 대하여 직접 설정을 해주어야 하였지만, 넥스트는 파일 시스템 기반 라우팅을 사용합니다. 폴더의 경로에 따라 페이지의 경로가 설정되어 구축이 빠르고 관리가 편리하다는 장점이 있습니다.

styled-jsx 지원

넥스트는 자체 CSS-in-JS 인 styled-jsx 를 지원합니다. 넥스트에서 기본으로 제공하는 기능이기 때문에 스타일을 서버 사이드 렌더링 하기 위한 설정이 필요하지 않습니다.

이외에도 넥스트가 제공하는 기능은 매우 많습니다. 앞으로 넥스트 개발을 함께 해보면서 그 기능들을 알아가 보도록 하겠습니다.

1.3 넥스트 설치하기

넥스트를 사용하기 위해서는 다음의 나열된 것들을 설치해야 합니다.

- Node.js 버전 10.13 이상
- MacOS, Windows (WSL 포함) 및 Linux 운영체제
- npm 혹은 yarn

1.3.1 Node.js

Node.js 는 구글크롬의 V8 자바스크립트 엔진으로 빌드한 자바스크립트 런타임입니다. 일반적으로 자바스크립트 엔진은 브라우저에 내장되어 있습니다. 그래서 자바

스크립트를 사용하기 위해서는 브라우저가 필요합니다. Node.js를 설치하게 되면 내 컴퓨터에서 자바스크립트를 사용할 수 있게 됩니다.

Node.js를 설치하는 것은 간단합니다. Node.js의 홈페이지(https://nodejs.org/en/] https://nodejs.org/ko/)에서 제공하는 다운로드 패키지를 실행하면 Node.js와 npm이 설치가 됩니다. 제가 설치한 버전은 12.16.1 입니다.

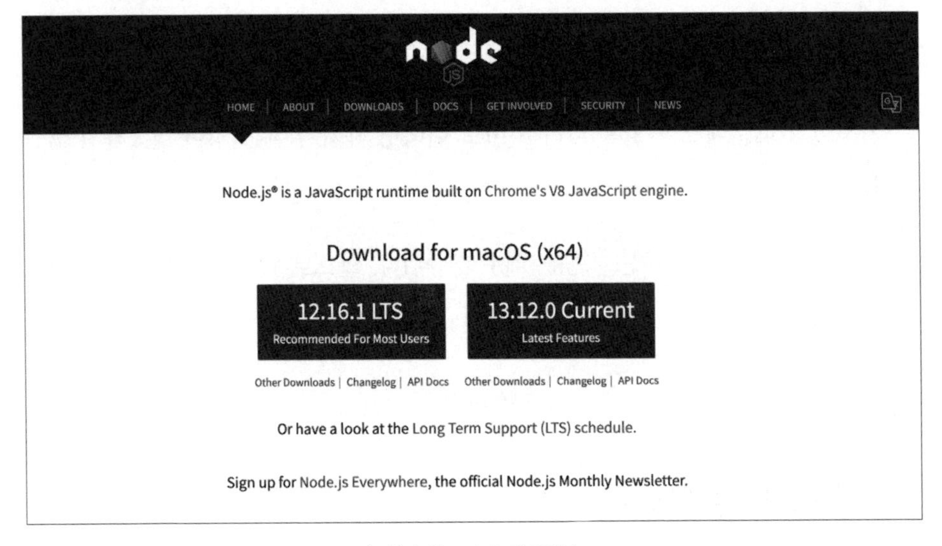

[그림 1-3] node.js 홈페이지

다운로드를 클릭하여 설치를 다 하셨다면, 노드가 성공적으로 설치되었는지 확인해보겠습니다.

터미널을 여신 후 'node -v'를 입력하면 설치된 노드의 버전을 확인하실 수 있습니다. 버전이 출력된다면 성공적으로 설치되었음을 확인할 수 있습니다.

```
$ node -v
v12.16.1
```

1.3.2 Npm과 Yarn

npm(Node Package Manager)은 웹에 업로드된 노드 모듈(패키지)들을 사용할 수 있게 해줍니다. 여기서 패키지란 재사용 가능한 코드들을 모듈로 만들어놓은 것입니다. npm은 Node.js 설치 시 같이 설치됩니다. npm이 설치되었는지 확인해보기 위해서 터미널에 npm -v를 입력해보겠습니다. 버전이 잘 나온다면 설치가 되었음을 확인할 수 있습니다.

```
$ npm -v
6.13.4
```

yarn은 페이스북에서 만든 자바스크립트 패키지 매니저입니다. npm과 동일한 기능을 가지고 있으며 npm보다 빠르고 안정적이며 보안성이 뛰어나다고 주장하고 있습니다. 이 책에서는 yarn 을 사용하도록 하겠습니다. npm을 이용하여 yarn을 설치하도록 하겠습니다.

```
$ npm install yarn -g
```

-g는 글로벌하게 설치하겠다는 옵션으로 설치 시 권한을 필요로 합니다. macOS라면 sudo를 앞에 붙여야 합니다. 글로벌로 설치하게 되면 컴퓨터 내의 모든 파일에서 yarn을 사용할 수 있게 됩니다. yarn이 설치가 잘 되었는지 확인해 보도록 하겠습니다.

```
$ yarn -v
1.22.4
```

1.3.3 에디터 설치

저는 개발을 할때 vscode(Visual Studio Code)라는 코드 에디터를 사용하고 있습니다. vscode는 개발을 할 때 없어서는 안 될 만큼 편리한 기능을 제공하고 있습니다.

여러분은 원하시는 코드 에디터를 사용하시면 되지만 vscode를 사용하시는 것을 권장드립니다. 그 이유는, vscode에서 사용하는 확장 프로그램의 지원을 받아야 제가 사용하는 코드와 라이브러리를 편리하게 사용할 수 있기 때문입니다. 다음은 vscode를 설치할 수 있는 사이트입니다.

https://code.visualstudio.com/download

1.3.4 vscode 확장 프로그램

vscode의 모든 확장 프로그램은 필수사항이 아닙니다. 하지만 확장 프로그램을 사용한다면 개발을 할 때 편리함을 얻을 수 있습니다. 책을 진행하면서 필요한 확장 프로그램은 필요할 때마다 소개하고 설치하도록 하겠습니다. 지금 제가 소개하는 확장 프로그램은 편의를 위한 것으로 선택적으로 설치하시기 바랍니다.

1. Better Comments

주석에 색상을 주어 주석을 다양하게 사용하고 눈에 잘 띄도록 하는 도구입니다.

2. Path Autocomplete

파일을 import할 때 경로를 완성시켜 주어 찾기 쉽도록 도와주는 도구입니다. vscode의 기본 기능으로는 이미지 파일의 경로가 나타나지 않을 수 있습니다. 이 확장 프로그램을 사용하면 이미지 파일의 경로 또한 완성이 됩니다.

3. Ayu

필자가 사용하는 코드 색상 테마입니다. 필자가 사용하는 색상은 'Ayu Mirage Bordered'입니다. 코드 색상 테마는 취향이기 때문에 원하시는 것을 사용하시면 됩니다.

1.3.5 CNA를 사용하여 넥스트 설치하기

넥스트는 CRA(Create-React-App)처럼 예제가 포함된 간단한 넥스트 애플리케이션을 만들어주는 CNA를 제공합니다. 프로젝트를 만들 파일로 이동하여 명령어 창에 다음과 같이 입력하도록 하겠습니다.

```
$ npx create-next-app
```

명령어를 실행하면 다음처럼 사용자에게 프로젝트의 이름을 입력해달라는 텍스트가 출력됩니다. 프로젝트 이름을 입력하게 되면 다음과 같이 안내 텍스트가 출력됩니다.

```
✓ What is your project named? my-first-next-app
...
Success! Created my-first-next-app at /Users/jerrynim/my-first-next-app
Inside that directory, you can run several commands:

  yarn dev
    Starts the development server.

  yarn build
    Builds the app for production.

  yarn start
    Runs the built app in production mode.

We suggest that you begin by typing:

  cd my-first-next-app
  yarn dev
```

이제 폴더로 이동하여 설치된 파일들을 살펴보도록 하겠습니다. 제일 먼저 package.json을 확인해 보도록 하겠습니다. package.json은 프로젝트에 대한 정보와, 사용 중인 패키지에 대한 정보를 npm에 제공하는 데 사용됩니다. package.json 내에서

name과 version은 필수 항목입니다.

```
{
  "name": "my-first-next-app",
  "version": "0.1.0",
  "private": true,
  "scripts": {
    "dev": "next dev",
    "build": "next build",
    "start": "next start"
  },
  "dependencies": {
    "next": "9.5.5",
    "react": "16.13.1",
    "react-dom": "16.13.1"
  }
}
```

scripts는 npm명령어로 npm run dev 혹은 yarn dev를 입력하게 되면 scripts의 "dev"에 있는 텍스트를 실행하게 됩니다. 만들어진 명령어들을 살펴보도록 하겠습니다.

- next dev : 개발 환경의 넥스트를 실행합니다. 개발 환경은 핫 코드 리로딩을 지원합니다.
- next build : 넥스트 애플리케이션 번들을 만듭니다.
- next start: 빌드된 넥스트 애플리케이션을 실행합니다.

터미널에 next dev 명령어를 입력하여 애플리케이션 개발 환경을 실행해보도록 하겠습니다. 터미널에 yarn dev를 입력하면 다음과 같이 서버가 localhost의 3000번 포트에서 실행되었다는 정보가 출력됩니다.

```
yarn run v1.22.4
$ next dev
```

```
ready - started server on http://localhost:3000
event - compiled successfully
```

브라우저의 주소창에 http://localhost:3000 입력하여 페이지로 이동해보도록 하겠습니다.

[그림 1-4] CNA 실행 결과

간단한 뷰와 예제로 이동할수 있는 링크를 가지고 있는 간단한 애플리케이션이 만들어졌습니다. 파일 구조를 살펴보면 다음과 같이 만들어져 있습니다.

CNA 폴더 구조

```
/my-first-next-app
├ /.next
├ /node_modules
├ /pages
```

```
│    ├─ /api
│    │     └─ hello.js
│    └─ _app.js
│    └─ index.js
├─ /public
│    └─ favicon.ico
│    └─ vercel.svg
├─ /styles
├─ .gitignore
├─ package.json
├─ README.md
└─ yarn.lock
```

CNA로 간단하게 프로젝트를 만들기를 해보았습니다. 이제부터 넥스트 프로젝트를 수동으로 설치해 보면서 넥스트 프로젝트에 필요한 것이 무엇인지 살펴보도록 하겠습니다.

1.3.6 넥스트 수동으로 설치하기

CNA를 사용하지 않고 넥스트 프로젝트 구성을 시작해보도록 하겠습니다. 터미널을 이용하여 프로젝트 폴더를 만들겠습니다.

```
$ mkdir next-app
  cd next-app
```

mkdir은 make directory의 약자로 폴더를 만드는 명령어입니다.

cd는 change directory의 약자로 폴더로 이동하는 명령어입니다.

npm 관리 및 프로젝트 설정을 위해서 package.json을 만들도록 하겠습니다.

```
$ yarn init -y
```

'yarn init -y'를 입력하게 되면 다음과 같이 기본적인 package.json을 만들어지게 됩니다. -y는 --yes 와 같으며 대화식 세션을 건너뛰게 됩니다.

▶ **package.json**

```
{
  "name": "next-app",
  "version": "1.0.0",
  "main": "index.js",
  "license": "MIT"
}
```

다음으로 넥스트를 실행하는 데 필요한 모듈들을 설치해 주도록 하겠습니다.

```
$ yarn init add next react react-dom
```

설치가 완료되었다면 package.json에 dependencies가 생성된 것을 확인할 수 있습니다.

```
  "dependencies": {
    "next": "^9.5.5",
    "react": "^16.13.1",
    "react-dom": "^16.13.1"
  }
```

package.json에 넥스트를 실행할 script 명령어들을 추가하도록 하겠습니다.

```
"scripts": {
    "dev": "next",
    "build": "next build",
    "start": "next start"
  }
```

CNA에 만들어져 있던 pages라는 이름의 폴더를 루트 디렉토리에 만들도록 하겠습니다.

pages는 넥스트에서 라우팅을 담당하는 폴더입니다. 폴더에 js 파일을 만들어 주게 되면 파일명으로 경로가 생성됩니다. pages 경로에 index.jsx 파일을 만들어주세요. .js를 사용하여도 무관합니다. index.jsx는 프로젝트의 "/"경로를 가지게 됩니다.

JSX는 자바스크립트를 확장한 문법으로, 자바스크립트와 마크업을 함께 사용할 수 있습니다. React에서 사용하도록 작성되었으며 HTML과 매우 유사합니다. 그러나 JSX는 웹 브라우저가 직접 읽을 수 없습니다. 따라서 JSX는 번들링을 할 때 바벨을 이용하여 자바스크립트로 변환되게 됩니다.

index.jsx에 간단한 컴포넌트를 만들어 보도록 하겠습니다 'Hello Next.js' 를 출력하는 컴포넌트입니다.

▶ **pages/index.jsx**

```
const App = () => <div>Hello Next.js!!</div>;
export default App;
```

넥스트는 다음처럼 리액트를 import 하지 않더라도 암시적으로 import 해줍니다.

```
import React from "react";
```

이제 넥스트를 실행시킬 모든 준비가 끝났습니다. 터미널에 yarn dev를 입력하여 실행해보도록 하겠습니다. 넥스트 애플리케이션이 실행되는 기본 포트는 3000으로 되어 있습니다.

브라우저에서 http://localhost:3000/으로 접속하면 성공적으로 Hello Next.js가 뜨는 것을 보실 수 있습니다.

Hello Next.js!!

[그림 1-5] 넥스트 수동 설치

1.4 Eslint 및 Prettier 설치하기

1.4.1 Eslint 설치하기

Eslint는 자바스크립트를 사용하면서 생기는 에러들을 미리 알려주는 정적 분석 툴입니다. Eslint를 사용하여 미리 생기는 에러를 방지할 수 있고, 규칙을 정하여 코드 스타일을 정할 수도 있습니다. 설치하는 방법은 npm 혹은 yarn을 이용하여 설치할 수 있습니다. Eslint는 자주 사용되니 글로벌로 설치하는 것을 권장합니다. masOS라면 글로벌로 설치 시에는 권한이 필요하기에 앞에 sudo를 붙여 마스터 권한으로 명령어를 실행해주세요.

```
$ npm install -g eslint
```

eslint를 설치하셨다면 vscode에서 eslint를 사용할 수 있도록 eslint 확장 프로그램을 설치하도록 하겠습니다.

[그림 1-6] vscode ESLint 확장 프로그램

eslint 확장 프로그램을 설치하였다면 프로젝트에 .eslintrc 파일을 만들어서 eslint 설정을 하여 사용하실 수 있습니다. 프로젝트 폴더의 경로에서 eslint —init을 입력하면 간편하게 설정하실 수 있습니다. 명령어를 입력하면 다음과 같이 설정할 수 있는 옵션이 나오게 되는데 다음과 같이 설정해주시면 됩니다.

```
$ eslint --init
? How would you like to use ESLint? To check syntax, find problems, and
  enforce code style
? What type of modules does your project use? JavaScript modules (import/
  export)
? Which framework does your project use? React
? Does your project use TypeScript? No
? Where does your code run? Browser
? How would you like to define a style for your project? Use a popular style
  guide
? Which style guide do you want to follow? Airbnb (https://github.com/
  airbnb/javascript)
? What format do you want your config file to be in? JavaScript
? Would you like to install them now with npm? Yes
```

마지막으로 y를 입력하여 설치까지 완료한다면 프로젝트 폴더에 .eslintrc.js라는 파일이 생길 것입니다. 이 파일은 eslint를 설정할 수 있는 파일입니다. 그리고 package.json에 devDependencies에 필요한 모듈들이 추가되며, npm으로 설치를 하였기 때문에 package-lock.json이 생성이 됩니다.

▸ **.eslintrc.js**

```
module.exports = {
  env: {
    browser: true,
    es6: true,
  },
  extends: ["airbnb"],
  globals: {
    Atomics: "readonly",
```

```
    SharedArrayBuffer: "readonly",
  },
  parserOptions: {
    ecmaFeatures: {
      jsx: true,
    },
    ecmaVersion: 2018,
    sourceType: "module",
  },
  plugins: ["react"],
  rules: {},
};
```

▶ package.json

```
  "devDependencies": {
    "eslint": "^7.11.0",
    "eslint-config-airbnb": "^18.2.0",
    "eslint-plugin-import": "^2.22.1",
    "eslint-plugin-jsx-a11y": "^6.3.1",
    "eslint-plugin-react": "^7.21.4",
    "eslint-plugin-react-hooks": "^4.1.2"
  }
```

추가적으로 개발을 하면서 필요한 규칙들을 다음과 같이 추가하였습니다.

▶ .eslintrc.js

```
module.exports = {
  ...
    rules: {
    quotes: ["error", "double"], //더블 쿼터 사용
    "@typescript-eslint/quotes": ["error", "double"], //더블 쿼터 사용
    "no-unused-vars": "off", //사용 안 한 변수 경고 중복
    "spaced-comment": "off", //주석을 뒤에 쓰지 말라는 경고
    "@typescript-eslint/no-unused-vars": "warn", //사용 안 한 변수는 경고
    "jsx-a11y/control-has-associated-label": "off", // 상호 작용하는 엘리먼트에
```

```
label을 넣는다
"react/no-array-index-key": "off", // key값으로 index를 사용할 수 있다.
"comma-dangle": "off", // 마지막에 , 을 넣어주지 않는다.
"arrow-body-style": "off", //화살표 함수 안에 return을 사용할 수 있다.
"react/no-unescaped-entities": "off", //문자열 내에서 " ' > } 허용
"react/prop-types": "off", //proptypes를 사용하지 않는다.
"object-curly-newline": "off", // { 다음 줄 바꿈을 강제로 사용하지 않는다.
"react/jsx-one-expression-per-line": "off", //한 라인에 여러 개의 JSX를 사용할
수 있다.
"implicit-arrow-linebreak": "off", // 화살표 함수 다음에 줄 바꿈을 사용할 수 있다.
"no-shadow": "off", //파일 내에서 중복 이름을 사용할 수 있다.
"operator-linebreak": "off", //연산자 다음 줄 바꿈을 사용할 수 있다.
"react/react-in-jsx-scope": "off", // jsx를 사용하여도 React를 꼭 import 하지
않아도 된다.
"react/jsx-props-no-spreading": "off", //props를 스프레드 할 수 있다.
"jsx-a11y/anchor-is-valid": "off", // next js에서는 a에 href없이 사용
"global-require": "off", //함수 내에서 require 사용 가능
"no-use-before-define": "off", // 선언전에 사용하지 말라,
"import/prefer-default-export": "off", //export default 권장
"no-param-reassign": "off", //param assign 하지 않기
"jsx-a11y/label-has-associated-control": "off",
"no-invalid-css": "off",
"no-confusing-arrow": "off",
"react/jsx-curly-newline": "off",
indent: "off",
"react/jsx-filename-extension": [
  1,
  { extensions: [".js", ".jsx", ".tsx"] }, //jsx사용 가능한 확장자 설정
],
"import/extensions": [
  "error",
  "ignorePackages",
  {
    js: "never",
    jsx: "never",
    ts: "never",
    tsx: "never",
  }, //import 시 확장자명은 사용하지 않는다.
],
```

```
  },
  settings: {
    "import/resolver": {
      node: {
        extensions: [".js", ".jsx", ".ts", ".tsx", ".d.ts"],
      },
    },
  },};
```

1.4.2 Prettier 설정하기

Prettier는 코드 스타일을 정해진 규칙대로 변화해주는 코드 포맷터입니다. Prettier를 사용하면 세미콜론을 자동으로 붙여주거나 따옴표 사용을 쌍따옴표로 자동 변환해주는 것 등을 할 수 있습니다. vscode에서 Prettier를 사용하기 위해 확장 프로그램을 설치해주도록 하겠습니다.

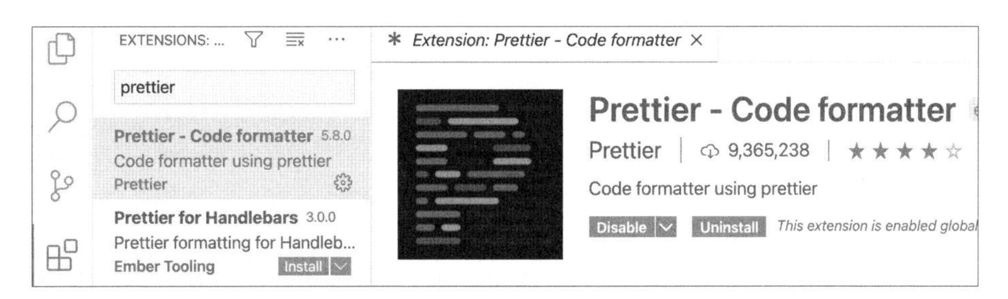

[그림 1-7] vscode Pettier 확장 프로그램

그리고 저장 시에 자동으로 변환되게 하기 위해 vscode의 'editor format On Save'를 켜주도록 하겠습니다.

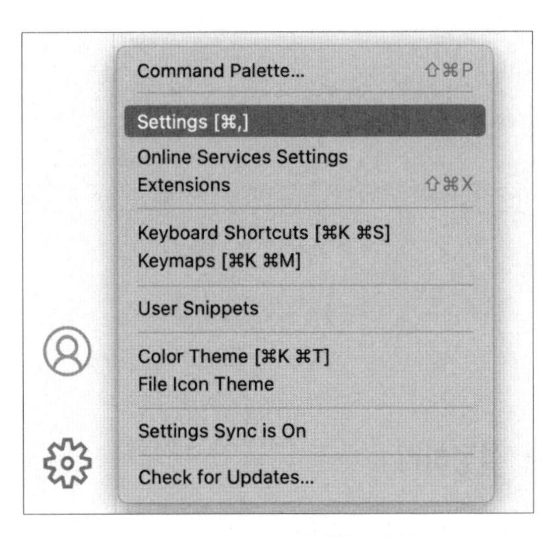

[그림 1-8] vscode 환경설정 열기

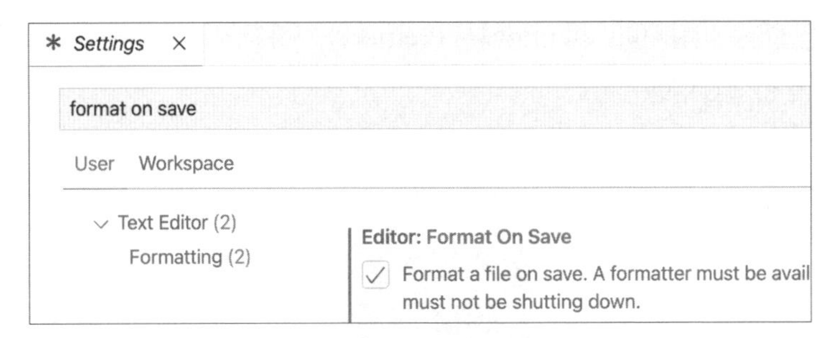

[그림 1-9] vscode format on save 설정하기

설정을 하셨다면, 저장시 자동으로 코드가 정렬되는 것을 확인하실 수 있게 됩니다. 추가적으로 Prettier를 개인적으로 설정하고 사용하기를 원한다면 프로젝트 루트 경로에 .prettierrc파일을 만들어서 사용하면 됩니다. 예로 쌍따옴표 대신에 따옴표를 사용하고 싶다면 다음과 같이 설정하시면 됩니다.

▸ .prettierrc

```
{
  "singleQuote": true,
}
```

넥스트의 기본 기능

2.1 넥스트에서 라우팅 하기

넥스트를 설치하면서 pages폴더를 이용하여 경로를 설정할 수 있다고 하였습니다. 넥스트에서 라우팅 설정은 pages폴더에 파일을 만들면 파일의 경로에 따라 경로가 설정이 됩니다. 간단한 페이지들을 만들어보면서 페이지 간 라우팅을 해보도록 하겠습니다.

2.1.1 정적 페이지 라우팅 하기

"/" 페이지에서 다른 정적 페이지로 이동하는 간단한 예제를 만들어 보도록 하겠습니다. 'pages'폴더에 'index.jsx'파일을 만들어 다음과 같이 작성해주세요. 'pages'

폴더에 파일을 만드는 것만으로 경로가 자동으로 설정되게 됩니다.

▸ **pages/index.jsx**

```
// '/' 경로를 가지는 페이지
import Link from "next/link";

const App = () => {
  return (
    <div>
      <h2>Link to 'tomato' Page</h2>
      <Link href="/tomato">
        <a>Move to '/tomato'</a>
      </Link>
    </div>
  );
};

export default App;
```

이동하게 될 '/tomato'의 경로를 가지는 페이지 또한 만들어 보도록 하겠습니다. 이 페이지에서 다시 메인 페이지로 이동할 수 있게 됩니다.

▸ **pages/tomato.jsx**

```
// '/tomato' 경로를 가지는 페이지
import Link from "next/link";

const Tomato = () => {
  return (
    <div>
      <h2>Link to 'main' Page</h2>
      <Link href="/">
        <a>Move to '/'</a>
      </Link>
    </div>
  );
};
```

```
export default Tomato;
```

Link to 'tomato' Page

Move to '/tomato'

[그림 2-1] 정적 페이지 라우팅 하기

2.1.2 Link 컴포넌트

앞의 예제에서 Link 컴포넌트를 import 하여 사용하는 것을 보았습니다. 넥스트에서 주소 이동을 할 때에는 주로 Link 컴포넌트를 사용하게 됩니다. Link 컴포넌트는 DOM을 가지진 않지만 자식인 <a>태그를 클릭하게 되면 클라이언트 측 내비게이션을 실행 하여 페이지 전체를 새로 불러오지 않고 주소 이동을 할 수 있습니다.

이 페이지에서 뒤로가기를 실행해 보면 어떻게 될까요? 그러면 새로운 컴파일 시간을 가지지 않고 이전에 렌더링된 페이지를 보여주는 것을 보실 수 있습니다. Link 컴포넌트를 사용하여 주소 이동을 하게 되면 브라우저의 History API를 지원함으로써 뒤로 가기를 할 때 이전에 렌더링된 페이지를 가져오게 됩니다.

만약, Link 컴포넌트를 사용하지 않고 <a>태그만을 이용하여 주소 이동을 하게 되면 어떻게 될까요? Link 컴포넌트를 사용하지 않고 주소 이동을 해보도록 하겠습니다.

▶ pages/index.jsx

```
<a href="/tomato">
  <p>Move to '/tomato'</p>
</a>
```

결과적으로, 페이지 전체를 새로 받아오게 되어 속도가 느려지게 되었고 깜박임도 발생하게 됩니다. 뒤로가기를 하게 되어도 페이지를 새로 받아오게 됩니다.

반대로, Link 컴포넌트 안에 <a>태그를 사용하지 않는다면 어떻게 될까요?

▶ **pages/index.jsx**

```
<Link href="/tomato">
  <p>Move to '/tomato'</p>
</Link>
```

Link 컴포넌트로 감싼 기본적인 Html 태그들은 라우팅 기능을 수행하지만 웹 접근성과 SEO에 좋지 않습니다.

이번에는 Link 컴포넌트에 리액트 컴포넌트를 사용해보도록 하겠습니다.

```
//* 리액트 컴포넌트
const Child = () => {
  return <p>Move to '/tomato'</p>;
};

...

<Link href="/tomato">
  <Child />
</Link>
```

리액트 컴포넌트를 클릭하여도 라우팅이 되지 않는 것을 확인할 수 있었습니다. 이때 리액트 컴포넌트에 라우팅 기능을 주고 싶다면 <a> 태그로 감싸 주어야 합니다.

Link 컴포넌트가 가지는 속성들을 한번 살펴보도록 하겠습니다. ?는 필수 값이 아님을 의미합니다.

- href: string 값으로 이동할 경로 또는 URL입니다.

- as?: string 값으로 브라우저의 URL에 표시될 값으로. Next 버전 9.5.3 이전에 동적 라우팅을 위하여 사용됩니다.
- replace?: boolean 값으로 브라우저의 history 스택에 url을 추가하지 않고 현재 상태를 변경합니다.
- scroll?: boolean 값으로 스크롤을 맨 위로 이동할지 설정하는 값입니다. 기본값은 true입니다.
- shallow?: boolean 값으로 서버에서 데이터를 불러오는 작업을 스킵 할 때 사용합니다. 기본값은 false입니다.
- passHref?: boolean 값으로 자식에게 href를 전달하게 됩니다. 리액트 컴포넌트에 href를 전달할 수 있게 됩니다.
- prefetch?: boolean 값으로 백그라운드에서 페이지를 미리 가져오게 됩니다. 브라우저의 화면의 Link 컴포넌트의 페이지들을 미리 가져오게 되며 기본값은 true입니다.

2.1.3 동적 페이지 라우팅 하기

이번에는 이전에 정해지지 않은 주소로 라우팅을 해보도록 하겠습니다.

'pages'폴더에 'vegetable' 폴더를 만들고 그 안에 [name].jsx 라는 파일을 만들도록 하겠습니다.

폴더 구조

```
/pages
├ index.jsx
├ tomato.jsx
└ /vegetable
   └ [name].jsx
```

▶ [name].jsx

```
import Link from "next/link";

const name = () => (
  <div>
    <h2>Hello!!</h2>
    <Link href="/">Move to '/'</Link>
  </div>
);

export default name;
```

이와 같이 파일 이름을 대괄호로 감싸서 만들게 된다면, 이는 페이지가 정적 페이지가 아닌 동적 페이지임을 의미하게 됩니다. 동적 페이지인 [name]페이지로 접속해 보도록 하겠습니다. 여기서 name은 임의의 값입니다. 저는 'potato' 라는 값을 사용하도록 하겠습니다. 이 동적 페이지로 이동할 수 있도록 'index.jsx'파일을 수정하도록 하겠습니다.

▶ pages/index.jsx

```
import Link from "next/link";

const App = () => {
  return (
    <div>
      <h2>Link to 'potato' Page</h2>
      <Link href="/vegetable/potato">
        <a>Move to '/vegetable/potato'</a>
      </Link>
    </div>
  );
};

export default App;
```

Next.js 버전을 9.5.3 이전 버전을 사용한다면 Link 컴포넌트의 속성을 다음과 같이 작성해 주어야 합니다.

```
<Link href="/vegetable/[name]" as="/vegetable/potato">
```

링크를 클릭하여 이동을 해보도록 하겠습니다.

[그림 2-2] 동적 페이지 /vegetable/[name] 페이지

그림과 같이 만들어둔 [name].jsx 페이지가 나옵니다. 파일 이름에서 대괄호 안에 있는 값은 라우터 객체(router)의 query 속성으로 들어가게 됩니다. 라우터 객체를 확인하여 query 값을 확인해 보도록 하겠습니다. 라우터 객체의 값은 'next/router'의 useRouter를 훅스를 사용하여 확인할 수 있습니다. useRouter는 라우트 객체를 리턴하게 됩니다.

▶ **[name].jsx**

```
import Link from "next/link";
import { useRouter } from "next/router";

const name = () => {
  const router = useRouter();
  console.log(router);
  return (
    <div>
      <h2>Hello!!</h2>
      <Link href="/">Move to '/'</Link>
    </div>
```

```
  );
};

export default name;
```

브라우저의 콘솔창을 확인하여 라우터 객체를 확인해 보도록 하겠습니다.

```
▼{pathname: "/vegetable/[name]", route: "/vegetable/[name]", query: {…},
 asPath: "/vegetable/potato", components: {…}, …}
   asPath: "/vegetable/potato"
  ▶back: f ()
   basePath: ""
  ▶beforePopState: f ()
  ▶components: {/vegetable/[name]: {…}, /_app: {…}}
   defaultLocale: undefined
  ▶events: {on: f, off: f, emit: f}
   isFallback: false
   locale: undefined
   locales: undefined
   pathname: "/vegetable/[name]"
  ▶prefetch: f ()
  ▶push: f ()
  ▶query: {name: "potato"}
  ▶reload: f ()
  ▶replace: f ()
   route: "/vegetable/[name]"
  ▶__proto__: Object
```

[그림 2-3] 라우트 객체

라우터 객체의 속성 중 query 속성 안에 {name: "potato"} 값이 들어 있는 것을 확인할 수 있습니다. 이를 통해 pages폴더에 파일 이름을 [name]로 작성하면 주소로 전달한 값이 query 속성 안에 name 속성의 값으로 들어간 것을 알 수 있습니다. 파일의 이름은 사용자가 원하는 대로 지을 수 있습니다. 만약 [item].jsx로 파일을 만들게 되어 '/something'으로 접속하게 되면 query의 값은 {item: "something"}이 됩니다.

2.1.4 라우터 객체를 이용하여 라우팅 하기

주소 이동을 항상 Link 컴포넌트를 사용하지 않습니다. 때로는 함수 내에서 라우트 이동을 하게 되는 경우도 있습니다. 앞에서 라우터 객체의 값을 보았을 때 다양한 함수를 가지고 있는 것을 볼 수 있었습니다. 그중 라우터 객체의 함수 중에는 주소 이동을 위한 함수도 있습니다. 이를 이용하여 정적 주소 이동과 동적 주소 이동을 해보도록 하겠습니다. <input>태그를 이용하여 텍스트를 입력할 수 있게 만들고 그 인풋 태그 안에 입력한 텍스트 주소로 이동하도록 'index.jsx'파일을 수정하도록 하겠습니다.

▶ index.jsx

```
import { useState } from "react";
import { useRouter } from "next/router";

const App = () => {
  const [name, setName] = useState("");
  const router = useRouter();
  return (
    <div>
      <button type="button" onClick={() => router.push("/tomato")}>
        tomato로 가기
      </button>
      <p>이름</p>
      <input
        value={name}
        onChange={(e) => setName(e.target.value)}
        style={{ marginRight: "12px" }}
      />
      <button type="button" onClick={() => router.push(`/vegetable/${name}`)}>
        {name}으로 가기
      </button>
    </div>
  );
};
export default App;
```

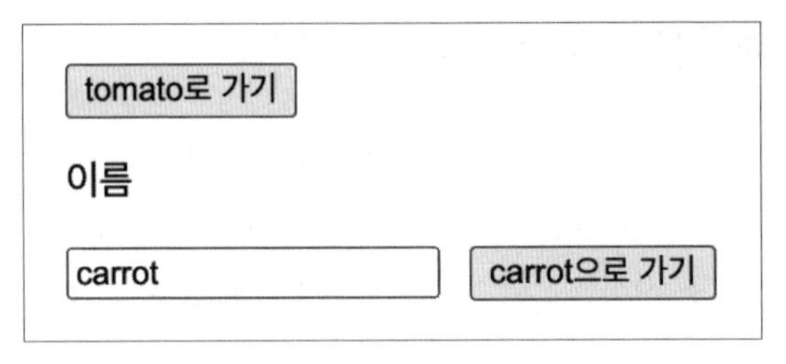

[그림 2-4] 동적 라우팅 인풋과 버튼

useState라는 훅스를 사용하였는데 간단하게 useState에 대해서 알아보도록 하겠습니다.

```
import { useState } from "react";

const [name, setName] = useState();
```

useState는 함수형 리액트 컴포넌트에서 리액트의 state 상태를 관리하기 위해 사용하는 Hooks입니다. useState의 반환값인 배열의 첫 번째 값에 상태 값을 , 두 번째 값은 상태 값을 바꿀 수 있는 함수를 리턴합니다.

```
<input value={name} onChange={e => setName(e.target.value)} />
```

인풋 창 안에 글자를 입력할 때마다 onChange 이벤트가 실행됩니다. e는 이벤트 객체로 e.target은 DOM 요소를 나타냅니다. e.target.value는 입력된 텍스트를 의미합니다. 인풋에 텍스트를 입력을 하게 되면 name 상태의 값은 setName 함수로 인하여 입력 값으로 변경이 되고 컴포넌트는 리렌더링하게 됩니다.

```
<button type="button" onClick={() => router.push("/jerry")}>
  tomato로 가기
</button>

<button type="button" onClick={() => router.push(`/vegetable/${name}`)}>
```

```
    {name}으로 가기
  </button>
```

라우터 객체 안에는 push, replace, back 등의 함수를 이용하여 주소를 이동할 수 있습니다. 주로 push 함수를 자주 이용하게 되는데, 첫 번째 인자에 pathname을, 두 번째 인자는 asPath를 세 번째로는 options를 전달할 수 있습니다. 넥스트 버전 9.5.3 이전은 Link 컴포넌트와 동일하게 동적 주소 이동을 할 때에는 asPath를 전달해 주어야 클라이언트 내비게이션이 작동합니다.

pages/vegetable/[name].jsx파일에서 query를 확인할 수 있도록 변경해 보도록 하겠습니다.

▶ **pages/vegetable/[name].jsx**

```
import Link from "next/link";
import { useRouter } from "next/router";

const name = () => {
  const { query } = useRouter();

  return (
    <div>
      <h2>Hello!! {query.name}</h2>
      <Link href="/">Move to '/'</Link>
    </div>
  );
};

export default name;
```

이제 동적 라우팅이 잘 되는지 확인하기 위해 텍스트를 입력하여 이동해 보도록 하겠습니다. 저는 'carrot' 페이지로 이동해 보도록 하겠습니다.

Hello!! carrot

Move to '/'

[그림 2-5] 라우트 객체를 이용하여 주소 이동하기

페이지가 성공적으로 나타나는 것을 볼수 있었습니다.

이로써 넥스트에서 라우팅 설정을 하고 주소 이동을 하는 것을 해보았습니다. 정리해 보도록 하겠습니다. 'pages'폴더를 사용하여 정적 페이지와 동적 페이지의 라우팅 설정 하였고, Link 컴포넌트와 라우터 객체를 이용하여 주소 이동을 할 수 있었습니다. 이를 통해 넥스트에서 제공하는 라우팅 관련 기능들의 편리함을 알 수 있습니다.

2.2 정적 파일 사용하기

넥스트에서는 프로젝트 루트 경로의 'public'폴더를 사용하여 정적 파일을 제공할 수 있습니다. 간단한 예제를 통하여 이미지 파일을 불러와 사용해 보도록 하겠습니다. 폴더의 구조를 다음과 같이 설정해주세요.

```
/
├ /public
│   └ cheese.jpg
└ /pages
    └ index.jsx
```

사진은 어떤 것을 사용하셔도 무관합니다. 이렇게 'public'폴더 안에 파일을 넣어주면 클라이언트에서 경로를 통해서 파일을 사용할 수 있습니다. 여기서는 'cheese.jpg'를 사용하려면 'public'을 제외한'/cheese.jpg'를 사용하면 됩니다.

▸ pages/index.jsx

```
const App = () => (
  <div>
    <img src="/cheese.jpg" alt="치즈" />
  </div>
);
export default App;
```

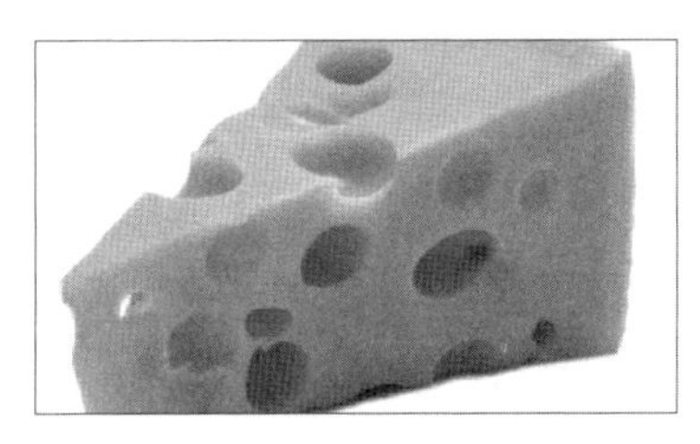

[그림 2-6] public 정적 파일 사용하기

public 폴더를 이용하게 되면 브라우저에서 네트워크를 통하여 이미지를 불러오게 됩니다. 이미지 파일 이외에도 폰트, manifest.json, robots.txt, favicon.ico 등의 정적 파일을 제공할 때 유용하게 사용됩니다.

2.3 서버로부터 데이터 불러오기

기본적으로 Next.js는 모든 페이지를 미리 렌더링 합니다. 이렇게 미리 렌더링을 하여 html을 생성하게 되면 더 나은 성능과 SEO 이점을 얻을 수 있습니다. 넥스트에는 두 가지 형태의 사전 렌더링이 존재합니다.

1. 정적 생성 : 빌드 시에 페이지를 HTML로 만들어 요청 시 제공합니다.
2. 서버 사이드 렌더링: 페이지 요청 시 서버 사이드 렌더링을 통하여 HTML을 제공합니다.

외부 데이터를 필요로 하지 않는다면 넥스트는 빌드 시에 페이지를 렌더링하여 요청 시마다 제공하게 됩니다.

외부 데이터를 필요로 한다면 서버 사이드 렌더링을 통하여 외부 데이터를 이용하여 렌더링을 한 후 HTML을 제공하게 됩니다. 이때 서버 사이드 렌더링에 대하여 넥스트는 옵션을 제공합니다. 서버 사이드 렌더링 시 외부 데이터를 불러오는 법을 알아보고 효율적인 HTML을 제공하는 방법을 배워보도록 하겠습니다.

저희는 앞으로 깃허브(github) api를 이용하여 유저의 정보와 레파지토리 데이터들을 불러온 후 깃허브 레파지토리를 따라 만들어보면서 넥스트의 라우팅을 다시 한 번 해보고, 다양한 방법으로 데이터를 받아보는 것을 해보려고 합니다. 또한 넥스트에서 기본으로 제공하는 styled-jsx를 사용하여 스타일링을 해보도록 하겠습니다.

2.3.1 getServerSideProps

넥스트는 getServerSideProps라는 페이지의 데이터를 서버로부터 제공받는 기본 API를 가지고있습니다. 서버에서 데이터를 패치하여 초기 데이터를 전달하도록 구성이 되어 있습니다. 간단한 예제를 만들어 사용해 보도록 하겠습니다.

서버에서 데이터를 패치하기위해 'isomorphic-unfetch' 모듈을 설치하도록 하겠습니다.

```
$ yarn add isomorphic-unfetch
```

깃허브 api 중 유저의 정보를 받아오는 api를 사용하려고 합니다. api의 경로는 다음과 같습니다.

https://api.github.com/users/username

서버에서 데이터를 받아오는 코드를 작성한 후, 코드를 살펴보도록 하겠습니다.

▶ pages/index.jsx

```
import fetch from "isomorphic-unfetch";

const index = ({ user }) => {
  const username = user && user.name;
  return <div>{username}</div>;
};

export const getServerSideProps = async () => {
  try {
    const res = await fetch("https://api.github.com/users/jerrynim");
    if (res.status === 200) {
      const user = await res.json();
      return { props: { user } };
    }
    return { props: {} };
  } catch (e) {
    console.log(e);
    return { props: {} };
  }
};

export default index;
```

getServerSideProps는 이름 그대로 서버 측에서 props를 받아오는 기능을 하게 됩니다. 페이지를 요청 시마다 실행이 되며 getServerSideProps에서 페이지로 전달해 준 데이터를 서버에서 렌더링을 하게 됩니다. 서버에서 실행되기 때문에, 앞의 코드를 새로고침을 하여 실행해 본다면 콘솔 출력이 브라우저가 아닌 터미널에서 되는 것을 확인할 수 있습니다.

```
try {
  const res = await fetch("https://api.github.com/users/jerrynim");
```

```
    if (res.status === 200) {
      const user = await res.json();
```

fetch를 이용하여 github api의 유저 정보를 불러오게 됩니다. 데이터 요청은 에러가 발생할 수 있기 때문에 항상 try, catch 를 이용하여 치명적인 에러의 발생으로부터 스크립트가 죽는 것을 방지해야 합니다. status 코드가 200으로 데이터를 불러오는데 성공했다면 결과 값의 json 함수를 사용하게 되면 유저 정보의 객체를 얻을 수 있습니다.

```
      return { props: { user } };
    } catch (e) {
      console.log(e);
      return {};
    }
```

유저 정보를 불러오는데 성공했을 때에는 user 정보를 페이지에 props로 전달해 주고, 실패했다면 아무것도 전달해 주지 않게 하였습니다.

```
const index = ({ user }) => {
  const username = user && user.name;
  return <div>{username}</div>;
};
```

getServerSideProps 에서 리턴한 props값들은 페이지의 props로 전달되게 됩니다. 전달받은 깃허브 유저정보의 유저명을 출력하도록 하였습니다. user 값이 undefined 일 수 있기에 다음과 같이 변수를 선언 하였습니다.

```
  const username = user && user.name;
```

getServerSideProps와 동적 라우팅을 이용하여 원하는 유저의 정보를 서버에서 불러오는 것을 해보도록 하겠습니다.

'/' 페이지에 인풋을 만들어 유저명의 동적 페이지로 이동을 하도록 하려고 합니다.

유저명의 페이지에서는 getServerSideProps를 이용하여 유저의 깃허브 정보를 불러오도록 하려고 합니다.

유저명을 입력받기 위해 다음과 같이 작성하도록 하겠습니다.

▶ **pages/index.jsx**

```
import React, { useState } from "react";
import Link from "next/link";

const App = () => {
  const [username, setUsername] = useState("");
  return (
    <div>
      <label>
        username
        <input value={username} onChange={(e) => setUsername(e.target.
        value)} />
      </label>
      <p>{username} 깃허브 검색하기</p>
      <Link href={`/users/${username}`}>
        <a>검색하기</a>
      </Link>
    </div>
  );
};

export default App;
```

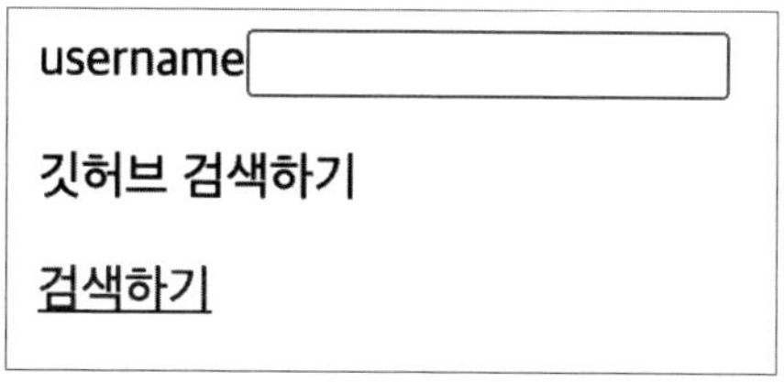

username

깃허브 검색하기

검색하기

[그림 2-7] 유저명을 입력받는 페이지

useState를 이용하여 텍스트를 입력받을 수 있는 인풋을 하나 만들었습니다. '검색하기'를 클릭하게 되면 입력된 텍스트를 쿼리로 전달하며 '/users/[name]페이지로 이동하게 될 것입니다. '/users/[name]페이지를 불러올 때 깃허브 유저의 정보를 불러오도록 하겠습니다.

▸ **pages/users/[name].jsx**

```
import fetch from "isomorphic-unfetch";

const name = ({ user }) => {
  const username = user && user.name;
  return <div>{username}</div>;
};

export const getServerSideProps = async ({ query }) => {
  const { name } = query;
  try {
    const res = await fetch(`https://api.github.com/users/${name}`);
    if (res.status === 200) {
      const user = await res.json();
      return { props: { user } };
    }
    return { props: {} };
  } catch (e) {
    console.log(e);
    return { props: {} };
  }
};

export default name;
```

파일명의 [name]값은 getServerSideProps의 매개변수 값인 query로 받아 올 수 있습니다. query를 통하여 얻은 name값을 깃허브 api의 파라미터로 전달하여 원하는 유저의 정보를 불러올 수 있었습니다.

2.3.2 getStaticProps

getStaticProps 는 getServerSideProps와 다르게 빌드 시에 데이터를 불러와 결과를 json으로 저장하여 사용하게 됩니다. 따라서 일관된 데이터를 보여주게 됩니다. getStaticProps 예제를 만들어 보도록 하겠습니다.

▶ **pages/static.jsx**

```
const staticPage = ({ time }) => {
  return <div>{time}</div>;
};

export const getStaticProps = async () => {
  return { props: { time: new Date().toISOString() } };
};

export default staticPage;
```

getStaticProps에서 props로 현재 시간을 time 값으로 전달해 주었습니다. 이제 'yarn build'를 하여 애플리케이션을 빌드 해 보도록 하겠습니다. 빌드를 성공적으로 완료하면 [그림 2-8]처럼 페이지에 대한 정보를 확인할 수 있습니다.

```
Page                                                          Size     First Load JS
┌ ○ /                                                         1.39 kB        61.5 kB
├ ○ /404                                                      321 B          60.5 kB
├ ● /static                                                   299 B          60.4 kB
├ ○ /tomato                                                   1.31 kB        61.5 kB
├ λ /users/[name]                                             10.4 kB        70.6 kB
└ ○ /vegetable/[name]                                         1.33 kB        61.5 kB
+ First Load JS shared by all                                 60.1 kB
  ├ chunks/a3e8c704d7f50b3872f875ced54263d2a4b478f2.223f05.js  11.1 kB
  ├ chunks/framework.964e76.js                                39.9 kB
  ├ chunks/main.f9da92.js                                     7.19 kB
  ├ chunks/pages/_app.7b528f.js                               1.28 kB
  └ chunks/webpack.e06743.js                                  751 B

λ  (Server)  server-side renders at runtime (uses getInitialProps or getServerSideProps)
○  (Static)  automatically rendered as static HTML (uses no initial props)
●  (SSG)     automatically generated as static HTML + JSON (uses getStaticProps)
   (ISR)     incremental static regeneration (uses revalidate in getStaticProps)

✨  Done in 5.93s.
```

[그림 2-8] next build 결과

'yarn start'를 이용하여 빌드 된 애플리케이션을 실행하여 '/static' 페이지로 접속해보도록 하겠습니다. 새로고침을 하여도 시간의 값이 변하지 않는 것을 볼 수 있습니다. 이를 통해 빌드 시 만들어진 데이터가 변경되지 않음을 확인할 수 있습니다.

때로는 props 데이터가 변경되기를 원할 수도 있습니다. 넥스트는 9.5 버전부터 만들어진 정적 데이터가 갱신될 수 있도록 제공했습니다.

```
export const getStaticProps = async () => {
  return { props: { time: new Date().toISOString() }, revalidate: 3 };
};
```

revalidate라는 값을 추가해 주었습니다. revalidate 값을 전달해 주면 정해진 시간마다 요청이 들어올 때 데이터를 갱신하여 제공하게 됩니다. 단위는 초 단위로 앞에서는 3초마다 요청이 들어올 때 데이터가 갱신되게 됩니다. 다시 빌드 후 실행을 해보면 3초마다 페이지를 다시 들어갈 때 값이 변경되는 것을 확인할 수 있습니다.

이번에는 동적 페이지에서 getStaticProps를 사용해보도록 하겠습니다.

▸ **pages/static/[name].jsx**

```
import fetch from "isomorphic-unfetch";

const name = ({ user, time }) => {
  const username = user && user.name;
  return (
    <div>
      {username}
      {time}
    </div>
  );
};

export const getStaticProps = async ({ params }) => {
  try {
```

```
    const res = await fetch(`https://api.github.com/users/${params.name}`);
    const user = await res.json();
    if (res.status === 200) {
      const user = await res.json();
    return { props: { user, time: new Date().toISOString() } };
    }
    return { props: { time: new Date().toISOString() } };
  } catch (e) {
    console.log(e);
    return { props: { time: new Date().toISOString() } };
  }
};
export async function getStaticPaths() {
  return {
    paths: [{ params: { name: "jerrynim" } }],
    fallback: true,
  };
}
export default name;
```

getServerSideProps와의 다르게 query대신 params를 사용하게 됩니다. 그리고 getStaticPaths를 이용하여 params를 미리 지정해 주어야 합니다. fallback값은 지정한 경로 외의 경로에 대해 설정을 하게 됩니다. fallback이 false라면 이외의 경로는 404 에러 페이지로 가게 됩니다.

getStaticPaths는 페이지의 경로가 외부 데이터에 의존할 때 사용하게 됩니다. 예를 들어 넥스트를 사용하는 유저를 조회한 결과 ["jerrynim"]의 값을 얻었습니다. 이 값을 이용하여 'static/jerrynim'페이지를 getStaticProps를 사용하여 데이터를 저장하게 되고 'static/jerrynim' 페이지에 접속할 때마다 미리 렌더링 된 HTML을 제공할 수 있게 되는 것입니다. 이는 yarn build를 해본다면 쉽게 확인할 수 있습니다.

```
├ ● /static/[name]
├   └ /static/jerrynim
```

이와 같이 'static/jerrynim' 페이지가 미리 렌더링된 것을 확인할 수 있습니다.

2.3.3 getInitialProps

getInitialProps는 9.3버전 이전부터 서버 사이드 데이터 패치를 위해 사용되던 함수입니다. 넥스트는 9.3 이상의 버전부터 getServerSideProps와 getStaticProps를 사용하는 것을 권장하고 있습니다. getInitialProps는 getServerSideProps와 비슷하지만 다른 점이 있습니다. 예제를 통해 살펴보도록 하겠습니다. 기존의 users/'[name]' 페이지를 다음과 같이 수정해보도록 하겠습니다.

▸ pages/users/[name].jsx

```
import fetch from "isomorphic-unfetch";

const name = ({ user }) => {
  const username = user && user.name;
  return <div>{username}</div>;
};

name.getInitialProps = async ({ query }) => {
  const { name } = query;
  try {
    const res = await fetch(`https://api.github.com/users/${name}`);
    if (res.status === 200) {
      const user = await res.json();
      return { props: { user } };
    }
    return { props: {} };
  } catch (e) {
    console.log(e);
    return {};
  }
};

export default name;
```

컴포넌트의 함수에 getInitialProps를 추가하는 방식으로 사용하게 됩니다.

```
    return { user };
```

props 속성을 사용하지 않고 return을 하게 됩니다.

'/'페이지에서 검색하기를 이용하여 'users/[name]'페이지로 이동해 보도록 하겠습니다. 이 때 브라우저의 콘솔을 보시면 'console.log(user)'의 출력이 브라우저의 콘솔에서 나타나는 것을 확인하실 수 있습니다. 하지만 새로고침을 하게 되면 값은 터미널에서 출력이 됩니다. 이는 getInitialProps를 사용하게 되면 초기 렌더링 시에는 서버에서 데이터를 불러오지만 클라이언트측 내비게이션을 사용하게 되면 클라이언트 측에서 데이터를 불러오는 것을 의미합니다.

여기까지 유저 데이터를 불러오는 방법을 알아 보았습니다. 이제 불러온 데이터를 이용하여 프로필 UI를 스타일링해 보도록 하겠습니다. 스타일링에는 넥스트에서 기본으로 제공하는 styled-jsx를 사용해 보도록 하겠습니다.

2.4 styled-jsx로 스타일링 하기

styled-jsx는 CSS-in-JS 라이브러리로 css를 캡슐화하고 범위가 지정되게 만들어 구성요소를 스타일링할 수 있습니다. 한 구성 요소의 스타일링은 다른 구성 요소에 영향을 미치지 않도록 하는 특징을 가지고 있습니다. 넥스트에 기본으로 제공하므로 설치가 필요 없습니다. 간단한 코드와 함께 styled-jsx를 사용하여 유저 프로필을 스타일링 해보도록 하겠습니다.

2.4.1 깃허브 프로필 스타일링

▸ pages/users/[name].jsx

```
import css from "styled-jsx/css";

const style = css`
  h2 {
    margin-left: 20px;
  }
  .user-bio {
    margin-top: 12px;
    font-style: italic;
  }
`;
const username = ({ user }) => {
  return (
    <>
      {user ? (
        <div>
          <h2>{user.name}</h2>
          <p className="user-bio">{user.bio}</p>
        </div>
      ) : (
        <div>유저 정보가 없습니다</div>
      )}
      <style jsx>{style}</style>
    </>
  );
};
```

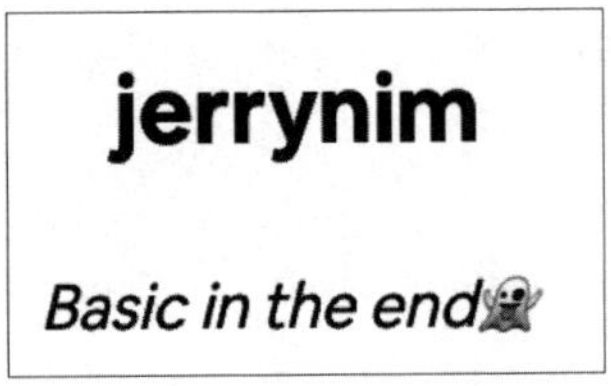

jerrynim

Basic in the end

[그림 2-9] styled-jsx 사용하기

<style jsx>태그를 사용하여 내부에 css문을 작성함으로써 간단하게 사용할 수 있습니다. 하지만 styled-jsx는 다른 구성요소의 스타일링에 영향을 주지 않기 위해 네스팅을 지원하지 않습니다. 확인을 위해 코드를 수정해 보도록 하겠습니다.

```
const Style = css`
  h2 {
    margin-left: 20px;
  }
  .user-bio {
    margin-top: 12px;
    font-style: italic;
    p {
      font-size: 20px;
    }
  }
`;
```

```
Failed to compile

./pages/[username].jsx
Error: /Users/jerrynim/next-chapter/6. github-repos/next-app/pages/[username].jsx: Nesting detected at 19:5. Unfortunately nesting is not supported by styled-jsx.
    at Array.forEach (<anonymous>)
    at Array.forEach (<anonymous>)
    at Array.forEach (<anonymous>)
```

[그림 2-10] styled-jsx는 네스팅을 지원하지 않습니다.

user-bio 클래스 안에 p 태그에 스타일링을 주었지만, 그림과 같이 에러가 뜨면서 네스팅을 지원하지 않는다고 뜹니다. 이 점에 유의하여 스타일링 하며, 본격적으로 프로필을 스타일링 해 보도록 하겠습니다. 다음 그림은 앞으로 만들어질 결과물입니다.

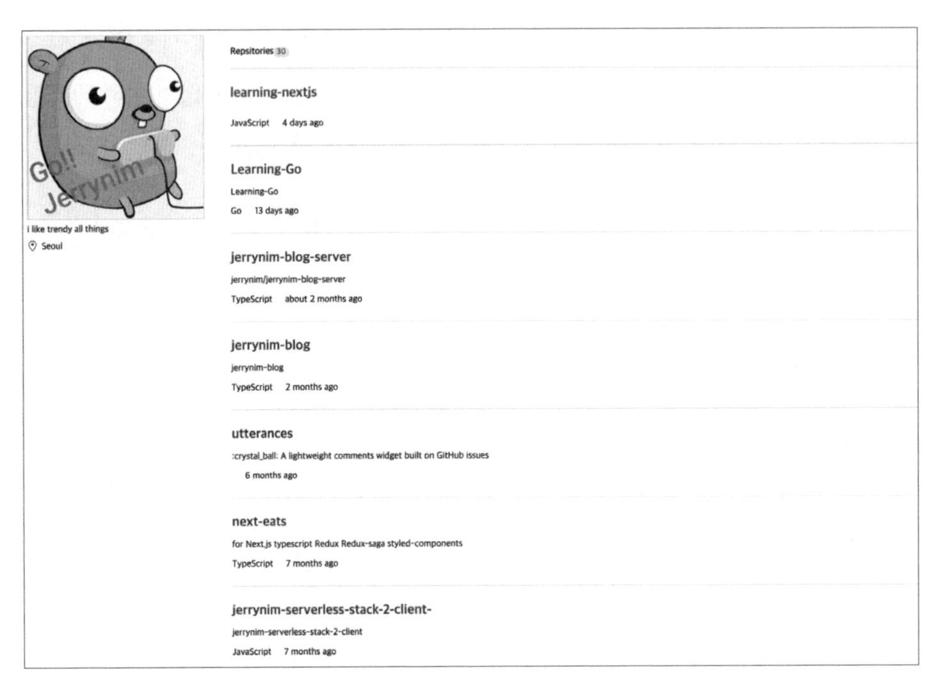

[그림 2-11] 깃허브 레파지토리 결과물

왼쪽의 프로필 부분을 먼저 스타일링 해보도록 하겠습니다.

▶ pages/users/[name].jsx

```
import css from "styled-jsx/css";
import fetch from "isomorphic-unfetch";

const style = css`
  .profile-box {
    width: 25%;
    max-width: 272px;
    margin-right: 26px;
  }
  .profile-image-wrapper {
    width: 100%;
    border: 1px solid #e1e4e8;
  }
  .profile-image-wrapper .profile-image {
```

```
    display: block;
    width: 100%;
  }
  .profile-username {
    margin: 0;
    padding-top: 16px;
    font-size: 26px;
  }
  .profile-user-login {
    margin: 0;
    font-size: 20px;
  }
  .profile-user-bio {
    margin: 0;
    padding-top: 16px;
    font-size: 14px;
  }
`;
const name = ({ user }) => {
  if (!user) {
    return null;
  }
  return (
    <>
      <div className="profile-box">
        <div className="profile-image-wrapper">
          <img
            className="profile-image"
            src={user.avatar_url}
            alt={`${user.name} 프로필 이미지`}
          />
        </div>
        <h2 className="profile-username">{user.name}</h2>
        <p className="profile-user-login">{user.login}</p>
        <p className="profile-user-bio">{user.bio}</p>
      </div>
      <style jsx>{style}</style>
    </>
  );
};
```

```
export const getServerSideProps = async ({ query }) => {
  const { name } = query;
  try {
    const res = await fetch(`https://api.github.com/users/${name}`);
    if (res.status === 200) {
      const user = await res.json();
      return { props: { user } };
    }
    return { props: {} };
  } catch (e) {
    console.log(e);
    return { props: {} };
  }
};

export default name;
```

[그림 2-12] 깃허브 레파지토리 프로필 스타일링

스타일링을 위한 css 코드를 <style jsx>안에 바로 넣어 사용하는 방식이지만, 코드 포맷팅을 지원하지 않아 작성하기 불편하여 styled-jsx의 css 함수를 사용하여 작성하였습니다. user의 정보가 없을 경우 원하는 UI를 그릴 수가 없게 됩니다. 저는 user 데이터가 없다면 null을 리턴하여 에러를 방지했습니다. 에러를 처리하는 방식에는 여러 가지가 있지만 후에 Typescript(타입스크립트)와 사용할 때의 이점 때문에 이러한 방식을 선호합니다.

2.4.2 아이콘 사용하기(react-icons)

실제 깃허브 프로필에는 이메일, 회사, 지역 등 아이콘이 사용되는 유저 정보가 있습니다. react-icons는 여러 아이콘들을 모아놓은 라이브러리로 아이콘을 다운로드 받지 않고도 쉽게 사용할 수 있습니다.

react-icons를 설치하도록 하겠습니다.

```
$ yarn add react-icons
```

원하는 아이콘을 사용하려면, react-icons의 아이콘들을 모아놓은 사이트에서 아이콘의 이름을 찾아야 합니다. 다음은 react-icons의 아이콘들을 모아놓은 사이트입니다.

https://react-icons.netlify.com/#/

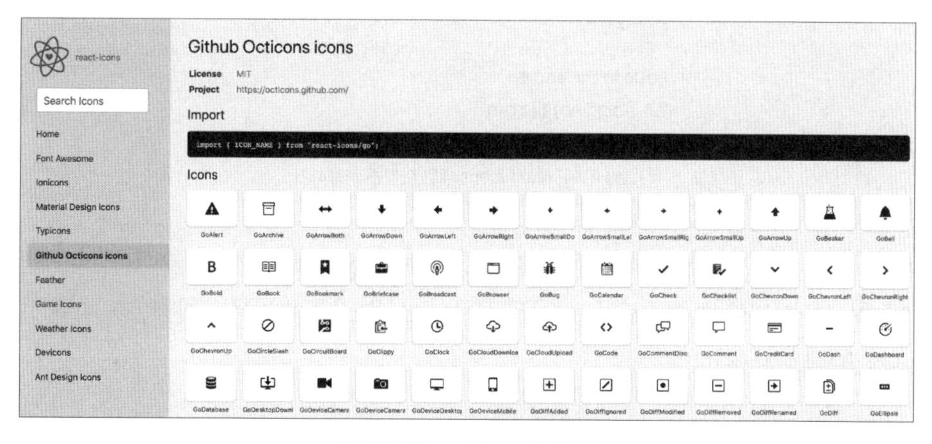

[그림 2-13] react-icons 홈페이지

저희가 사용할 아이콘은 메일 아이콘으로 GithubOctions icons에 있는 GoMail을 사용하도록 하겠습니다. react-icons에서 아이콘의 이름을 찾았다면 다음과 같이 사용할 수 있습니다.

▶ **pages/users/[name].jsx**

```
import { GoMail } from "react-icons/go";
...
.profile-user-info {
    display: flex;
    align-items: center;
    margin: 4px 0 0;
  }
  .profile-user-info-text {
    margin-left: 6px;
  }
...
        <p className="profile-user-bio">{user.bio}</p>
        <p className="profile-user-info">
          <GoMail size={16} color="#6a737d" />
          <span className="profile-user-info-text">{user.email}</span>
        </p>
```

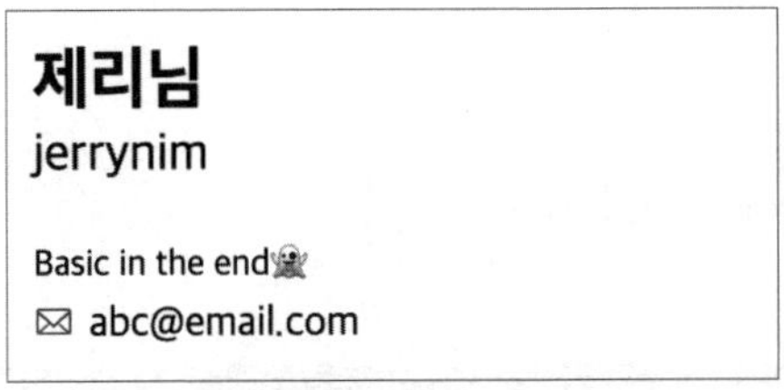

제리님
jerrynim

Basic in the end
✉ abc@email.com

[그림 2-14] react-icons 메일 아이콘 사용하기

react-ioncs를 이용하여 원하는 이름의 컴포넌트를 불러와서 사용할 수 있으며, size와 color를 설정할 수 있습니다. 이어서 회사, 주소, 블로그의 정보도 아이콘과 함께 사용해 보도록 하겠습니다.

▶ pages/users/[name].jsx

```
import { GoOrganization, GoLink, GoMail, GoLocation } from "react-icons/go";

  ...
        <p className="profile-user-info">
          <GoLocation size={16} color="#6a737d" />
          <span className="profile-user-info-text">{user.location}</span>
        </p>
        <p className="profile-user-info">
          <GoMail size={16} color="#6a737d" />
          <span className="profile-user-info-text">{user.email}</span>
        </p>
        <p className="profile-user-info">
          <GoLink size={16} color="#6a737d" />
          <span className="profile-user-info-text">{user.blog}</span>
        </p>
      </div>
```

[그림 2-15] react-icons 회사,주소,블로그 아이콘 추가하기

유저의 프로필에 해당하는 부분을 완성했습니다. 프로필에 해당하는 부분은 후에 만들어질 레파지토리 리스트와 분리하기 위해 컴포넌트로 분리하도록 하겠습니다. getServerSideProps 부분을 제외한 코드를 잘라내어 이동시킨 후 'Profile'이라는 이름의 컴포넌트로 만들도록 하겠습니다.

▸ components/Profile.jsx

```
import css from "styled-jsx/css";
import { GoOrganization, GoLink, GoMail, GoLocation } from "react-icons/go";

const style = css`
  .profile-box {
    width: 25%;
    max-width: 272px;
    margin-right: 26px;
  }
  .profile-image-wrapper {
    width: 100%;
    border: 1px solid #e1e4e8;
  }
  .profile-image-wrapper .profile-image {
    display: block;
    width: 100%;
  }
  .profile-username {
    margin: 0;
    padding-top: 16px;
    font-size: 26px;
  }
  .profile-user-login {
    margin: 0;
    font-size: 20px;
  }
  .profile-user-bio {
    margin: 0;
    padding-top: 16px;
    font-size: 14px;
  }
  .profile-user-info {
    display: flex;
    margin: 4px 0 0;
  }
  .profile-user-info-text {
    margin-left: 6px;
  }
```

```
`;
const Profile = ({ user }) => {
  if (!user) {
    return null;
  }
  return (
    <>
      <div className="profile-box">
        <div className="profile-image-wrapper">
          <img
            className="profile-image"
            src={user.avatar_url}
            alt={`${user.name} 프로필 이미지`}
          />
        </div>
        <h2 className="profile-username">{user.name}</h2>
        <p className="profile-user-login">{user.login}</p>

        <p className="profile-user-bio">{user.bio}</p>
        <p className="profile-user-info">
          <GoOrganization size={16} color="#6a737d" />
          <span className="profile-user-info-text">{user.company}</span>
        </p>
        <p className="profile-user-info">
          <GoLocation size={16} color="#6a737d" />
          <span className="profile-user-info-text">{user.location}</span>
        </p>
        <p className="profile-user-info">
          <GoMail size={16} color="#6a737d" />
          <span className="profile-user-info-text">abc@email.com</span>
        </p>
        <p className="profile-user-info">
          <GoLink size={16} color="#6a737d" />
          <span className="profile-user-info-text">jerrynim.com</span>
        </p>
      </div>
      <style jsx>{style}</style>
    </>
  );
```

```
};

export default Profile;
```

▶ **pages/users/[name].jsx**

```
import Profile from "../../components/Profile";

const name = ({ user }) => {
  if (!user) {
    return null;
  }
  return (
    <>
      <Profile user={user} />
    </>
  );
};

...
```

2.4.3 깃허브 레파지토리 리스트 스타일링

프로필을 만들던 방식과 동일하게 레파지토리 리스트를 만들도록 하겠습니다. getServerSideProps에서 깃허브 레파지토리 리스트 데이터를 요청하고 데이터를 이용하여 뷰를 만들도록 하겠습니다. 유저의 레파지토리를 불러오는 깃허브 api 경로는 다음과 같습니다.

https://api.github.com/users/${username}/repos?sort=updated&page=1&per_page=10

api는 여러 가지 query를 받게 되는데, sort는 정렬기준으로 업데이트 기준으로 불러오려고 합니다. per_page는 page당 받게 될 레파지토리의 개수이며, page는 per_ page의 개수만큼 나누었을 때 불러올 그룹의 번호를 의미합니다. api를 사용하여 레파지토리의 데이터를 불러오도록 하겠습니다.

▸ **pages/users/[name].jsx**

```
export const getServerSideProps = async ({ query }) => {
  const { name } = query;
  try {
    let user;
    let repos;

    const userRes = await fetch(`https://api.github.com/users/${name}`);
    if (userRes.status === 200) {
      user = await userRes.json();
    }
    const repoRes = await fetch(
      `https://api.github.com/users/${name}/repos?sort=updated&page=1&per_
      page=10`
    );
    if (repoRes.status === 200) {
      repos = await repoRes.json();
    }
    console.log(repos);
    return { props: { user, repos } };
  } catch (e) {
    console.log(e);
    return { props: {} };
  }
};

export default name;
```

터미널을 확인하여 레파지토리 데이터가 어떻게 오는지 확인해 보시기 바랍니다.

레파지토리의 데이터 중 저희가 필요한 데이터는 레파지토리의 id, name, description, language, updated_at 입니다. 레파지토리의 데이터를 이용하여 스타일링을 하도록 하겠습니다. 레파지토리의 헤더 부분을 먼저 만들도록 하겠습니다.

▸ pages/users/[name].jsx

```
const style = css`
  .user-contents-wrapper {
    display: flex;
    padding: 20px;
  }
  .repos-wrapper {
    width: 100%;
    height: 100vh;
    overflow: scroll;
    padding: 0px 16px;
  }
  .repos-header {
    padding: 16px 0;
    font-size: 14px;
    font-weight: 600;
    border-bottom: 1px solid #e1e4e8;
  }
  .repos-count {
    display: inline-block;
    padding: 2px 5px;
    margin-left: 6px;
    font-size: 12px;
    font-weight: 600;
    line-height: 1;
    color: #586069;
    background-color: rgba(27, 31, 35, 0.08);
    border-radius: 20px;
  }
`;

const name = ({ user, repos }) => {
  return (
    <div className="user-contents-wrapper">
      <Profile user={user} />
      <div className="repos-wrapper">
        <div className="repos-header">
          Repsitories
```

```
            <span className="repos-count">{user.public_repos}</span>
          </div>
        </div>
        <style jsx>{style}</style>
      </div>
    );
};
```

[그림 2-16] 깃허브 레파지토리 헤더

레파지토리 리스트를 만들어 보도록 하겠습니다. 배열의 map 함수를 이용한다면 동일한 뷰를 가진 JSX를 쉽게 만들어 낼 수 있습니다.

▸ pages/users/[name].jsx

```
 .repository-wrapper {
    width: 100%;
    border-bottom: 1px solid #e1e4e8;
    padding: 24px 0;
  }
  .repository-description {
    padding: 12px 0;
  }
  a {
    text-decoration: none;
  }
  .repository-name {
    margin: 0;
    color: #0366d6;
    font-size: 20px;
    display: inline-block;
    cursor: pointer;
  }
```

```
  .repository-name:hover {
    text-decoration: underline;
  }
  .repository-description {
    margin: 0;
    font-size: 14px;
  }
  .repository-language {
    margin: 0;
    font-size: 14px;
  }
  .repository-updated-at {
    margin-left: 20px;
  }
```

```
...
        <span className="repos-count">{user.public_repos}</span>
      </div>
      {user && repos &&
        repos.map((repo) => (
          <div key={repo.id} className="repository-wrapper">
            <a
              target="_blank"
              rel="noreferrer"
              href={`https://github.com/${user.login}/${repo.name}`}
            >
              <h2 className="repository-name">{repo.name}</h2>
            </a>
            <p className="repository-description">{repo.description}</p>
            <p className="repository-language">
              {repo.language}
              <span className="repository-updated-at"></span>
            </p>
          </div>
        ))}
```

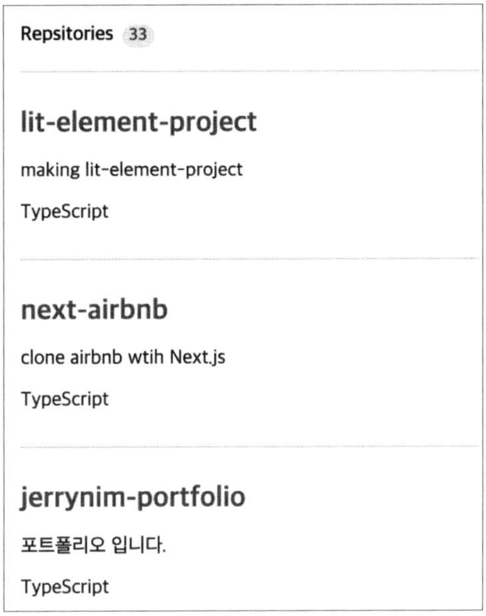

Repsitories 33

lit-element-project

making lit-element-project

TypeScript

next-airbnb

clone airbnb wtih Next.js

TypeScript

jerrynim-portfolio

포트폴리오 입니다.

TypeScript

[그림 2-17] 깃허브 레파지토리 리스트

레파지토리의 이름과 설명, 언어를 표시하였고, 레파지토리의 이름은 target="_blank"를 사용하여 외부 링크로 깃허브 레파지토리로 이동하도록 하였습니다. rel="noopener noreferrer"는 보안상의 이유로 외부링크 사용 시 추가하고 있습니다. 자세한 내용은 다루지 않겠습니다.

2.4.4 날짜 형식 출력 (date-fns)

깃허브 레파지토리를 보시면 언어 옆에 마지막 업데이트 날짜를 a day ago 형식으로 보여주도록 되어 있습니다. 시간과 관련된 정보를 쉽게 표현하기 위해서 date-fns라는 라이브러리를 설치해 주도록 하겠습니다. date-fns는 날짜 및 시간에 관련된 api를 제공하는 라이브러리입니다. moment라는 라이브러리가 날짜에 관련된 라이브러리 중 인기가 많지만, 커다란 크기 때문에 비교적 가벼운 date-fns를 선호하고 있습니다. yarn을 이용하여 date-fns를 설치하도록 하겠습니다.

```
$ yarn add date-fns
```

date-fns 를 이용하여 두 날짜 간의 차이를 a day ago 형식으로 나타내 주도록 하겠습니다.

▶ pages/users/[name].jsx

```
import formatDistance from "date-fns/formatDistance";

...
<p className="repository-language">
              {repo.language}
              <span className="repository-updated-at">
                {formatDistance(new Date(repo.updated_at), new Date(), {
                  addSuffix: true,
                })}
              </span>
...
```

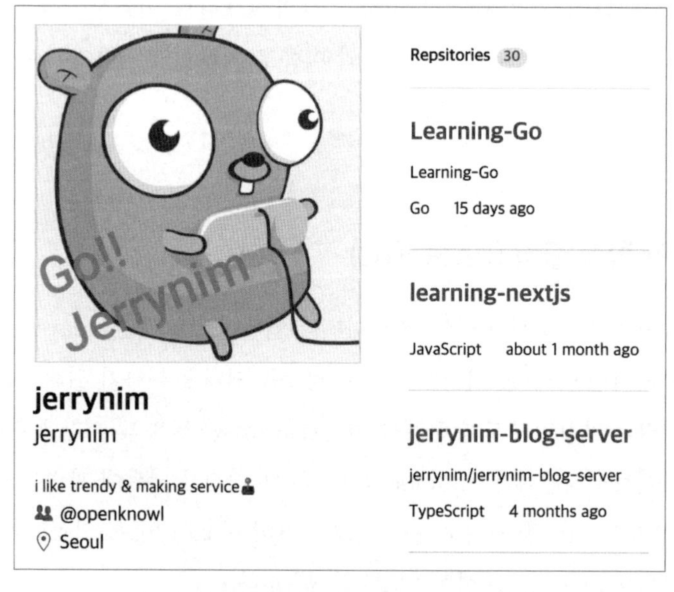

[그림 2-18] date-fns를 이용하여 day ago 표현하기

formatDistance는 두 날짜 간의 차이를 리턴하여 주고 addSuffix를 붙여주면 a day ago 형식으로 표현해 줍니다. 더 자세한 정보는 공식 문서에 자세히 설명되어 있습니다.

https://date-fns.org/v2.14.0/docs/formatDistance

2.4.5 깃허브 레파지토리 페이지네이션

유저의 깃허브 레파지토리를 서버에서 패치하여 보여주는 데까지 완료하였습니다. 이제 레파지토리의 페이지네이션을 구현해 보도록 하겠습니다. 깃허브 레파지토리를 가져오는 api를 보면 query로 page와 per_page를 보내주고 있습니다. 저희는 per_page를 10개로 정하여 레파지토리를 10개씩 불러오고, 10개 다음의 레파지토리를 조회하기 위해 page의 수를 변경시키도록 하겠습니다. 클라이언트 사이드에서 데이터를 패치하여 값을 변경하는 방법이 있지만, 레파지토리 리스트 데이터를 getServerSideProps에서 불러오고 있기 때문에 getServerSideProps를 다른 page 값과 실행시킨다면 페이지네이션이 가능하게 됩니다. getServerSideProps 다시 실행하기 위해서는 페이지 이동을 통해 페이지를 다시 불러와야 합니다. 페이지 이동 시 query로 page를 전달해 주고, page로 다른 페이지의 레파지토리를 불러오도록 하겠습니다.

▸ **pages/users/[name].jsx**

```
export const getServerSideProps = async ({ query }) => {
  const { name, page } = query;
  try {
    let user;
    let repos;

    const userRes = await fetch(`https://api.github.com/users/${name}`);
    if (userRes.status === 200) {
      user = await userRes.json();
```

```
    }
    const repoRes = await fetch(
      `https://api.github.com/users/${name}/repos?sort=updated&page=${page}&
      per_page=10`
    );
    if (repoRes.status === 200) {
      repos = await repoRes.json();
    }
    console.log(repos);
    return { props: { user, repos } };
  } catch (e) {
    console.log(e);
    return { props: {} };
  }
};
```

getServerSideProps에서 page를 query로 받아 레파지토리 api 요청 시 전달해 주었습니다. 페이지네이션을 위한 뷰를 만들도록 하겠습니다.

▸ **components/Repositories.jsx**

```
import { useRouter } from "next/router";

...

.repository-pagination {
    border: 1px solid rgba(27, 31, 35, 0.15);
    border-radius: 3px;
    width: fit-content;
    margin: auto;
    margin-top: 20px;
  }
  .repository-pagination button {
    padding: 6px 12px;
    font-size: 14px;
    border: 0;
    color: #0366d6;
```

```
    font-weight: bold;
    cursor: pointer;
    outline: none;
  }
  .repository-pagination button:first-child {
    border-right: 1px solid rgba(27, 31, 35, 0.15);
  }

  .repository-pagination button:hover:not([disabled]) {
    background-color: #0366d6;
    color: white;
  }
  .repository-pagination button:disabled {
    color: rgba(27, 31, 35, 0.3);
  }

const name = ({ user, repos }) => {
  const router = useRouter();
  const { page } = router.query;

          <div className="repository-pagination">
            <Link href={`/users/${user.login}?page=${Number(page) - 1}`}>
              <a>
                <button type="button" disabled={page && page === "1"}>
                  Previous
                </button>
              </a>
            </Link>

            <Link
              href={`/users/${user.login}?page=${
                !page ? "2" : Number(page) + 1
              }`}
            >
              <a>
                <button type="button" disabled={repos.length < 10}>
                  Next
                </button>
              </a>
```

```
        </Link>
      </div>
```

[그림 2-19] 깃허브 레파지토리 페이지네이션

page가 1이거나 없다면 'Previous'버튼은 disabled가 되며, 'Next'를 클릭하면 page는 2가 되어 라우팅을 하게 됩니다. page가 2라면 'Previous'를 클릭하면 페이지는 1로 가게 되고 'Next'를 클릭하면 page는 3이 되어 라우팅을 합니다. 10개씩 받아 왔을 때 받은 레파지토리의 개수가 10개보다 작다면 마지막 페이지임을 의미합니다. 'Next' 버튼의 disabled에 'repos.length < 10' 을 주어 마지막 페이지를 표시하였습니다.

레파지토리 코드들을 'Respository'라는 컴포넌트로 만들어 코드를 간결하게 만들도록 하겠습니다.

▶ **components/Repositories.jsx**

```
import css from "styled-jsx/css";
import { useRouter } from "next/router";
import Link from "next/link";
import formatDistance from "date-fns/formatDistance";

const style = css`
  .repos-wrapper {
    width: 100%;
    height: 100vh;
    overflow: scroll;
```

```
  padding: 0px 16px;
}
.repos-header {
  padding: 16px 0;
  font-size: 14px;
  font-weight: 600;
  border-bottom: 1px solid #e1e4e8;
}
.repos-count {
  display: inline-block;
  padding: 2px 5px;
  margin-left: 6px;
  font-size: 12px;
  font-weight: 600;
  line-height: 1;
  color: #586069;
  background-color: rgba(27, 31, 35, 0.08);
  border-radius: 20px;
}

.repository-wrapper {
  width: 100%;
  border-bottom: 1px solid #e1e4e8;
  padding: 24px 0;
}
.repository-description {
  padding: 12px 0;
}
a {
  text-decoration: none;
}
.repository-name {
  margin: 0;
  color: #0366d6;
  font-size: 20px;
  display: inline-block;
  cursor: pointer;
}
.repository-name:hover {
```

```
  text-decoration: underline;
}
.repository-description {
  margin: 0;
  font-size: 14px;
}
.repository-language {
  margin: 0;
  font-size: 14px;
}
.repository-updated-at {
  margin-left: 20px;
}
.repository-pagination {
  border: 1px solid rgba(27, 31, 35, 0.15);
  border-radius: 3px;
  width: fit-content;
  margin: auto;
  margin-top: 20px;
}
.repository-pagination button {
  padding: 6px 12px;
  font-size: 14px;
  border: 0;
  color: #0366d6;
  background-color: white;
  font-weight: bold;
  cursor: pointer;
  outline: none;
}
.repository-pagination button:first-child {
  border-right: 1px solid rgba(27, 31, 35, 0.15);
}

.repository-pagination button:hover:not([disabled]) {
  background-color: #0366d6;
  color: white;
}
.repository-pagination button:disabled {
```

```
    cursor: no-drop;
    color: rgba(27, 31, 35, 0.3);
  }
`;
const Repositories = ({ user, repos }) => {
  const router = useRouter();
  const { page = "1" } = router.query;
  if (!user || !repos) {
    return null;
  }
  return (
    <>
      <div className="repos-wrapper">
        <div className="repos-header">
          Repsitories
          <span className="repos-count">{user.public_repos}</span>
        </div>
        {repos.map((repo) => (
          <div key={repo.id} className="repository-wrapper">
            <a
              target="_blank"
              rel="noopener noreferrer"
              href={`https://github.com/${user.login}/${repo.name}`}
            >
              <h2 className="repository-name">{repo.name}</h2>
            </a>
            <p className="repository-description">{repo.description}</p>
            <p className="repository-language">
              {repo.language}
              <span className="repository-updated-at">
                {formatDistance(new Date(repo.updated_at), new Date(), {
                  addSuffix: true,
                })}
              </span>
            </p>
          </div>
        ))}
        <div className="repository-pagination">
          <Link href={`/users/${user.login}?page=${Number(page) - 1}`}>
```

```
          <a>
            <button type="button" disabled={page && page === "1"}>
              Previous
            </button>
          </a>
        </Link>

        <Link
          href={`/users/${user.login}?page=${!page ? "2" : Number(page) + 1}`}
        >
          <a>
            <button type="button" disabled={repos.length < 10}>
              Next
            </button>
          </a>
        </Link>
      </div>
    </div>
    <style jsx>{style}</style>
  </>
  );
};

export default Repositories;
```

▸ pages/users/[name].jsx

```
import fetch from "isomorphic-unfetch";
import css from "styled-jsx/css";
import Profile from "../../components/Profile";
import Repositories from "../../components/Repositories";

const style = css`
  .user-contents-wrapper {
    display: flex;
    padding: 20px;
  }
`;
```

```
const name = ({ user, repos }) => {
  return (
    <div className="user-contents-wrapper">
      <Profile user={user} />
      <Repositories user={user} repos={repos} />
      <style jsx>{style}</style>
    </div>
  );
};
```

라우팅과 서버에서 데이터를 패치하는 방법을 이용하여 깃허브 레파지토리 리스트를 간단하게 만들 수 있었습니다. 앞으로 만들어진 깃허브 레파지토리 리스트에 넥스트의 다른 기능들을 이용해 보면서 기능들을 추가해 보도록 하겠습니다.

2.5 공통 페이지 만들기(_app)

넥스트에는 특별한 폴더와 파일들이 있습니다. 정적 파일을 저장하여 제공해주는 'public' 폴더, 폴더 구조를 이용하여 경로 설정을 해주는 'pages' 폴더가 있었습니다. 'pages' 안에서도 특별한 파일들이 있습니다. 그 파일들은 넥스트에서 중요한 역할을 하기에 하나씩 알아보려고 합니다. 제일 먼저 알아볼 것은 _app파일입니다.

2.5.1 _app파일

App 컴포넌트는 모든 페이지의 공통 페이지 역할을 합니다. App 컴포넌트를 이용하여 모든 페이지들을 초기화하여 다음과 같은 역할을 할 수 있습니다.

1. 페이지들의 공통된 레이아웃
2. 페이지를 탐색할 때 상태 유지

3. 추가 데이터를 페이지에 주입
4. 글로벌 CSS 추가

앞에서 만든 깃허브 레파지토리에 공통 App 컴포넌트로 헤더를 추가해보도록 하겠습니다. 또한 리액트의 기본 앱에는 body에 마진이 들어 있습니다. 이를 글로벌 css를 추가하여 없애도록 하겠습니다.

pages 폴더에 '_app'.jsx라는 파일을 만든 후 styled-jsx를 이용하여 body의 마진을 제거해보도록 하겠습니다. 이때 style jsx에 global을 추가하면 글로벌 스타일을 지정할 수 있습니다.

▸ **pages/_app.jsx**

```
const MyApp = ({ Component, pageProps }) => {
  return (
    <>
      <Component {...pageProps} />
      <style jsx global>{`
        body {
          margin: 0;
        }
      `}</style>
    </>
  );
};

export default MyApp;
```

실행을 해본다면 body의 마진이 사라진 것을 확인할 수 있습니다. 코드를 살펴보면 App 컴포넌트는 Component라는 props를 받게 되는데, Component는 불러오는 페이지, 여기서는 pages/index.jsx입니다. Component는 pageProps를 props로 받고 있는데, 이는 pages 안의 파일에서 getServerSideProps, getStaticProps 혹은 getInitialProps로 페이지에 전달해주는 props입니다.

2.5.2 공통 헤더 만들기

App 컴포넌트는 모든 페이지의 기본 틀의 역할을 하고 있습니다. 이곳에 헤더 컴포넌트를 만들어 추가하여 모든 페이지에서 헤더가 보이도록 만들겠습니다. 우선 헤더 컴포넌트를 만들도록 하겠습니다.

```
import React, { useState } from "react";
import css from "styled-jsx/css";
import { IoLogoGithub } from "react-icons/io";

const HeaderCss = css`
  .header-wrapper {
    padding: 14px 14px;
    background-color: #24292e;
    line-height: 0;
    display: flex;
    align-items: center;
  }

  .header-search-form input {
    margin: 0px 16px;
    background-color: hsla(0, 0%, 100%, 0.125);
    width: 300px;
    height: 28px;
    border: none;
    border-radius: 5px;
    outline: none;
    color: white;
    padding: 0px 12px;
    font-size: 14px;
    font-weight: bold;
  }

  .header-navagations a {
    color: white;
    margin-right: 16px;
    font-size: 14px;
```

```
    font-weight: bold;
    text-decoration: none;
  }
`;

const Header = () => {
  const [username, setUsername] = useState("");

  return (
    <div>
      <div className="header-wrapper">
        <IoLogoGithub color="white" size={36} />
        <form className="header-search-form">
          <input
            value={username}
            onChange={(e) => setUsername(e.target.value)}
          />
        </form>
        <nav className="header-navagations">
          <a href="https://github.com/pulls">Pull requests</a>
          <a href="https://github.com/issues">Issues</a>
          <a href="https://github.com/marketplace">Marketplace</a>
          <a href="https://github.com/explore">Explore</a>
        </nav>
      </div>
      <style jsx>{HeaderCss}</style>
    </div>
  );
};

export default Header;
```

헤더 컴포넌트를 App 컴포넌트에 넣어보도록 하겠습니다.

▸ **pages/_app.jsx**

```
import Header from "../components/Header";
```

```
const MyApp = ({ Component, pageProps }) => {
  return (
    <>
      <Header />
      <Component {...pageProps} />
```

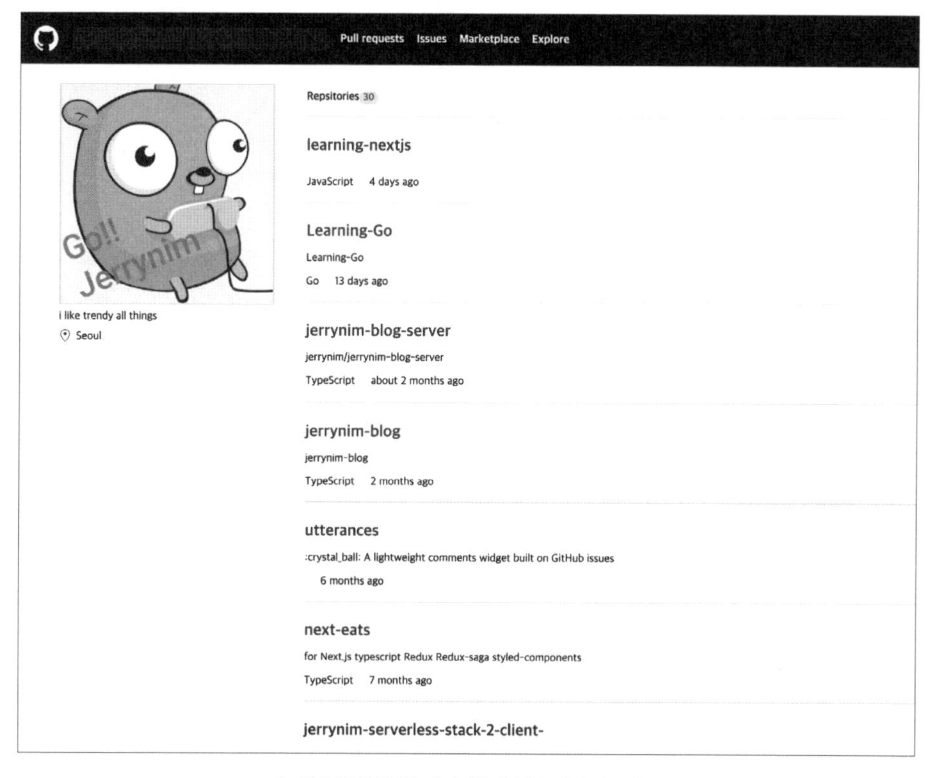

[그림 2-20] 깃허브 레파지토리 공통 헤더 컴포넌트

헤더 안에도 유저의 레파지토리를 검색할 수 있도록 텍스트 입력 창과 form을 만들었습니다. 유저명을 입력하고 엔터를 누르게 되면 해당 프로필로 이동하도록 form에 onSubmit 이벤트를 만들어주도록 하겠습니다.

```
import { useRouter } from "next/router";
```

```
const router = useRouter();
 const onSubmit = (e) => {
   e.preventDefault();
   router.push(`/users/${username}`);
   setUsername("");
 };

        <form className="header-search-form" onSubmit={onSubmit}>
```

2.6 공통 문서(Document) 만들기

사용자 정의 Document는 일반적으로 응용 프로그램 <html> 및 <body>태그를 보강하는 데 사용됩니다 . 도큐먼트를 이용하여 <title>, <description>, <meta> 등 프로젝트의 정보를 제공하는 HTML 코드를 작성할 수 있고, 폰트나 외부 api,cdn 등을 불러오도록 할 수 있습니다. 또한 CSS-in-JS의 서버 사이드 렌더링을 위한 설정을 할 때 사용합니다.

2.6.1 CDN 폰트 적용하기

도큐먼트를 사용하여 문서에 메타 데이터와 폰트를 추가해보도록 하겠습니다. 다음의 링크는 무료 상업용 폰트를 다운 받을 수 있는 구글폰트 사이트입니다.

http://fonts.google.com/

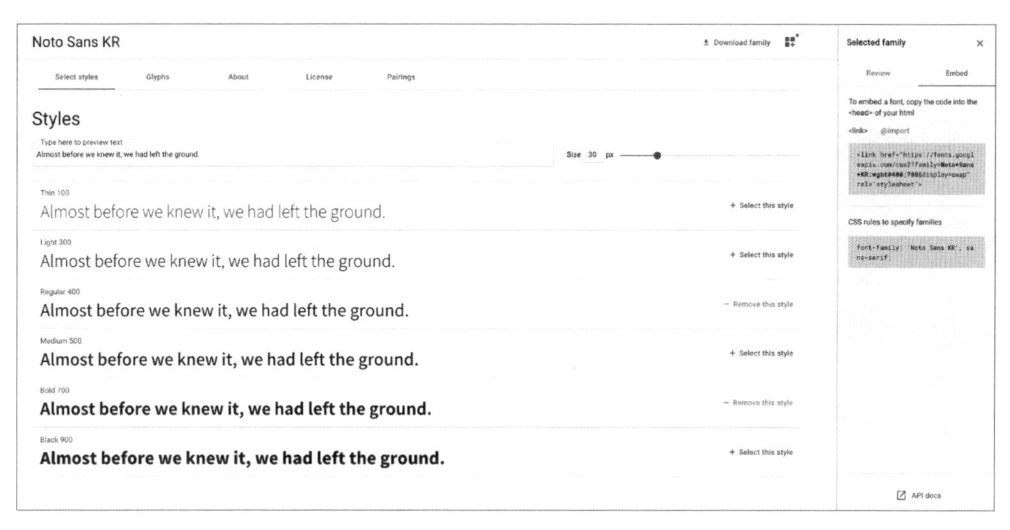

[그림 2-21] 구글폰트 Noto Sans 홈페이지

이곳에서 폰트를 클라이언트에서 다운 받을 수 있도록 Embed 코드를 가져오도록 하겠습니다. 원하는 폰트 굵기를 골라서 담은 후 우측에 있는 코드를 Head에 넣으면 폰트를 불러올 수 있습니다. 저는 400(Regular)과 700(Bold) 크기의 폰트를 다운 받도록 하겠습니다.

▶ **pages/_document.jsx**

```
import Document, { Html, Head, Main, NextScript } from "next/document";

class MyDocument extends Document {
  render() {
    return (
      <Html lang="ko">
        <Head>
          <meta name="title" content="깃허브 레파지토리" />
          <meta name="description" content="깃허브 레파지토리 리스트입니다." />
          <link
            href="https://fonts.googleapis.com/css?family=Noto+Sans:400,700&
            display=swap"
            rel="stylesheet"
```

```
        />
        <link
          href="https://fonts.googleapis.com/css?family=Noto+Sans+KR:400,7
          00&display=swap&subset=korean"
          rel="stylesheet"
        />
      </Head>
      <body>
        <Main />
        <NextScript />
      </body>
    </Html>
  );
 }
}

export default MyDocument;
```

프로젝트의 lang과 title, description을 추가해주었습니다. 그리고 구글폰트를 브라우저에서 다운 받을 수 있도록 하였습니다. 구글폰트를 다운 받는 데 성공했다면, 글로벌 css에서 폰트를 사용할 수 있도록 설정해주도록 하겠습니다.

▸ **Pages/_app.tsx**

```
import Header from "../components/Header";

const MyApp = ({ Component, pageProps }) => {
  return (
    <>
      <Header />
      <Component {...pageProps} />
      <style jsx global>{`
        body {
          margin: 0;
          font-family: Noto Sans, Noto Sans KR;
        }
      `}</style>
```

```
    </>
  );
};

export default MyApp;
```

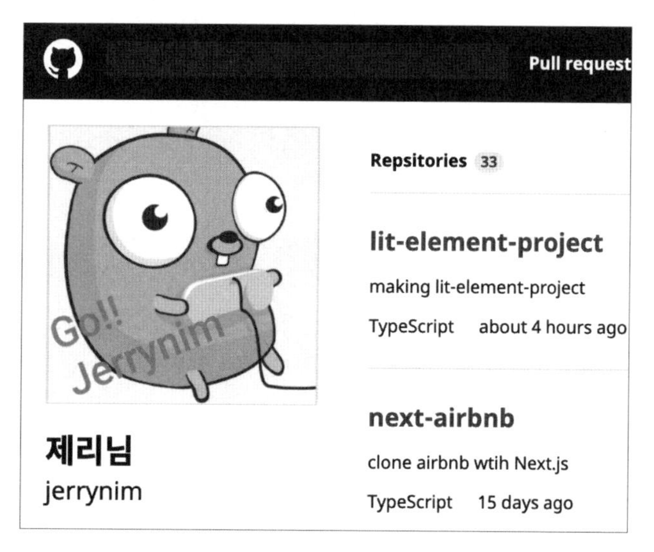

[그림 2-22] 구글폰트 적용하기

폰트가 성공적으로 적용되었습니다. 그리고 개발자 도구를 이용하여 Elements의 <head>를 살펴보면 lang, tile, description도 적용이 된 것을 확인할 수 있습니다.

2.7 에러 페이지 만들기(_error)

넥스트에서는 빌드 된 프로덕션 환경에서 에러가 발생한다면 에러 페이지로 넘어가게 됩니다. 넥스트를 실행한 후 에러가 발생하게 된다면 다음과 같은 화면을 만나게 됩니다.

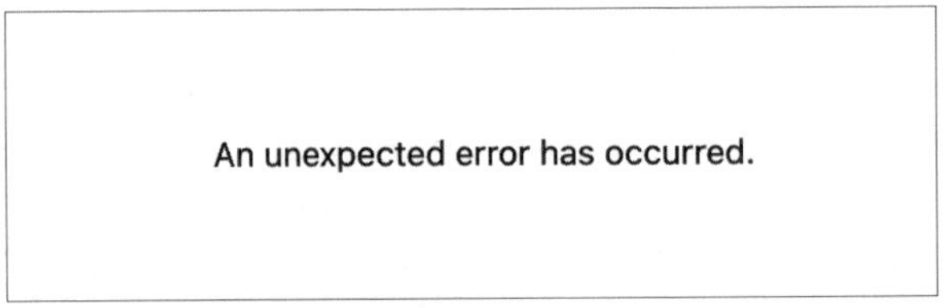

An unexpected error has occurred.

[그림 2-23] 넥스트의 기본 500 에러 페이지

이번에는 만들어주지 않은 페이지로 이동해보도록 하겠습니다.

404 | This page could not be found.

[그림 2-24] 넥스트의 기본 404 에러 페이지

그림과 같이 찾을 수 없는 페이지이기 때문에 404라는 내용을 출력해 줍니다. 여러 사이트는 404 및 에러가 발생하였을 때를 대비하여 에러 페이지를 만들어두곤 합니다. 다음은 깃허브의 404페이지입니다.

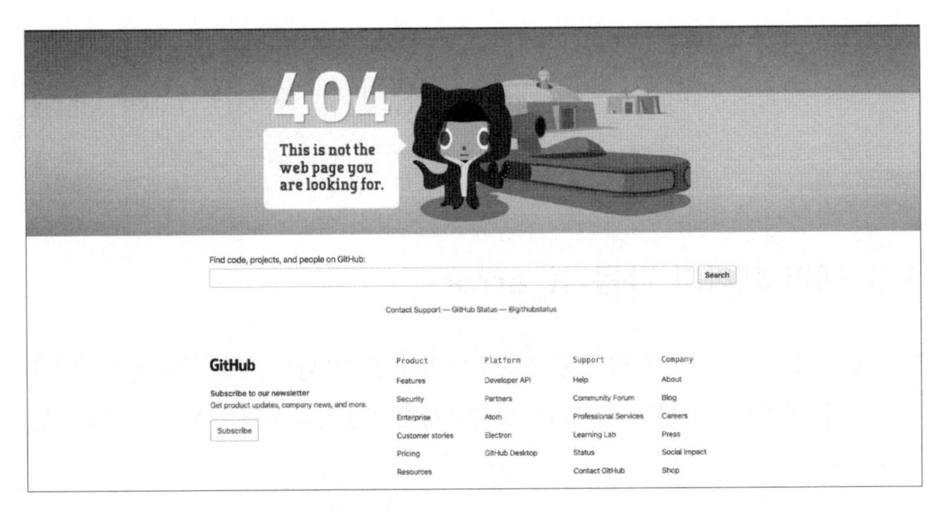

[그림 2-25] 깃허브의 404 페이지

넥스트의 커스텀 에러 페이지를 만들 수 있는 기능을 이용하여, 저희만의 특별한 에러 페이지를 만들어보도록 하겠습니다.

2.7.1 커스텀 500 페이지

pages 폴더에 _error.jsx 파일을 만들게 된다면 에러가 발생하였을 때 이 페이지를 보여주게 됩니다.

▶ pages/_error.jsx

```
const Error = () => {
  return <p>에러가 발생했습니다.</p>;
};

export default Error;
```

에러 페이지를 확인하기 위해 에러를 만들어보도록 하겠습니다.

▶ _app.jsx

```
import { useEffect } from "react";

const MyApp = ({ Component, pageProps }) => {
  useEffect(() => {
    throw Error();
  }, []);
```

앞의 코드는 컴포넌트를 불렀을 때 에러를 던지게 됩니다. 터미널에 'Yarn build'를 입력하여 프로덕션 번들을 만든 후, 'yarn start'를 입력하여 프로덕션 환경으로 실행해보도록 하겠습니다.

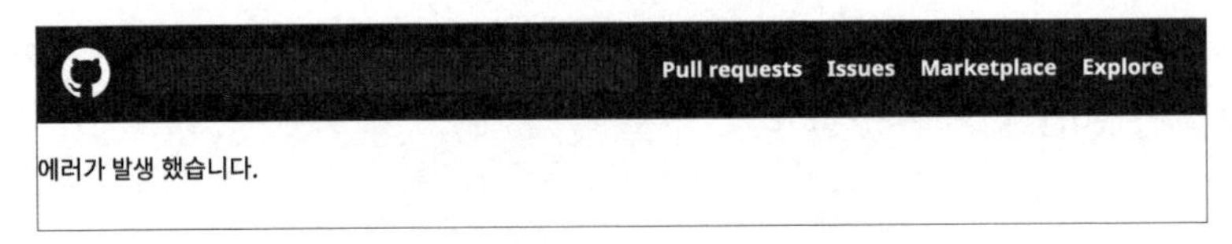

[그림 2-26] 커스텀 500 error 페이지

2.7.2 커스텀 404 페이지

이번에는 커스텀 404 페이지를 만들어보도록 하겠습니다. page 폴더에 404.jsx 파일을 만들어주게 되면 페이지를 찾을 수 없을 때 이 페이지로 오게 됩니다.

▶ pages/404.jsx

```
const NotFound = () => {
  return <p>안녕하세요. 404 페이지입니다.</p>;
};

export default NotFound;
```

[그림 2-27] 커스텀 404 error 페이지

여기까지 깃허브 레파지토리를 따라 만들면서 넥스트의 기본 기능들을 살펴보았습니다. 라우팅기능부터 서버 사이드에서 데이터를 패치하여 페이지에 전달해 보았고, styled-jsx를 이용하여 구성요소를 스타일링도 하고, 공통 컴포넌트인 헤더도 만들어 보았습니다. 앞으로는 지금까지 배운 넥스트의 기능들을 활용하여 간단한 투두리스트를 만들도록 하겠습니다.

3.1 타입스크립트란?

[그림 3-1] 타입스크립트

타입스크립트는 마이크로소프트에서 구현한 자바스크립트의 슈퍼셋(Superset) 프로그래밍 언어로, 간단하게 말하면 타입이 있는 자바스크립트입니다. 확장자로는 .ts를 사용하며 컴파일의 결과물로 자바스크립트 파일인 .js를 출력합니다. 자바스크립트의 데이터 타입은 동적 타입이기에 실행하고서 타입이 맞지 않아 에러를 맞이하는 경우가 많습니다. 타입스크립트를 사용함으로써 실행 이전에 타입으로 인하여 생길 수 있는 에러를 미리 방지할 수 있으며, 개발 도구와 함께 사용하면서 자동완성 기능을 편리하게 사용할 수 있습니다. 이러한 기능 덕분에 생산성과 안정성의 향상을 이뤄낼 수 있었습니다. 타입스크립트의 사용은 선택이 아닌 필수라고 생각될 만큼 편리한 기능들을 제공하고 있습니다.

기본 자바스크립트에서 사용하는 문법을 그대로 사용하면서 정적 타입을 선택적으로 제공하기 때문에 자바스크립트를 사용하는 것과 크게 다르지 않습니다. 타입을 지정하고 사용하는 부분이 다르기 때문에, 앞으로의 코드에서 함께 타입스크립트를 사용해보며 익숙해질 수 있도록 해보겠습니다.

3.2 타입스크립트 환경 설정하기

타입스크립트를 사용하기 전에 설정을 해보도록 하겠습니다. 넥스트에서는 타입스크립트 지원을 훌륭하게 해주고 있기에 타입스크립트의 사용은 더욱 편리할 것입니다. 프로젝트를 새로 만들어 타입스크립트 설정을 시작해보도록 하겠습니다.

넥스트를 이용하여 투두리스트를 만들어보도록 하겠습니다. 넥스트는 express 기반으로 만들어져 있어서 api를 생성하고 사용할 수 있습니다. 넥스트를 이용하여 api를 만들어보고, 완성된 앱을 리팩토링을 하면서 코드가 발전할 수 있게 하겠습니다. 다음은 앞으로 만들어 볼 투두리스트의 디자인입니다.

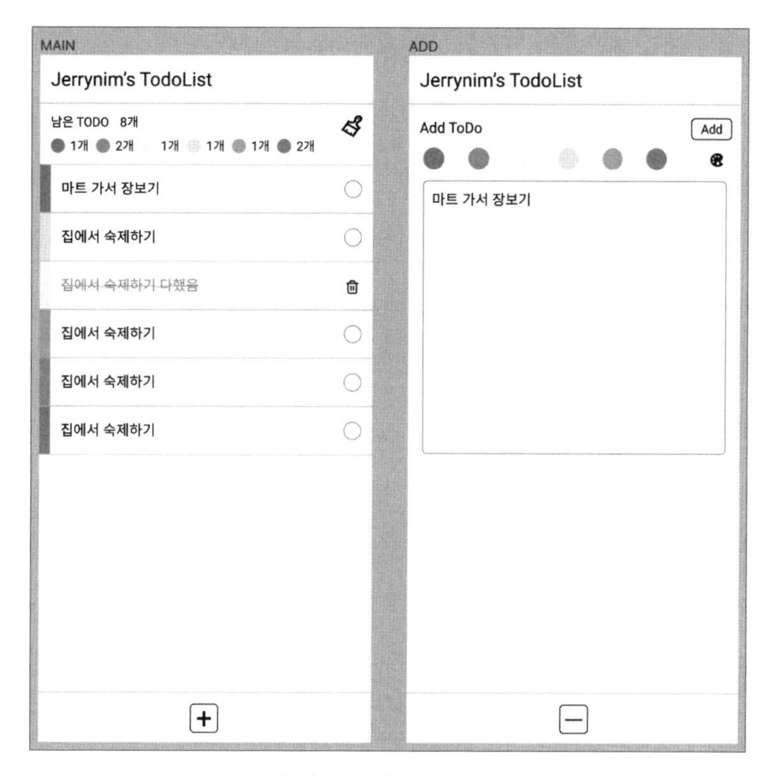

[그림 3-2] 완성된 투두리스트

색깔별로 정리하여 일정을 관리할 수 있는 앱입니다. 모바일 앱처럼 만들 예정이기에 크기를 아이폰X의 크기인 375×812 px로 고정하여 작업하도록 하겠습니다.

3.2.1 타입스크립트 프로젝트 시작하기

새로운 프로젝트를 만들도록 하겠습니다. 넥스트를 수동으로 설치한 다음 타입스크립트를 추가하도록 하겠습니다. 폴더명을 'next-todo'로 하여 폴더를 만든 후 폴더로 이동하도록 하겠습니다.

```
$ mkdir next-todo
$ cd next-todo
```

package.json을 생성한 후에 넥스트를 설치해주도록 하겠습니다.

```
$ yarn init -y
$ yarn add next react react-dom
```

▶ package.json

```
{
  "name": "next-todo",
  "version": "1.0.0",
  "main": "index.js",
  "license": "MIT",
  "scripts": {
    "dev": "next",
    "build": "next build",
    "start": "next start"
  },
  "dependencies": {
    "next": "^9.5.5",
    "react": "^17.0.0",
    "react-dom": "^17.0.0"
  }
}
```

여기까지 앞에서 하였던 넥스트의 수동 설치가 끝났습니다. 이제 타입스크립트를 설치해보도록 하겠습니다. 터미널에서 다음과 같이 타입스크립트와 타입들을 추가해주세요.

```
$ yarn add -D typescript @types/react @types/node
```

▶ package.json

```
...
  "devDependencies": {
    "@types/node": "^14.14.0",
```

```
    "@types/react": "^16.9.53",
    "typescript": "^4.0.3"
  }
```

타입스크립트는 빌드 과정에서 자바스크립트로 변환되기 때문에 실제 배포될 결과물에는 포함되지 않습니다. 따라서 -D(yarn을 사용한다면 -D npm을 사용) 또는 –save-dev 를 붙여서 devDependencies에 추가하여 빌드 시에 모듈이 추가되지 않도록 해줍니다. @types/로 시작하는 라이브러리는 라이브러리의 타입을 나타냅니다. 라이브러리의 타입이 내장되어 있는 모듈도 있지만, 그렇지 않은 경우에는 추가적으로 설치해주어야 합니다. 다음 사진처럼 import한 라이브러리의 이름 앞에 ...이 있다면 type을 찾을 수 없는 라이브러리입니다.

```
import React from "react";  8.3K (gzipped: 3.3K)
                    module "/Users/jerrynim/Desktop/my-first-next-app/node_modules/react/index"

                    Could not find a declaration file for module 'react'. '/Users/jerrynim/Desktop/my-
                    first-next-app/node_modules/react/index.js' implicitly has an 'any' type.
                      If the 'react' package actually exposes this module, consider sending a pull
                    request to amend
                    'https://github.com/DefinitelyTyped/DefinitelyTyped/tree/master/types/react` ts(7016

                    Quick Fix... (⌘.)
```

[그림 3-3] 타입이 없는 라이브러리

타입스크립트를 사용하여 간단한 페이지를 만들어보도록 하겠습니다. 타입스크립트는 파일 확장자를 '.js' 대신 '.ts', '.jsx' 대신에 '.tsx'를 사용합니다. pages 폴더에 'index.tsx' 파일을 만들어 페이지를 만들어주도록 하겠습니다.

▶ pages/index.tsx

```
import React from "react";

const index = () => {
  return <div>hello Typescript</div>;
};

export default index;
```

터미널에 yarn dev 입력하여 실행해보도록 하겠습니다. 그러면 그림과 같이 'tsconfig.json'이 생성되었다는 메시지가 출력된 것을 확인할 수 있습니다.

```
yarn run v1.22.4
$ next
ready - started server on http://localhost:3000
We detected TypeScript in your project and created a tsconfig.json file for you.
```

[그림 3-4] tsconfig.json 자동 생성

그림과 같이 넥스트는 타입스크립트를 감지하고 타입스크립트를 위한 'tsconfig.json'을 자동으로 생성해줍니다. 생성된 'tsconfig.json'은 다음과 같이 이루어져 있습니다.

▸ **tsconfig.json**

```
{
  "compilerOptions": {
    "target": "es5",
    "lib": ["dom", "dom.iterable", "esnext"],
    "allowJs": true,
    "skipLibCheck": true,
    "strict": false,
    "forceConsistentCasingInFileNames": true,
    "noEmit": true,
    "esModuleInterop": true,
    "module": "esnext",
    "moduleResolution": "node",
    "resolveJsonModule": true,
    "isolatedModules": true,
    "jsx": "preserve"
  },
  "exclude": ["node_modules"],
  "include": ["next-env.d.ts", "**/*.ts", "**/*.tsx"]
}
```

'tsconfig.json'의 모든 옵션들에 대해 다루지는 않겠습니다. 자동으로 생성된 설정들을 사용하되, compilerOptions 안의 'strict' 속성만 'true'로 바꾸도록 하겠습니다.

strict 속성은 모든 타입 체킹 옵션을 활성화한다는 것을 의미합니다. 이를 활성화하면 엄격한 타입 검사가 활성화된다는 것을 의미합니다. strict를 사용함으로써 더욱 안정된 코드를 작성할 수 있습니다.

3.2.2 타입스크립트 eslint 설정하기

본격적인 코드 작성에 앞서 코드의 스타일을 정해주는 eslint를 타입스크립트용으로 설정해주도록 하겠습니다. 자바스크립트와 동일하게 설정합니다.

```
$ eslint --init
? How would you like to use ESLint? To check syntax, find problems, and
  enforce code style
? What type of modules does your project use? JavaScript modules (import/
  export)
? Which framework does your project use? React
? Does your project use TypeScript? Yes
? Where does your code run? Browser
? How would you like to define a style for your project? Use a popular style
  guide
? Which style guide do you want to follow? Airbnb (https://github.com/
  airbnb/javascript)
? What format do you want your config file to be in? JavaScript
```

앞에서 했던 자바스크립의 eslint와 다른 점은 Typescript를 사용하냐는 질문에 Yes를 입력해주는 것입니다. 마지막으로 npm을 통하여 모듈을 설치하겠냐는 질문에 yes를 입력하면 '.eslintrc.js'가 생성되고 'package.json' 안에 eslint에 필요한 모듈들이 추가된 것을 확인할 수 있습니다.

▶ .eslintrc.js

```
module.exports = {
  env: {
    browser: true,
```

```
    es6: true,
  },
  extends: ["airbnb"],
  globals: {
    Atomics: "readonly",
    SharedArrayBuffer: "readonly",
  },
  parser: "@typescript-eslint/parser",
  parserOptions: {
    ecmaFeatures: {
      jsx: true,
    },
    ecmaVersion: 2018,
    sourceType: "module",
  },
  plugins: ["react", "@typescript-eslint"],
  rules: {},
};
```

▸ package.json

```
...
  "devDependencies": {
    "@types/node": "^14.14.0",
    "@types/react": "^16.9.53",
    "@typescript-eslint/eslint-plugin": "^4.5.0",
    "@typescript-eslint/parser": "^4.5.0",
    "eslint": "^7.11.0",
    "eslint-config-airbnb": "^18.2.0",
    "eslint-plugin-import": "^2.22.1",
    "eslint-plugin-jsx-a11y": "^6.3.1",
    "eslint-plugin-react": "^7.21.5",
    "eslint-plugin-react-hooks": "^4.2.0",
    "typescript": "^4.0.3"
  }
```

앞으로 개발하면서 필요한 eslint의 규칙 설정들을 저는 다음과 같이 하였습니다.

```
module.exports = {
  env: {
    browser: true,
    es6: true,
  },
  extends: ["airbnb"],
  globals: {
    Atomics: "readonly",
    SharedArrayBuffer: "readonly",
  },
  parser: "@typescript-eslint/parser",
  parserOptions: {
    ecmaFeatures: {
      jsx: true,
    },
    ecmaVersion: 2018,
    sourceType: "module",
  },
  plugins: ["react", "@typescript-eslint"],
  rules: {
    quotes: ["error", "double"], //더블 쿼터 사용
    "@typescript-eslint/quotes": ["error", "double"], //더블 쿼터 사용
    "no-unused-vars": "off", //사용 안 한 변수 경고 중복
    "@typescript-eslint/no-unused-vars": "warn", //사용 안 한 변수는 경고
    "jsx-a11y/control-has-associated-label": "off", // 상호 작용하는 엘리먼트에
    label을 넣는다
    "react/no-array-index-key": "off", // key값으로 index를 사용할 수 있다.
    "comma-dangle": "off", // 마지막에 , 을 넣어주지 않는다.
    "arrow-body-style": "off", //화살표 함수 안에 return을 사용할 수 있다.
    "react/no-unescaped-entities": "off", //문자열 내에서 " ' > } 허용
    "react/prop-types": "off", //proptypes를 사용하지 않는다.
    "object-curly-newline": "off", // { 다음 줄 바꿈을 강제로 사용하지 않는다.
    "react/jsx-one-expression-per-line": "off", //한 라인에 여러 개의 JSX를 사용할
    수 있다.
    "implicit-arrow-linebreak": "off", // 화살표 함수 다음에 줄 바꿈을 사용할 수 있다.
    "no-shadow": "off", //파일 내에서 중복 이름을 사용할 수 있다.
    "spaced-comment": "off", //주석을 뒤에 달 수 있다.
    "operator-linebreak": "off", //연산자 다음 줄 바꿈을 사용할 수 있다.
    "react/react-in-jsx-scope": "off", // jsx를 사용하여도 React를 꼭 import
```

```
    하지 않아도 된다.
    "react/jsx-props-no-spreading": "off", //props를 스프레드 할 수 있다.
    "jsx-a11y/anchor-is-valid": "off", // next js에서는 a에 href없이 사용
    "global-require": "off", //함수 내에서 require 사용 가능
    "jsx-a11y/label-has-associated-control": "off", //label htmlFor을 사용하지
    않아도 된다.
    "import/prefer-default-export": "off", //export default 를 사용하라.
    "no-param-reassign": "off",
    "react/jsx-curly-newline": "off", // jsx안에 }를 새로운 라인에 사용할 수 있다.
    "react/jsx-filename-extension": [
      1,
      { extensions: [".js", ".jsx", ".tsx"] }, //jsx사용 가능한 확장자 설정
    ],
    "import/extensions": [
      "error",
      "ignorePackages",
      {
        js: "never",
        jsx: "never",
        ts: "never",
        tsx: "never",
      }, //import 시 확장자명은 사용하지 않는다.
    ],
  },
  settings: {
    "import/resolver": {
      node: {
        extensions: [".js", ".jsx", ".ts", ".tsx", ".d.ts"],
      },
    },
  },
};
```

eslint 설정을 완료하였으니 본격적으로 타입스크립트를 사용한 넥스트 투두리스트를 만들어보도록 하겠습니다.

3.3 타입스크립트와 넥스트페이지 만들기

'pages/index.tsx'파일을 다음과 같이 수정하도록 하겠습니다.

▸ **pages/index.tsx**

```
import { NextPage } from "next";

const index: NextPage = () => {
  return <div>hello Typescript</div>;
};

export default index;
```

index뒤에 콜론(:)이 붙어 있는 것을 볼 수 있습니다. 변수 뒤의 : 은 해당 변수에 타입을 지정해줍니다. pages폴더에서 사용하는 컴포넌트의 타입은 NextPage입니다. NextPage는 리액트 컴포넌트의 확장으로 getInitialProps라는 함수를 가지고 있습니다. 하단에 app.을 입력하면 vscode가 자동으로 가지고 있는 속성들을 보여줍니다. app.g를 입력하면 맨 위의 getInitialProps가 자동으로 뜨는 것을 볼 수 있습니다. 그런데 이는 app의 타입이 무엇인지 지정해주어서 app이 NextPage라는 타입인 것을 알기 때문에 vscode는 app이 가지고 있는 속성들을 찾아줄 수 있습니다.

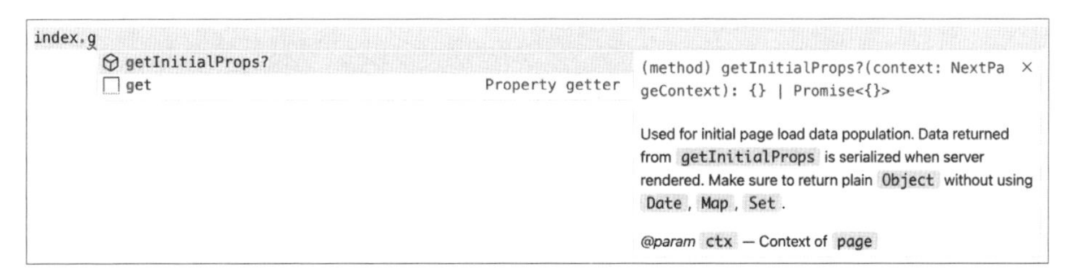

[그림 3-5] 타입스크립트를 이용한 vscode 자동완성 지원

이번에는 반대로 app이 가지고 있지 않는 속성을 지정해보도록 하겠습니다. app.anything을 입력하면 anything에 빨간 밑줄이 생성됩니다.

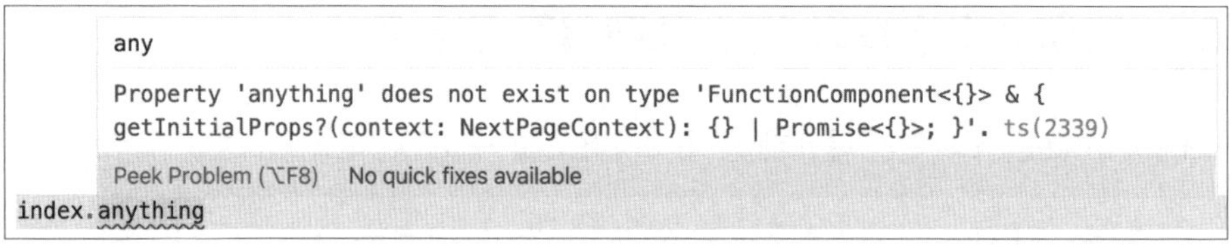

```
any
Property 'anything' does not exist on type 'FunctionComponent<{}> & {
getInitialProps?(context: NextPageContext): {} | Promise<{}>; }'. ts(2339)
Peek Problem (⌥F8)   No quick fixes available
index.anything
```

[그림 3-6] 타입스트립트를 이용한 vscode 타입에러 알림

이는 anything이라는 속성이 app에 존재하지 않는다고 미리 알려 주는 것입니다. 타입스크립트를 사용하지 않고 자바스크립트를 사용했다면 이런 경고가 미리 나타나지 않을 것입니다. 다음은 자바스크립트에서의 .anything을 작성하였을 때의 모습입니다.

```
index.anything;
```

[그림 3-7] 자바스크립트는 타입에러를 알려 주지 않습니다.

타입스크립트를 통해 실행하기 전에 미리 이러한 타입에러를 검출할 수 있기 때문에 안정적인 개발이 가능하고, 결과적으로 생산성 또한 향상이 됩니다.

CHAPTER

04 스타일드 컴포넌트

Styled-component(스타일드 컴포넌트)는 'CSS-in-JS'의 대표적인 라이브러리로 앞에서 사용한 styled-jsx와 비슷하지만, 가장 많이 사용되면서, 기능들이 많은 라이브러리입니다. 넥스트에서 기본적으로 styled-jsx를 지원해주기 때문에 따로 설정할 것이 필요 없었지만, 스타일드 컴포넌트를 사용하기 위해서는 설정해주어야 할 것들이 있습니다.

4.1 스타일드 컴포넌트 설치하기

스타일드 컴포넌트를 설치해주도록 하겠습니다.

```
$ yarn add styled-components
$ yarn add @types/styled-components -D
```

▶ package.json

```
"dependencies": {
    ...
    "styled-components": "^5.2.0"
  },
  "devDependencies": {
    ...
    "@types/styled-components": "^5.1.4",
```

4.1.1 스타일드 컴포넌트 서버사이드 렌더링 지원하기

앞에서 말한 대로 넥스트는 예제들을 많이 제공합니다. 저희는 넥스트에서 제공하는 스타일드 컴포넌트 예제를 참고하면서 설정해보도록 하겠습니다. 다음은 with-styled-components라는 넥스트의 스타일드 컴포넌트 사용 예제입니다.

https://github.com/zeit/next.js/tree/canary/examples/with-styled-components

예제를 따라 Document를 확장하고, 서버 사이드 렌더링 과정에서 <head>에 스타일을 넣는 과정을 하려고 합니다. 추가로 서버 사이드 렌더링 때 필요한 바벨 플러그인을 추가해주도록 하겠습니다.

▶ pages/_document.tsx

```
import Document from "next/document";
import { ServerStyleSheet } from "styled-components";

export default class MyDocument extends Document {
  static async getInitialProps(ctx) {
    const sheet = new ServerStyleSheet();
```

```
    const originalRenderPage = ctx.renderPage;

    try {
      ctx.renderPage = () =>
        originalRenderPage({
          enhanceApp: (App) => (props) =>
            sheet.collectStyles(<App {...props} />),
        });

      const initialProps = await Document.getInitialProps(ctx);
      return {
        ...initialProps,
        styles: (
          <>
            {initialProps.styles}
            {sheet.getStyleElement()}
          </>
        ),
      };
    } finally {
      sheet.seal();
    }
  }
}
```

'.babelrc'파일은 바벨을 설정할 수 있는 파일입니다.

▸ .babelrc

```
{
  "presets": ["next/babel"],
  "plugins": [["styled-components", { "ssr": true }]]
}
```

스타일드 컴포넌트를 사용하기 앞서, vscode를 사용한다면 vscode-styled-components 익스텐션을 설치하여 색상 하이라이트를 지원받을 수 있습니다.

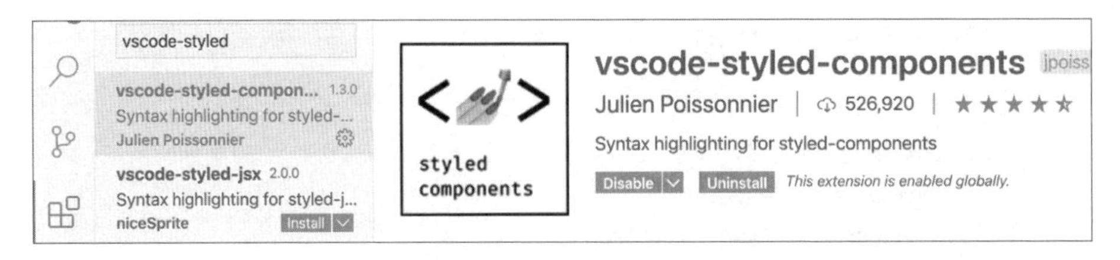

[그림 4-1] vscode 스타일드컴포넌트 확장 프로그램

스타일드 컴포넌트가 적용이 잘 되었는지 확인해보도록 하겠습니다.

▶ **pages/index.tsx**

```
import { NextPage } from "next";
import styled from "styled-components";

const Container = styled.div`
  font-style: italic;
`;

const index: NextPage = () => {
  return <Container>hello Styled-components</Container>;
};

export default index;
```

스타일드 컴포넌트는 템플릿 리터럴을 사용합니다. 템플릿 리터럴은 백틱(backtick)을 사용하여 문자열을 리턴하는 방식입니다. 앞에 코드처럼 styled.html태그`` 형식으로 사용하며 ``안에 css 및 scss 코드를 작성하여 컴포넌트에 스타일을 줄 수 있습니다.

hello Styled-components

[그림 4-2] 스타일드 컴포넌트 사용하기

서버 사이드에서 스타일링이 잘 적용되었는지 확인하기 위해 크롬 브라우저에서 개발자 도구(f12)를 열어 network 탭에 들어가면 그림과 같이 서버에서 보내준 뷰를 확인할 수 있습니다.

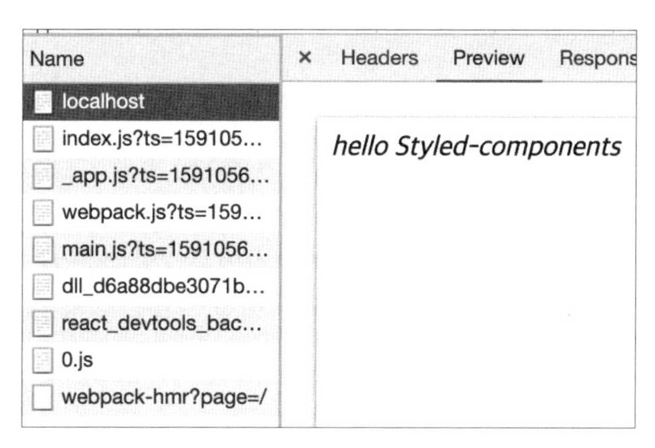

[그림 4-3] 서버 사이드에서 스타일링 적용이 되었는지 확인하기

4.1.2 스타일드 컴포넌트로 글로벌 스타일 적용하기

이전에 styled-jsx를 사용할 때에는 _app파일에 <style jsx global>을 만들어 사용하였습니다. 방식은 비슷합니다. 스타일드 컴포넌트에서 제공하는 createGlobalStyle 함수를 이용하여 글로벌 스타일을 생성하여 App 컴포넌트에 넣어주도록 하겠습니다. 이 과정에서 'styled-reset' 라이브러리를 사용하여 기존 html의 스타일을 간편하게 제거하여 사용하도록 하겠습니다. 스타일을 리셋하는 이유는 브라우저별로 각각 태그에 대한 기본 스타일링이 다르며, 각각의 스타일을 고려하지 않을 수 있기에 리셋을 함으로써 스타일링에 편리함을 얻을 수 있습니다.

스타일드 컴포넌트를 사용하여 글로벌 스타일을 만들어보도록 하겠습니다. 우선 스타일링에 관련된 'styles' 폴더를 만들어서 GlobalStyle.ts라는 파일을 만들겠습니다.

▸ **styles/GlobalStyle.ts**

```
import { createGlobalStyle } from "styled-components";

const GlobalStyle = createGlobalStyle`
    body {
        margin:0;
```

```
    }
`;

export default GlobalStyle;
```

스타일드 컴포넌트의 createGlobalStyle을 이용하여 글로벌 스타일을 만든 후 기본적으로 들어가 있는 body의 margin을 제거하도록 하였습니다. _app.tsx를 만들어 글로벌 스타일을 적용하도록 하겠습니다.

▶ **Pages/_app.tsx**

```
import App, { AppContext, AppProps, AppInitialProps } from "next/app";
import GlobalStyle from "../styles/GlobalStyle";

const app = ({ Component, pageProps }: AppProps) => {
  return (
    <>
      <GlobalStyle />
      <Component {...pageProps} />
    </>
  );
};

export default app;
```

만들어둔 글로벌 스타일을 Component와 함께 return 하였습니다. 앱을 실행하여 확인해보면 body에 margin이 사라진 것을 확인할 수 있습니다. 이제 스타일링을 편하게 하기 위해 스타일을 리셋하도록 하겠습니다.

4.1.3 글로벌 스타일 설정하기

글로벌 스타일을 리셋하는 방법으로는 앞의 body처럼 각각의 값을 설정해주는 방법도 있습니다. 하지만 번거로운 작업이기에 만들어둔 스타일셋이 없다면 'styled-reset'

을 사용하는 것이 편리합니다. 'styled-reset'을 설치하도록 하겠습니다.

```
$ yarn add styled-reset
```

'styled-reset'을 적용하는 것은 간단합니다. 'styled-reset'을 임포트한 후 글로벌 스타일 안에 추가해주기만 하면 스타일이 적용됩니다.

▶ **styles/GlobalStyle.ts**

```
import { createGlobalStyle } from "styled-components";
import reset from "styled-reset";

const GlobalStyle = createGlobalStyle`
    ${reset}
    * {
    box-sizing: border-box;
    }
`;

export default GlobalStyle;
```

스타일이 초기화되었는지 확인하기 위해 다양한 태그들을 사용해보도록 하겠습니다.

▶ **pages/index.tsx**

```
import { NextPage } from "next";
import styled from "styled-components";

const Container = styled.div`
  padding: 20px;
`;

const index: NextPage = () => {
  return (
    <Container>
      <h1>hello Styled-components</h1>
      <h2>hello Styled-components</h2>
```

```
      <p>hello Styled-components</p>
      <ul>
        <li>hello Styled-components</li>
      </ul>
      <a>hello Styled-components</a>
      <span>hello Styled-components</span>
    </Container>
  );
};

export default index;
```

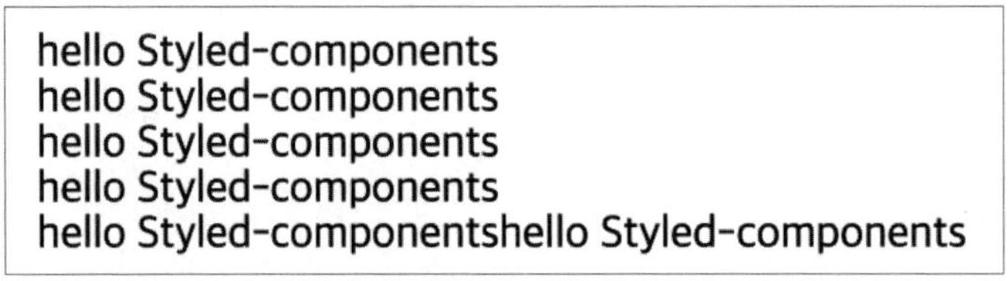

hello Styled-components
hello Styled-components
hello Styled-components
hello Styled-components
hello Styled-componentshello Styled-components

[그림 4-4] 스타일 리셋 적용하기

그림과 같이 스타일이 리셋된 것을 확인할 수 있습니다. 개발자 도구를 확인하면 다음 그림과 같이 스타일이 설정된 것을 확인할 수 있습니다.

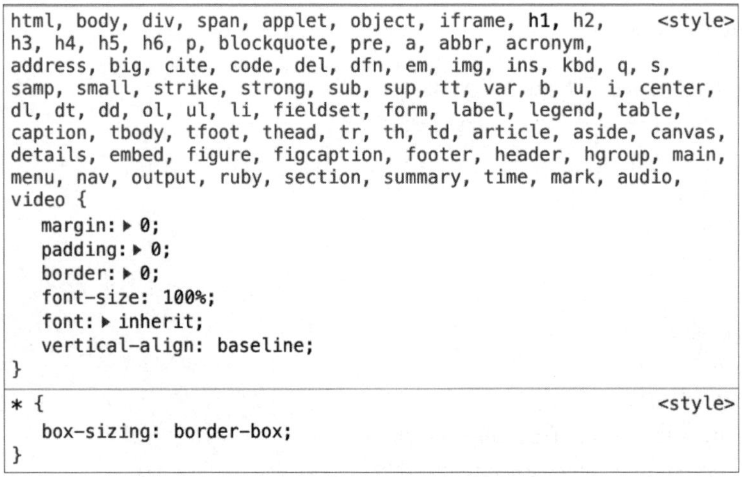

```
html, body, div, span, applet, object, iframe, h1, h2,      <style>
h3, h4, h5, h6, p, blockquote, pre, a, abbr, acronym,
address, big, cite, code, del, dfn, em, img, ins, kbd, q, s,
samp, small, strike, strong, sub, sup, tt, var, b, u, i, center,
dl, dt, dd, ol, ul, li, fieldset, form, label, legend, table,
caption, tbody, tfoot, thead, tr, th, td, article, aside, canvas,
details, embed, figure, figcaption, footer, header, hgroup, main,
menu, nav, output, ruby, section, summary, time, mark, audio,
video {
   margin: ▸ 0;
   padding: ▸ 0;
   border: ▸ 0;
   font-size: 100%;
   font: ▸ inherit;
   vertical-align: baseline;
}
* {                                                         <style>
   box-sizing: border-box;
}
```

[그림 4-5] 스타일 리셋 개발자 도구로 확인하기

4.2 폰트 적용하기

스타일링을 시작하기에 이전에 해보았던 대로 구글의 NotoSans 및 NotoSansKr 폰트를 적용해보도록 하겠습니다. _document.tsx 파일의 하단 부분에 구글폰트 CDN을 이용하여 네트워크로 받아오는 link 태그를 넣어주도록 합니다.

▶ pages_document.tsx

```
import Document, {
  Html,
  Head,
  Main,
  NextScript,
  DocumentContext,
} from "next/document";
import { ServerStyleSheet } from "styled-components";

class MyDocument extends Document {
  static async getInitialProps(ctx: DocumentContext) {
    const sheet = new ServerStyleSheet();
    const originalRenderPage = ctx.renderPage;
    try {
      ctx.renderPage = () =>
        originalRenderPage({
          enhanceApp: (App) => (props) =>
            sheet.collectStyles(<App {...props} />),
        });
      const initialProps = await Document.getInitialProps(ctx);
      return {
        ...initialProps,
        styles: (
          <>
            {initialProps.styles}
            {sheet.getStyleElement()}
          </>
        ),
      };
```

```
    } finally {
      sheet.seal();
    }
  }

  render() {
    return (
      <Html>
        <Head>
          <link
            href="https://fonts.googleapis.com/css?family=Noto+Sans:400,700&
            display=swap"
            rel="stylesheet"
          />
          <link
            href="https://fonts.googleapis.com/css?family=Noto+Sans+KR:400,7
            00&display=swap&subset=korean"
            rel="stylesheet"
          />
        </Head>
        <body>
          <Main />
          <NextScript />
        </body>
      </Html>
    );
  }
}

export default MyDocument;
```

그 후 글로벌 스타일에 'font-family' 속성을 적용해주면 폰트 적용이 완료됩니다.

▸ **styles/GlobalStyle.ts**

```
import { createGlobalStyle, css } from "styled-components";
import reset from "styled-reset";
```

```
const globalStyle = css`
  ${reset};

  * {
    box-sizing: border-box;
  }
  body {
    font-family: Noto Sans, Noto Sans KR;
  }
`;

const GlobalStyle = createGlobalStyle`
    ${globalStyle}

`;

export default GlobalStyle;
```

createGlobalStyle의 백틱 안에 스타일을 직접 작성하게 되면 포맷팅을 지원하지 않기 때문에 불편함이 있습니다. styled-components의 css 함수를 이용하면 스타일드 컴포넌트에서 사용할 css 값을 변수로 만들어 사용할 수 있습니다.

투두리스트 만들기

5.1 투두리스트 헤더 만들기

투두리스트를 만들기 위한 준비 단계가 끝이 났습니다. 이제 본격적으로 투두리스트를 만들어보도록 하겠습니다. 제일 먼저, 투두리스트의 헤더 부분을 만들도록 하겠습니다. 헤더는 모든 페이지에 공통으로 사용하게 됩니다. 헤더 컴포넌트를 만든 후 App 컴포넌트에 넣어 공통적으로 사용되도록 만들겠습니다.

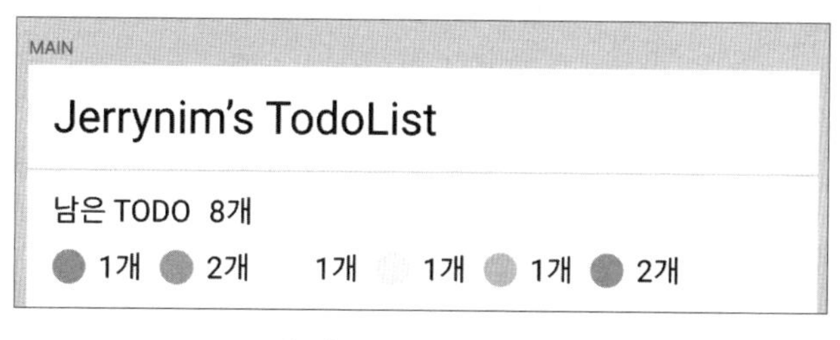

[그림 5-1] 투두리스트 헤더

▸ **components/Header.tsx**

```
import React from "react";
import styled from "styled-components";
import palette from "../styles/palette";

const Container = styled.div`
  display: flex;
  align-items: center;
  width: 100%;
  height: 52px;
  padding: 0 12px;
  border-bottom: 1px solid ${palette.gray};
  h1 {
    font-size: 21px;
  }
`;
const Header: React.FC = () => {
  return (
    <Container>
      <h1>Jerrynim's TodoList</h1>
    </Container>
  );
};

export default Header;
```

투두리스트에 필요한 색상들을 'palette'라는 파일에 미리 정리하여 사용하도록 하겠습니다. 색상을 정리하여 사용함으로써 동일한 색상을 사용하게 되어 앱의 통일감을 줄 수 있으며, 색상 값을 외우지 않아도 됩니다.

▸ **styles/palette.ts**

```
export default {
  red: "#FFAFB0",
  orange: "#FFC282",
  yellow: "#FCFFB0",
  green: "#E2FFAF",
```

```
  blue: "#AEE4FF",
  navy: "#B5C7ED",
  gray: "#E5E5E5",
  deep_red: "#F35456",
  deep_green: "#47E774",
};
```

스타일드 컴포넌트는 styled-jsx와 다르게 안에 h1{ ... }처럼 네스팅이 가능합니다. 네스팅을 하면 작성할 당시에는 간편할 수 있지만 후에 수정한다면 스타일을 찾는 데 시간이 더 드는 경우가 저에게는 많았습니다. 네스팅을 사용한다면, 나중에 스타일을 찾기 쉽도록, 마지막 엘리먼트에서만 사용하는 걸 권장합니다.

이제 헤더를 공통으로 사용하기 위해 App 컴포넌트에 넣어주도록 하겠습니다.

▶ _app.tsx

```
import { AppProps } from "next/app";
import Header from "../components/Header";
import GlobalStyle from "../styles/GlobalStyle";

const app = ({ Component, pageProps }: AppProps) => {
  return (
    <>
      <GlobalStyle />
      <Header />
      <Component {...pageProps} />
    </>
  );
};

export default app;
```

Jerrynim's TodoList

hello Styled-components
hello Styled-components
hello Styled-components
hello Styled-components
hello Styled-componentshello Styled-components

[그림 5-2] 투두리스트 적용하기

5.2 투두리스트 스타일링하기

본격적으로 투두리스트를 스타일링 해보도록 하겠습니다. 저는 pages/index.tsx 에 컴포넌를 만들 때 pages 안에서 바로 스타일링을 하지 않고 컴포넌트로 만들어 사용합니다. pages의 파일 안에서 서버 데이터 패치를 사용하게 될 때에 해당 부분에 집중할 수 있게 해주기 때문입니다. components폴더에 투두리스트 컴포넌트인 TodoList.tsx를 만들어주도록 하겠습니다.

▶ **pages/index.tsx**

```
import React from "react";
import { NextPage } from "next";
import TodoList from "../components/TodoList";

const app: NextPage = () => {
  return <TodoList />;
};

export default app;
```

▶ **components/TodoList.tsx**

```
import React from "react";
import styled from "styled-components";
```

```
const Container = styled.div`
  width: 100%;
`;

const TodoList: React.FC = () => {
  return (
    <Container>
      <h1>TodoList</h1>
    </Container>
  );
};

export default TodoList;
```

투두리스트를 스타일링 하기 위해 데이터가 필요합니다. 하지만 아직 데이터가 없기 때문에 임시로 데이터를 만들어 사용하도록 하겠습니다. 투두 아이템은 id, text, color, checked 값을 가지게 됩니다. 투두 아이템의 속성들을 타입으로 만들어 사용해보도록 하겠습니다. 타입은 types 폴더를 만들어서 관련된 타입끼리 모아서 관리하는 것을 선호합니다. 'todo.d.ts'라는 파일을 만들도록 하겠습니다. 'd.ts'는 타입스크립트 코드의 타입 추론을 돕는 파일입니다.

▸ **types/todo.d.ts**

```
export type TodoType = {
  id: number;
  text: string;
  color: "red" | "orange" | "yellow" | "green" | "blue" | "navy";
  checked: boolean;
};
```

'color: string;' 으로 하여도 맞지만, 값을 지정해주어 color 속성을 더 명확히 하였습니다. 임시 투두리스트 데이터를 만들어 TodoList의 props로 전달해주도록 하겠습니다.

▸ pages/index.tsx

```
import React from "react";
import { NextPage } from "next";
import TodoList from "../components/TodoList";
import { TodoType } from "../types/todo";

const todos: TodoType[] = [
  { id: 1, text: "마트 가서 장보기", color: "red", checked: false },
  { id: 2, text: "수학 숙제하기", color: "orange", checked: false },
  { id: 3, text: "코딩하기", color: "yellow", checked: true },
  { id: 4, text: "넥스트 공부하기", color: "green", checked: true },
  { id: 5, text: "요리 연습하기", color: "blue", checked: false },
  { id: 6, text: "분리수거 하기", color: "navy", checked: false },
];

const app: NextPage = () => {
  return <TodoList todos={todos} />;
};

export default app;
```

TodoList 컴포넌트에 todos를 전달하려고 하였는데 todos에 빨간 밑줄이 생기면서 에러가 생겼다고 합니다.

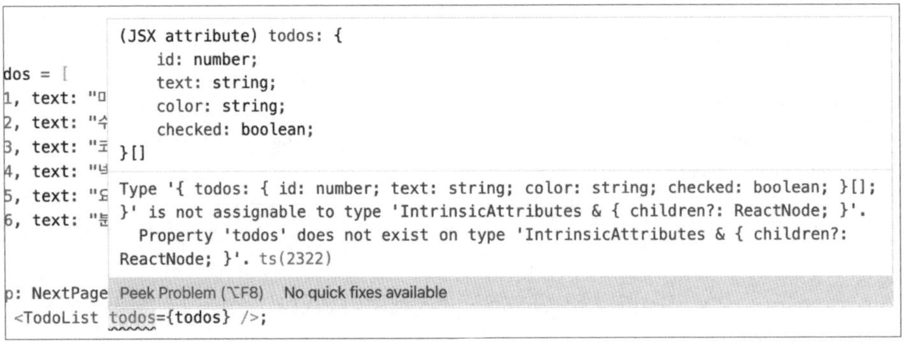

(JSX attribute) todos: {
id: number;
text: string;
color: string;
checked: boolean;
}[]
Type '{ todos: { id: number; text: string; color: string; checked: boolean; }[]; }' is not assignable to type 'IntrinsicAttributes & { children?: ReactNode; }'.
Property 'todos' does not exist on type 'IntrinsicAttributes & { children?: ReactNode; }'. ts(2322)
Peek Problem (⌥F8)
No quick fixes available
dos = [
1, text: "ㅁ
2, text: "수
3, text: "코
4, text: "넥
5, text: "요
6, text: "분
p: NextPage
<TodoList todos={todos} />;

[그림 5-3] TodoList props 전달 에러

TodoList 컴포넌트가 props로 todos를 받기로 되어 있지 않기 때문에 이러한 에러가 발생합니다. TodoList가 props로 todos를 받을 수 있게 타입을 설정해주도록 하겠습니다. 이전에 만들어둔 TodoType을 이용하여 todos의 타입을 지정해주도록 하겠습니다.

```
import { TodoType } from "../types/todo";

interface IProps {
  todos: TodoType[];
}

const TodoList: React.FC<IProps> = () => {
```

interface도 type과 동일하게 타입을 지정할 수 있습니다. interface와 type의 차이점은 자세하게 다루지 않도록 하겠습니다. 저는 export를 하지 않는 타입에 대해서 interface를 사용하는 것을 선호합니다. 그래서 props 타입에 대해서는 interface를 사용하고 있습니다. React.FC는 리액트의 React.FunctionComponent 타입으로 마우스를 올려보면 알 수 있습니다.

```
                    type FC<P = {}> = React.FunctionComponent<P>
const TodoList: React.FC<IProps> = () =>
```

[그림 5-4] React.FC의 타입

React.FC의 타입을 살펴보면 '<>'는 제네릭이라고 읽으며 여기서는 P(props)라는 타입(기본 값은 {})을 제네릭을 사용하여 React.FunctionComponent에 전달해주고 있습니다. 윈도우에서는 '컨트롤' 맥에서는 '커멘드'키를 누른 채로 타입을 클릭하면 해당 타입의 선언으로 이동할 수 있습니다. 타입에 대한 자세한 정보를 보길 원한다면 해당 키를 눌러 확인할 수 있습니다. 여기서는 props타입을 제네릭을 이용하여 전달했다는 것만 이해하고 넘어가도록 하겠습니다. 이제 TodoList 컴포넌트는 props로 IProps를 전달받기로 타입이 지정되었습니다. 전달해주는 props와 전달받기로 한 props의 타입이 같기에 타입에러가 사라진 것을 확인할 수 있습니다. 이제 props로 전달한 todos 값을 이용하여 상단부터 스타일링을 시작해보도록 하겠습니다. 우선 남은 Todo의 개수를 표시해보도록 하겠습니다.

▸ **components/TodoList.tsx**

```
import React from "react";
import styled from "styled-components";
import palette from "../styles/palette";
import { TodoType } from "../types/todo";

const Container = styled.div`
  width: 100%;

  .todo-list-header {
    padding: 12px;
    border-bottom: 1px solid ${palette.gray};

    .todo-list-last-todo {
      font-size: 14px;
      span {
        margin-left: 8px;
      }
    }
  }
`;

interface IProps {
  todos: TodoType[];
}

const TodoList: React.FC<IProps> = ({ todos }) => {
  return (
    <Container>
      <div className="todo-list-header">
        <p className="todo-list-last-todo">
          남은 TODO<span>{todos.length}개</span>
```

```
        </p>
      </div>
    </Container>
  );
};

export default TodoList;
```

Jerrynim's TodoList

남은 TODO 6개

[그림 5-5] 투두리스트 개수

스타일드 컴포넌트를 사용하여 태그마다 스타일링을 할 수 있지만, 저는 className을 이용하여 스타일링하는 것을 선호합니다. 다음은 className을 사용하지 않고 스타일드 컴포넌트를 여러 개 만들어 사용하는 방식입니다.

```
import React from "react";
import styled from "styled-components";
import palette from "../styles/palette";
import { TodoType } from "../types/todo";

const Container = styled.div`
  width: 100%;
`;
const TodoHeader = styled.div`
  padding: 12px;
  border-bottom: 1px solid ${palette.gray};
`;
const TodoListLastNumber = styled.p`
  font-size: 14px;
  span {
    margin-left: 8px;
  }
```

```
`;

interface IProps {
  todos: TodoType[];
}

const TodoList: React.FC<IProps> = ({ todos }) => {
  return (
    <Container>
      <TodoHeader>
        <TodoListLastNumber>
          남은 TODO<span>{todos.length}개</span>
        </TodoListLastNumber>
      </TodoHeader>
    </Container>
  );
};

export default TodoList;
```

스타일드 컴포넌트가 많아질수록 무엇이 리액트 컴포넌트인지, 스타일드 컴포넌트인지 구분하기가 힘들어지며, 컴포넌트의 태그가 무엇인지 바로 확인할 수 없어 가독성이 좋지 않습니다. 그래서 필자는 className을 사용하여 스타일링을 하도록 하고 있습니다. 또한 className을 이용하면 후에 유지보수 단계에서 className을 검색하여 유지보수할 코드의 위치를 빠르게 찾을 수 있다는 장점이 있습니다. 그래서 className은 해당 태그가 무엇을 나타내는지 잘 알 수 있도록 유니크하게 만들어 사용합니다.

5.2.1 색상별 투두리스트 개수 구하기

그림과 같이 색상별로 남은 투두 아이템의 개수를 구하려 합니다. 투두리스트 배열의 투두 아이템 객체의 color 값을 사용하게 되기에 까다로울 수도 있습니다. 여러 방법을 통해 색상별로 투두 아이템의 개수를 구해보도록 하겠습니다.

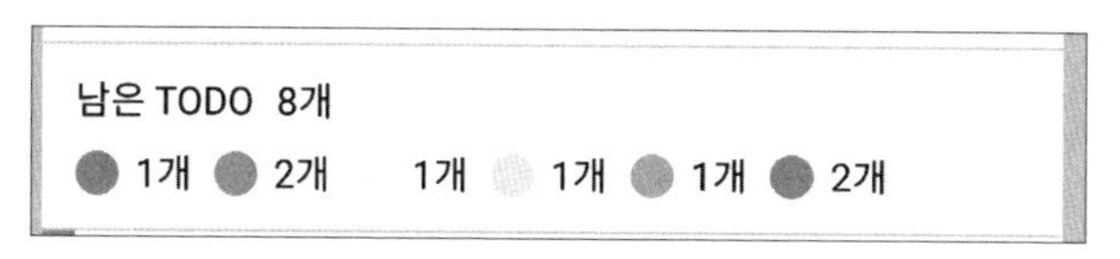

[그림 5-6] 색상별 남은 투두 아이템 개수

투두리스트에서 색깔들의 개수를 구하는 방법을 설명하겠습니다. 첫 번째 방법은 if 문을 이용하여 각각의 숫자의 카운트를 더하여 리턴하는 함수를 만들어 구할 수 있습니다.

```
//* 색깔 객체 구하기 1
  const getTodoColorNums = () => {
    let red = 0;
    let orange = 0;
    let yellow = 0;
    let green = 0;
    let blue = 0;
    let navy = 0;
    todos.forEach((todo) => {
      if (todo.color === "red") {
        red += 1;
      }
      if (todo.color === "orange") {
        orange += 1;
      }
      if (todo.color === "yellow") {
        yellow += 1;
      }
      if (todo.color === "green") {
        green += 1;
      }
      if (todo.color === "blue") {
        blue += 1;
      }
      if (todo.color === "navy") {
```

```
      navy += 1;
    }
  });
  return {
    red,
    orange,
    yellow,
    green,
    blue,
    navy,
  };
};
console.log(getTodoColorNums());
```

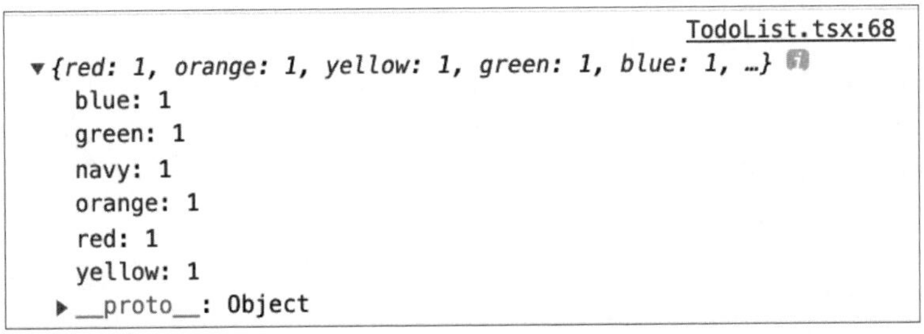

```
                                        TodoList.tsx:68
▼{red: 1, orange: 1, yellow: 1, green: 1, blue: 1, …}
   blue: 1
   green: 1
   navy: 1
   orange: 1
   red: 1
   yellow: 1
  ▶__proto__: Object
```

[그림 5-7] 투두리스트 색깔 개수 객체

If문의 사용이 보기 좋지 않다는 생각이 든다면 switch를 사용하여 개선할 수 있습니다. 저는 하나의 값에 대한 조건문은 switch를 자주 사용합니다.

```
//* 색깔 객체 구하기 1
  const getTodoColorNums = () => {
    let red = 0;
    let orange = 0;
    let yellow = 0;
    let green = 0;
    let blue = 0;
    let navy = 0;
    todos.forEach((todo) => {
```

```
    switch (todo.color) {
      case "red":
        red += 1;
        break;
      case "orange":
        orange += 1;
        break;
      case "yellow":
        yellow += 1;
        break;
      case "green":
        green += 1;
        break;
      case "blue":
        blue += 1;
        break;
      case "navy":
        navy += 1;
        break;
      default:
        break;
    }
  });

  return {
    red,
    orange,
    yellow,
    green,
    blue,
    navy,
  };
};
console.log(getTodoColorNums());
```

이렇게 만들어진 함수를 그대로 사용하기보다는 변수로 만들어서 사용하는 것이 가독성이 더 좋습니다. 함수의 리턴 값을 가지는 변수를 만들어서 사용하도록 하겠습니다.

```
const todoColorNums = getTodoColorNums();
```

이렇게 만들어진 getTodoColorNums와 todoColorNums는 컴포넌트가 리렌더될 때마다 재계산이 됩니다. 재계산을 방지함으로써 성능 개선을 얻을 수 있는 useMemo와 useCallback 훅스를 소개하도록 하겠습니다. useMemo는 변수에 종속성을 주어 함수의 재연산을 방지할 수 있는 훅스입니다. useCallback은 함수에 종속성을 줄 수 있게 됩니다.

```
import React, { useMemo, useCallback } from "react";

  //* 색깔 객체 구하기 1
  const getTodoColorNums = useCallback(() => {
  ...
    return {
      red,
      orange,
      yellow,
      green,
      blue,
      navy,
    };
  }, [todos]);

  //* 색상별 투두 개수
  const todoColorNums = useMemo(getTodoColorNums, [todos]);
```

여기서 마지막의 [todos]는 값은 종속성을 나타냅니다. todos가 변경될 때만 함수와 변수를 재연산하게 되는 것을 의미합니다. 이러한 useMemo를 사용하는 것이 항상 좋은 것은 아닙니다. useMemo와 useCallback 또한 값의 변화를 비교하게 되며, 배열을 생성하여 사용하는 만큼 메모리를 사용하게 됩니다. 이러한 비용이 재연산하는 비용보다 클 수 있습니다. 그러한 경우에는 훅스를 사용하는 것이 성능이 더 안 좋을 수 있습니다. 종속성을 제대로 넣어주지 않는다면 재연산이 되지 않아 값이 바뀌지 않게 되어 원하는 값을 얻지 못할 수 있습니다.

앞의 방법은 정해진 색상에 숫자를 카운트할 수 있는 방법입니다. 정해진 색상 이외의 색상, 예로 'black'이 값으로 있다면 카운트 되지 않을 것입니다. 만약 정해지지 않은 색상의 숫자를 얻고 싶을 때는 다른 방법을 사용해야 합니다. 정해지지 않은 색상의 숫자를 얻고 싶을 때 사용할 수 있게 색깔의 개수를 구하도록 하겠습니다.

```
//* 객체의 문자열 인덱스 사용을 위한 타입
type ObjectIndexType = {
  [key: string]: number | undefined;
};

//* 색깔 객체 구하기 2
const todoColorNums2 = useMemo(() => {
  const colors: ObjectIndexType = {};
  todos.forEach((todo) => {
    const value = colors[todo.color];
    if (!value) {
      //* 존재하지 않던 key라면
      colors[`${todo.color}`] = 1;
    } else {
      //* 존재하는 키라면
      colors[`${todo.color}`] = value + 1;
    }
  });
  return colors;
}, [todos]);
console.log(todoColorNums2);
```

자바스크립트에서 오브젝트에 대괄호 표기법을 사용하면 객체의 프로퍼티에 접근할 수 있습니다. colors[`${todo.color}`] 는 undefined이거나 새로 넣어준 number 일 것입니다. 따라서 ObjectIndexType 타입에 [key]의 값으로 number | undefined라는 타입을 지정해주었습니다. ObjectIndexType을 타입을 지정해주지 않으면 대괄호 표기법을 사용할 때 타입에러가 나옵니다. 각 투두 아이템에 대하여 색상이 없다면 색

상의 값을 1로 색상이 이미 있다면 1을 더해주도록 하였습니다. 이를 이용하여 색상의 값을 구할 수 있었습니다. 이렇게 얻은 투두 색상의 개수들을 가지고 스타일링 해보도록 하겠습니다.

```
const Container = styled.div`
  width: 100%;

  .todo-num {
    margin-left: 12px;
  }

  .todo-list-header {
    padding: 12px;
    position: relative;
    border-bottom: 1px solid ${palette.gray};

    .todo-list-last-todo {
      font-size: 14px;
      margin: 0 0 8px;
      span {
        margin-left: 12px;
      }
    }

    .todo-list-header-colors {
      display: flex;
      .todo-list-header-color-num {
        display: flex;
        margin-right: 8px;
        p {
          font-size: 14px;
          line-height: 16px;
          margin: 0;
          margin-left: 6px;
        }
        .todo-list-header-round-color {
          width: 16px;
          height: 16px;
```

```
          border-radius: 50%;
        }
      }
    }
  }
  .bg-blue {
    background-color: ${palette.blue};
  }
  .bg-green {
    background-color: ${palette.green};
  }
  .bg-navy {
    background-color: ${palette.navy};
  }
  .bg-orange {
    background-color: ${palette.orange};
  }
  .bg-red {
    background-color: ${palette.red};
  }
  .bg-yellow {
    background-color: ${palette.yellow};
  }
`;
...
  return (
    <Container>
      <div className="todo-list-header">
        <p className="todo-list-last-todo">
          남은TODO<span>{todos.length}개</span>
        </p>
        <div className="todo-list-header-colors">
          {Object.keys(todoColorNums).map((color, index) => (
            <div className="todo-list-header-color-num" key={index}>
              <div className={`todo-list-header-round-color bg-${color}`} />
              <p>{todoColorNums[color]}개</p>
            </div>
          ))}
        </div>
```

```
    </div>
  </Container>
```

남은 TODO 6개
1개 1개 1개 1개 1개 1개

[그림 5-8] 투두리스트 색깔 개수 스타일링

Object.keys()를 이용하면 객체의 키값들을 배열로 얻을 수 있습니다. keys 배열을 map 함수를 이용하여 색깔과 개수의 JSX를 리턴하였습니다. 그리고 className에 'bg-${color}'값을 넣어주어 색상을 표현하였습니다.

투두 아이템들을 스타일링 하도록 하겠습니다 . 투두리스트 배열을 map 함수를 이용하여 나타내고 왼쪽 부분 먼저 해보도록 하겠습니다.

```
  .todo-list {
    .todo-item {
      display: flex;
      justify-content: space-between;
      align-items: center;
      width: 100%;
      height: 52px;
      border-bottom: 1px solid ${palette.gray};

      .todo-left-side {
        width: 100%;
        height: 100%;
        display: flex;
        align-items: center;
        .todo-color-block {
          width: 12px;
          height: 100%;
        }
        .checked-todo-text {
```

```
        color: ${palette.gray};
        text-decoration: line-through;
      }
      .todo-text {
        margin-left: 12px;
        font-size: 16px;
      }
    }
  }
}
`;
...
    <ul className="todo-list">
      {todos.map((todo) => (
        <li className="todo-item" key={todo.id}>
          <div className="todo-left-side">
            <div className={`todo-color-block bg-${todo.color}`} />
            <p
              className={`todo-text ${
                todo.checked ? "checked-todo-text" : ""
              }`}
            >
              {todo.text}
            </p>
          </div>
        </li>
      ))}
    </ul>
  </Container>
```

Jerrynim's TodoList

남은TODO 6개

1개 1개 1개 1개 1개 1개

마트 가서 장보기

수학 숙제하기

~~코딩하기~~

~~넥스트 공부하기~~

요리 연습하기

분리수거 하기

[그림 5-9] 투두 아이템 왼쪽 부분 스타일링

투두 헤더와 동일하게 todo.color를 템플릿 리터럴을 이용하여 클래스네임으로 색깔을 주었습니다. 그리고 todo.checked 값을 사용하여 true일 때 className을 주어 회색 글자색과 text-decoration: line-through를 사용하여 빗금 처리를 하였습니다.

투두 아이템의 오른쪽 부분을 만들도록 하겠습니다. 투두의 checked가 false라면 체크할 수 있는 동그란 버튼을 나오게 하고 true라면 삭제와 체크 해제 버튼을 만들려고 합니다.

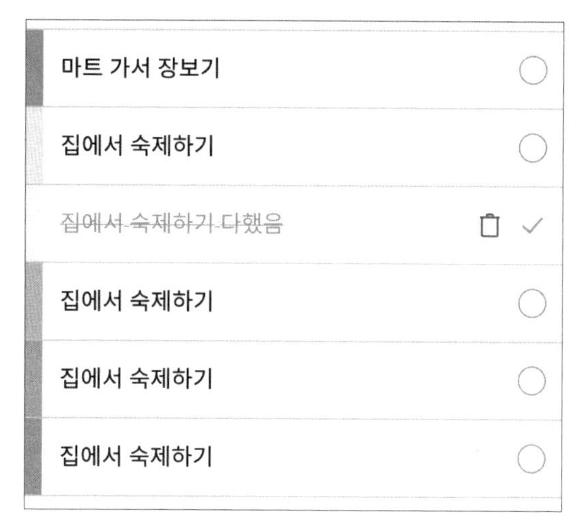

[그림 5-10] 투두 아이템 오른쪽 부분

checked 가 false일 때의 뷰를 만들어보겠습니다.

```
.todo-right-side {
        display: flex;
        margin-right: 12px;

        .todo-button {
          width: 20px;
          height: 20px;
          border-radius: 50%;
          border: 1px solid ${palette.gray};
          background-color: transparent;
          outline: none;
        }
      }
...
 <div className="todo-right-side">
              {!todo.checked && (
                <button
              type="button"
                  className="todo-button"
                  onClick={() => {}}
```

```
            />
          )}
        </div>
      </li>
    ))}
  </ul>
```

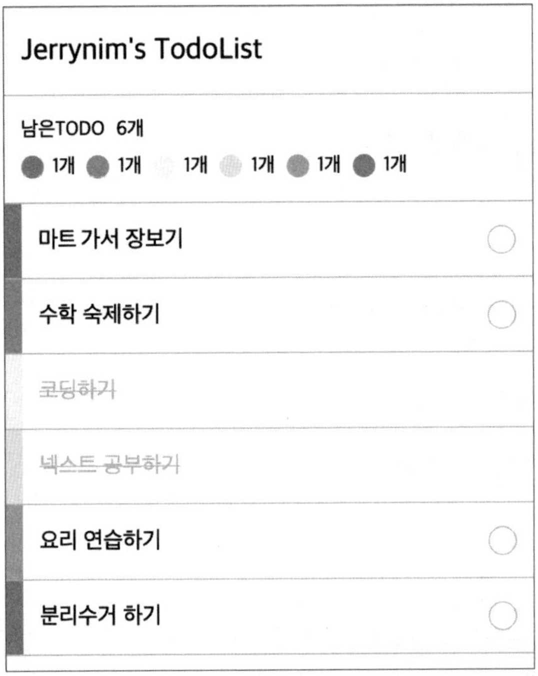

Jerrynim's TodoList

남은TODO 6개

1개 1개 1개 1개 1개 1개

마트 가서 장보기

수학 숙제하기

~~코딩하기~~

~~넥스트 공부하기~~

요리 연습하기

분리수거 하기

[그림 5-11] 투두 아이템 체크 버튼

!todo.checked 처럼 앞에 !를 붙이면 반대의 값이 나옵니다. 또한, ! 뒤에 값이 있다면 false의 값은 true값으로 나옵니다. !!data 같은 문법을 볼 수 있는데 이는 값이 있는지 boolean값을 받는 코드입니다. 다음 그림은 !를 사용했을 때 값이 어떻게 나오는지를 보여줍니다.

```
> !null
<· true
> !""
<· true
> !undefined
<· true
> !"anything"
<· false
> !12
<· false
> !!"anything"
<· true
```

[그림 5-12] !사용하기 결과 값

이제 todo.checked가 true일 때를 만들도록 하겠습니다. 체크가 되면 빨간색의 휴지통 아이콘과 초록색에 체크 아이콘이 나옵니다. 이를 위해 아이콘이 필요하기 때문에, 아이콘 이미지를 얻는 방법을 소개해 드리려고 합니다.

5.3 아이콘 다운로드 받기

앞에서는 아이콘을 사용하기 위해 react-icons를 사용했지만, react-icons에 없는 아이콘을 사용해야 한다면 다운로드 받거나 만들어서 사용해야 합니다. 제가 자주 사용하는 아이콘을 다운로드 받을 수 있는 사이트를 소개해 드리도록 하겠습니다.

5.3.1 iconmonstr 사이트

iconmonstr는 원하는 아이콘 이미지들을 검색하고 다운로드 받을 수 있는 사이트입니다. 다음은 iconmonstr의 사이트입니다.

https://iconmonstr.com/

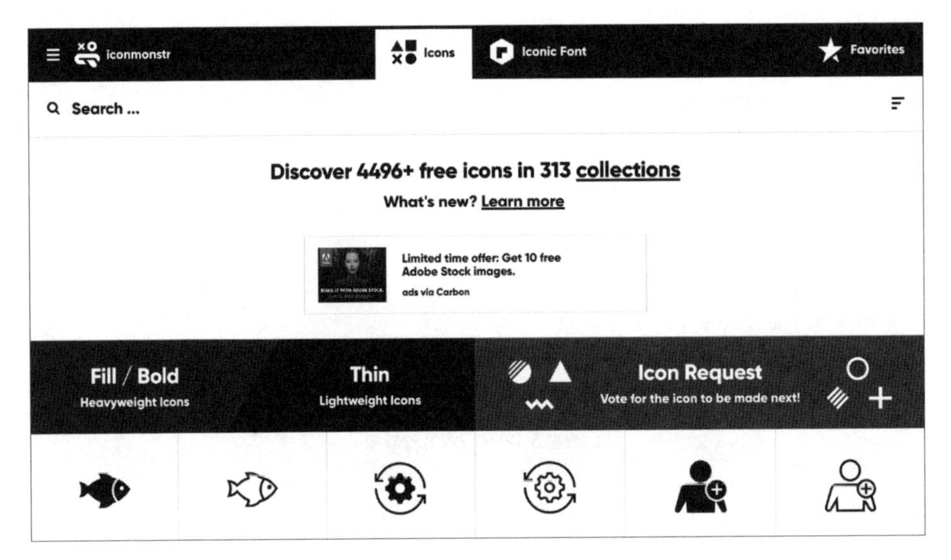

[그림 5-13] iconmonstr 홈페이지

iconmonstr 사이트는 무료로 아이콘을 다운로드 받을 수 있는 사이트입니다. 검색을 할 때에는 영어로 검색해야 합니다. 저희는 휴지통(trash can)과 체크마크 아이콘(check)를 검색해서 다운로드 받아보도록 하겠습니다.

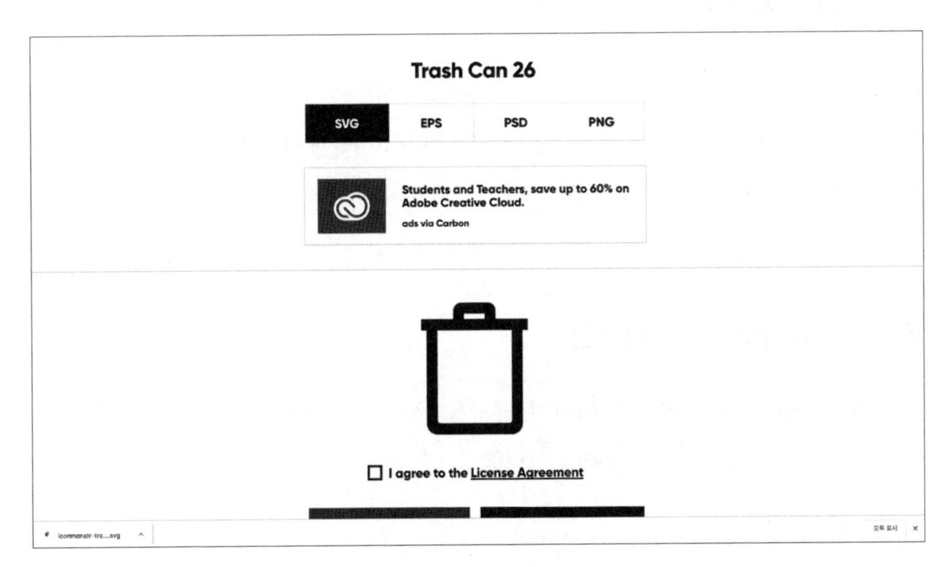

[그림 5-14] iconmonstr 휴지통 아이콘

아이콘은 svg 확장자를 사용하는 것이 가장 성능이 좋습니다. svg 확장자를 사용하게 되면 확대 및 축소를 하게 되더라도 이미지가 깨지지 않습니다. License Agreement에 동의하는 체크박스를 클릭한 후 Download를 클릭하면 svg 아이콘을 얻을 수 있게 됩니다. 혹은 <Embed>를 클릭하여 코드로 다운 받을 수도 있습니다. 이어서 체크마크 아이콘도 다운 받도록 하겠습니다.

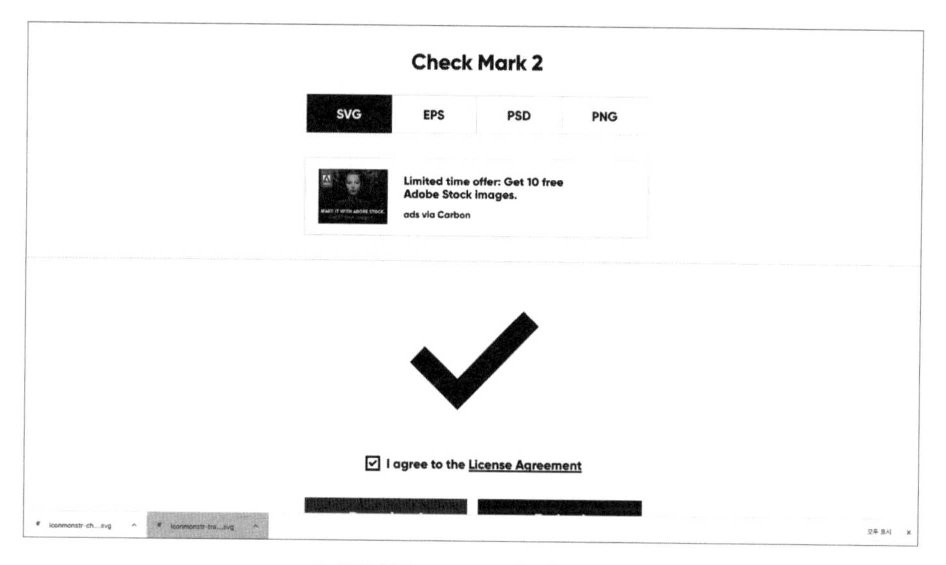

[그림 5-15] iconmonstr 체크마크 아이콘

두 아이콘을 성공적으로 다운 받았다면 이름을 변경한 후 public 폴더에 저장하겠습니다. 파일 이름은 알아보기 쉬울수록 좋습니다.

```
/public
└ //statics
    └ //svg
        ├ trash_can.svg
        └ check_mark.svg
```

5.3.2 Figma 아이콘 다운로드 받기

투두리스트의 Figma 링크를 이전에 공유해 드렸습니다.

https://www.figma.com/file/DG0lfZ1an3xM0AcssQsXJZ/Untitled?node-id=0%3A1

피그마에서는 원하는 레이어를 이미지로 추출할 수 있는 기능을 제공하고 있습니다. 이미지를 추출하기 위해서는 로그인이 필요합니다. 로그인을 했다면 원하는 레이어를 클릭한 후 오른쪽 메뉴 Export 탭에서 그림과 같이 아이콘을 추출할 수 있습니다. svg 확장자를 선택하여 Export를 클릭하여 svg 아이콘을 얻을 수 있습니다.

[그림 5-16] Figma로 아이콘 추출하기

5.4 svg 컴포넌트 사용하기

이제 다운로드 받은 svg 아이콘들을 사용하기 위한 설정이 필요합니다. 넥스트에서 제공하는 svg-components 예제를 참고하여 설정하도록 해보겠습니다.

https://github.com/zeit/next.js/tree/canary/examples/svg-components

우선 svg를 리액트 안에 컴포넌트로 사용하기 위한 바벨 플러그인을 설치하도록 하겠습니다.

```
$ yarn add babel-plugin-inline-react-svg -D
```

설치를 했다면 바벨 플러그인에 추가를 설정하도록 하겠습니다.

▸ .babelrc

```
{
  "presets": ["next/babel"],
  "plugins": [["styled-components", { "ssr": true }], "inline-react-svg"]
}
```

바벨 설정을 마쳤으니, TodoList 컴포넌트에서 svg 아이콘들을 불러와야 하겠습니다. 저는 불러온 아이콘들을 다른 컴포넌트와 구분하기 위해 항상 '**Icon'과 같이 변수명을 짓습니다.

▸ components/TodoList.tsx

```
import TrashCanIcon from "../public/statics/svg/trash_can.svg";
import CheckMarkIcon from "../public/statics/svg/check_mark.svg";
```

아이콘들을 앞의 코드처럼 불러오면 에러가 뜨는 것을 확인할 수 있습니다.

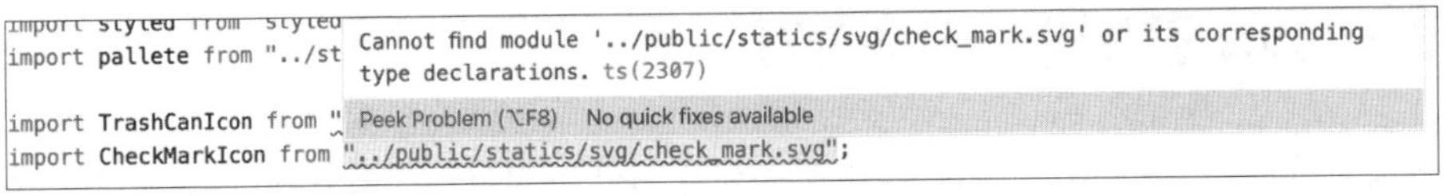

```
import styled from "styled
import pallete from "../st    Cannot find module '../public/statics/svg/check_mark.svg' or its corresponding
                              type declarations. ts(2307)
import TrashCanIcon from "    Peek Problem (⌥F8)   No quick fixes available
import CheckMarkIcon from "../public/statics/svg/check_mark.svg";
```

[그림 5-17] svg 컴포넌트 사용 시 에러

이는 ".svg"라는 모듈을 찾을 수 없다는 문제입니다. '.svg'에 대한 모듈 타입을 지정해 주어 다음 문제를 해결할 수 있습니다. types 폴더에 image.d.ts라는 파일을 만들도록 하겠습니다. 이때 이름은 image가 아닌 다른 것이어도 상관이 없습니다.

▶ types/image.d.ts

```
declare module "*.svg";
```

'*.svg'가 모듈로 선언되어 앞의 에러가 없어진 것을 확인할 수 있습니다. 이제 불러온 아이콘을 투두의 checked가 false일 때 나타나도록 만들어보겠습니다.

▶ components/TodoList.tsx

```
.todo-right-side {
    display: flex;
    margin-right: 12px;
    svg {
      &:first-child {
        margin-right: 16px;
      }
    }
    .todo-trash-can {
      width: 16px;
      path {
        fill: ${palette.deep_red};
      }
    }
    .todo-check-mark {
      fill: ${palette.deep_green};
    }
    .todo-button {
```

```
    width: 20px;
    height: 20px;
    border-radius: 50%;
    border: 1px solid ${palette.gray};
    background-color: transparent;
    outline: none;
  }
}

...
<div className="todo-right-side">
          {todo.checked && (
            <>
              <TrashCanIcon className="todo-trash-can" onClick={() => {}} />
              <CheckMarkIcon className="todo-check-mark" onClick={() =>
              {}} />
            </>
          )}
          {!todo.checked && (
            <button type="button" className="todo-button" onClick={() =>
              {}} />
          )}
        </div>
```

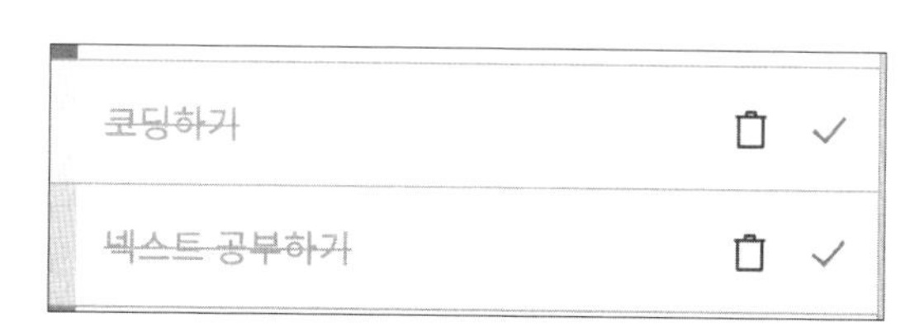

[그림 5-18] 투두 checked가 false일 때

만들어진 svg 컴포넌트를 개발자 도구로 확인해보면 <svg>태그 안에 <path>라는 엘리먼트가 존재합니다. path 엘리먼트는 선과 곡선, 호 등 다양한 형태를 그릴 수 있습니다. 앞의 아이콘들은 path로 만들어져 있어 색을 바꾸기 위해, path 엘리먼트의 css 속성의 'fill'을 이용하여 path의 색상을 바꿔주도록 하겠습니다.

```
▼<svg class="todo-trash-can" width="16" height="16"
viewBox="0 0 16 16" fill="none" xmlns="http://www.w3.or
g/2000/svg">
    <path fill-rule="evenodd" clip-rule="evenodd" d="M12.
    667 16H3.333A1.334 1.334 0 0 1 2 14.667V3.333h-.667V2
    h4V1c0-.551.449-1 1-1h3.334c.55 0 1 .447 1 1v1h4v1.33
    3H14v11.334c0 .736-.597 1.333-1.333 1.333zm-9.334-1.6
    67c0 .184.15.334.334.334h8.666c.184 0 .334-.15.334-.3
    34v-11H3.333v11zM6.667 2h2.666v-.667H6.667V2z" fill=
    "#F35456"></path>
  </svg>
```

[그림 5-19] svg 태그 안의 path 엘리먼트

휴지통 아이콘을 클릭하여 투두리스트를 삭제합니다. 체크마크 아이콘을 클릭하면 투두의 checked를 false로 만들려고 합니다. 지금까지 투두리스트 목업 데이터를 만들어 사용하였습니다. 하지만 앞으로 넥스트의 api를 만들 수 있는 기능을 이용하여 api를 만들어서 투두리스트를 만들도록 하겠습니다.

넥스트 api

넥스트는 express 기반으로 만들어져 있어 api를 만들고 사용할 수 있습니다. 넥스트를 이용하여 투두리스트를 받아오는(GET) API, 투두리스트를 체크하는(PATCH) API, 하나의 투두리스트를 삭제하는(DELETE) API를 만들도록 하겠습니다.

6.1 넥스트 api 사용해보기

넥스트 api를 사용하기 위해 pages폴더 안에 api폴더를 만들도록 하겠습니다. pages 폴더를 이용하여 페이지 경로 설정을 한 것과 동일하게, api폴더 안에 파일을 만들게 되면 파일의 위치는 api의 경로가 됩니다. 예를 들어 'pages/api/todos.ts' 라는 파일을 만들게 되면 'api/todos'가 api의 경로가 됩니다.

간단한 api를 만들어 확인하도록 하겠습니다.

▶ **pages/api/todos.ts**

```
import { NextApiRequest, NextApiResponse } from "next";

export default (req: NextApiRequest, res: NextApiResponse) => {
  return res.send("hello Next!");
};
```

'api/todos' 경로로 api 요청이 오게 되었을 때 "hello Next"라는 문자열을 결과로 보내는 간단한 api를 만들었습니다. 'api/todos' 경로로 api를 요청하여 작동이 잘 되는지 확인합니다. 터미널에서 curl을 사용하여 간단하게 reuqest를 보내도록 하겠습니다.

```
$ curl http://localhost:3000/api/todos
```

[결과]

```
hello Next!%
```

결과가 잘 오는 것을 확인할 수 있습니다. 다른 방법으로 브라우저에서 api의 경로로 들어가도록 하겠습니다.

https://localhost:300/api/todos

```
hello Next!
```

[그림 6-1] 브라우저로 넥스트 api 확인하기

브라우저에 응답 결과가 잘 나타나고 있습니다.

앞의 기능을 이용하여 투두리스트 api를 만들도록 하겠습니다.

6.2 투두리스트 불러오기 api 만들기

투두리스트를 json파일을 이용하여 데이터를 관리하도록 하겠습니다. 'data/todos.json' 파일을 만들도록 하겠습니다. todos.json 안에 이전에 목업으로 만들어둔 임시 투두리스트 데이터를 그대로 사용하도록 하겠습니다.

▸ **data/todos.json**

```
[
  { "id": 1, "text": "마트 가서 장보기", "color": "red", "checked": false },
  { "id": 2, "text": "수학 숙제하기", "color": "orange", "checked": false },
  { "id": 3, "text": "코딩하기", "color": "yellow", "checked": true },
  { "id": 4, "text": "넥스트 공부하기", "color": "green", "checked": true },
  { "id": 5, "text": "요리 연습하기", "color": "blue", "checked": false },
  { "id": 6, "text": "분리수거 하기", "color": "navy", "checked": false }
]
```

투두리스트를 불러오는 api를 만들도록 하겠습니다. api를 만들면서 다음의 과정을 수행하게 됩니다.

1. HTTP 메서드가 GET인지 확인합니다.
2. 파일(todos.json)의 데이터를 불러옵니다.
3. 파일의 데이터를 객체로 결과 값으로 보내줍니다.

파일의 데이터를 불러오는 Get 행위이기 때문에 req.method 가 GET인지 확인하도록 하겠습니다.

▶ pages/api/todos.ts

```
import { NextApiRequest, NextApiResponse } from "next";

export default (req: NextApiRequest, res: NextApiResponse) => {
  if (req.method === "GET") {
    return res.send("hello Next!");
  }

  res.statusCode = 405;
  console.log(res.statusCode);
  return res.end();
};
```

curl로 Post 메서드를 보내어 확인을 해보도록 하겠습니다.

```
$ curl -X POST http://localhost:3000/api/todos
```

[결과]

```
405
```

반대로 GET 메서드를 보낸다면 투두리스트가 잘 나타나게 됩니다. 요청의 메서드를 확인했다면 'fs' 모듈을 이용하여 todos.json 데이터를 불러오도록 하겠습니다. 'Fs'는 파일시스템과 상호 작용하기 위한 API를 제공합니다. fs.readFile 함수를 이용하여 todos.json 데이터를 불러오도록 하겠습니다.

```
  if (req.method === "GET") {
    try {
      const todos = await new Promise<TodoType[]>((resolve, reject) => {
        fs.readFile("/data/todos.json", (err, data) => {
          if (err) {
            return reject(err.message);
          }
          const todosData = data.toString();
          if (!todosData) {
```

```
            //* todos.json값이 비어있다면
            return resolve([]);
          }
          const todos = JSON.parse(data.toString());
          return resolve(todos);
        });
      });
      res.statusCode = 200;
      return res.send(todos);
    } catch (e) {
      console.log(e);
      res.statusCode = 500;
      res.send(e);
    }
  }
```

코드를 살펴보도록 하겠습니다.

```
try{
  ...
} catch(e){
...
}
```

try, catch 문을 이용하여 파일을 불러오는 과정에서 에러가 발생했을 경우 에러를 확인할 수 있도록 하였고, 에러코드를 결과 값으로 보내주도록 하였습니다.

```
const todos = await new Promise<TodoType[]>((resolve, reject) => {
```

fs.readFile은 비동기 함수이기에 Promise를 이용하여 파일을 불러오는 것을 기다릴 수 있게 해주었고, 결과 값으로 TodoType[]의 타입을 가진 todos를 리턴하게 됩니다.

```
fs.readFile("/data/todos.json", (err, data) => {
```

fs.readFile은 첫 번째 인자로 데이터를 불러올 파일의 경로를 받고, 두 번째 인자로 callback을 받습니다. callback은 에러 값과 데이터 값을 받게 됩니다.

```
if (err) {
  return reject(err.message);
}
const todosString = data.toString();
```

불러온 파일 데이터는 Buffer 타입으로 toString을 이용하여 값을 문자열 형태로 불러올 수 있습니다.

```
if (!todosString) {
  //* todos.json값이 비어있다면
  return resolve([]);
}
const todos = JSON.parse(data.toString());
return resolve(todos);
```

todos.json파일에 아무것도 없다면 todosString의 값은 “”가 되어 JSON.parse에서 에러가 발생하게 됩니다. 따라서 데이터가 없다면 빈 배열을 리턴해 주도록 하였습니다.

```
res.statusCode = 200;
return res.send(todos);
```

투두리스트 배열을 불러오는 데 성공했다면 200코드와 함께 todos를 결과 값으로 보내줍니다.

fs에는 readFileSync라는 함수도 있습니다. readFileSync는 파일을 동기적으로 불러오는 함수입니다. Promise 사용이 불편하다면 readFileSync를 사용하여 파일 데이터를 불러올 수 있습니다.

```
if (req.method === "GET") {
  try {
    const todosBuffer = fs.readFileSync("data/todos.json");
    const todosString = todosBuffer.toString();
    if (!todosString) {
      res.statusCode = 200;
      res.send([]);
    }
    const todos: TodoType[] = JSON.parse(todosString);
    res.statusCode = 200;
    return res.send(todos);
  } catch (e) {
    console.log(e);
    res.statusCode = 500;
    res.send(e);
  }
}
```

curl을 이용하여 api 결과를 확인하도록 하겠습니다.

```
$ curl http://localhost:3000/api/todos
[{"id":1,"content":"마트 가서 장보기","color":"red","checked":false},{"id":2,
"content":"수학 숙제하기","color":"orange","checked":false},{"id":3,"content":
"코딩하기","color":"yellow","checked":true},{"id":4,"content":"넥스트 공부하기",
"color":"green","checked":true},{"id":5,"content":"요리 연습하기","color":
"blue","checked":false},{"id":6,"content":"분리수거 하기","color":"navy",
"checked":false}]%
```

api가 성공적으로 작동합니다. 이제 pages/index.tsx에서 getServerSideProps에서 api 통신을 통해 todos를 얻을 수 있게 하겠습니다.

6.2.1 axios를 이용하여 api 요청하기

api 요청을 위해 axios라는 라이브러리를 다운 받도록 하겠습니다. axios는 HTTP 클라이언트 라이브러리로 가장 인기 있는 자바 스크립트 라이브러리입니다. 브라우저 및 노드에서 HTTP 요청이 가능하며, Promise 기반으로 XHR 요청을 매우 쉽게 수행할 수 있습니다.

```
$ yarn add axios
```

axios를 이용하여 "http://localhost:3000/api/todos" 경로로 GET 메서드를 보내도록 하겠습니다.

▶ **pages/index.tsx**

```
import Axios from "axios";

const app: NextPage = () => {
  return <TodoList todos={todos} />;
};


export const getServerSideProps: GetServerSideProps = async () => {
  try {
    const res = await Axios.get("http://localhost:3000/api/todos");
    console.log(res);
    return { props: {} };
  } catch (e) {
    console.log(e);
    return { props: {} };
  }
};
```

api 요청을 하는 과정에서 에러가 발생할 수 있기 때문에 항상 try,catch 문을 사용하여 에러의 발생으로부터 애플리케이션이 멈추는 일을 방지해야 합니다. aixos 함수는 비동기이기 때문에 async, await를 사용하여 값을 불러올 때까지 기다리게 하였습니다. axios로 받아온 res를 살펴보면 status, statusText, headers, config, request, data의 값이 있는 것을 확인할 수 있습니다. 저희가 원하는 투두리스트 값은 이 중

data에 들어 있습니다. axios를 사용하는 코드를 다음과 같이 수정하겠습니다.

```
const { data } = await Axios.get<TodoType[]>(
      "http://localhost:3000/api/todos"
    );
console.log(data);
```

Axios.get 함수에 제네릭을 사용하여 <TodoType[]>을 사용하여 api로 불러온 data의 타입을 지정해줄 수 있습니다. data에 마우스를 올려본다면 type이 TodoType[]으로 뜨는 것을 확인할 수 있을 것입니다.

6.3 axios 설정하기

api 경로에 매번 http://localhost:3000를 적어 사용하는 것은 번거로운 일이 될 것입니다. 따라서 axios의 기본경로를 설정하여 이를 방지하도록 하겠습니다. 'lib/api/index.ts' 경로로 파일을 만들어 axios의 기본값들을 설정하도록 하겠습니다.

▶ **lib/api/index.ts**

```
import Axios from "axios";

const axios = Axios.create({
  baseURL: "http://localhost:3000",
});

export default axios;
```

앞으로 axios를 사용할 때 기본 url이 "http://localhost:3000"로 설정된 이 파일의 axios를 import 하여 사용하면 "http://localhost:3000"을 입력하지 않아도 됩니다. 'lib/api/todo.ts' 파일을 만들어 axios를 import 하여 사용하도록 하겠습니다.

▶ lib/api/todo.ts

```
import axios from ".";
import { TodoType } from "../../types/todo";

//* 투두리스트 불러오기 API
export const getTodosAPI = () => axios.get<TodoType[]>("api/todos");
```

이렇게 투두에 관련된 api를 모아서 관리하게 되면 api를 후에 찾기 쉽게 되고, 재사용이 가능해집니다. 이제 'pages/index.tsx'에서 getTodosAPI를 불러와 사용하도록 하겠습니다.

```
import { getTodosAPI } from "../lib/api/todo";

export const getServerSideProps: GetServerSideProps = async () => {
  try {
    const { data } = await getTodosAPI();
    console.log(data);
    return { props: {} };
  } catch (e) {
    console.log(e);
    return { props: {} };
  }
};
```

새로고침을 하여 api가 잘 받았는지 확인한다면 터미널에 콘솔에서 투두리스트 데이터가 출력되는 것을 확인할 수 있습니다.

6.4 환경변수(env) 설정하기

앞에서 axios의 baseURL을 "http://localhost:3000"로 직접 설정했습니다. api를 보낼 서버는 "http://localhost:3000"이 아니라 다른 api서버로 요청을 보낼 수도 있기 때

문에 변경이 쉽도록 해야 합니다. 저희는 환경변수를 이용하여 이 baseURL을 쉽게 변경할 수 있도록 하겠습니다. 프로젝트의 루트 경로에 .env.local 이라는 파일을 만들도록 하겠습니다. .env.local 파일 안에는 다음과 같이 입력하도록 하겠습니다.

```
API_URL=http://localhost:3000
```

콘솔에서 넥스트를 종료하고 다시 실행한다면 다음과 같은 메시지가 출력됩니다.

```
Loaded env from /Users/jerrynim/Desktop/next-todo/.env.local
```

.env 파일로부터 env를 불러왔다는 메시지가 나타납니다. .env.local 파일로부터 환경변수를 불러왔음을 의미합니다. 환경변수를 확인하여 .env.local의 값이 불러왔는지 확인하도록 하겠습니다.

▶ pages/index.tsx

```
const app: NextPage = () => {
  console.log(process.env, "클라이언트");
  return <TodoList todos={todos} />;
};

export const getServerSideProps: GetServerSideProps = async () => {
  try {
    console.log(process.env, "서버");
```

터미널에서는 다음과 같이 환경변수와 .env의 값이 출력되는 것을 확인할 수 있습니다.

```
  ...
  NODE_ENV: 'development',
  __NEXT_PROCESSED_ENV: 'true',
  API_URL: 'http://localhost:3000'
} 서버
```

브라우저의 콘솔을 확인한다면 빈 객체가 출력되는 것을 확인할 수 있습니다.

```
{} 클라이언트
```

넥스트에서는 기본적으로 .env.local를 사용하여 불러온 환경변수에 대해서 브라우저에서는 노출되지 않고, 서버에서만 노출되게 설정되어 있습니다. 저희는 api 요청을 위해 브라우저에서도 API_URL을 사용할 수 있어야 합니다. 브라우저에서도 환경변수가 노출되도록 하기 위해서는 변수명에 접두어로 NEXT_PUBLIC_을 붙어주어야 합니다. .env.local의 변수명을 바꿔보도록 하겠습니다.

NEXT_PUBLIC_API_URL=http://localhost:3000

넥스트를 다시 실행하여 브라우저의 콘솔을 확인하도록 하겠습니다.

```
{} "클라이언트"
```

process.env에 대한 전체 조회는 되지 않습니다. console.log(process.env)를 console.log(process.env.NEXT_PUBLIC_API_URL)로 수정하여 재실행해보도록 하겠습니다.

```
http://localhost:3000 클라이언트
```

브라우저에서 환경변수를 사용할 수 있게 되었습니다. 이제 axios의 baseURL을 환경변수로 변경하도록 하겠습니다.

▶ **lib/api/index.ts**

```
const axios = Axios.create({
  baseURL: process.env.NEXT_PUBLIC_API_URL,
});
```

이전에 사용했던 임시 투두리스트 데이터를 투두리스트 불러오기 api를 이용하여 받아온 데이터로 교체하도록 하겠습니다.

▶ pages/index.tsx

```
interface IProps {
  todos: TodoType[];
}

const app: NextPage<IProps> = ({ todos }) => {
  return <TodoList todos={todos} />;
};

export const getServerSideProps: GetServerSideProps = async () => {
  try {
    const { data } = await getTodosAPI();
    return { props: { todos: data } };
  } catch (e) {
    console.log(e);
    return { props: { todos: [] } };
  }
};
```

투두리스트 불러오기 api를 만들어, 서버 사이드에서 데이터를 불러와 넥스트 페이지에 props로 전달해주는 것을 해보았습니다. 이제 투두를 체크하여 투두의 checked를 변경하는 api를 만들려고 합니다.

6.5 투두 체크하기

투두 아이템을 체크하는 api를 만들어 보겠습니다. 'api/todos' 경로로 PATCH 메서드로 수정할 투두 id와 함께 요청하면 해당 id의 투두 아이템을 변경하도록 하겠습니다. id는 앞서 동적 페이지를 만드는 것처럼 대괄호를 사용하여 id값을 쿼리로 받아올 수 있습니다.

todos를 폴더로 만들기 위해 todos.ts를 'api/todos/index.ts'로 옮기도록 하겠습니다.

그 후, 'pages/api/todos/[id].ts' 경로로 파일을 만들도록 하겠습니다.

▸ **pages/api/todos/[id].ts**

```
import { NextApiRequest, NextApiResponse } from "next";

export default async (req: NextApiRequest, res: NextApiResponse) => {
  if (req.method === "PATCH") {
    try {
      console.log(req.query);
      res.statusCode = 200;
      return res.end();
    } catch (e) {
      console.log(e);
      res.statusCode = 500;
      res.send(e);
    }
  }
  res.statusCode = 405;
  return res.end();
};
```

id가 쿼리 값으로 들어오는지 확인하기 위해 curl을 이용하여 api 요청을 보내도록 하겠습니다.

```
$ curl --request PATCH  http://localhost:3000/api/todos/1
```

[결과]

```
{ id: '1' }
```

대괄호를 사용한 파일명을 이용하여 req.query로 id 값을 받아올 수 있습니다. 투두의 checked를 변경하는 api를 만들기에 앞서 계속해서 사용되는 todos를 불러오는 코드를 사용하기 쉽도록 변경하겠습니다.

'lib/data' 폴더를 만들도록 하겠습니다. 이 파일은 데이터 사용과 관련된 기능들을 관리하는 데 사용하겠습니다.

'lib/data/todo.ts' 파일에 투두 데이터를 관리하는 함수들을 정의하도록 하겠습니다. 앞에서 투두리스트를 불러오는 코드를 그대로 사용하여 투두리스트를 불러오는 함수를 만들도록 하겠습니다. 'pages/api/todos/index.ts'에서 fs를 사용하는 코드를 그대로 사용하도록 하겠습니다.

▸ **lib/data/todo.ts**

```
import { readFileSync } from "fs";
import { TodoType } from "../../types/todo";

//* 투두리스트 데이터 불러오기
const getList = () => {
  const todosBuffer = readFileSync("data/todos.json");
  const todosString = todosBuffer.toString();
  if (!todosString) {
    return [];
  }
  const todos: TodoType[] = JSON.parse(todosString);
  return todos;
};

export default { getList };
```

이어서 'lib/data/index.ts' 파일을 만들어 다음과 같이 작성해주세요.

```
import todo from "./todo";

const Data = { todo };

export default Data;
```

Data라는 변수에 todo를 할당해줌으로써 다음과 같이 모듈처럼 사용할 수 있습니다.

▶ **pages/api/todos/index.ts**

```
if (req.method === "GET") {
  try {
    const todos = Data.todo.getList();
    res.statusCode = 200;
    return res.send(todos);
  } catch (e) {
    console.log(e);
    res.statusCode = 500;
    res.send(e);
  }
}
```

Data.todo에 쿼리의 id로 동일한 id의 투두가 있는지 확인하는 함수를 추가하겠습니다.

▶ **lib/data/todo.ts**

```
//* id의 투두가 있는지 확인하기
const exist = ({ id }: { id: number }) => {
  const todos = getList();
  const todo = todos.some((todo) => todo.id === id);
  return todo;
};

export default { getList, exist };
```

some 함수는 일치하는 id가 있다면 true를 리턴하고, id가 없다면 false를 리턴하게 됩니다. some 함수를 이용하여 req.query로 받은 id로 투두 아이템이 존재하는지 확인하도록 하겠습니다. 이때 일치하는 투두 아이템이 없다면 404 코드를 결과 값으로 보내도록 하겠습니다.

▶ pages/api/todos/[id].ts

```
import { NextApiRequest, NextApiResponse } from "next";
import Data from "../../../lib/data";

export default async (req: NextApiRequest, res: NextApiResponse) => {
  if (req.method === "PATCH") {
    try {
      const todoId = Number(req.query.id);
      const todo = Data.todo.exist({ id: todoId });
      if (!todo) {
        res.statusCode = 404;
        res.end();
      }       if (!todo) {
        res.statusCode = 404;
        res.end();
      }
    } catch (e) {
      console.log(e);
      res.statusCode = 500;
      res.send(e);
    }
  }
  res.statusCode = 405;
  return res.end();
};
```

이제 투두리스트에서 투두 아이템의 checked를 변경한 후, todos.json에 저장하도록 하겠습니다.

```
      const todos = await Data.todo.getList();
      const changedTodos = todos.map((todo) => {
        if (todo.id === todoId) {
          return { ...todo, checked: !todo.checked };
        }
        return todo;
      });
```

Data.todo에 데이터를 저장하는 함수를 만들도록 하겠습니다.

```
import { readFileSync, writeFileSync } from "fs";

//* 투두리스트 저장하기
const write = async (todos: TodoType[]) => {
  writeFileSync("data/todos.json", JSON.stringify(todos));
};

export default { getList, exist, write };
```

writeFileSync는 동기적으로 첫 번째 인자로 받은 경로에 데이터를 저장하는 함수입니다. 변경된 투두리스트를 저장시키며 투두 체크하기 api를 완성하도록 하겠습니다.

```
      const todos = Data.todo.getList();
       const changedTodos = todos.map((todo) => {
         if (todo.id === todoId) {
           return { ...todo, checked: !todo.checked };
         }
         return todo;
       });
       Data.todo.write(changedTodos);
       res.statusCode = 200;
       res.end();
```

curl을 이용하여 투두 체크하기가 잘 작동하는지 확인하도록 하겠습니다.

```
$ curl --request PATCH  http://localhost:3000/api/todos/1
```

'todos.json' 파일을 살펴보면 첫 번째 투두 아이템의 checked 값이 변경되는 걸 확인할 수 있습니다.

완성된 투두 체크하기 api를 사용하기 편하도록 'lib/api/todo.ts'에 api를 불러오는 함수를 만들도록 하겠습니다.

```
//* 투두 체크하기
export const checkTodoAPI = (id: number) => axios.patch(`api/todos/${id}`);
```

이제 동그라미를 누르면 체크가 되도록 onClick함수를 넣어 주겠습니다.

▶ **components/TodoList.tsx**

```
import { checkTodoAPI } from "../lib/api/todo";

  //* 투두 체크하기
  const checkTodo = async (id: number) => {
    try {
      await checkTodoAPI(id);
      console.log("체크하였습니다.");
    } catch (e) {
      console.log(e);
    }
  };
  ...
                <CheckMarkIcon
                  className="todo-check-mark"
                  onClick={() => {
                    checkTodo(todo.id);
                  }}
                />
  ...
                <button
                  type="button"
                  className="todo-button"
                  onClick={() => {
                    checkTodo(todo.id);
                  }}
                />
```

브라우저의 콘솔에 '체크하였습니다.'가 출력되었다면 'todos.json'의 해당 투두가 체크되었을 것입니다. 투두 아이템을 체크하는 데 성공해도 뷰를 변화시키는 코드를 작성하지 않아 화면상 바뀌는 것은 없습니다. 투두 체크하기가 완료되었을때 todos를 변경해서 뷰의 변화를 주어야겠습니다. 가장 간단한 방법은 페이지를 리로드하여 최신의 데이터를 받아오는 방법입니다.

```
import { useRouter } from "next/dist/client/router";

  const router = useRouter();
//* 투두 체크하기
  const checkTodo = async (id: number) => {
    try {
      await checkTodoAPI(id);
      console.log("체크하였습니다.");
      //* 체크를 적용하는 방법 1(데이터 다시 받기)
      router.reload();
```

router.reload를 사용하면 새로고침을 통하여 페이지를 새로 받아오는 것을 확인할 수 있습니다. 개발자 도구의 Network 탭을 확인해보면 페이지를 새로 받아오는 것을 확인할 수 있습니다. 그래서 리로드를 하기보다 클라이언트 측 내비게이션을 사용하여 전체를 다시 불러오지 않도록 하는 방법을 사용하겠습니다.

```
//* 투두 체크하기
  const checkTodo = async (id: number) => {
    try {
      await checkTodoAPI(id);
      console.log("체크하였습니다.");
      //* 체크를 적용하는 방법 1(데이터 다시 받기)
      // router.reload();

      //* 체크를 적용하는 방법 2(데이터 다시 받기)
      router.push("/");
```

router.push를 이용하여 클라이언트 측 내비게이션을 이용하여 setServerSideProps를 실행해서 데이터를 다시 받아올 수 있습니다.

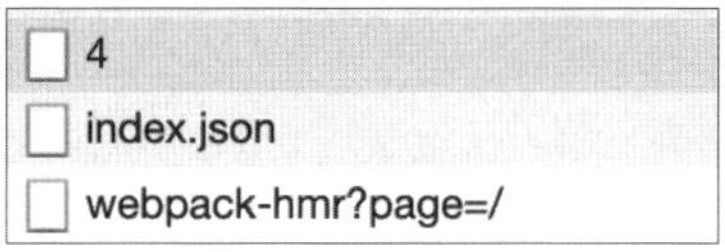

4
index.json
webpack-hmr?page=/

[그림 6-2] 클라이언트 측 내비게이션을 이용하여 데이터 갱신하기

앞의 두 방법은 데이터를 api를 통해서 새로 받아온다는 공통점이 있습니다. 하지만 데이터를 새로 불러오지 않고도 뷰를 변화시키는 방법을 이용하는 것이 불필요한 api요청을 줄여 더 나은 방법이라고 할 수 있습니다. 이제 state를 이용하여 뷰의 변화를 만들도록 해보겠습니다.

```
import React, { useMemo, useCallback, useState } from "react";

const [localTodos, setLocalTodos] = useState(todos);

//* 투두 체크하기
  const checkTodo = async (id: number) => {
    try {
      await checkTodoAPI(id);
      //* 체크를 적용하는 방법 1(데이터 다시 받기)
      // router.reload();

      //* 체크를 적용하는 방법 2(데이터 다시 받기)
      // router.push("/");

      //* 체크를 적용하는 방법 3(data를 local로 저장하여 사용하기)
      const newTodos = localTodos.map((todo) => {
        if (todo.id === id) {
          return { ...todo, checked: !todo.checked };
        }
        return todo;
      });
      setLocalTodos(newTodos);
```

todos를 localTodos로 저장한 후 localTodos에 변화를 주어 뷰를 변화시키는 방법입니다. 따라서 이전에 todos로 뷰를 그리는 곳들을 localTodos로 교체해야 합니다.

```
//색깔 객체 구하기 안의 forEach
localTodos.forEach((todo) => {
      switch (todo.color) {
...
<p className="todo-list-last-todo">
          남은TODO<span>{localTodos.length}개</span>
        </p>
...
<ul className="todo-list">
        {localTodos.map((todo) => (
...
```

이제 투두를 체크하면 데이터를 새로 받지 않고 뷰를 교체할 수 있습니다.

6.6 투두 추가하기

투두 아이템을 추가하는 작업을 하도록 하겠습니다. 다음 그림은 투두 추가하기 페이지의 디자인입니다.

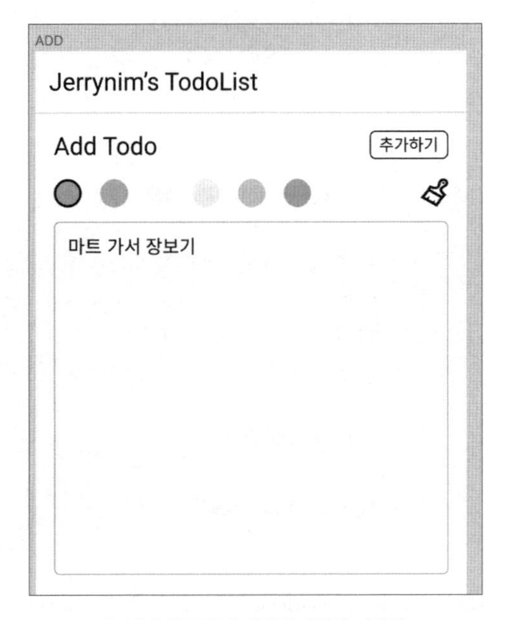

[그림 6-3] 투두 추가하기 페이지 디자인

투두를 추가하는 뷰는 새로운 페이지에서 만들려고 합니다. 'pages/todo/add.tsx'라는 파일을 만들도록 하겠습니다. 그리고 'components/AddTodo.tsx '파일을 만들도록 하겠습니다. 그리고 간단하게 투두 추가하기 페이지의 위쪽 부분을 스타일링 해보도록 하겠습니다.

▸ **pages/todo/add.tsx**

```
import React from "react";
import { NextPage } from "next";
import AddTodo from "../../components/AddTodo";

const todo: NextPage = () => {
  return <AddTodo />;
};

export default todo;
```

▸ **components/AddTodo.tsx**

```
import React from "react";
import styled from "styled-components";

const Container = styled.div`
  padding: 16px;

  .add-todo-header-title {
    font-size: 21px;
  }

  .add-todo-header {
    display: flex;
    justify-content: space-between;
    align-items: center;

    .add-todo-submit-button {
      padding: 4px 8px;
      border: 1px solid black;
```

```
      border-radius: 5px;
      background-color: white;
      outline: none;
      font-size: 14px;
    }
  }
`;

const AddTodo: React.FC = () => {
  return (
    <Container>
      <div className="add-todo-header">
        <h1 className="add-todo-header-title">Add Todo</h1>
        <button
          type="button"
          className="add-todo-submit-button"
          onClick={() => {}}
        >
          추가하기
        </button>
      </div>
    </Container>
  );
};

export default AddTodo;
```

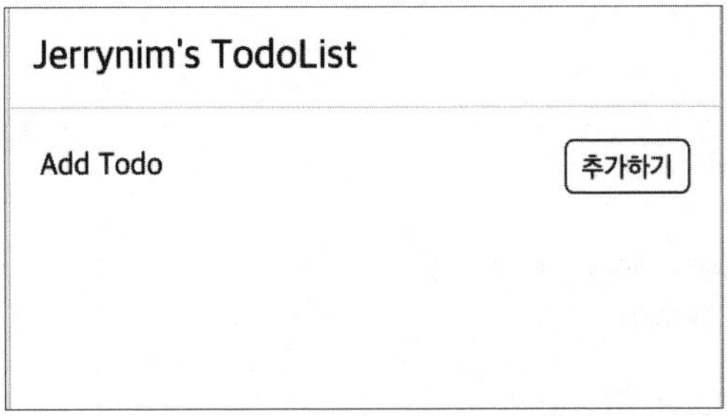

[그림 6-4] 투두 추가하기 헤더

색깔별로 버튼을 만드는 작업과 아이콘을 다운 받아서 넣어 주겠습니다. 아이콘은 이전과 동일하게 iconmostr를 이용하여 그림과 같이 아이콘을 다운로드 받도록 하겠습니다.

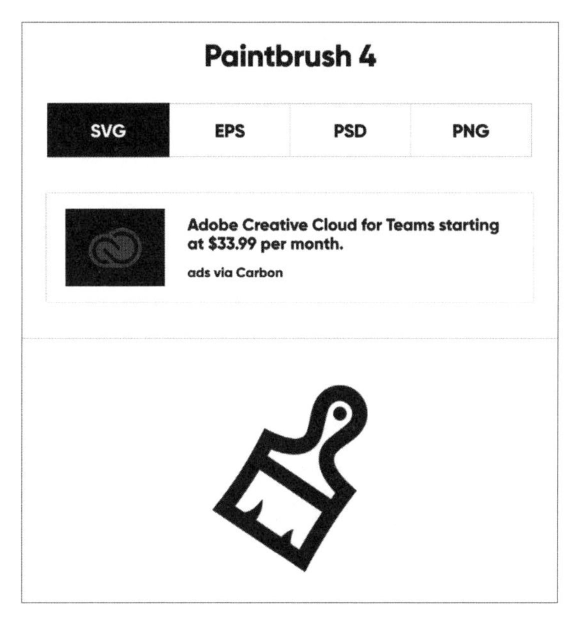

[그림 6-5] iconmostr 브러시 아이콘

iconmonstr사이트를 이용하여 브러시 아이콘을 다운 받아준 후, 'public/static/svg/brush.svg' 경로에 저장을 합니다. 색상은 배열을 이용하여 나타내도록 하겠습니다.

▶ **components/AddTodo.tsx**

```
import BrushIcon from "../public/statics/svg/brush.svg";
import palette from "../styles/palette";

.add-todo-colors-wrapper {
    width: 100%;
    margin-top: 16px;
    display: flex;
    justify-content: space-between;
```

```
    .add-todo-color-list {
      display: flex;
      button {
        width: 24px;
        height: 24px;
        margin-right: 16px;
        border: 0;
        outline: 0;
        border-radius: 50%;
        &:last-child {
          margin: 0;
        }
      }
    }
  }
  .bg-blue {
    background-color: ${palette.blue};
  }
  .bg-green {
    background-color: ${palette.green};
  }
  .bg-navy {
    background-color: ${palette.navy};
  }
  .bg-orange {
    background-color: ${palette.orange};
  }
  .bg-red {
    background-color: ${palette.red};
  }
  .bg-yellow {
    background-color: ${palette.yellow};
  }
...
      <div className="add-todo-colors-wrapper">
        <div className="add-todo-color-list">
          {["red", "orange", "yellow", "green", "blue", "navy"].map(
            (color, index) => (
              <button
```

```
              key={index}
              type="button"
              className={`bg-${color} add-todo-color-button`}
              onClick={() => {}}
            />
          )
        )}
      </div>
      <BrushIcon />
    </div>
  </Container>
```

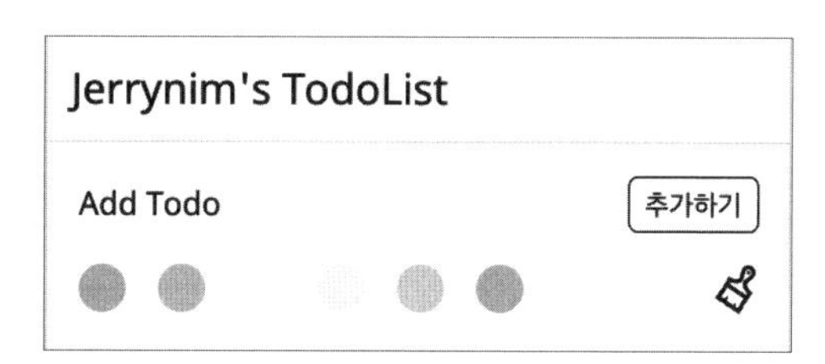

[그림 6-6] 투두 추가하기 상단 색상 리스트 및 브러시 아이콘

다음으로 텍스트를 입력하는 부분을 만들도록 하겠습니다.

```
import React, { useState } from "react";


textarea {
    width: 100%;
    border-radius: 5px;
    height: 300px;
    border-color: ${palette.gray};
    margin-top: 12px;
    resize: none;
    outline: none;
    padding: 12px;
    font-size: 16px;
  }
```

```
...
const AddTodo: React.FC = () => {
 const [text, setText] = useState("");


...
<textarea
        value={text}
        onChange={(e) => setText(e.currentTarget.value)}
        placeholder="할 일을 입력해주세요."
      />
    </Container>
```

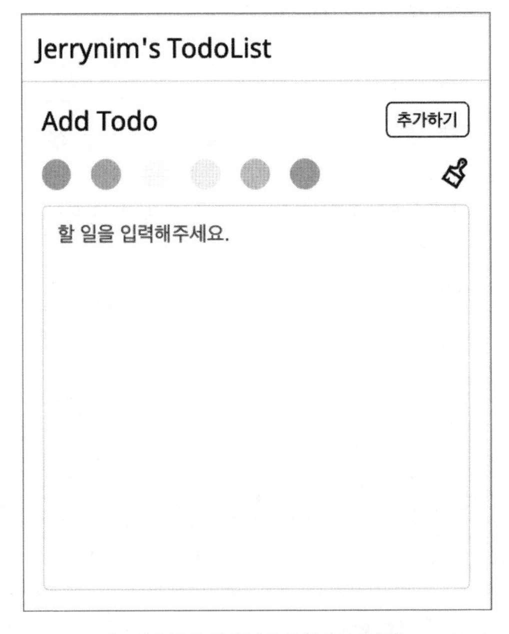

[그림 6-7] 투두 추가하기 텍스트아레아

투두의 색상을 정하기 위해 색상 버튼을 클릭하면 색상이 지정되고 선택된 색상은 검은색 테두리로 표시하도록 하겠습니다. className을 이용하여 선택이 되었을 때 색상을 주겠습니다.

```
import { TodoType } from "../types/todo";
...
.add-todo-color-list {
      display: flex;
      button {
        width: 24px;
        height: 24px;
        margin-right: 16px;
        border: 0;
        outline: 0;
        border-radius: 50%;
        &:last-child {
          margin: 0;
        }
      }
      .add-todo-selected-color {
        border: 2px solid black !important;
      }
    }
...
const AddTodo: React.FC = () => {
  const [text, setText] = useState("");
  const [selectedColor, setSelectedColor] = useState<TodoType["color"]>();
...
<div className="add-todo-color-list">
          {["red", "orange", "yellow", "green", "blue", "navy"].map(
            (color, index) => (
              <button
            type="button"
                className={`bg-${color} add-todo-color-button ${
                  color === selectedColor ? "add-todo-selected-color" : ""
                }`}

                key={index}
                onClick={() => setSelectedColor(color as TodoType["color"])}
              />
            )
          )}
        </div>
```

[그림 6-8] 선택된 투두 색상 포커싱 스타일링 하기

이제 api로 보낼 데이터는 준비가 되었습니다. todo를 추가하는 api를 만들도록 하겠습니다. api 메서드가 POST인지 확인을 한 후에, req.body로 text와 color의 값을 받았는지 확인하도록 하겠습니다.

▸ pages/api/todos/index.ts

```
if (req.method === "POST") {
  //* 값을 받았는지 확인
  const { text, color } = req.body;
  if (!text || !color) {
    res.statusCode = 400;
    return res.send("text 혹은 color 가 없습니다.");
  }
}
```

text와 color 값을 받았다면 투두리스트를 불러와 추가할 투두의 id 값을 정하도록 하겠습니다.

```
  const todos = Data.todo.getList();
  let todoId: number;
  if (todos.length > 0) {
    //* 마지막 투두 id + 1
    todoId = todos[todos.length - 1].id + 1;
  } else {
    todoId = 1;
  }
```

id의 값을 가진 새로운 투두를 만든 후 저장하도록 하겠습니다.

```
    const newTodo = {
      id: todoId,
      text,
      color,
      checked: false,
    };

    Data.todo.write([...todos, newTodo]);
    res.statusCode = 200;
    res.end();
```

이제 투두를 추가하는 api를 사용하기 편하게 함수로 만들도록 하겠습니다.

▶ lib/api/todo.ts

```
//* 투두 추가하기 API Body
interface AddTodoAPIBody {
  text: string;
  color: TodoType["color"];
}

//* 투두 추가하기 API
export const addTodoAPI = (body: AddTodoAPIBody) =>
  axios.post("/api/todos", body);
```

투두를 추가하는 함수를 만들도록 하겠습니다.

```
import { addTodoAPI } from "../lib/api/todo";

  //*투두 추가하기
  const addTodo = async () => {
    try {
      if (!text || !selectedColor) {
        alert("색상과 할 일을 입력해주세요.");
```

```
      return;
    }
    await addTodoAPI({ text, color: selectedColor });
    console.log("추가했습니다.");
  } catch (e) {
    console.log(e);
  }
};

...
      <button
        type="button"
        className="add-todo-submit-button"
        onClick={addTodo}
      >
        추가하기
      </button>
```

텍스트아레아(TextArea)에 텍스트와 선택된 색상이 없다면 리턴해서 주도록 합니다. 색상을 선택하고 할 일을 입력하여 api를 보내도록 하겠습니다.

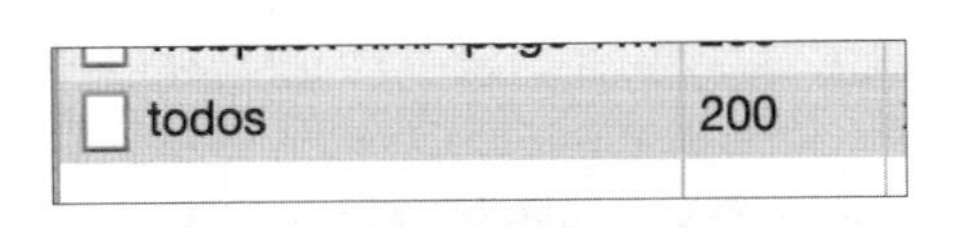

[그림 6-9] 투두 아이템 추가하기 완료

콘솔에 '추가했습니다.'가 출력되었고, 네트워크 탭에 200 코드를 받았습니다. 투두를 추가하는 데 성공하였음을 의미합니다. 투두 아이템을 추가하였다면 투두리스트가 있는 메인 페이지로 이동하도록 하겠습니다.

```
import { useRouter } from "next/router";

  const router = useRouter();

    ...
```

```
  console.log("추가했습니다.");
  router.push("/");
```

6.7 투두 삭제하기

빨간 휴지통 아이콘을 클릭하면 투두가 삭제되도록 만들겠습니다. 투두 삭제하기 api를 먼저 만들도록 하겠습니다. 투두 체크하기와 비슷합니다. todos에 filter를 사용하여 해당 id를 제외하여 저장하도록 하겠습니다.

▶ pages/api/todos/[id].ts

```
if (req.method === "DELETE") {
  try {
    const todoId = Number(req.query.id);
    const todo = Data.todo.exist({ id: todoId });
    if (!todo) {
      res.statusCode = 404;
      res.end();
    }

    const todos = Data.todo.getList();
    const filteredTodos = todos.filter((todo) => todo.id !== todoId);
    Data.todo.write(filteredTodos);
    res.statusCode = 200;
    res.end();
  } catch (e) {
    console.log(e);
    res.statusCode = 500;
    res.send(e);
  }
}
```

투두를 삭제하기 위한 api를 함수로 만들도록 하겠습니다.

▶ **lib/api/todo.ts**

```
//*투두 삭제하기 API
export const deleteTodoAPI = (id: number) => axios.delete(`/api/todos/
${id}`);
```

deleteTodoAPI를 이용하여 투두를 삭제한 후 localTodos를 변경하여 투두리스트를 업데이트 하도록 하겠습니다.

▶ **components/TodoList.tsx**

```
import { checkTodoAPI, deleteTodoAPI } from "../lib/api/todo";

  //*투두 삭제하기
  const deleteTodo = async (id: number) => {
    try {
      await deleteTodoAPI(id);
      const newTodos = localTodos.filter((todo) => todo.id !== id);
      setLocalTodos(newTodos);
      console.log("삭제했습니다.");
    } catch (e) {
      console.log(e);
    }
  };
  ...
                <TrashCanIcon
                  className="todo-trash-can"
                  onClick={() => {
                    deleteTodo(todo.id);
                  }}
```

휴지통 아이콘을 클릭하여 투두가 삭제되는 것을 확인하기 바랍니다.

6.8 푸터 만들기

푸터에는 페이지가 리스트 페이지일 때는 '+' 를 투두를 추가하는 페이지일 때는 '-' 의 모양을 가지고 있습니다. 가운데 '+' 모양의 버튼을 가진 푸터를 스타일링 하도록 하겠습니다. 그리고 버튼을 클릭하면 '/todo/add'로 이동하도록 하겠습니다.

▸ components/Footer.tsx

```
import React from "react";
import { useRouter } from "next/router";
import styled from "styled-components";
import palette from "../styles/palette";

const Container = styled.footer`
  width: 100%;
  height: 53px;
  position: fixed;
  bottom: 0;
  border-top: 1px solid ${palette.gray};
  display: flex;
  justify-content: center;
  align-items: center;
  background-color: white;
  .footer-button {
    font-size: 32px;
    width: 32px;
    height: 32px;
    border-radius: 5px;
    border: 1px solid black;
    display: flex;
    justify-content: center;
    align-items: center;
    background-color: white;
    padding: 0;
    line-height: 0;
    outline: none;
  }
```

```
`;

const Footer: React.FC = () => {
  const router = useRouter();
  return (
    <Container>
      <button
        type="button"
        className="footer-button"
        onClick={() => router.push("/todo/add")}
      >
        +
      </button>
    </Container>
  );
};

export default Footer;
```

Footer 컴포넌트를 모든 페이지에서 나오게 App 컴포넌트에 추가하도록 하겠습니다.

▶ pages/_app.tsx_

```
import Footer from "../components/Footer";

const app = ({ Component, pageProps }: AppProps) => {
  return (
    <>
      <GlobalStyle />
      <Header />
      <Component {...pageProps} />
      <Footer />
    </>
  );
};
```

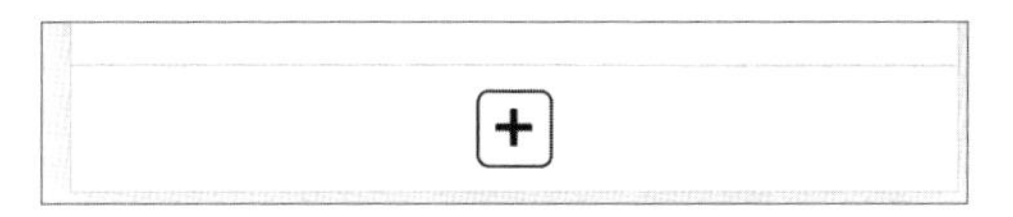

[그림 6-10] 공통 푸터 스타일링

"/" 페이지에서는 푸터에 있는 버튼의 모양이 '+' 가 되게 하고, "/todo/add" 페이지에서는 "-" 모양이 되도록 만들려고 합니다. 라우터 객체의 pathname을 이용하여 모양이 변하도록 하겠습니다.

```
const isMain = router.pathname === "/";
return (
  <Container>
    <button
      type="button"
      className="footer-button"
      onClick={() => router.push(isMain ? "/todo/add" : "/")}
    >
      {isMain ? "+" : "-"}
    </button>
  </Container>
```

pathname에 따라서 버튼의 모양이 변경되고, 이동하는 경로도 변경되었습니다.

리덕스(Redux)

7.1 리덕스란?

프로그램의 규모가 커지면서 관리해야 할 상태들도 늘어나고 복잡도도 커지게 됩니다. Context API를 이용하여 구현 가능하지만, 규모가 커질수록 관리하는 것은 힘들게 됩니다. 리덕스는 상태관리 라이브러리 중 하나로 여러 가지 상태관리 라이브러리 중 가장 많이 사용되고 있습니다.

리덕스는 Store(스토어)라는 변수를 이용하여 전역 상태관리를 하게 됩니다. 이 스토어를 사용하면 상태를 조회하기 간편하며 관리하는 것 또한 간편해집니다. 리액트 컴포넌트에서 상태를 자식 컴포넌트에 전달하기 위해 props를 전달하고 자식 컴포넌트가 다시 자식 컴포넌트에 props를 전달하게 된다면 불필요한 props전달이 발생하기도 하며 복잡도 또한 올라가게 됩니다. 리덕스를 사용하게 된다면 원하는 컴포넌트에서만 스토어의 값을 사용하여 앞의 props-drilling이라고 불리는 고통을 없애줄 수 있습니다. 또한 리덕스는 크롬 브라우저의 확장 프로그램인 리덕스 데브툴즈를 지원하는데 이를 사용하여 상태의 조회 및 변경의 추적이 간편하며, 원하는 시점으로 변경하는 것 또한 가능합니다.

[그림 7-1] 리덕스

리덕스를 사용하는 데에 필요한 개념들이 있습니다.

7.2 리덕스에 필요한 개념

Action(액션)

상태를 변화시키기 위해 변화에 대한 정보가 필요합니다. 액션은 상태 변화에 대해 알려주는 순수 자바 스크립트 객체입니다. 액션 객체는 상태 변화에 대한 type을 필수로 가지고 있어야 합니다. 액션의 type은 액션의 행위를 나타내는 문자열입니다. 다음은 액션 객체의 예시입니다.

```
{ type: "ADD_TODO", todo: [] }
{ type: "CHECK_TODO", id: 1 }
```

Reducer(리듀서)

리듀서는 상태와 액션을 가지고 함수를 실행하는 역할을 합니다. 리듀서는 두 가지 인자를 받게 되는데 첫 번째로 이전 상태의 정보를, 두 번째로 액션 객체를 받습니다. 리듀서는 액션에 대한 함수를 정의하고, 함수를 실행해서 상태를 업데이트합니다.

Dispatch(디스패치)

디스패치는 액션을 실행시키는 역할을 하며 액션을 인자로 받게 됩니다.

디스패치는 다음과 같이 발생합니다.

1. 디스패치로 액션을 실행합니다. ex) dispatch(action)
2. 리듀서는 이전 상태와 액션객체를 받아 스토어 상태를 업데이트합니다.
   ex) reducer(prevState,action)

7.2.1 리덕스의 세 가지 원칙

1. 응용 프로그램의 전역상태는 단일 저장소 내의 트리에 저장됩니다.
2. 상태는 읽기 전용입니다.
3. 순수 함수에 의해서 변경되어야 합니다.

리덕스에 대한 원칙으로 자세한 내용은 리덕스 공식 문서 https://redux.js.org/introduction/three-principles에서 자세히 볼 수 있습니다.

앞에서 만들어둔 투두리스트를 리덕스를 사용하면서 수정하도록 하겠습니다. 넥스트가 제공하는 with-redux-wrapper예제를 참고하면서 저희가 만든 투두리스트에 리덕스를 연결하도록 하겠습니다.

https://github.com/vercel/next.js/tree/canary/examples/with-redux-wrapper

필요한 라이브러리들을 다운 받도록 하겠습니다.

```
$ yarn add redux react-redux next-redux-wrapper redux-devtools-extension
$ yarn add @types/react-redux -D
```

리덕스 스토어를 관리하는 폴더를 만들도록 하겠습니다. 이름은 store 혹은 modules를 많이 사용합니다. 저는 store를 사용하도록 하겠습니다. 리덕스를 만들 때에는 ducks패턴을 사용하도록 하겠습니다. ducks패턴은 파일을 구조 중심이 아닌 기능(모듈) 중심으로 파일을 나누는 것입니다. ducks패턴을 사용하게 되면 코드가 직관적이고 읽기 쉽게 사용할 수 있습니다. ducks패턴의 규칙은 다음과 같습니다.

1. 항상 reducer()란 이름의 함수를 export default 해야 합니다.
2. 항상 모듈의 action 생성자들을 함수형태로 export 해야 합니다.
3. 항상 npm-module-or-app/reducer/ACTION_TYPE 형태의 action 타입을 가져야 합니다.
4. 경우에 따라 action 타입들을 UPPER_SNAKE_CASE로 export 할 수 있습니다. 만약, 외부 reducer가 해당 action들이 발생하는지 계속 기다리거나, 재사용할 수 있는 라이브러리로 퍼블리싱할 경우에 말이죠.

▶ **store/todo.ts**

```
import { TodoType } from "../types/todo";

//?3.항상 npm-module-or-app/reducer/ACTION_TYPE 형태의 action 타입을 가져야 합니다.
//* 액션타입 정의
export const INIT_TODO_LIST = "todo/INIT_TODO_LIST";

//? 2.항상 모듈의 action 생성자들을 함수형태로 export 해야 합니다.
//* 액션 생성자 정의
export const setTodo = (payload: TodoType[]) => {
  return {
    type: INIT_TODO_LIST,
    payload,
  };
};
```

```
export const todoActions = { setTodo };

interface TodoReduxState {
  todos: TodoType[];
}

//* 초기 상태
const initialState: TodoReduxState = {
  todos: [],
};

//? 1.항상 reducer()란 이름의 함수를 export default 해야 합니다.
//* 리듀서
export default function reducer(state = initialState, action: any) {
  switch (action.type) {
    case SET_TODO_LIST:
      const newState = { ...state, todos: action.payload };
      return newState;
    default:
      return state;
  }
}
```

ducks패턴에서는 액션타입을 정의할 때 npm-module-or-app/reducer/ACTION_TYPE 의 형식으로 만들라고 되어 있지만, reducer/ACTION_TYPE으로 대부분의 정의가 가능합니다. 액션 이름이 중복되지 않는 선에서 reducer/ACTION_TYPE으로의 사용이 가능합니다.

후에 액션을 dispatch를 통하여 실행하면 액션 생성자는 파라미터를 받아 액션 객체 형태로 만들어줍니다. 액션객체의 형태는 type과 payload로 되어 있습니다. payload를 주로 사용하지만 payload 말고 사용자가 원하는 이름을 사용할 수 있습니다. 생성된 액션 객체는 리듀서로 가게 됩니다. 리듀서는 이전 상태와 액션객체를 파라미터로 받아 새로운 상태를 만들어서 반환합니다.

리듀서는 만들어진 새로운 상태를 스토어로 업데이트하게 됩니다. 컴포넌트는 이 스토어를 subscribe(구독) 하고 있습니다. 스토어에 변화가 생기게 되면 그 상태를 전달 받아 뷰를 변화할 수 있게 됩니다. 후에 dispatch를 하는 과정에서 한 번 더 살펴보도록 하겠습니다. 다음은 with-redux-wrapper예제를 참고하여 만든 리덕스 스토어를 만드는 방법입니다.

▶ store/index.ts

```
import { createStore, applyMiddleware, combineReducers } from "redux";
import { HYDRATE, createWrapper } from "next-redux-wrapper";
import todo from "./todo";

const rootReducer = combineReducers({
  todo,
});

const reducer = (state, action) => {
  if (action.type === HYDRATE) {
    const nextState = {
      ...state,
      ...action.payload,
    };
    return nextState;
  }
  return rootReducer(state, action);
};

//* 스토어의 타입
export type RootState = ReturnType<typeof rootReducer>;

//* 미들웨어 적용을 위한 스토어 enhancer
const bindMiddleware = (middleware: any) => {
  if (process.env.NODE_ENV !== "production") {
    const { composeWithDevTools } = require("redux-devtools-extension");
    return composeWithDevTools(applyMiddleware(...middleware));
  }
  return applyMiddleware(...middleware);
```

```
};

const initStore = () => {
  return createStore(reducer, bindMiddleware([]));
};

export const wrapper = createWrapper(initStore)
```

코드를 살펴보도록 하겠습니다.

```
const rootReducer = combineReducers({
  todo,
});
```

리듀서들을 모듈별로 관리하여 combineReducers를 사용하여 하나로 모으게 됩니다.

```
const reducer = (state, action) => {
  if (action.type === HYDRATE) {
    const nextState = {
      ...state,
      ...action.payload,
    };
    return nextState;
  }
  return rootReducer(state, action);
};
```

합쳐진 리듀서에 타입이 "__NEXT_REDUX_WRAPPER_HYDRATE__"인 리듀서를 추가하게 됩니다. Hydrate는 서버에서 생성된 리덕스 스토어를 클라이언트에서 사용할 수 있도록 전달해주는 역할을 합니다.

```
//* 스토어의 타입
export type RootState = ReturnType<typeof rootReducer>;
```

스토어의 타입을 루트 리듀서로부터 얻을 수 있습니다.

```
//* 미들웨어 적용을 위한 스토어 enhancer
const bindMiddleware = (middleware: any) => {
  if (process.env.NODE_ENV !== "production") {
    const { composeWithDevTools } = require("redux-devtools-extension");
    return composeWithDevTools(applyMiddleware(...middleware));
  }
  return applyMiddleware(...middleware);
};
```

리덕스에서 미들웨어는 액션이 디스패치 되어 리듀서에서 처리하기 전에 사전에 지정된 작업들을 의미합니다. 리덕스 데브툴 확장 프로그램을 사용하기 위해 미들웨어에 리덕스 데브툴을 사용하도록 하는 코드입니다.

```
const initStore = () => {
  return createStore(reducer, bindMiddleware([]));
};

export const wrapper = createWrapper(initStore);
```

리듀서와 미들웨어로 리덕스 스토어를 만들어 리턴하게 됩니다. App 컴포넌트에서 wrapper로 사용하기 위해 'next-redux-wrapper'에서 createWrapper를 import 하여 wrapper를 만들었습니다.

wrapper를 사용하기 위해 App 컴포넌트에서 사용하도록 하겠습니다.

▸ **pages/_app.tsx**

```
import { AppProps } from "next/app";
import GlobalStyle from "../styles/GlobalStyle";
import Header from "../components/Header";
import Footer from "../components/Footer";
import { wrapper } from "../store";
```

```
const app = ({ Component, pageProps }: AppProps) => {
  return (
    <>
      <GlobalStyle />
      <Header />
      <Component {...pageProps} />
      <Footer />
    </>
  );
};

export default wrapper.withRedux(app);
```

wrapper를 사용하여 redux스토어를 컴포넌트에 전달할 수 있게 되었습니다 . 리덕스 데브툴을 사용하기 위해 크롬 확장 프로그램 스토어에서 리덕스 데브툴을 설치하도록 하겠습니다.

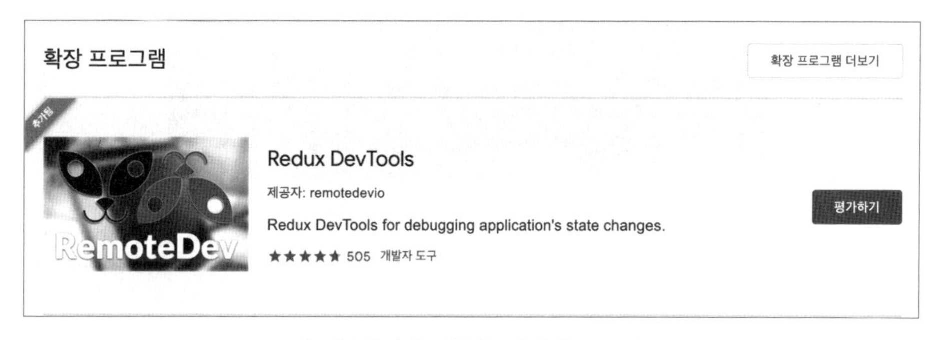

[그림 7-2] 리덕스 데브툴 크롬 확장 프로그램

리덕스 데브툴을 설치하였다면 개발자 도구에 redux라는 탭이 생긴 것을 확인할 수 있습니다.

redux탭 안의 state탭을 누르면 리덕스 스토어의 상태를 확인할 수 있습니다. 스토어에 todos가 들어 있다면 정상적으로 설치되었음을 확인할 수 있습니다.

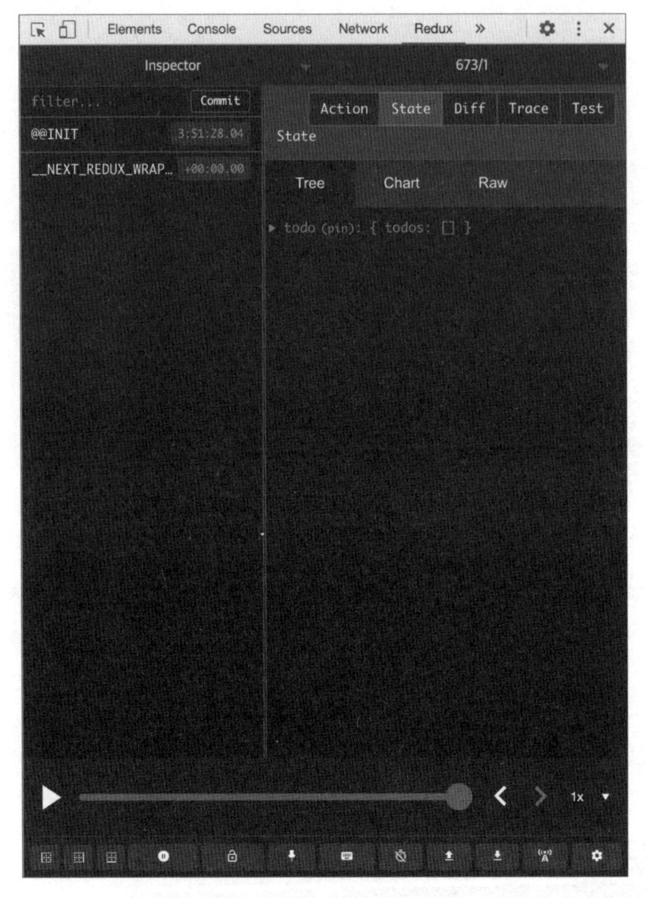

[그림 7-3] 리덕스 데브툴 크롬 확장 프로그램 state

7.3 리덕스 사용하기

기존에 getServerSideProps 에서 api로 투두리스트 데이터를 받아 페이지에 props로 전달했습니다. 저희는 리덕스를 사용하여 서버 사이드에서 api로 받아온 투두리스트 데이터를 리덕스 스토어에 저장하고, 저장된 스토어를 클라이언트에 전달하려고 합니다. 리턴하는 props를 비어주고 스토어의 todos의 값을 투두리스트로 업데이트 하도록 하겠습니다. 코드를 다음과 같이 수정해주세요.

▸ pages/index.tsx

```
import { wrapper } from "../store";

export const getServerSideProps = wrapper.getServerSideProps(
  async ({ store }) => {
    console.log(store);
    try {
      const { data } = await getTodosAPI();
      return { props: { todos: data } };
    } catch (e) {
      console.log(e);
      return { props: { todos: [] } };
    }
  }
);
```

wrapper를 import 하여 기존의 getServerSideProps를 wrapper.getServerSideProps()로 감싸 주었습니다. 그리고 store라는 값을 받을 수 있게 되었습니다. 터미널의 콘솔에 출력된 store를 확인하도록 하겠습니다.

```
{
  dispatch: [Function: dispatch],
  subscribe: [Function: subscribe],
  getState: [Function: getState],
  replaceReducer: [Function: replaceReducer],
  [Symbol(observable)]: [Function: observable]
}
```

store에 있는 getState()와 dispatch()를 자주 사용하게 될 것입니다.

store에 있는 getState() 를 사용하여 스토어의 상태를 불러올 수 있고, dispatch()를 사용하여 액션을 디스패치할 수 있습니다. 투두리스트 데이터가 준비되어 있으니 투두리스트 데이터를 업데이트 하도록 하겠습니다.

```
import { todoActions } from "../store/todo";

      store.dispatch(todoActions.setTodo(data));
      return { props: { todos: data } };
```

todoActions.setTodo는 액션 생성자로 액션을 리턴하게 됩니다. 만들어진 setTodo를 다시 보면 payload로 TodoType[ ]을 받기로 되어 있습니다.

```
//* 액션 생성자 정의
export const setTodo = (payload: TodoType[]) => {
  return {
    type: SET_TODO_LIST,
    payload,
  };
};
```

setTodo 액션 생성자로 다음과 같은 액션이 만들어지게 됩니다.

```
{
  type :"todo/SET_TODO_LIST",
  payload: [{...}]
}
```

이제 dispatch(action)를 통하여 액션객체를 가지고 디스패치가 실행됩니다. 디스패치가 발생하면 리듀서에서는 이전 스토어 값과 액션으로 스토어를 업데이트하게 됩니다.

생성된 액션객체와 이전 상태는 리듀서로 전달되어, 다음과 같은 과정을 수행하게 되어 새로운 상태를 스토어로 업데이트합니다.

```
//* 리듀서
export default function reducer(state = initialState, action: any) {
  switch (action.type) {
```

```
case SET_TODO_LIST:
  const newState = { ...state, todos: action.payload };
  return newState;
```

페이지를 새로고침 하여 리덕스 데브툴을 확인하도록 하겠습니다.

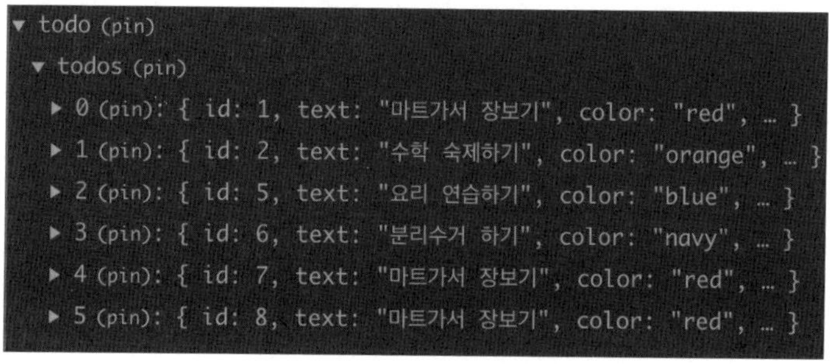

```
▼ todo (pin)
  ▼ todos (pin)
    ▶ 0 (pin): { id: 1, text: "마트가서 장보기", color: "red", … }
    ▶ 1 (pin): { id: 2, text: "수학 숙제하기", color: "orange", … }
    ▶ 2 (pin): { id: 5, text: "요리 연습하기", color: "blue", … }
    ▶ 3 (pin): { id: 6, text: "분리수거 하기", color: "navy", … }
    ▶ 4 (pin): { id: 7, text: "마트가서 장보기", color: "red", … }
    ▶ 5 (pin): { id: 8, text: "마트가서 장보기", color: "red", … }
```

[그림 7-4] 리덕스 스토어에 투두리스트 저장하기

그림과 같이 데이터가 스토어에 잘 저장된 것을 확인할 수 있습니다.

리덕스로 투두 아이템을 리덕스 스토어에 저장하는 것까지 알아보았습니다. 앞으로 리덕스 스토어의 데이터를 불러오는 것, 투두 아이템 체크, 삭제한 후 스토어를 업데이트 하는 것을 하려고 합니다. 그전에 앞에서 리덕스를 사용하는 과정을 간편하게 해줄 redux-toolkit을 적용하도록 합니다.

7.4 리덕스 툴킷(Redux Toolkit)

리덕스 공식 홈페이지에 있는 글을 인용하여 설명 드리겠습니다.

> 'Redux Toolkit은 Redux 로직을 작성하기 위해 저희가 공식적으로 추천하는 방법입니다. RTK는 Redux 앱을 만들기에 필수적이라 생각한 패키지와 함수들을 포함하고 있습니다. 대부분의 Redux 작업을 단순화하고, 흔한

실수를 방지하며, Redux 앱을 만들기 쉽게 해주는 모범 사례를 통해 만들어졌습니다.' (리덕스 툴킷 공식문서: https://redux.js.org/redux-toolkit/overview)

리덕스 툴킷은 리덕스에 대한 세 가지 일반적인 문제를 해결하기 위해 만들어졌습니다.

- "리덕스 저장소 구성이 매우 복잡합니다."
- "리덕스가 유용한 작업을 수행할 수 있도록 많은 패키지를 추가해야 합니다."
- "리덕스에는 상용구 코드가 너무 많이 필요합니다."

리덕스 툴킷을 사용하여 리덕스를 더욱 쉽게 작성할 수 있고 더 나은 리덕스 코드를 작성 할 수 있습니다. 리덕스 툴킷을 설치하도록 하겠습니다.

```
$ yarn add @reduxjs/toolkit
```

'store/todo.ts'파일을 리덕스 툴킷을 사용하여 다음과 같이 변경하도록 하겠습니다.

▶ **store/todo.ts**

```
import { createSlice, PayloadAction } from "@reduxjs/toolkit";
import { TodoType } from "../types/todo";

interface TodoReduxState {
  todos: TodoType[];
}

//* 초기 상태
const initialState: TodoReduxState = {
  todos: [],
};

const todo = createSlice({
  name: "todo",
  initialState,
  reducers: {
```

```
    //* 투두 변경하기
    setTodo(state, action: PayloadAction<TodoType[]>) {
      state.todos = action.payload;
    },
  },
});

export const todoActions = { ...todo.actions };

export default todo;
```

변화를 살펴보도록 하겠습니다. 타입 정의와 액션 생성자를 만드는 부분이 없어졌습니다. 그리고 createReducer가 createSlice로 변경되었습니다. createSlice를 통해 만들어진 todo에 .을 입력하면 다음 그림과 같은 속성을 가지고 있습니다.

```
todo.
    actions                    (property) Slice<TodoReduxState, { setTo… ×
    caseReducers                   setTodo(state: WritableDraft<TodoRed…
    name                               payload: TodoType[];
    reducer                            type: string;
                                   }): void;
                               }>
```

[그림 7-5] createSlice로 만들어진 todo의 속성

actions는 액션 생성자들을 모아놓은 것입니다. 다른 파일에서 디스패치할 때 사용하기 위해 다음과 같이 export 해 주었습니다.

```
export const todoActions = { ...todo.actions };
```

reducer 또한 만들어서 combineReducers 에 todo.reducer로 간편하게 전달해줄 수 있습니다. 이렇게 만들어진 리듀서가 어떻게 동작하는지 설정을 완료한 후에 살펴보도록 하겠습니다.

store의 initStore 부분을 다음과 같이 변경하였습니다. 리덕스 툴킷은 데브툴을 포함하고 있기 때문에 redux-devtools-extension은 제거해도 됩니다. configureStore에

devTools: true를 해주는 것만으로 리덕스 데브툴을 사용할 수 있습니다.

▸ **store/index.ts**

```
import { HYDRATE, createWrapper } from "next-redux-wrapper";
import { configureStore, combineReducers } from "@reduxjs/toolkit";
import todo from "./todo";

const rootReducer = combineReducers({
  todo: todo.reducer,
});

const reducer = (state, action) => {
  if (action.type === HYDRATE) {
    const nextState = {
      ...state, // use previous state
      ...action.payload, // apply delta from hydration
    };
    if (state.count) nextState.count = state.count;
    return nextState;
  }
  return rootReducer(state, action);
};

//* 스토어의 타입
export type RootState = ReturnType<typeof rootReducer>;

const initStore = () => {
  return configureStore({
    reducer,
    devTools: true,
  });
};

export const wrapper = createWrapper(initStore);
```

별다른 설정을 하지 않고도 새로고침을 하면 값이 이전처럼 잘 받은 것을 확인할 수 있습니다. 리덕스 툴킷을 설정했으니 리덕스 스토어의 값을 받아오는 방법을 알아보도록 하겠습니다.

7.5 useSelector 사용하기

앞에서 서버에서 투두리스트 데이터를 리덕스 스토어에 저장했습니다. 이제 스토어의 데이터를 사용하는 법을 알아보도록 하겠습니다.

리덕스에 데이터를 저장하였기 때문에 페이지에 props로 전달해주지 않아도 됩니다. props를 제거하도록 하겠습니다.

▸ pages/index.tsx

```
const app: NextPage = () => {
  return <TodoList todos={[]} />;
};

export const getServerSideProps = wrapper.getServerSideProps(
  async ({ store }) => {
    try {
      const { data } = await getTodosAPI();
      store.dispatch(todoActions.setTodo(data));
      return { props: {} };
    } catch (e) {
      console.log(e);
      return { props: {} };
    }
  }
);
```

useSelector를 사용하여 리덕스 스토어의 값을 가져올 수 있습니다. useSelector의 state는 타입을 알 수 없으므로 RootState 타입을 가져와서 지정해야 합니다. useSelector를 사용하여 todos를 불러오도록 하겠습니다.

▸ components/TodoList.tsx

```
import { useSelector } from "react-redux";
import { RootState } from "../store";
```

```
const TodoList: React.FC = () => {
  const todos = useSelector((state: RootState) => state.todo.todos);
```

7.5.1 useSelector 타입 지원하기

매번 RootState를 불러와서 타입을 지정해주는 것은 번거로운 일입니다. 따라서 useSelector에 타입을 지정해서 사용하는 방법을 사용하려고 합니다.

▶ store/index.ts

```
import {
  TypedUseSelectorHook,
  useSelector as useReduxSelector,
} from "react-redux";

//* 타입 지원되는 커스텀 useSelector 만들기
export const useSelector: TypedUseSelectorHook<RootState> = useReduxSelector;
```

이렇게 커스텀 useSelector를 만들면 "react-redux"에서가 아닌 "store"에서 useSelector를 import 하여 사용하면 됩니다. 혹은 다음 코드를 이용하여 RootState의 타입을 지원할 수 있습니다.

▶ store/index.ts

```
//* 타입 지원되는 커스텀 useSelector 만들기
declare module 'react-redux' {
  interface DefaultRootState extends RootState {}
}
```

▶ components/TodoList.tsx

```
import { useSelector } from "../store";
```

```
const TodoList: React.FC = () => {
  const todos = useSelector((state) => state.todo.todos);
```

투두 값을 받아왔다면 이제 삭제 체크로 투두가 수정되었을때, 변경된 투두리스트로 변경하도록 하겠습니다.

7.6 useDispatch

액션을 실행시키기 위해서는 디스패치를 통해 실행할 수 있다고 하였습니다. 디스패치를 간단하게 사용하는 방법은 다음처럼 useDispatch 훅스를 사용하는 것입니다.

```
import { useDispatch } from "react-redux";

  const dispatch = useDispatch();
  dispatch(action);
```

useDispatch를 이용하여 dispatch함수를 생성하고 dispatch로 실행할 액션을 넣어주면 됩니다. 투두를 체크하거나 삭제할 때 변화를 리덕스를 이용하여 변경하도록 하겠습니다. 기존의 localTodos를 삭제하고 todos로 변경하여 값이 항상 리덕스 스토어 값과 동일하게 되도록 하겠습니다. 그리고 setLocalTodos 대신에 리덕스의 투두를 교체하는 디스패치를 실행하도록 하겠습니다. 이전에 만들어둔 todoActions 중 setTodo를 불러와 넣어야 하겠습니다.

▸ **components/TodoList.tsx**

```
import { todoActions } from "../store/todo";
  ...
      const newTodos = todos.map((todo) => {
        if (todo.id === id) {
          return { ...todo, checked: !todo.checked };
```

```
        }
        return todo;
      });
      dispatch(todoActions.setTodo(newTodos));
      console.log("체크하였습니다.");
...
      const newTodos = todos.filter((todo) => todo.id !== id);
      dispatch(todoActions.setTodo(newTodos));
      console.log("삭제했습니다.");
```

변경을 완료했다면 기능이 잘 작동하는지 확인하기 바랍니다.

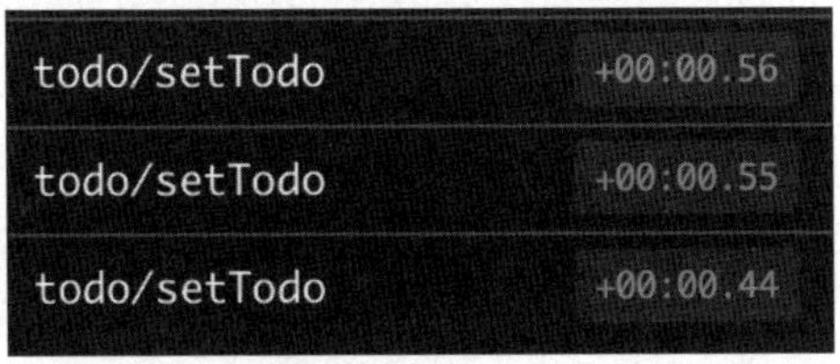

todo/setTodo +00:00.56
todo/setTodo +00:00.55
todo/setTodo +00:00.44

[그림 7-6] 액션 실행을 리덕스 데브툴에서 확인하기

액션이 발생하면 그림처럼 '모듈이름/액션타입'의 이름으로 액션이 실행되는 것을 확인할 수 있습니다. 이는 createSlice에서 넣어준 name과 reducers의 속성으로 넣어준 명으로 이루어집니다. 리덕스 데브툴을 이용하여 그림의 액션에 마우스를 올리면 Jump 버튼이 나오는데, Jump를 클릭하면 해당 액션이 발생했을 때의 state값으로 변경되는 기능을 사용할 수 있습니다.

넥스트 비앤비 프로젝트 설정하기

앞에서 투두리스트를 만들면서 넥스트, 타입스크립트, 리덕스를 사용하는 것을 알아보았습니다. 투두리스트를 만들어본 것만으로는 실제 서비스처럼 복잡하고 규모가 큰 프로젝트를 만드는 데 필요한 지식을 얻지 못할 것이라 생각합니다. 지금까지 배운 기술들을 사용하여, 실제 서비스를 만들듯이 개발하면서 얻은 팁들을 활용하면서 숙소공유 애플리케이션을 만들도록 하겠습니다.

숙소공유 애플리케이션에 대한 디자인을 피그마로 만들어 두었습니다.

- 피그마(Figma): https://bit.ly/3oUUIWW

피그마는 디자인 도구로 디자인을 공유하기 위해 사용됩니다.

8.1 프로젝트 생성하기

프로젝트 폴더를 만들어 'package.json'을 생성해줍니다.

```
$ mkdir next-bnb
  cd next-airbnb
  yarn init -y
```

8.1.1 깃허브 연동하기

넥스트 비앤비 프로젝트는 규모가 크기 때문에 버전관리를 위하여 깃(git)을 사용하도록 하겠습니다. 깃을 사용하지 않아도 무리는 없지만, 프로젝트의 규모가 크기 때문에 데이터가 분실될 경우를 방지하여 사용하는 것을 추천합니다.

```
$ git init
  git remote add origin https://github.com/jerrynim/next-bnb.git
  git add .
  git commit -m "프로젝트 생성"
  git push --set-upstream origin master
```

깃허브 레파지토리를 만들어 연결하였습니다. 깃 명령어에 대한 설명은 하지 않겠습니다.

타입스크립트를 사용하는 넥스트 프로젝트에 필요한 라이브러리들을 설치하고, 'package.json'에 scripts를 추가하도록 하겠습니다.

```
$ yarn add next react react-dom
$ yarn add -D typescript @types/react @types/node @types/react-dom
```

제가 사용하는 라이브러리의 버전은 다음과 같습니다.

▶ package.json

```
{
  "name": "next-bnb",
  "version": "1.0.0",
  "main": "index.js",
  "license": "MIT",
  "scripts": {
    "build": "next build",
    "dev": "next dev",
    "start": "next start"
  },
  "dependencies": {
    "next": "^10.0.0",
    "react": "^17.0.1",
    "react-dom": "^17.0.1"
  },
  "devDependencies": {
    "@types/node": "^14.14.6",
    "@types/react": "^16.9.55",
    "@types/react-dom": "^16.9.9",
    "typescript": "^4.0.5"
  }
}
```

'.gitignore' 파일에 깃허브에 올리지 않아도 되는 파일들을 작성하여 깃허브에 올라가지 않도록 하겠습니다.

▶ .gitignore

```
node_modules

.next
```

8.1.2 eslint 설정하기

eslint 설정을 하도록 하겠습니다.

```
$ eslint --init
? How would you like to use ESLint? To check syntax, find problems, and
  enforce code style
? What type of modules does your project use? JavaScript modules (import/
  export)


? Which framework does your project use? React
? Does your project use TypeScript? Yes
? Where does your code run? Browser
? How would you like to define a style for your project? Use a popular style
  guide
? Which style guide do you want to follow? Airbnb (https://github.com/
  airbnb/javascript)
? What format do you want your config file to be in? JavaScript
? Would you like to install them now with npm? (Y/n) y
```

설치가 완료되면 .eslintrc.js가 생성되고, eslint 설정이 구성되어 있습니다. 여기서 제가 사용하는 rules와 setting을 넣어주도록 하겠습니다.

▶ .eslintrc.js

```
module.exports = {
  env: {
    browser: true,
    es6: true,
  },
  extends: ["airbnb"],
  globals: {
    Atomics: "readonly",
    SharedArrayBuffer: "readonly",
  },
  parser: "@typescript-eslint/parser",
```

```
parserOptions: {
  ecmaFeatures: {
    jsx: true,
  },
  ecmaVersion: 2018,
  sourceType: "module",
},
plugins: ["react", "@typescript-eslint"],
rules: {
  quotes: ["error", "double"], //더블 쿼터 사용
  "@typescript-eslint/quotes": ["error", "double"], //더블 쿼터 사용
  "no-unused-vars": "off", //사용 안 한 변수 경고 중복
  "spaced-comment": "off", //주석을 뒤에 쓰지 말라는 경고
  "@typescript-eslint/no-unused-vars": "warn", //사용 안 한 변수는 경고
  "jsx-a11y/control-has-associated-label": "off", // 상호 작용하는 엘리먼트에
  label을 넣는다
  "react/no-array-index-key": "off", // key값으로 index를 사용할 수 있다.
  "comma-dangle": "off", // 마지막에 , 을 넣어주지 않는다.
  "arrow-body-style": "off", //화살표 함수 안에 return을 사용할 수 있다.
  "react/no-unescaped-entities": "off", //문자열 내에서 " ' > } 허용
  "react/prop-types": "off", //proptypes를 사용하지 않는다.
  "object-curly-newline": "off", // { 다음 줄 바꿈을 강제로 사용하지 않는다.
  "react/jsx-one-expression-per-line": "off", //한 라인에 여러 개의 JSX를 사용할
  수 있다.
  "implicit-arrow-linebreak": "off", // 화살표 함수 다음에 줄 바꿈을 사용할 수 있다.
  "no-shadow": "off", //파일 내에서 중복 이름을 사용할 수 있다.
  "operator-linebreak": "off", //연산자 다음 줄 바꿈을 사용할 수 있다.
  "react/react-in-jsx-scope": "off", // jsx를 사용하여도 React를 꼭 import 하지
  않아도 된다.
  "react/jsx-props-no-spreading": "off", //props를 스프레드 할 수 있다.
  "jsx-a11y/anchor-is-valid": "off", // next js에서는 a에 href없이 사용
  "global-require": "off", //함수 내에서 require 사용 가능
  "react/jsx-filename-extension": [
    1,
    { extensions: [".js", ".jsx", ".tsx"] }, //jsx 사용 가능한 확장자 설정
  ],
  "import/extensions": [
    "error",
    "ignorePackages",
```

```
      {
        js: "never",
        jsx: "never",
        ts: "never",
        tsx: "never",
      }, //import 시 확장자명은 사용하지 않는다.
    ],
  },
  settings: {
    "import/resolver": {
      node: {
        extensions: [".js", ".jsx", ".ts", ".tsx", ".d.ts"],
      },
    },
  },
};
```

넥스트를 실행하는 데 필수인 pages폴더와 간단한 루트 페이지를 만들도록 하겠습니다.

▶ **pages/index.tsx**

```
import React from "react";

const index: React.FC = () => {
  return <div>hello world</div>;
};

export default index;
```

터미널에 yarn dev를 실행하면 자동으로 tsconfig.json이 생성되며 정상적으로 실행되는 것을 확일할 수 있습니다. 엄격한 타입을 위하여 tsconfig.json에서 strict를 true로 변경하도록 하겠습니다.

▶ tsconfig.json

```
{
  "compilerOptions": {
    "target": "es5",
    "lib": [
      "dom",
      "dom.iterable",
      "esnext"
    ],
    "allowJs": true,
    "skipLibCheck": true,
    "strict": true,
    "forceConsistentCasingInFileNames": true,
    "noEmit": true,
    "esModuleInterop": true,
    "module": "esnext",
    "moduleResolution": "node",
    "resolveJsonModule": true,
    "isolatedModules": true,
    "jsx": "preserve"
  },
  "exclude": [
    "node_modules"
  ],
  "include": [
    "next-env.d.ts",
    "**/*.ts",
    "**/*.tsx"
  ]
}
```

여기까지 설정했다면 타입스크립트를 사용하는 넥스트 프로젝트 설정이 완료됩니다.

8.1.3 스타일링 설정하기

스타일링을 하기 위한 styled-components 구성을 하도록 하겠습니다.

```
$ yarn add styled-components babel-plugin-styled-components
$ yarn add @types/styled-components -D
```

▶ pages/_document.tsx

```
import Document, { DocumentContext } from "next/document";
import { ServerStyleSheet } from "styled-components";

export default class MyDocument extends Document {
  static async getInitialProps(ctx: DocumentContext) {
    const sheet = new ServerStyleSheet();
    const originalRenderPage = ctx.renderPage;

    try {
      ctx.renderPage = () =>
        originalRenderPage({
          enhanceApp: (App) => (props) =>
            sheet.collectStyles(<App {...props} />),
        });

      const initialProps = await Document.getInitialProps(ctx);
      return {
        ...initialProps,
        styles: (
          <>
            {initialProps.styles}
            {sheet.getStyleElement()}
          </>
        ),
      };
    } finally {
      sheet.seal();
    }
  }
}
```

▶ .babelrc

```
{
  "presets": ["next/babel"],
  "plugins": [["styled-components", { "ssr": true }]]
}
```

svg를 import하여 사용하기 위한 설정을 하도록 하겠습니다.

```
$ yarn add babel-plugin-inline-react-svg
```

▶ types/image.d.ts

```
declare module "*.svg";
```

▶ .babelrc

```
{
  "presets": ["next/babel"],
  "plugins": [["styled-components", { "ssr": true }], "inline-react-svg"]
}
```

▶ pages/index.tsx

```
import React from "react";
import styled from "styled-components";

const Container = styled.div`
  font-size: 21px;
  color: gray;
`;

const index: React.FC = () => {
  return <Container>hello world</Container>;
};

export default index;
```

스타일링을 위한 스타일드 컴포넌트와 svg 컴포넌트 설정을 마쳤습니다.

8.1.4 글로벌 스타일 설정하기

넥스트 비앤비의 디자인을 보면 다음 그림처럼 색상의 이름과 색상 값이 지정되어 있습니다.

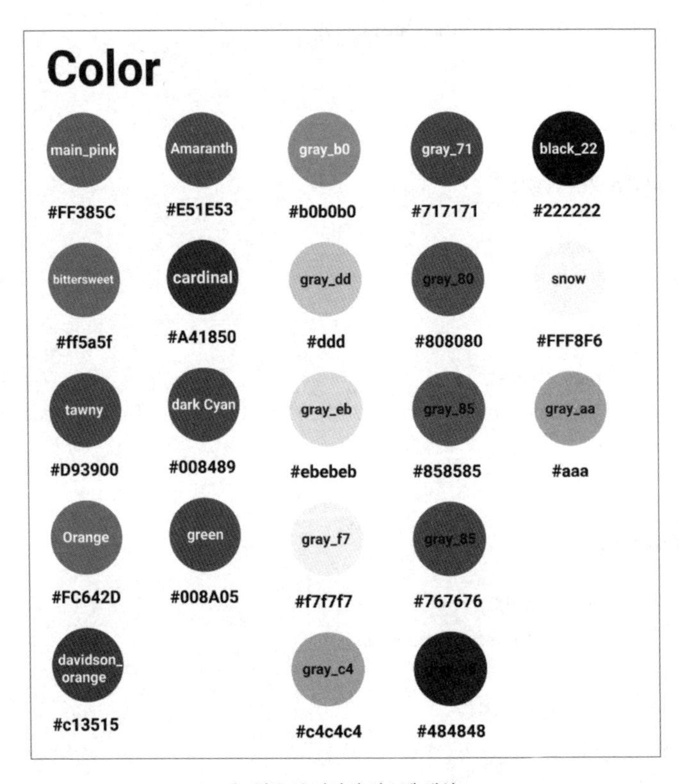

[그림 8-1] 디자인 시스템 색상

동일한 색상을 사용하여 애플리케이션의 통일감을 줄 수 있으며 개발할 때 색상 값을 외우지 않아도 된다는 장점을 가지고 있습니다. 지정된 색상들을 'styles/palette.ts'에 저장하여 쉽게 불러와 사용할 수 있도록 하겠습니다.

▸ styles/palette.ts

```
export default {
  cardinal: "#a41850",
  davidson_orange: "#c13515",
  tawny: "#d93900",
  amaranth: "#E51E53",
  orange: "#fc642d",
  main_pink: "#FF385C",
  bittersweet: "#ff5a5f",
  black: "#222222",
  charcoal: "#484848",
  snow: "#FFF8F6",
  gray_48: "#484848",
  gray_71: "#717171",
  gray_76: "#767676",
  gray_80: "#808080",
  gray_85: "#858585",
  gray_aa: "#aaa",
  gray_bb: "#bbb",
  gray_b0: "#b0b0b0",
  gray_c4: "#c4c4c4",
  gray_dd: "#ddd",
  gray_eb: "#ebebeb",
  gray_e5: "#e5e5e5",
  gray_f7: "#f7f7f7",
  dark_cyan: "#008489",
  green: "#008A05",
};
```

색상에 이름을 정하는 방법에 여러 가지가 있고, 개인마다 좋아하는 방식이 달랐습니다. 제 경우에는 여러 가지 방식을 사용하다가 결국 디자인을 볼 때 색상을 확인하게 되는데, 색상에 맞는 변수의 이름을 기억하기 쉽도록 gray_eb처럼 변수명 뒤에 색상 값을 넣어 찾기 쉽도록 하였습니다.

글로벌 스타일을 만들도록 하겠습니다. html 태그들의 기본 스타일을 제거해주는 styled-reset을 사용하기 위해 설치하도록 하겠습니다.

```
$ yarn add styled-reset
```

▶ **styles/GlobalStyle.tsx**

```
import reset from "styled-reset";
import { createGlobalStyle, css } from "styled-components";
import palette from "./palette";

const globalStyle = css`
  ${reset};
  * {
    box-sizing: border-box;
  }
  body {
    color: ${palette.black};
  }
`;

const GlobalStyle = createGlobalStyle`
    ${globalStyle};
`;

export default GlobalStyle;
```

App 컴포넌트에 글로벌 스타일을 적용하도록 하겠습니다.

▶ **pages/_app.tsx**

```
import { AppProps } from "next/app";
import GlobalStyle from "../styles/GlobalStyle";

const app = ({ Component, pageProps }: AppProps) => {
  return (
    <>
      <GlobalStyle />
      <Component {...pageProps} />
    </>
  );
```

```
};

export default app;
```

8.1.5 폰트 적용하기

이전에 사용했던 방식과 동일하게 NotoSans와 NotoSansKR 폰트를 CDN으로 연결하여 사용하겠습니다.

▶ _document.ts

```
import Document, {
  Html,
  Head,
  Main,
  NextScript,
  DocumentContext,
} from "next/document";
import { ServerStyleSheet } from "styled-components";

class MyDocument extends Document {

  ...

  render() {
    return (
      <Html>
        <Head>
          <link
            href="https://fonts.googleapis.com/css?family=Noto+Sans:400,700&
            display=swap"
            rel="stylesheet"
          />
          <link
            href="https://fonts.googleapis.com/css?family=Noto+Sans+KR:400,7
            00&display=swap&subset=korean"
```

```
          rel="stylesheet"
        />
      </Head>
      <body>
        <Main />
        <NextScript />
      </body>
    </Html>
  );
 }
}

export default MyDocument;
```

글로벌 스타일의 font-family 값을 설정하도록 하겠습니다.

▸ **styles/GlobalStyle.ts**

```
const globalStyle = css`
  ${reset};
  * {
    box-sizing: border-box;
  }
  body {
    font-family: Noto Sans, Noto Sans KR;
    color: ${palette.black};
  }
`;
```

여기까지 프로젝트의 스타일 설정까지 끝났습니다.

CHAPTER

09

공통 헤더 만들기

9.1 공통 헤더 스타일링 하기

프로젝트의 설정이 끝났으니 본격적으로 공통 헤더를 만들도록 하겠습니다. 헤더는 좌측에는 로고 아이콘을 우측에는 로그인과 회원가입 버튼을 가지고 있습니다. 다음은 공통 헤더에 대한 디자인 가이드입니다.

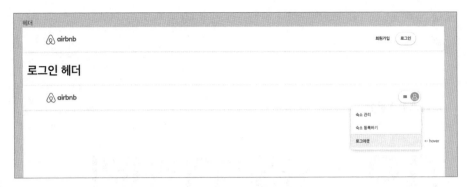

[그림 9-1] 공통 헤더 디자인 가이드

9.1.1 헤더 로고 만들기

헤더 컴포넌트를 만들도록 하겠습니다. 헤더 컴포넌트에는 로고와 로고 텍스트 아이콘이 필요합니다. 피그마에서 아이콘들을 다운로드 받을 수 있습니다.

[그림 9-2] 피그마 헤더 로고 다운로드 받기

다운로드 받은 svg를 public/static/svg/logo경로에 저장하도록 하겠습니다.

헤더는 항상 상단에 고정되어 있습니다. 따라서 'postion: sticky;' 속성을 사용하여 상단에 고정되도록 하겠습니다.

좌,우측 padding을 80px로 하고 세로로 가운데 정렬을 하였습니다.

오른쪽 콘텐츠와는 'justify-content: space-between;' 속성을 이용하여 양쪽 끝으로 배치하도록 하였습니다.

나중에 반응형을 고려하여 width는 100%로 설정하여 사용하였습니다.

▶ **components/Header.tsx**

```
import React from "react";
import styled from "styled-components";
import AirbnbLogoIcon from "../public/static/svg/logo/logo.svg";
import AirbnbLogoTextIcon from "../public/static/svg/logo/logo_text.svg";

const Container = styled.div`
  position: sticky;
  top: 0;
  width: 100%;
  height: 80px;
  display: flex;
  justify-content: space-between;
  align-items: center;
  padding: 0 80px;
  background-color: white;
  box-shadow: rgba(0, 0, 0, 0.08) 0px 1px 12px;
  z-index: 10;
  .header-logo-wrapper {
    display: flex;
    align-items: center;
    .header-logo {
      margin-right: 6px;
    }
  }
`;
```

```
const Header: React.FC = () => {
  return (
    <Container>
      <div className="header-logo-wrapper">
        <AirbnbLogoIcon className="header-logo" />
        <AirbnbLogoTextIcon />
      </div>
    </Container>
  );
};

export default Header;
```

헤더 로고 및 텍스트를 클릭하게 되면 메인 페이지인 "/" 페이지로 이동하게 하려고 합니다. <Link>컴포넌트를 사용하여 라우팅할 수 있도록 하겠습니다.

▶ components/Header.tsx

```
import Link from "next/link";

    <Container>
      <Link href="/">
        <a className="header-logo-wrapper">
          <AirbnbLogoIcon className="header-logo" />
          <AirbnbLogoTextIcon />
        </a>
      </Link>
    </Container>
```

9.1.2 헤더 로그인, 회원가입 스타일링 하기

이어서 헤더 우측의 로그인과 회원가입 버튼을 만들도록 하겠습니다.

▸ components/Header.tsx

```
import palette from "../styles/palette";

const Container = styled.div`

  ...

  /** 헤더 로그인 회원가입 버튼 */
  .header-auth-buttons {
    .header-sign-up-button {
      height: 42px;
      margin-right: 8px;
      padding: 0 16px;
      border: 0;
      border-radius: 21px;
      background-color: white;
      cursor: pointer;
      outline: none;
      &:hover {
        background-color: ${palette.gray_f7};
      }
    }
    .header-login-button {
      height: 42px;
      padding: 0 16px;
      border: 0;
      box-shadow: 0px 1px 2px rgba(0, 0, 0, 0.18);
      border-radius: 21px;
      background-color: white;
      cursor: pointer;
      outline: none;
      &:hover {
        box-shadow: 0px 2px 8px rgba(0, 0, 0, 0.12);
      }
    }
  }
`;
```

```
const Header: React.FC = () => {
  return (
    <Container>
      <Link href="/">
        <a className="header-logo-wrapper">
          <AirbnbLogoIcon className="header-logo" />
          <AirbnbLogoTextIcon />
        </a>
      </Link>
      <div className="header-auth-buttons">
        <button type="button" className="header-sign-up-button">
          회원가입
        </button>
        <button type="button" className="header-login-button">
          로그인
        </button>
      </div>
    </Container>
  );
};

export default Header;
```

[그림 9-3] 헤더 로그인 회원가입 버튼 스타일링

9.2 모달 컴포넌트 만들기

모달은 다음 그림과 같이 화면 위에 화면을 띄워 집중시키도록 만드는 방식입니다. 헤더에 있는 로그인과 회원가입을 클릭하면 다음과 같은 모달 창이 나타나게 됩니다.

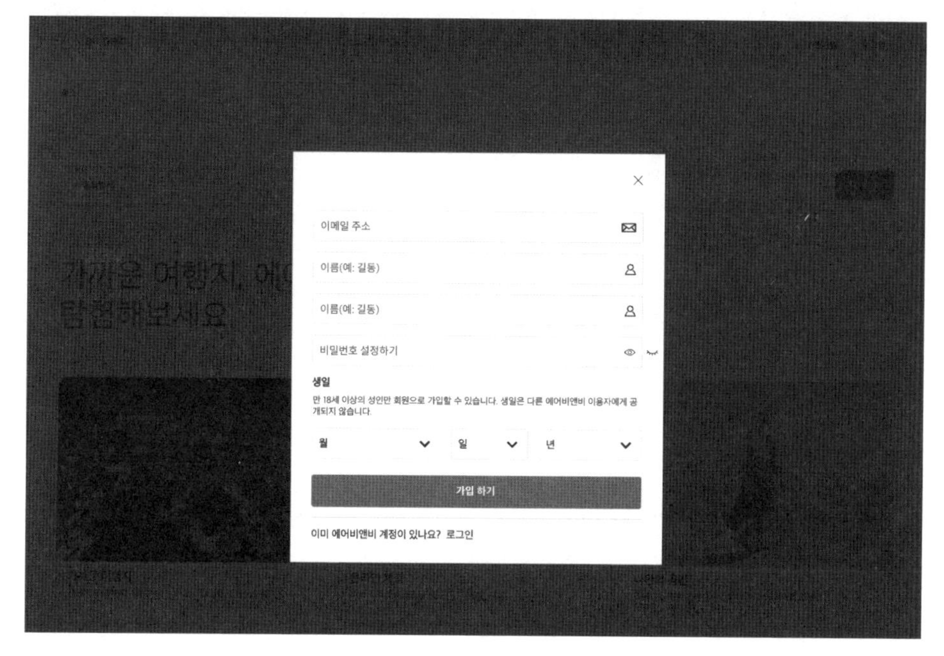

[그림 9-4] 회원가입 모달 창 디자인

모달을 만드는 가장 간단한 방법은 모달을 띄울 boolean값과 모달 엘리먼트의 position을 fixed로 주어 표시하는 것입니다. 회원가입 버튼 클릭 시 boolean값을 true로 하고, 모달의 배경을 클릭 시 boolean값을 false로 하는 방법입니다. 앞의 방법을 이용하여 모달을 구현해보도록 하겠습니다.

▶ components/Header.tsx

```
import React, { useState } from "react";
const Container = styled.div`

  ...

  .modal-wrapper {
    width: 100%;
    height: 100%;
    display: flex;
    justify-content: center;
```

```
    align-items: center;
    position: fixed;
    top: 0;
    left: 0;
    .modal-background {
      position: absolute;
      width: 100%;
      height: 100%;
      background-color: rgba(0, 0, 0, 0.75);
      z-index: 10;
    }
    .modal-contents {
      width: 400px;
      height: 400px;
      background-color: white;
      z-index: 11;
    }
  }
`;

const Header: React.FC = () => {
  //* 모달을 열고 닫을 boolean 값
  const [modalOpened, setModalOpened] = useState(false);
  return (
    <Container>

      ...

      <div className="header-auth-buttons">
        <button
          type="button"
          className="header-sign-up-button"
          onClick={() => setModalOpened(true)}
        >
          회원가입
        </button>
        <button type="button" className="header-login-button">
          로그인
        </button>
```

```
        </div>
        {modalOpened && (
          <div className="modal-wrapper">
            <div
              className="modal-background"
              role="presentation"
              onClick={() => setModalOpened(false)}
            />
            <div className="modal-contents" />
          </div>
        )}
      </Container>
  );
};
```

[그림 9-5] 모달 만들기 1

이 방법의 장점은 간단하게 만들 수 있다는 것이고, 단점은 매번 새롭게 만들어야 한다는 것입니다.

9.2.1 리액트 포털(Portal)

모달을 만드는 다른 방법으로 리액트의 포털(Portal)을 이용하도록 하겠습니다. 포털은 "부모 컴포넌트의 DOM 계층 외부에 있는 DOM 노드로 자식을 렌더링"하는 방법입니다. 쉽게 생각한다면 엘리먼트를 다른 엘리먼트에서 렌더링을 하게 하는 방법입니다.

https://reactjs.org/docs/portals.html

포털은 다음과 같이 사용합니다.

```
ReactDOM.createPortal(child, container)
```

첫 번째 인자로 리액트 컴포넌트를 받고, 두 번째 인자로 리액트 컴포넌트를 넣을 DOM을 받게 됩니다. 두 번째 인자에 넣어줄 DOM을 _app.tsx에 만들도록 하겠습니다.

▶ **pages/_app.tsx**

```
const app = ({ Component, pageProps }: AppProps) => {
  return (
    <>
      <GlobalStyle />
      <Header />
      <Component {...pageProps} />
      <div id="root-modal" />
    </>
  );
};
```

'#root-modal'에 리액트 컴포넌트를 렌더링 시키려고 합니다. 'ModalPortal'이라는 컴포넌트를 만들어 children으로 컴포넌트를 받아 '#root-modal'에 렌더링 하도록 하겠습니다. 받은 children 컴포넌트는 항상 검은 배경을 가지도록 하겠습니다.

▶ components/MordalPortal.tsx

```
import React, { useEffect, useRef, useState } from "react";
import { createPortal } from "react-dom";
import styled from "styled-components";

const Container = styled.div`
  width: 100%;
  height: 100%;
  display: flex;
  justify-content: center;
  align-items: center;
  position: fixed;
  top: 0;
  left: 0;
  .modal-background {
    position: absolute;
    width: 100%;
    height: 100%;
    background-color: rgba(0, 0, 0, 0.75);
    z-index: 10;
  }
`;

interface IProps {
  children: React.ReactNode;
}

const ModalPortal: React.FC<IProps> = ({ children }) => {
  const ref = useRef<Element | null>();
  const [mounted, setMounted] = useState(false);

  useEffect(() => {
    setMounted(true);
    if (document) {
      const dom = document.querySelector("#root-modal");
      ref.current = dom;
    }
  }, []);
```

```
  if (ref.current && mounted) {
    return createPortal(
      <Container>
        <div className="modal-background" />
        {children}
      </Container>,
      ref.current
    );
  }
  return null;
};

export default ModalPortal;
```

모달에 표시할 회원가입 콘텐츠를 간단하게 만들도록 하겠습니다.

▸ **components/auth/SignUpModal.tsx**

```
import React from "react";
import styled from "styled-components";

const Container = styled.div`
  width: 568px;
  height: 614px;
  background-color: white;
  z-index: 11;
`;

const SignUpModal: React.FC = () => {
  return <Container>Sign Up</Container>;
};

export default SignUpModal;
```

'ModalPortal' 컴포넌트에 자식으로 'SignUpModal'을 전달해 '#root-modal'로 렌더링 되도록 하겠습니다.

▸ **components/Header.tsx**

```
import ModalPortal from "./ModalPortal";
import SignUpModal from "./auths/SignUpModal";

 {modalOpened && (
        <ModalPortal>
          <SignUpModal />
        </ModalPortal>
      )}
    </Container>
  );
```

회원가입 버튼을 클릭하면 화면에 'Sign Up' 텍스트가 있는 모달이 출력되며 '#root-modal'에 자식으로 렌더링된 것을 확인할 수 있습니다.

```
▼<div id="root-modal">
  ▼<div class="ModalPortal__Container-sc-1ls3sny-
  0 LyCmp">
      <div class="modal-background"></div>
...   <div class="SignUpModal__Container-g1d2n6-0
      kcjvvD">Sign Up</div> == $0
    </div>
  </div>
</div>
```

[그림 9-6] 포털을 사용하여 모달 띄우기

배경을 누르면 모달이 꺼지도록 하겠습니다. 그러기 위해서 ModalPortal에 모달을 닫는 함수를 전달해야 합니다.

▸ **components/Header.tsx**

```
<ModalPortal closePortal={() => setModalOpened(false)}>
```

▸ **components/ModalPortal.tsx**

```
interface IProps {
  children: React.ReactNode;
```

```
  closePortal: () => void;
}

const ModalPortal: React.FC<IProps> = ({ children, closePortal }) => {

  ...

  if (ref.current && mounted) {
    return createPortal(
      <Container>
        <div
          className="modal-background"
          role="presentation"
          onClick={closePortal}
        />
        {children}
      </Container>,
      ref.current
    );
  }
  return null;
};
```

9.2.2 모달 훅스 만들기

모달을 사용하기 위해 부모에 상태 하나를 만들어야 하고 ModalPortal에 props로 모달을 닫는 함수를 전달하는 일은 번거롭습니다. 그래서 커스텀 훅스를 만들어 이러한 번거로움을 줄이도록 하겠습니다. 훅스를 관리할 'hooks' 폴더를 만들어 'useModal.tsx' 파일을 만들도록 하겠습니다. 훅스지만 확장자가 .tsx 파일인 이유는 ModalPortal 컴포넌트를 리턴하기 때문입니다.

▸ **hooks/useModal.tsx**

```
import React, { useRef, useEffect, useState } from "react";
import { createPortal } from "react-dom";
```

```
import styled from "styled-components";

const Container = styled.div`
  width: 100%;
  height: 100%;
  display: flex;
  justify-content: center;
  align-items: center;
  position: fixed;
  top: 0;
  left: 0;
  z-index: 11;
  .modal-background {
    position: absolute;
    width: 100%;
    height: 100%;
    background-color: rgba(0, 0, 0, 0.75);
  }
`;

const useModal = () => {
  const [modalOpened, setModalOpened] = useState(false);

  const openModal = () => {
    setModalOpened(true);
  };

  const closeModal = () => {
    setModalOpened(false);
  };

  interface IProps {
    children: React.ReactNode;
  }

  const ModalPortal: React.FC<IProps> = ({ children }) => {
    const ref = useRef<Element | null>();
    const [mounted, setMounted] = useState(false);
```

```
    useEffect(() => {
      setMounted(true);
      if (document) {
        const dom = document.querySelector("#root-modal");
        ref.current = dom;
      }
    }, []);

    if (ref.current && mounted && modalOpened) {
      return createPortal(
        <Container>
          <div
            className="modal-background"
            role="presentation"
            onClick={closeModal}
          />
          {children}
        </Container>,
        ref.current
      );
    }
    return null;
  };

  return {
    openModal,
    closeModal,
    ModalPortal,
  };
};

export default useModal;
```

useModal을 사용하여 모달을 열고 닫는 함수와 모달 콘텐츠를 표시해줄 컴포넌트를 불러올 수 있습니다. 기존의 useState를 사용한 modalOpened 코드를 제거하고, useModal을 이용하여 변경하도록 하겠습니다.

▶ components/Header.tsx

```
//import ModalPortal from "./ModalPortal";  제거
import useModal from "../hooks/useModal";


const Header: React.FC = () => {
  const { openModal, ModalPortal } = useModal();

  ...

      <div className="header-auth-buttons">
        <button
          type="button"
          className="header-sign-up-button"
          onClick={openModalPortal}
        >
          회원가입
        </button>
        <button type="button" className="header-login-button">
          로그인
        </button>
      </div>
      <ModalPortal>
        <SignUpModal />
      </ModalPortal>
    </Container>
  );
};
```

다시 회원가입을 클릭하면 모달이 뜨는 것을 확인할 수 있습니다. useModal 을 이용하여 모달을 열고, 닫고, 콘텐츠를 띄우는 것을 한 줄로 할 수 있습니다. 훅스를 사용하여 번거로운 작업을 여러 곳에서 사용할 수 있습니다. 이것이 훅스를 만들어 사용하는 것의 장점입니다.

CHAPTER 10 회원가입과 로그인

모달에 나타나는 회원가입 폼의 스타일링을 마무리 하도록 하겠습니다.

▶ components/auths/SignUpModal.tsx

```
import React from "react";
import styled from "styled-components";
import CloseXIcon from "../../public/static/svg/modal/modal_colose_x_icon.svg";
import MailIcon from "../../public/static/svg/auth/mail.svg";
import PersonIcon from "../../public/static/svg/auth/person.svg";
import OpenedEyeIcon from "../../public/static/svg/auth/opened-eye.svg";
import ClosedEyeIcon from "../../public/static/svg/auth/closed_eye.svg";
import palette from "../../styles/palette";

const Container = styled.form`
  width: 568px;
  padding: 32px;
```

```
  background-color: white;
  z-index: 11;

  .mordal-close-x-icon {
    cursor: pointer;
    display: block;
    margin: 0 0 40px auto;
  }

  .input-wrapper {
    position: relative;
    margin-bottom: 16px;
    input {
      position: relative;
      width: 100%;
      height: 46px;
      padding: 0 44px 0 11px;
      border: 1px solid ${palette.gray_eb};
      border-radius: 4px;
      font-size: 16px;
      outline: none;
      ::placeholder {
        color: ${palette.gray_76};
      }
    }
    svg {
      position: absolute;
      right: 11px;
      top: 16px;
    }
  }
`;

const SignUpModal: React.FC = () => {
  return (
    <Container>
      <CloseXIcon className="mordal-close-x-icon" />
      <div className="input-wrapper">
        <input placeholder="이메일 주소" type="email" name="email" />
```

```
        <MailIcon />
      </div>
      <div className="input-wrapper">
        <input placeholder="이름(예:길동)" />
        <PersonIcon />
      </div>
      <div className="input-wrapper">
        <input placeholder="성(예: 홍)" />
        <PersonIcon />
      </div>
      <div className="input-wrapper">
        <input placeholder="비밀번호 설정하기" type="password" />
        <OpenedEyeIcon />
      </div>
    </Container>
  );
};

export default SignUpModal;
```

[그림 10-1] 회원가입 폼 인풋

10.1 회원가입 인풋

이메일 주소, 이름, 성, 비밀번호를 입력받는 네 개의 값을 받는 인풋을 만들었습니다. 인풋들은 동일한 스타일과 기능을 가지고 있고 다른 페이지에서도 동일한 패턴을 가지게 될 것입니다. 이는 인풋에 디자인 시스템이 반영되어 있기 때문입니다.

10.1.1 디자인 시스템

디자인을 보면 인풋이나 버튼 등의 컴포넌트는 서비스 여러 곳에서 사용됩니다. 하지만 서비스에서 컴포넌트들은 일관된 스타일을 가지고 있습니다. 이는 서비스마다 컴포넌트에 디자인 시스템을 만들어 사용하기 때문입니다. 디자인 시스템이란 서비스를 만드는 데 사용할 색깔, 서체, 컴포넌트 및 규칙을 정리해놓은 것으로 서비스에 일관된 디자인을 줄 수 있고, 브랜딩을 할 수 있습니다. 또한 만들어둔 컴포넌트를 재사용하게 됨으로써 개발 속도와 효율성도 높아지게 됩니다. 앞에서 만든 모달 또한 디자인 시스템의 일부가 됩니다.

앞으로 재사용하게 될 컴포넌트를 디자인 시스템을 따르는 공통 컴포넌트로 만들어서 사용하도록 하겠습니다. 공통 컴포넌트를 만들어 사용하면 매번 컴포넌트를 새로 만들지 않아도 되고, 일관된 스타일과 기능을 가지게 되는 장점이 있습니다.

10.1.2 공통 인풋 컴포넌트

공통 인풋 컴포넌트는 다음 그림과 같은 디자인 패턴을 가지고 있습니다.

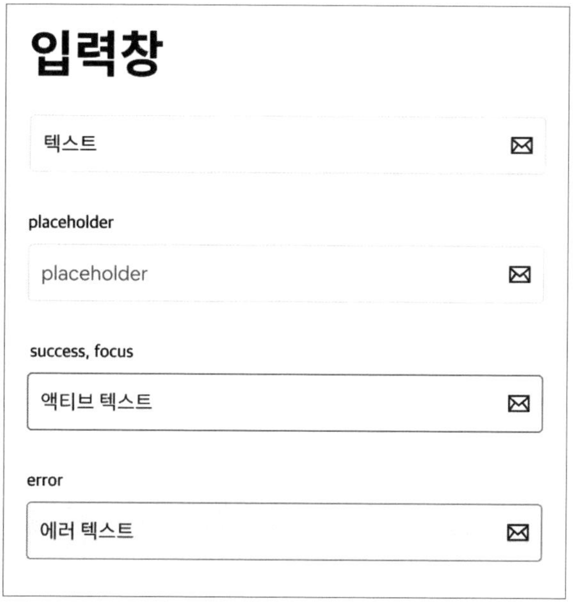

입력창

텍스트

placeholder

placeholder

success, focus

액티브 텍스트

error

에러 텍스트

[그림 10-2] 공통 인풋 컴포넌트 디자인 패턴

미리 필요한 기능을 다 만들어두지 않고, 필요할 때마다 추가하도록 하겠습니다. 회원가입에 사용할 인풋을 공통 컴포넌트로 만들도록 하겠습니다. 공통 컴포넌트는 'components/common' 폴더에 만들어 관리하도록 하겠습니다. 인풋 컴포넌트는 기본 <input> 의 속성과 아이콘을 받아 사용할 수 있도록 만들겠습니다.

▶ components/common/Input.tsx

```
import React from "react";
import styled from "styled-components";
import palette from "../../styles/palette";

const Container = styled.div<{ iconExist: boolean }>`
  input {
    position: relative;
    width: 100%;
    height: 46px;
    padding: ${({ iconExist }) => (iconExist ? "0 44px 0 11px " : "0 11px")};
```

```
    border: 1px solid ${palette.gray_eb};
    border-radius: 4px;
    font-size: 16px;
    outline: none;
    ::placeholder {
      color: ${palette.gray_76};
    }
    & :focus {
      border-color: ${palette.dark_cyan} !important;
    }
  }
  .input-icon-wrapper {
    position: absolute;
    top: 0;
    right: 11px;
    height: 46px;
    display: flex;
    align-items: center;
  }
`;

interface IProps extends React.InputHTMLAttributes<HTMLInputElement> {
  icon?: JSX.Element;
}

const Input: React.FC<IProps> = ({ icon, ...props }) => {
  return (
    <Container iconExist={!!icon}>
      <input {...props} />
      <div className="input-icon-wrapper">{icon}</div>
    </Container>
  );
};

export default Input;
```

익숙해하지 않을 것 같은 코드를 살펴보도록 하겠습니다.

```
interface IProps extends React.InputHTMLAttributes<HTMLInputElement> {
  icon?: JSX.Element;
}
```

React.InputHTMLAttributes<HTMLInputElement>는 <input> 태그가 가지는 속성들에 대한 타입입니다. extends를 사용하여 IProps는 <input> 태그가 가지는 속성을 확장하여 사용하게 됩니다. 그리고 icon?: JSX.Element;는 타입이 JSX 엘리먼트인 icon 값을 받지 않을 수도 undefined일 수도 있다는 것을 의미합니다. icon에 마우스를 올려보면 JSX.Element | undefined라고 뜨는 것을 볼 수 있습니다.

```
                     var icon: JSX.Element | undefined
React.FC<IProps> = ({ icon, ...props }) => {
```

[그림 10-3] ?를 사용하는 타입

결국,

```
icon?: JSX.Element;
icon: JSX.Element | undefined;
```

는 값은 코드입니다. 하지만 의미상으로 저는 'icon?: JSX.Element;'은 icon 값을 사용하지 않아도 된다로 사용합니다.

```
<Input />
```

그리고 'icon: JSX.Element | undefined;'은 icon을 받는데 undefined일 수 있다로 사용합니다.

```
<Input icon={undefined} />
```

사용하는 의미상 다르기 때문에 어떤 방식을 사용해도 코드상으로는 문제가 없습니다.

```
const Container = styled.div<{ iconExist: boolean }>`

<Container iconExist={!!icon}>
```

Container는 div 스타일드 컴포넌트입니다. 그래서 기본적으로 <div> 태그의 타입을 가지고 있습니다. 저희가 넣어준 iconExist라는 속성은 <div> 태그에 존재하지 않기에 타입에러가 발생하게 됩니다.

```
const Container = styled.div<{ iconExist: boolean }>
```

<>(제네릭)을 사용하여 스타일드 컴포넌트의 props에 타입을 추가할 수 있습니다. 스타일드 컴포넌트에 iconExist를 추가했습니다. 스타일드 컴포넌트에서 props를 다음과 같이 사용할 수 있습니다.

```
padding: ${({ iconExist }) => (iconExist ? "0 44px 0 11px " : "0 11px")};
```

이 코드는 다음 코드와 같은 코드입니다.

```
padding: ${(props) => (props.iconExist ? "0 44px 0 11px " : "0 11px")};
```

이렇게 props를 활용하여 스타일 값을 변경하는 데 사용할 수 있습니다.

공통 인풋 컴포넌트를 회원가입 모달에 적용하도록 하겠습니다.

▸ **components/auth/SignUpModal.tsx**

```
import React from "react";
import styled from "styled-components";
import CloseXIcon from "../../public/static/svg/modal/modal_colose_x_icon.svg";
import MailIcon from "../../public/static/svg/input/mail.svg";
import PersonIcon from "../../public/static/svg/input/person.svg";
import OpenedEyeIcon from "../../public/static/svg/input/opened-eye.svg";
```

```
import ClosedEyeIcon from "../../public/static/svg/input/closed_eye.svg";
import Input from "../common/Input";

const Container = styled.form`
  width: 568px;
  height: 614px;
  padding: 32px;
  background-color: white;
  z-index: 11;

  .mordal-close-x-icon {
    cursor: pointer;
    display: block;
    margin: 0 0 40px auto;
  }

  .input-wrapper {
    position: relative;
    margin-bottom: 16px;
  }
`;

const SignUpModal: React.FC = () => {
  return (
    <Container>
      <CloseXIcon className="mordal-close-x-icon" />
      <div className="input-wrapper">
        <Input placeholder="이메일 주소" type="email" icon={<MailIcon />} />
      </div>
      <div className="input-wrapper">
        <Input placeholder="이름(예:길동)" icon={<PersonIcon />} />
      </div>
      <div className="input-wrapper">
        <Input placeholder="성(예: 홍)" icon={<PersonIcon />} />
      </div>
      <div className="input-wrapper">
        <Input
          placeholder="비밀번호 설정하기"
          type="password"
```

```
          icon={<OpenedEyeIcon />}
        />
      </div>
    </Container>
  );
};

export default SignUpModal;
```

<input> 태그들을 공통 인풋 컴포넌트로 변경하였습니다. input-wrapper 안의 input 스타일은 제거해주세요. 뷰는 이전과 똑같이 나오게 됩니다. 다음으로 useState를 사용하여 인풋 컴포넌트가 값을 받고 변경할 수 있도록 하겠습니다.

▶ **components/auth/SignUpModal.tsx**

```
const SignUpModal: React.FC = () => {
  const [email, setEmail] = useState("");
  const [lastname, setLastname] = useState("");
  const [firstname, setFirstname] = useState("");
  const [password, setPassword] = useState("");

  //* 이메일 주소 변경 시
  const onChangeEmail = (event: React.ChangeEvent<HTMLInputElement>) => {
    setEmail(event.target.value);
  };

  //* 이름 주소 변경 시
  const onChangeLastname = (event: React.ChangeEvent<HTMLInputElement>) => {
    setLastname(event.target.value);
  };

  //* 성 변경 시
  const onChangeFirstname = (event: React.ChangeEvent<HTMLInputElement>) => {
    setFirstname(event.target.value);
  };

  //* 비밀번호 변경 시
```

```
const onChangePassword = (event: React.ChangeEvent<HTMLInputElement>) => {
  setPassword(event.target.value);
};

return (
  <Container>
    <CloseXIcon className="mordal-close-x-icon" />
    <div className="input-wrapper">
      <Input
        placeholder="이메일 주소"
        type="email"
        icon={<MailIcon />}
        name="email"
        value={email}
        onChange={onChangeEmail}
      />
    </div>
    <div className="input-wrapper">
      <Input
        placeholder="이름(예:길동)"
        icon={<PersonIcon />}
        value={lastname}
        onChange={onChangeLastname}
      />
    </div>
    <div className="input-wrapper">
      <Input
        placeholder="성(예: 홍)"
        icon={<PersonIcon />}
        value={firstname}
        onChange={onChangeFirstname}
      />
    </div>
    <div className="input-wrapper">
      <Input
        placeholder="비밀번호 설정하기"
        type="password"
        icon={<OpenedEyeIcon />}
        value={password}
```

```
            onChange={onChangePassword}
          />
        </div>
      </Container>
  );
};
```

<input> 태그에 넣은 속성 중 특별한 값들을 살펴보도록 하겠습니다.

```
name="email"
type="password"
```

이메일 인풋에는 'name="email"'을 비밀번호에는 'type="password"' 속성을 설정했습니다. 앞의 값들을 사용하면 브라우저에서 이름과 비밀번호를 저장할 수 있고, 다음에 불러올 수 있도록 제공하게 됩니다. 또한 'type="password"'를 사용하면 인풋의 값이 *으로 대체되어 나옵니다.

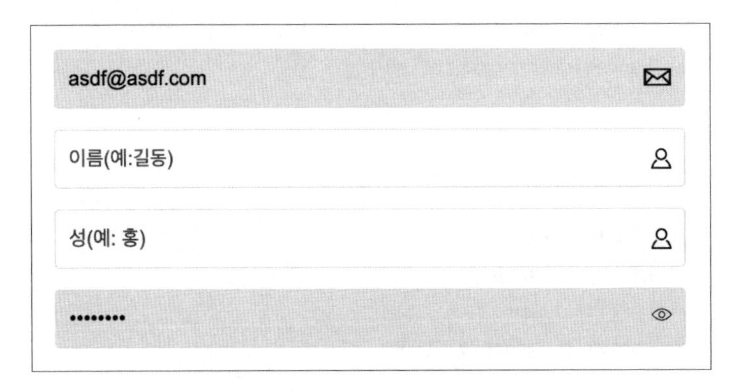

[그림 10-4] 브라우저의 이름, 비밀번호 인풋 지원

눈 모양 아이콘을 클릭하면 password 속성을 "text"로 바꾸어 *로 된 값을 텍스트로 변경하도록 하겠습니다. 또한 눈 모양 아이콘이 그에 따라 바뀌도록 하겠습니다.

▶ components/auth/SignUpModal.tsx

```
.sign-up-password-input-wrapper {
    svg {
      cursor: pointer;
    }
  }

...

const [hidePassword, setHidePassword] = useState(true);

  //*비밀번호 숨김 토글하기
  const toggleHidePassword = () => {
    setHidePassword(!hidePassword);
  };


  ...

      <div className="input-wrapper sign-up-password-input-wrapper">
        <Input
          placeholder="비밀번호 설정하기"
          type={hidePassword ? "password" : "text"}
          icon={
            hidePassword ? (
              <ClosedEyeIcon onClick={toggleHidePassword} />
            ) : (
              <OpenedEyeIcon onClick={toggleHidePassword} />
            )
          }
          value={password}
          onChange={onChangePassword}
        />
      </div>
```

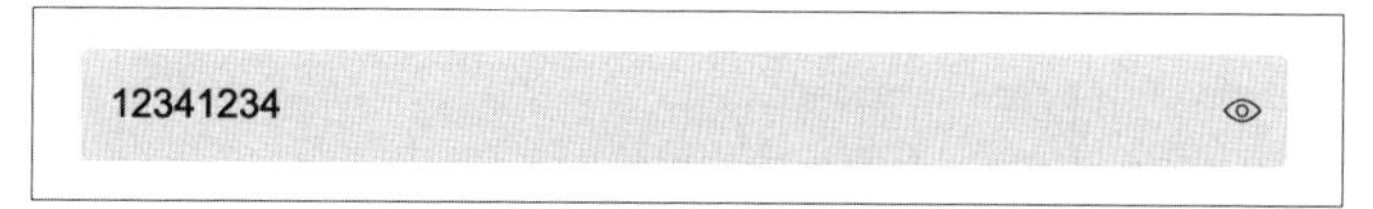

[그림 10-5] 비밀번호 보이게 하기

10.2 회원가입 셀렉터

회원가입에서는 필요한 생년월일 정보를 셀렉터를 이용하여 받고 있습니다. 셀렉터를 다른 곳에서도 사용할 수 있는 공통 컴포넌트로 만들어 사용해보도록 하겠습니다.

10.2.1 공통 셀렉터 컴포넌트

셀렉터는 선택할 수 있는 값인 'options'와 선택된 값 'value'를 props로 받아 만들도록 하겠습니다. 셀렉터는 다음 그림과 같은 디자인 패턴을 가지고 있습니다.

[그림 10-6] 공통 셀렉터 컴포넌트 디자인 패턴

디자인을 토대로 공통 셀렉터를 만들도록 하겠습니다.

▶ components/common/Selector.tsx

```
/* eslint-disable indent */
import React from "react";
import styled from "styled-components";
import palette from "../../styles/palette";
```

```
const Container = styled.div`
  width: 100%;
  height: 46px;

  select {
    width: 100%;
    height: 100%;
    background-color: white;
    border: 1px solid ${palette.gray_eb};
    padding: 0 11px;
    border-radius: 4px;
    outline: none;
    -webkit-appearance: none;
    background-image: url("/static/svg/common/selector/selector_down_arrow.
    svg");
    background-position: right 11px center;
    background-repeat: no-repeat;
    font-size: 16px;

    &:focus {
      border-color: ${palette.dark_cyan};
    }
  }
`;

interface IProps extends React.SelectHTMLAttributes<HTMLSelectElement> {
  options?: string[];
  value?: string;
}

const Selector: React.FC<IProps> = ({ options = [], ...props }) => {
  return (
    <Container>
      <select {...props}>
        {options.map((option, index) => (
          <option key={index} value={option}>
            {option}
          </option>
```

```
      ))}
    </select>
  </Container>
 );
};

export default Selector;
```

공통 셀렉터 컴포넌트의 코드를 살펴보도록 하겠습니다.

```
interface IProps extends React.SelectHTMLAttributes<HTMLSelectElement> {
  options?: string[];
  value?: string;
}
```

기존 <select>의 속성을 확장하고, 선택할 수 있는 옵션 값들인 'options'와 선택된 값 'value'를 props로 받도록 하였습니다. 두 개의 값을 모두 물음표(?)로 받지 않아도 되도록 하였습니다. '?'를 붙이게 되면 값이 undefined가 될 수 있다고 하여 타입에러가 발생하여 예외 처리를 해야 해서 불편할 수 있지만, 페이지를 만들 때 스타일링 단계에서 값을 넣지 않고도 스타일링할 수 있어 편리한 장점을 가질 수 있습니다. options와 value를 항상 전달하도록 하겠다면 '?'를 사용하지 않아도 됩니다.

```
const Selector: React.FC<IProps> = ({ options = [], ...props }) => {
```

options 값을 전달하지 않을 수도 있어 options.map에서 에러가 나지 않도록 기본값을 []로 주었습니다.

생년월일의 '월'을 선택하는 셀렉터를 먼저 만들도록 하려고 합니다. 월에 해당하는 options를 만들도록 하겠습니다. 이러한 정적 데이터는 나중에 정적 데이터를 찾으려 할 때 찾기가 쉽도록 파일을 만들어 관리하는 것을 선호합니다. 'lib/staticData.ts' 파일을 만들어 정적 데이터들을 관리하도록 하겠습니다.

▶ lib/staticData.ts

```
//* 1월부터 12월까지
export const monthList = [
  "1월",
  "2월",
  "3월",
  "4월",
  "5월",
  "6월",
  "7월",
  "8월",
  "9월",
  "10월",
  "11월",
  "12월",
];
```

monthList를 셀렉터의 options로 전달하여 사용하도록 하겠습니다.

▶ components/auth/SignUpModal.tsx

```
import { monthList } from "../../lib/staticData";

  ...

  .sign-up-birthdat-label {
    font-size: 16px;
    font-weight: 600;
    margin-top: 16px;
    margin-bottom: 8px;
  }

  .sign-up-modal-birthday-info {
    margin-bottom: 16px;
    color: ${palette.charcoal};
  }
```

```
...

    <p className="sign-up-birthdat-label">생일</p>
    <p className="sign-up-modal-birthday-info">
      만 18세 이상의 성인만 회원으로 가입할 수 있습니다. 생일은 다른
      에어비앤비 이용자에게 공개되지 않습니다.
    </p>
    <Selector options={monthList} />
```

생일
만 18세 이상의 성인만 회원으로 가입할 수 있습니다. 생일은 다른 에어비앤비 이용자에게 공개되지 않습니다.
2월

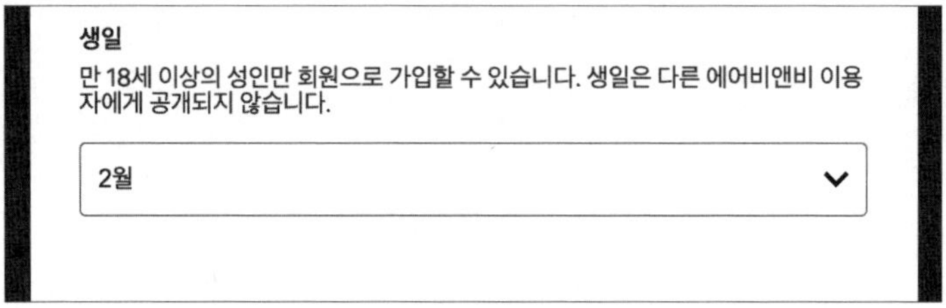

[그림 10-7] 회원가입 월 셀렉터

셀렉터가 options의 값들을 선택할 수 있게 되었지만, 한 가지 문제가 있습니다. 아무것도 선택하지 않았지만 첫 번째 option값이 셀렉터에 표시되고 있습니다. 저는 셀렉터에 아무것도 선택하지 않았을 때 '월'이라는 글자가 뜨길 바랍니다. 다음과 같은 방법으로 선택하지 않았을 때 텍스트를 표현할 수 있습니다.

```
//SignUpModal
    <Selector options={monthList} defaultValue="월" />

//Selector
    <select {...props}>
      <option value="월" disabled>월</option>
```

defaultValue를 '월'로 주었고, '월'은 disabled options입니다. 공통 컴포넌트이기 때문에 '월'을 그대로 넣기보다는 props로 disabled한 option들을 받도록 하고, 셀렉터에 처음 표시할 값을 defaultValue를 사용하는 것이 공통적으로 사용하기 편리하다

고 생각하였습니다. 따라서 props로 disabledOptions라는 값을 만들어 disabled한 option들을 만들도록 하겠습니다.

▶ components/common/Selector.tsx

```
interface IProps extends React.SelectHTMLAttributes<HTMLSelectElement> {
  options?: string[];
  disabledOptions?: string[];
  value?: string;
}

const Selector: React.FC<IProps> = ({
  options = [],
  disabledOptions = [],
  ...props
}) => {
  return (
    <Container>
      <select {...props}>
        {disabledOptions.map((option, index) => (
          <option key={index} value={option} disabled>
            {option}
          </option>
        ))}
```

▶ components/auth/SignUpModal.tsx

```
      <Selector
        options={monthList}
        disabledOptions={["월"]}
        defaultValue="월"
      />
```

[그림 10-8] 셀렉터 disabledOptions

이제 셀렉터 컴포넌트를 사용하여 생년월일의 '년'과 '일'을 만들도록 하겠습니다. '년'과 '일'에 해당하는 정적 데이터입니다.

▶ **lib/staticData.ts**

```
//* 1부터 31까지
export const dayList = Array.from(Array(31), (_, i) => String(i + 1));

//* 2020년부터 1900년까지
export const yearList = Array.from(Array(121), (_, i) => String(2020 - i));
```

▶ **components/auth/SignUpModal.tsx**

```
import { dayList, monthList, yearList } from "../../lib/staticData";

  ...

  .sign-up-modal-birthday-selectors {
    display: flex;
    margin-bottom: 24px;
    .sign-up-modal-birthday-month-selector {
      margin-right: 16px;
      flex-grow: 1;
    }
    .sign-up-modal-birthday-day-selector {
      margin-right: 16px;
      width: 25%;
    }
    .sign-up-modal-birthday-year-selector {
      width: 33.3333%;
    }
  }

  ...

          <div className="sign-up-modal-birthday-selectors">
        <div className="sign-up-modal-birthday-month-selector">
          <Selector
```

```
        options={monthList}
        disabledOptions={["월"]}
        defaultValue="월"
      />
    </div>
    <div className="sign-up-modal-birthday-day-selector">
      <Selector
        options={dayList}
        disabledOptions={["일"]}
        defaultValue="일"
      />
    </div>
    <div className="sign-up-modal-birthday-year-selector">
      <Selector
        options={yearList}
        disabledOptions={["년"]}
        defaultValue="년"
      />
    </div>
  </div>
```

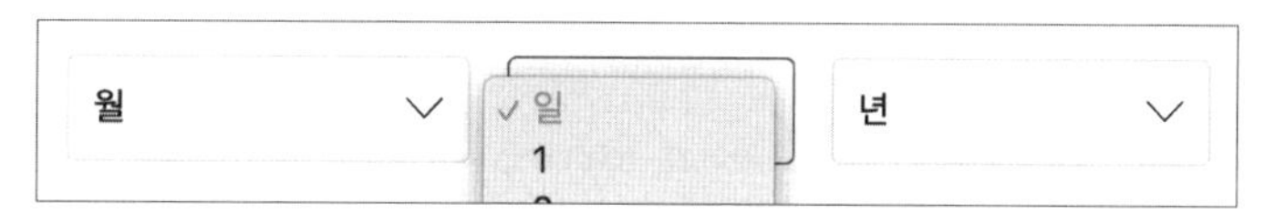

[그림 10-9] 회원가입 생년월일 셀렉터

셀렉터를 다 만들었으니 셀렉터로 선택한 값들을 저장하도록 하겠습니다.

```
const [birthYear, setBirthYear] = useState<string | undefined>();
const [birthDay, setBirthDay] = useState<string | undefined>();
const [birthMonth, setBirthMonth] = useState<string | undefined>();


//* 생년월일 월 변경 시
const onChangeBirthMonth = (event: React.ChangeEvent<HTMLSelectElement>) => {
  setBirthMonth(event.target.value);
```

```
};

//* 생년월일 일 변경 시
const onChangeBirthDay = (event: React.ChangeEvent<HTMLSelectElement>) => {
  setBirthDay(event.target.value);
};

//* 생년월일 년 변경 시
const onChangeBirthYear = (event: React.ChangeEvent<HTMLSelectElement>) => {
  setBirthYear(event.target.value);
};

...

      <div className="sign-up-modal-birthday-selectors">
        <div className="sign-up-modal-birthday-month-selector">
          <Selector
            options={monthList}
            disabledOptions={["월"]}
            defaultValue="월"
            value={birthMonth}
            onChange={onChangeBirthMonth}
          />
        </div>
        <div className="sign-up-modal-birthday-day-selector">
          <Selector
            options={dayList}
            disabledOptions={["일"]}
            defaultValue="일"
            value={birthDay}
            onChange={onChangeBirthDay}
          />
        </div>
        <div className="sign-up-modal-birthday-year-selector">
          <Selector
            options={yearList}
            disabledOptions={["년"]}
            defaultValue="년"
            value={birthYear}
```

```
            onChange={onChangeBirthYear}
          />
        </div>
      </div>
```

10.3 회원가입 버튼

회원가입을 위한 값들이 준비되었으니 버튼을 눌러 회원가입을 할 수 있도록 합니다. 버튼 또한 여러 페이지에서 사용되는 컴포넌트로 공통 컴포넌트로 만들도록 하겠습니다.

10.3.1 공통 버튼 컴포넌트

▸ components/common/Button.tsx

```
import React from "react";
import styled from "styled-components";
import palette from "../../styles/palette";

const Container = styled.button`
  width: 100%;
  height: 48px;
  border: 0;
  border-radius: 4px;
  background-color: ${palette.bittersweet};
  color: white;
  font-size: 16px;
  font-weight: 800;
  outline: none;
  cursor: pointer;
`;
```

```
interface IProps extends React.ButtonHTMLAttributes<HTMLButtonElement> {
  children: React.ReactNode;
}

const Button: React.FC<IProps> = ({ children, ...props }) => {
  return <Container {...props}>{children}</Container>;
};

export default Button;
```

간단하게 스타일만 적용된 버튼 컴포넌트를 만들었습니다. 버튼 컴포넌트를 회원가입 모달에 추가하도록 하겠습니다.

▶ **components/auth/SignUpModal.tsx**

```
import Button from "../common/Button";

...

.sign-up-modal-submit-button-wrapper {
    margin-bottom: 16px;
    padding-bottom: 16px;
    border-bottom: 1px solid ${palette.gray_eb};
  }

...

<div className="sign-up-modal-submit-button-wrapper">
          <Button type="submit">가입하기</Button>
        </div>
```

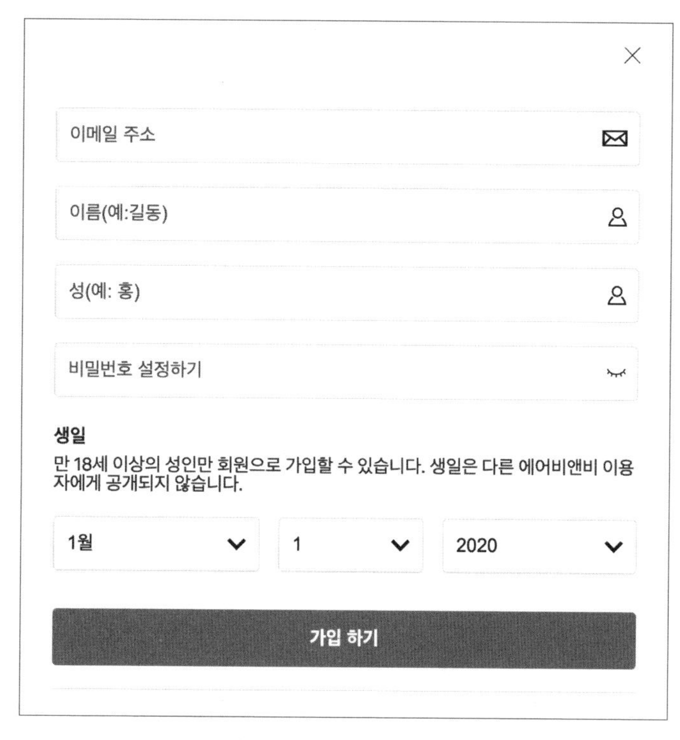

[그림 10-10] 회원가입 버튼 컴포넌트

회원가입에 필요한 모든 값과 버튼이 준비되었으니, 회원가입 api를 만들어 유저 정보를 저장할 수 있도록 해보겠습니다.

10.4 회원가입 api

앞에서 투두리스트 api를 만들 때와 동일한 방식으로 넥스트 api를 이용하여 회원가입 api를 만들도록 하겠습니다. 회원가입한 유저들의 정보를 'data/users.json' 파일에 저장하도록 하겠습니다. 'data/user.json' 파일을 만들어주세요.

회원가입을 위한 api 의 경로를 'auth/signup'으로 하여 사용하도록 하겠습니다.

따라서 'pages/api/signup.ts' 파일을 만들어 api의 경로를 만들도록 하겠습니다.

▸ **pages/api/auth/signup.ts**

```
import { NextApiRequest, NextApiResponse } from "next";

export default async (req: NextApiRequest, res: NextApiResponse) => {
  if (req.method === "POST") {
    return res.end();
  }
  res.statusCode = 405;

  return res.end();
};
```

회원가입 api는 다음의 순서를 거쳐 유저를 만들게 됩니다.

1. api method가 POST인지 확인합니다.
2. req.body에 필요한 값이 전부 들어 있는지 확인합니다.
3. email이 중복인지 확인합니다.
4. 패스워드를 암호화합니다.
5. 유저 정보를 추가합니다.
6. 추가된 유저의 정보와 token을 전달합니다.

api 메서드를 앞에서 확인하였으니 req.body의 값이 유효한지 확인하도록 하겠습니다. 회원가입에 필요한 값은 앞의 회원가입 폼에 저장한 값들입니다.

```
  if (!email || !firstname || !lastname || !password || !birthday) {
    res.statusCode = 400;
    return res.send("필수 데이터가 없습니다.");
  }
```

req.body를 확인하였으니 유저의 정보를 불러와 email이 중복인지 확인하도록 하겠습니다. 그전에 앞에서 했던 대로 데이터를 사용하기 편리하도록 'users.json'에 관련된 fs 함수들을 만들도록 하겠습니다.

10.4.1 유저 fs 함수 만들기

'users.json'에 저장될 유저 정보의 타입은 다음과 같습니다.

```
//* users.json에 저장된 유저 타입
export type StoredUserType = {
  id: number;
  email: string;
  password: string;
  firstname: string;
  lastname: string;
  birthday: string;
  profileImage: string;
};
```

이름을 UserType이 아닌 StoredUserType이라고 한 이유는 클라이언트에서 사용하는 user 데이터에는 password를 제공하지 않을 예정이기 때문입니다. 또한, profileImage는 회원가입 할 때 기본값으로 넣어줄 예정입니다.

▶ lib/data/user.ts

```
import { readFileSync, writeFileSync } from "fs";
import { StoredUserType } from "../../types/user";

//* 유저 리스트 데이터 불러오기
const getList = () => {
  const usersBuffer = readFileSync("data/users.json");
  const usersString = usersBuffer.toString();
  if (!usersString) {
    return [];
  }
```

```
  const users: StoredUserType[] = JSON.parse(usersString);
  return users;
};

//* email의 유저가 있는지 확인하기
const exist = ({ email }: { email: string }) => {
  const users = getList();
  return users.some((user) => user.email === email);
};

//* 유저 리스트 저장하기
const write = async (users: StoredUserType[]) => {
  writeFileSync("data/users.json", JSON.stringify(users));
};

export default { getList, exist, write };
```

▸ **lib/data/index.ts**

```
import user from "./user";

const Data = { user };

export default Data;
```

유저 fs 함수를 이용하여 이미 가입된 이메일이라면 409코드와 함께 api를 종료하도록 하겠습니다.

▸ **pages/api/auth/signup.ts**

```
    const userExist = Data.user.exist({ email });
    if (userExist) {
      res.statusCode = 409;
      res.send("이미 가입된 이메일입니다.");
    }
```

10.4.2 비밀번호 암호화 하기

비밀번호를 안전하게 저장하기 위해 암호화하여 저장하려고 합니다. bcryptjs 라이브러리 사용하여 비밀번호를 암호화할 수 있습니다. bcryptjs의 문서를 보면 다음과 같은 예시를 가지고 있습니다.

```
To hash a password:

var bcrypt = require('bcryptjs');
var salt = bcrypt.genSaltSync(10);
var hash = bcrypt.hashSync("B4c0/\/", salt);
// Store hash in your password DB.

To check a password:

// Load hash from your password DB.
bcrypt.compareSync("B4c0/\/", hash); // true
bcrypt.compareSync("not_bacon", hash); // false

Auto-gen a salt and hash:

var hash = bcrypt.hashSync('bacon', 8);
```

hashSync("문자",salt)를 통하여 암호를 해싱하고, compareSync("문자",해시된 문자)를 통해 같이 일치하는지 확인할 수 있습니다. 여기서 salt는 번역 그대로 소금입니다. 여기서 소금은 특별한 값을 의미합니다. 암호에 특별한 값을 추가하여 해시를 해킹하는 것을 방지하는 것입니다. 소금값이 길수록 해킹으로부터 안전한 해시값을 만들 수 있습니다. 'bcryptjs'를 이용하여 패스워드를 암호화하도록 하겠습니다.

```
$ yarn add bcryptjs
$ yarn add @types/bcryptjs -D
```

▶ pages/api/signup.ts

```
import bcrypt from "bcryptjs";

const hashedPassword = bcrypt.hashSync(password, 8);
```

비밀번호를 암호화했으니, 유저 정보를 추가하도록 하겠습니다. 프로필 이미지는 프로필 이미지를 다운로드하여 'public/static/image/user/default_user_profile_image.jpg'경로에 저장하였습니다.

```
    const users = Data.user.getList();
    let userId;
    if (users.length === 0) {
      userId = 1;
    } else {
      userId = users[users.length - 1].id + 1;
    }
    const newUser: StoredUserType = {
      id: userId,
      email,
      firstname,
      lastname,
      password: hashedPassword,
      birthday,
      profileImage: "/static/image/user/default_user_profile_image.jpg",
    };

    Data.user.write([...users, newUser]);
```

유저 정보를 저장하였다면 유저가 로그인될 수 있도록 쿠키에 저장할 토큰을 만들어 전달해야 합니다.

10.4.3 jwt 토큰 생성하기

JWT(Json Web Token)은 전자 서명된 URL로 이용할 수 있는 문자만 구성된 JSON 입니다. jwt를 이용하여 서버와 클라이언트 간 통신할 수 있는, 사용자 인증 토큰을 만들도록 하겠습니다.

jwt를 사용하기 위해 'jsonwebtoken'을 설치하도록 하겠습니다.

```
$ yarn add jsonwebtoken
  yarn add @types/jsonwebtoken
```

토큰을 만들기 위해서는 암화할 값과 secret 이 필요합니다.

```
const token = jwt.sign(String(newUser.id), "my_private_secret");
```

secret 값은 인증에 관련된 값이므로 안전하게 환경변수에 저장하여 사용하도록 하겠습니다.

▶ .env.local

```
JWT_SECRET=my_private_secret
```

▶ pages/api/auth/signup.ts

```
const token = jwt.sign(String(newUser.id), process.env.JWT_SECRET!);
```

10.4.4 access_token 생성하기

만들어진 토큰을 브라우저의 쿠키에 저장할 수 있도록 res의 헤더에 'Set-Cookie'를 설정해야 합니다.

```
res.setHeader(
  "Set-Cookie",
  `access_token=${token}; path=/; expires=${new Date(
    Date.now() + 60 * 60 * 24 * 1000 * 3 //3일
  )}; httponly`
);
```

access_token이라는 쿠키명에 토큰을 저장하며 path는 "/" , expires로 지금 시간에 3일을 더해 만료일을 정하고, httponly를 사용하여 api 통신에서만 쿠키 값을 불러올 수 있고, http이외의 접근은 불가능하도록 하였습니다.

회원가입 api를 사용하여 유저 정보 생성이 되고, 발행된 토큰이 브라우저의 cookie에 저장되는지 확인하도록 하겠습니다.

api를 간편하게 사용하기 위한 설정을 하도록 하겠습니다. axios를 설치하고, baseURL을 가진 axios를 만들어 사용하도록 하겠습니다.

```
$ yarn add axios
```

▶ .env.local

```
NEXT_PUBLIC_API_URL=http://localhost:3000
```

▶ lib/api/index.ts

```
import Axios from "axios";

const axios = Axios.create({
  baseURL: process.env.NEXT_PUBLIC_API_URL,
});

export default axios;
```

사용자 인증에 관련된 api를 모아놓은 'lib/api/auth.ts' 파일을 만들어 회원가입 api를 사용하는 함수를 만들도록 하겠습니다.

▸ lib/api/auth.ts

```
import axios from "axios";

//* 회원가입 body
interface SingUpAPIBody {
  email: string;
  firstname: string;
  lastname: string;
  password: string;
  birthday: string;
}

//* 회원가입 api
export const signupAPI = (body: SingUpAPIBody) =>
  axios.post("/api/auth/signup", body);
```

회원가입 모달의 값을 모두 입력하고 '가입하기' 버튼을 클릭하면 api를 보내도록 하겠습니다.

```
  //* 회원가입 폼 제출하기
  const onSubmitSignUp = async (event: React.FormEvent<HTMLFormElement>) => {
    event.preventDefault();

    try {
      const signUpBody = {
        email,
        lastname,
        firstname,
        password,
        birthday: new Date(
          `${birthYear}-${birthMonth!.replace("월", "")}-${birthDay}`
        ).toISOString(),
      };
```

```
    await signupAPI(signUpBody);
  } catch (e) {
    console.log(e);
  }
};

return (
  <Container onSubmit={onSubmitSignUp}>
```

Name	Value	Domain	Path	Expires / Max-A...	Size	Htt...	Secure	Sa...	Priority
access_token	eyJhbGciOiJIUzI1NiJ...	localhost	/	2020-11-04T13...	79	✓			Medium

[그림 10-11] 회원가입 후 생성된 access_token

그림과 같이 개발자 도구의 'Application'탭의 'Cookies'를 확인해 보니 'access_toekn'이라는 쿠키가 만들어진 것을 확인할 수 있었습니다. 회원가입을 완료하였다면 유저를 로그인된 상태로 만들어야 합니다. 회원가입 api 에서 유저 정보를 전달해 리덕스에 유저 정보를 저장하여 로그인 상태로 만들도록 하겠습니다.

10.5 유저 정보 저장하기

회원가입 api에서 토큰과 함께 생성된 유저 정보를 전달하도록 하겠습니다. 이때 password는 보안상 전달하지 않도록 하겠습니다.

```
const newUserWithoutPassword: Partial<Pick<
  StoredUserType,
  "password"
>> = newUser;

delete newUserWithoutPassword.password;
res.statusCode = 200;
return res.send(newUser);
```

delete를 사용하여 객체의 속성을 제거할 수 있습니다.

delete를 사용하여 객체의 속성을 제거하게 되면 해당 객체의 제거될 속성은 optional 이어야 한다는 타입에러가 발생하게 됩니다.

```
Partial<Pick<StoredUserType,"password">>
```

해당 코드는 Typescript의 유틸리티 중 하나로, StoredUserType의 password 속성을 Partial로 만든 타입을 만들게 됩니다. 이를 이용하여 타입에러 없이 delete를 사용할 수 있습니다. res에 전달하는 값이 생겼습니다. 따라서 signUpAPI에 결과 타입을 지정하도록 하겠습니다.

▸ **types/user.d.ts**

```
export type UserType = {
  id: number;
  email: string;
  firstname: string;
  lastname: string;
  birthday: string;
  profileImage: string;
};
```

▸ **lib/api/auth.ts**

```
import { UserType } from "../../types/user";

//* 회원가입 api
export const signupAPI = (body: SingUpAPIBody) =>
  axios.post<UserType>("/api/auth/signup", body);
```

회원가입 시 생성된 유저 정보를 리덕스에 저장할 수 있도록 리덕스에 user 모듈을 만들도록 하겠습니다.

10.5.1 유저 리덕스 모듈 생성

가져온 유저 정보를 리덕스 스토어에 저장하기 위해 리덕스 설정을 하도록 하겠습니다. 리덕스를 설정하는 데 필요한 라이브러리들을 설치하도록 하겠습니다.

```
$ yarn add next-redux-wrapper @reduxjs/toolkit react-redux redux
  yarn add @types/react-redux
```

만들어질 user의 리덕스 state 값은 다음과 같이 UserType과 isLogged 값을 가지게 됩니다.

▸ **types/reduxState.d.ts**

```
import { UserType } from "./user";

//* 유저 redux state
export type UserState = UserType & {
  isLogged: boolean;
};
```

리덕스 툴킷을 이용하여 유저 모듈과 유저 값을 저장하는 리듀서를 만들도록 하겠습니다.

▸ **store/user.ts**

```
import { createSlice, PayloadAction } from "@reduxjs/toolkit";
import { UserType } from "../types/user";
import { UserState } from "../types/reduxState";

//* 초기 상태
const initialState: UserState = {
  id: 0,
  email: "",
  lastname: "",
  firstname: "",
```

```
  birthday: "",
  isLogged: false,
  profileImage: "",
};

const user = createSlice({
  name: "user",
  initialState,
  reducers: {
    //* 로그인한 유저 변경하기
    setLoggedUser(state, action: PayloadAction<UserType>) {
      state = { ...action.payload, isLogged: true };
      return state;
    },
  },
});

export const userActions = { ...user.actions };

export default user;
```

리덕스 wrapper와 타입이 지원되는 커스텀 useSelector를 만들도록 하겠습니다.

▶ store/index.ts

```
import { HYDRATE, createWrapper, MakeStore } from "next-redux-wrapper";
import { configureStore, combineReducers } from "@reduxjs/toolkit";
import {
  TypedUseSelectorHook,
  useSelector as useReduxSelector,
} from "react-redux";
import user from "./user";

const rootReducer = combineReducers({
  user: user.reducer,
});

//* 스토어의 타입
```

```
export type RootState = ReturnType<typeof rootReducer>;

let initialRootState: RootState;

const reducer = (state: any, action: any) => {
  if (action.type === HYDRATE) {
    if (state === initialRootState) {
      return {
        ...state,
        ...action.payload,
      };
    }
    return state;
  }
  return rootReducer(state, action);
};

//* 타입 지원되는 커스텀 useSelector 만들기
export const useSelector: TypedUseSelectorHook<RootState> = useReduxSelector;

const initStore: MakeStore = () => {
  const store = configureStore({
    reducer,
    devTools: true,
  });
  initialRootState = store.getState();
  return store;
};

export const wrapper = createWrapper(initStore);
```

만들어준 wrapper를 _app.tsx에서 불러와서 store를 제공하도록 하겠습니다.

▶ _app.tsx

```
import { wrapper } from "../store";

export default wrapper.withRedux(app);
```

리덕스 사용 설정이 완료되었으니 회원가입을 완료하면 새로운 유저를 리덕스에 저장하도록 하겠습니다.

```
import { useDispatch } from "react-redux";

  ...

  const [birthMonth, setBirthMonth] = useState<string | undefined>();

  const dispatch = useDispatch();

  //* 회원가입 폼 제출하기
  const onSubmitSignUp = async (event: React.FormEvent<HTMLFormElement>) => {

      ...

      const { data } = await signupAPI(signUpBody);

      dispatch(userActions.setLoggedUser(data));
```

useDispatch의 위치처럼 훅스는 항상 state 값 다음에 위치하도록 했습니다. 리덕스 데브툴을 확인하도록 하겠습니다.

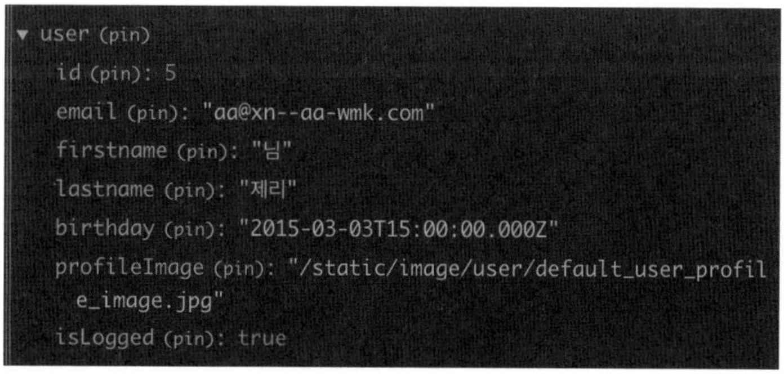

```
▼ user (pin)
    id (pin): 5
    email (pin): "aa@xn--aa-wmk.com"
    firstname (pin): "님"
    lastname (pin): "제리"
    birthday (pin): "2015-03-03T15:00:00.000Z"
    profileImage (pin): "/static/image/user/default_user_profil
      e_image.jpg"
    isLogged (pin): true
```

[그림 10-12] 로그인된 유저 정보

그림과 같이 리덕스에 유저 정보가 성공적으로 저장이 되었습니다.

10.6 회원가입 밸리데이션

회원가입 api 에서 필요한 값들이 없다면 400에러를 보내도록 하였지만, 클라이언트에서 값이 제대로 들어있지 않다면 api를 보내지 않는 것이 이상적입니다. 따라서 회원가입 폼의 값들이 제대로 들어있는지 확인하는 밸리데이션을 하도록 하겠습니다.

저는 validateMode라는 boolean값을 만들어 '가입하기' 버튼을 누르게 되면 true로 변경하여 인풋의 값들을 확인할 수 있도록 합니다. 그리고 컴포넌트에 값이 잘 들어가 있는지 확인하는 값 isValid를 제공하여 값이 제대로 들어와 있지 않다는 UI를 보여주려고 합니다. 공통 인풋 컴포넌트는 값이 유효하지 않을 때 다음 그림과 같은 디자인 패턴을 가지고 있습니다.

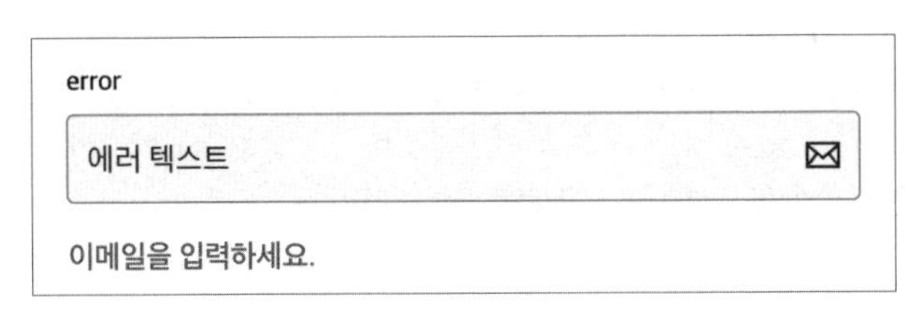

[그림 10-13] 공통 인풋 에러 디자인 패턴

validateMode를 사용하여 유효하지 않은 값을 가진 컴포넌트에 error UI를 보여주도록 하겠습니다. 이를 위해 값이 유효한지에 대한 isValid, 컴포넌트 하단에 출력할 에러 메시지 errorMessage 값이 필요합니다. 추가적으로, 밸리데이션을 원하지 않는 컴포넌트일 수 있으므로 useValidation이라는 boolean값을 통해 밸리데이션을 할지 안 할지 선택하도록 하겠습니다.

▶ components/common/Input.tsx

```
import React from "react";
import styled, { css } from "styled-components";
import palette from "../../styles/palette";

type InputContainerProps = {
```

```
  iconExist: boolean;
  isValid: boolean;
  useValidation: boolean;
};

const Container = styled.div<InputContainerProps>`
  input {
    position: relative;
    width: 100%;
    height: 46px;
    padding: ${({ iconExist }) => (iconExist ? "0 44px 0 11px " : "0 11px")};
    border: 1px solid ${palette.gray_eb};
    border-radius: 4px;
    font-size: 16px;
    outline: none;
    & ::placeholder {
      color: ${palette.gray_76};
    }
    & :focus {
      border-color: ${palette.dark_cyan};
    }
  }
  svg {
    position: absolute;
    right: 11px;
    height: 46px;
  }
  .input-error-message {
    margin-top: 8px;
    font-weight: 600;
    font-size: 14px;
    color: ${palette.tawny};
  }
  ${({ useValidation, isValid }) =>
    useValidation &&
    !isValid &&
    css`
      input {
        background-color: ${palette.snow};
```

```
        border-color: ${palette.orange};
        & :focus {
          border-color: ${palette.orange};
        }
      }
    `}
  ${({ useValidation, isValid }) =>
    useValidation &&
    isValid &&
    css`
      input {
        border-color: ${palette.dark_cyan};
      }
    `}
`;

interface IProps extends React.InputHTMLAttributes<HTMLInputElement> {
  icon?: JSX.Element;
  isValid?: boolean;
  validateMode?: boolean;
  useValidation?: boolean;
  errorMessage?: string;
}

const Input: React.FC<IProps> = ({
  icon,
  validateMode,
  isValid = false,
  useValidation = true,
  errorMessage,
  ...props
}) => {
  return (
    <Container
      iconExist={!!icon}
      isValid={isValid}
      useValidation={validateMode && useValidation}
    >
      <input {...props} />
```

```
      {icon}
      {useValidation && validateMode && !isValid && errorMessage && (
        <p className="input-error-message">{errorMessage}</p>
      )}
    </Container>
  );
};

export default Input;
```

회원가입 모달에서 '가입하기' 버튼을 클릭 시 인풋들의 값이 없다면 api를 보내지 않도록 하겠습니다.

▶ **components/auth/SignUpModal.tsx**

```
//* 회원가입 폼 제출하기
const onSubmitSignUp = async (event: React.FormEvent<HTMLFormElement>) => {
  event.preventDefault();

  setValidateMode(true);

  if (!email || !lastname || !!firstname || !password) {
    return undefined;
  }
```

인풋 컴포넌트에 validateMode와 isValid, useValidation, errorMessage를 전달해주세요.

```
<div className="input-wrapper">
      <Input
        placeholder="이메일 주소"
        type="email"
        icon={<MailIcon />}
        name="email"
        value={email}
        onChange={onChangeEmail}
```

```
      validateMode={validateMode}
      useValidation
      isValid={!!email}
      errorMessage="이메일이 필요합니다."
    />
  </div>
  <div className="input-wrapper">
    <Input
      placeholder="이름(예:길동)"
      icon={<PersonIcon />}
      value={lastname}
      onChange={onChangeLastname}
      validateMode={validateMode}
      useValidation
      isValid={!!lastname}
      errorMessage="이름을 입력하세요."
    />
  </div>
  <div className="input-wrapper">
    <Input
      placeholder="성(예: 홍)"
      icon={<PersonIcon />}
      value={firstname}
      onChange={onChangeFirstname}
      validateMode={validateMode}
      useValidation
      isValid={!!firstname}
      errorMessage="성을 입력하세요."
    />
  </div>
  <div className="input-wrapper sign-up-password-input-wrapper">
    <Input
      placeholder="비밀번호 설정하기"
      type={hidePassword ? "password" : "text"}
      icon={
        hidePassword ? (
          <ClosedEyeIcon onClick={toggleHidePassword} />
        ) : (
          <OpenedEyeIcon onClick={toggleHidePassword} />
```

```
          )
        }
        value={password}
        onChange={onChangePassword}
        validateMode={validateMode}
        useValidation
        isValid={!!password}
        errorMessage="비밀번호를 입력하세요"
      />
    </div>
```

'가입하기' 버튼을 클릭하면 api를 보내지 않고 다음 그림처럼 값을 입력해달라고 나오게 됩니다.

[그림 10-14] 회원가입 인풋 밸리데이션

10.7 useValidateMode 훅스 만들기

밸리데이션을 하기 위해 컴포넌트마다 validateMode라는 state를 만들고 전달하기에는 사용하는 곳이 빈번하였습니다. 후에 숙소를 등록할 때에도 밸리데이션을 하게 되어 이러한 작업은 번거로운 일이 되었습니다. 이러한 반복적인 작업을 리덕스에 validateMode 값을 만들고 useValidateMode라는 커스텀 훅스를 만들어 해결하도록 하겠습니다.

validateMode 값을 저장할 common 모듈을 만들도록 하겠습니다. common은 애플리케이션 전반에 공통으로 사용될 값들을 모아놓은 모듈로 사용하도록 하겠습니다.

▸ **types/reduxState.d.ts**

```
//* 공통 redux state
export type CommonState = {
  validateMode: boolean;
};
```

▸ **store/common.ts**

```
import { createSlice, PayloadAction } from "@reduxjs/toolkit";
import { CommonState } from "../types/reduxState";

//* 초기 상태
const initialState: CommonState = {
  validateMode: false,
};

const common = createSlice({
  name: "common",
  initialState,
  reducers: {
    //* validateMode 변경하기
    setValidateMode(state, action: PayloadAction<boolean>) {
      state.validateMode = action.payload;
    },
  },
});
```

```
export const commonActions = { ...common.actions };

export default common;
```

▶ store/index.ts

```
import common from "./common";

const rootReducer = combineReducers({
  common: common.reducer,
  user: user.reducer,
});
```

validateMode는 useState에서 리덕스 값으로 변경하도록 하겠습니다.

▶ components/common/Input.tsx

```
import { useSelector } from "../../store";

interface IProps extends React.InputHTMLAttributes<HTMLInputElement> {
  icon?: JSX.Element;
  isValid?: boolean;
  useValidation?: boolean;
  errorMessage?: string;
}

const Input: React.FC<IProps> = ({
  icon,
  isValid = false,
  useValidation = true,
  errorMessage,
  ...props
}) => {
  const validateMode = useSelector((state) => state.common.validateMode);
```

▶ **components/auth/SignUpModal.tsx**

```
  //* 회원가입 폼 제출하기
  const onSubmitSignUp = async (event: React.FormEvent<HTMLFormElement>) => {
    event.preventDefault();

    dispatch(commonActions.setValidateMode(true));
```

<Input> 컴포넌트들의 validateMode 속성을 제거해주세요.

이 setValidateMode는 자주 사용하게 됩니다. 따라서 커스텀 훅스로 만들도록 하겠습니다.

▶ **hooks/useValidateMode.ts**

```
import { useDispatch } from "react-redux";
import { useSelector } from "../store";
import { commonActions } from "../store/common";

export default () => {
  const dispatch = useDispatch();
  const validateMode = useSelector((state) => state.common.validateMode);

  const setValidateMode = (value: boolean) =>
    dispatch(commonActions.setValidateMode(value));

  return { validateMode, setValidateMode };
};
```

기존의 dispatch는 커스텀 훅스를 이용하여 다음과 같이 사용할 수 있습니다.

▶ **components/auth/SignUpModal.tsx**

```
import useValidateMode from "../../hooks/useValidateMode";

  const { setValidateMode } = useValidateMode();
```

```
//* 회원가입 폼 제출하기
const onSubmitSignUp = async (event: React.FormEvent<HTMLFormElement>) => {
  event.preventDefault();

  setValidateMode(true);
```

10.8 회원가입 비밀번호 밸리데이션

비밀번호는 값이 비어 있는지 확인하는 것뿐만이 아니라, 3가지의 체크를 더합니다. 그리고 비밀번호 설정하기 인풋에 포커싱이 되었을때 세 가지 체크 옵션이 나타나게 됩니다. 비밀번호 인풋이 포커싱 되었을 때 비밀번호 체크 항목이 나타나도록 useState를 사용하여 passwordFocused 값을 만들도록 하겠습니다.

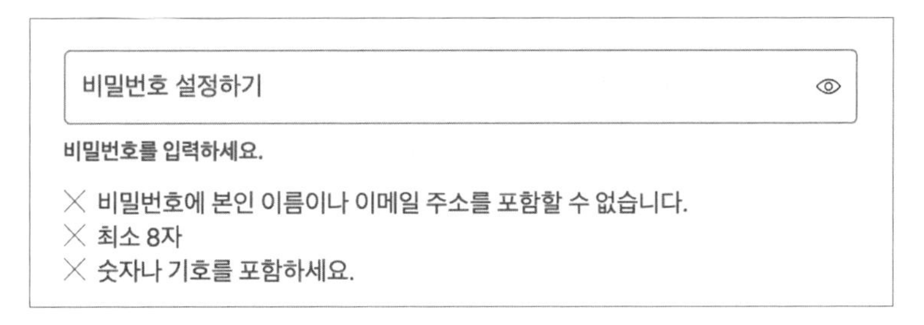

[그림 10-15] 회원가입 비밀번호 밸리데이션

```
const [passwordFocused, setPasswordFocused] = useState(false);
//* 비밀번호 인풋 포커스 되었을 때
const onFocusPassword = () => {
  setPasswordFocused(true);
};
```

비밀번호가 포커싱 되었는지 확인하는 값을 state로 만들었고, 포커싱이 되었다고 변경하는 함수를 만들었습니다. 이 함수를 비밀번호 인풋이 포커싱 되었을 때 실행하기 위해 onFoucs에 함수를 넣도록 하겠습니다.

```
<Input
  placeholder="비밀번호 설정하기"

  ...

  onFocus={onFocusPassword}
/>
```

인풋을 클릭하거나 tab키를 이용하여 인풋에 포커싱이 되어 passwordFocused 값이 true로 바뀌게 됩니다.

비밀번호를 체크하려면 여러 가지 조건문을 만들어야 합니다.

첫째로, 비밀번호가 본인 이름이나 이메일 주소를 포함하지 않는지 확인하는 값을 만들도록 하겠습니다. useMemo를 사용하여 관련 없는 값의 변화가 발생했을 때 재계산이 되지 않도록 하겠습니다.

```
//* password가 이름이나 이메일을 포함하는지
const isPasswordHasNameOrEmail = useMemo(
  () =>
    !password ||
    !lastname ||
    password.includes(lastname) ||
    password.includes(email.split("@")[0]),
  [password, lastname, email]
);
```

password나 lastname의 값이 없을 때에도 false를 리턴하도록 하였습니다.

둘째로, 비밀번호 자릿수가 최소 자릿수 이상인지를 확인하겠습니다. 비밀번호의 최소 자릿수는 8을 사용하도록 하겠습니다.

```
//*비밀번호 최수 자릿수
const PASSWORD_MIN_LENGTH = 8;

const SignUpModal: React.FC = () => {

  //* 비밀번호가 최수 자릿수 이상인지
  const isPasswordOverMinLength = useMemo(
    () => !!password && password.length >= PASSWORD_MIN_LENGTH,
    [password]
  );
```

리액트 컴포넌트 밖에 'PASSWORD_MIN_LENGTH' 라는 변수에 8을 저장하여 사용하였습니다. 주로 변하지 않는 값인 상수를 사용할 때 대문자로 이루어진 변수명을 사용하며, 리액트 컴포넌트 밖에 선언하여 재생성하지 않게 하였습니다.

세 번째로, 숫자나 기호를 포함하는지 확인하도록 하겠습니다. 이를 확인하기 위해서는 정규표현식을 사용하도록 하겠습니다. 다음은 특수기호를 가지고 있는지에 대한 정규표현식입니다.

```
/[{}[\]/?.,;:|)*~`!^\-_+<>@#$%&\\=('"]/g
```

다음은 숫자를 포함하고 있는지에 대한 정규표현식입니다.

```
/[0-9]/g
```

두 가지 조건 중 하나를 만족하는지 확인하도록 하겠습니다.

```
//* 비밀번호가 숫자나 특수기호를 포함하는지
  const isPasswordHasNumberOrSymbol = useMemo(
    () =>
      !(
        /[{}[\]/?.,;:|)*~`!^\-_+<>@#$%&\\=('"]/g.test(password) ||
        /[0-9]/g.test(password)
```

```
    ),
    [password]
  );
```

조건을 만족하면 체크 아이콘과 초록색 글자가, 조건을 만족하지 못하면 X아이콘과 빨간색 글자가 나오는 작업을 하도록 하겠습니다. 동일한 기능을 가진 뷰가 세 번 반복되기 때문에 저는 컴포넌트로 만들어서 작업하도록 하겠습니다.

▸ **components/auths/PasswordWarning.tsx**

```
import React from "react";
import styled from "styled-components";
import RedXIcon from "../../public/static/svg/auth/red_x_icon.svg";
import GreenCheckIcon from "../../public/static/svg/auth/green_check_icon.
svg";
import palette from "../../styles/palette";

const Container = styled.p<{ isValid: boolean }>`
  color: ${({ isValid }) => (isValid ? palette.davidson_orange : palette.
  green)};
  display: flex;
  align-items: center;
  svg {
    margin-right: 8px;
  }
`;

interface IProps {
  isValid: boolean;
  text: string;
}

const PasswordWarning: React.FC<IProps> = ({ isValid, text }) => {
  return (
    <Container isValid={isValid}>
      {isValid ? <RedXIcon /> : <GreenCheckIcon />}
      {text}
```

```
    </Container>
  );
};

export default PasswordWarning;
```

스타일드 컴포넌트에 props로 isValid를 전달하여 색상을 바꿀 수 있도록 하였고, isValid의 여부에 따라 아이콘을 변경하는 컴포넌트를 만들었습니다.

이제 비밀번호가 포커싱 되었을 때 패스워드 조건문들을 체크하는 컴포넌트를 보여주도록 하겠습니다. 비밀번호의 isValid 값을 변경하고, 비밀번호 인풋 아래에 다음 코드를 추가하도록 하겠습니다.

```
    <div className="input-wrapper sign-up-password-input-wrapper">
      <Input
        placeholder="비밀번호 설정하기"
        type={hidePassword ? "password" : "text"}
        icon={
          hidePassword ? (
            <ClosedEyeIcon onClick={toggleHidePassword} />
          ) : (
            <OpenedEyeIcon onClick={toggleHidePassword} />
          )
        }
        value={password}
        onChange={onChangePassword}
        useValidation
        isValid={
          !isPasswordHasNameOrEmail &&
          isPasswordOverMinLength &&
          !isPasswordHasNumberOrSymbol
        }
        errorMessage="비밀번호를 입력하세요."
        onFocus={onFocusPassword}
      />
    </div>
```

```
{passwordFocused && (
  <>
    <PasswordWarning
      isValid={isPasswordHasNameOrEmail}
      text="비밀번호에 본인 이름이나 이메일 주소를 포함할 수 없습니다."
    />
    <PasswordWarning isValid={!isPasswordOverMinLength} text="최소 8자" />
    <PasswordWarning
      isValid={isPasswordHasNumberOrSymbol}
      text="숫자나 기호를 포함하세요."
    />
  </>
)}
```

[그림 10-16] 회원가입 비밀번호 밸리데이션 완성

10.9 회원가입 셀렉터 밸리데이션

다음으로 생년월일 셀렉터의 값을 밸리데이션 하도록 하겠습니다. 셀렉터의 디자인 패턴에 있던 대로 값이 유효하지 않을 때의 뷰를 만들도록 하겠습니다

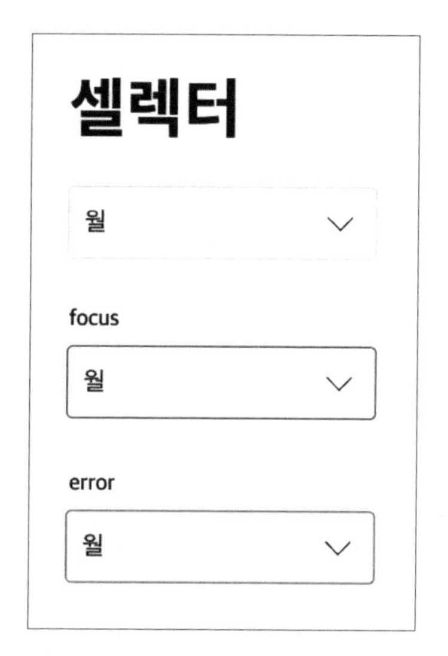

[그림 10-17] 공통 셀렉터 컴포넌트 디자인 패턴

공통 셀렉터 컴포넌트에 isValid 값을 받도록 하고, 리덕스의 validateMode 값을 받아오도록 하여 UI를 변화하도록 하겠습니다.

▸ components/common/Selector.tsx

```
import { useSelector } from "../../store";

const Container = styled.div<{ isValid: boolean; validateMode: boolean }>`

  ...

  ${({ isValid, validateMode }) =>
    validateMode &&
    css`
      select {
        border-color: ${isValid ? palette.dark_cyan : palette.tawny}
        !important;

        background-color: ${isValid ? "white" : palette.snow};
      }
    `}
```

```
  ...

interface IProps extends React.SelectHTMLAttributes<HTMLSelectElement> {
  options?: string[];
  disabledOptions?: string[];
  value?: string;
  isValid?: boolean;
}

const Selector: React.FC<IProps> = ({
  options = [],
  disabledOptions = [],
  isValid,
  ...props
}) => {
  const validateMode = useSelector((state) => state.common.validateMode);

  return (
    <Container isValid={!!isValid} validateMode={validateMode}>
```

회원가입 모달에서 사용한 생년월일 셀렉터에 isValid 값을 넣도록 하겠습니다.

```
          <Selector
         ...
            isValid={!!birthMonth}
          />

          <Selector
         ...
            isValid={!!birthDay}
          />

          <Selector
         ...
            isValid={!!birthYear}
          />
```

이제 가입하기 버튼을 클릭하면, 밸리데이션 뷰를 위한 validateMode를 true로 바꾸고, 인풋들의 값을 확인하여 밸리데이션을 할 수 있습니다. 마지막으로 밸리데이션을 통과하지 못한다면 api를 보내지 않게 불필요한 api 요청을 방지하도록 하겠습니다.

▸ **components/auth/SignUpModal.tsx**

```
//* 회원가입 폼 입력 값 확인하기
const validateSignUpForm = () => {
  //* 인풋 값이 없다면
  if (!email || !lastname || !firstname || !password) {
    return false;
  }
  //* 비밀번호가 올바르지 않다면
  if (
    isPasswordHasNameOrEmail ||
    !isPasswordOverMinLength ||
    isPasswordHasNumberOrSymbol
  ) {
    return false;
  }
  //* 생년월일 셀렉터 값이 없다면
  if (!birthDay || !birthMonth || !birthYear) {
    return false;
  }
  return true;
};

//* 회원가입 폼 제출하기
const onSubmitSignUp = async (event: React.FormEvent<HTMLFormElement>) => {
  event.preventDefault();

  setValidateMode(true);
  console.log(validateSignUpForm());

  if (validateSignUpForm()) {
    try {
      const signUpBody = {
        email,
```

```
        lastname,
        firstname,
        password,
        birthday: new Date(
          `${birthYear}-${birthMonth!.replace("월", "")}-${birthDay}`
        ).toISOString(),
      };
      const { data } = await signupAPI(signUpBody);

      dispatch(userActions.setLoggedUser(data));

      console.log(data);
    } catch (e) {
      console.log(e);
    }
  }
};
```

회원가입을 완료하여 유저 정보를 스토어에 저장했다면 회원가입 모달을 닫고 헤더의 오른쪽 부분에 로그인한 유저 프로필을 만들도록 하겠습니다.

▸ **components/Header.tsx**

```
const { openModal, ModalPortal, closeModal } = useModal();

      <SignUpModal closeModal={closeModal} />
```

▸ **components/auth/SignUpModal.tsx**

```
interface IProps {
  closeModal: () => void;
}

const SignUpModal: React.FC<IProps> = ({ closeModal }) => {

  ...
```

```
//* 회원가입 폼 제출하기
const onSubmitSignUp = async (event: React.FormEvent<HTMLFormElement>) => {

    ...

      dispatch(userActions.setLoggedUser(data));

      closeModal()

    ...

    <CloseXIcon className="mordal-close-x-icon" onClick={closeModal} />
```

리덕스를 사용하여 validateMode를 사용했기 때문에, validateMode가 다른 곳에서 사용되지 않으려면 컴포넌트에서 언마운트 시 validateMode를 꺼주는 것을 잊으면 안 됩니다.

```
useEffect(() => {
  return () => {
    setValidateMode(false);
  };
}, []);
```

마지막으로 로그인 폼으로 변경하는 로그인 버튼을 만들도록 하겠습니다.

```
.sign-up-modal-set-login {
  color: ${palette.dark_cyan};
  margin-left: 8px;
  cursor: pointer;
}

    <p>
      이미 에어비앤비 계정이 있나요?
      <span
        className="sign-up-modal-set-login"
        role="presentation"
```

```
        onClick={() => {}}
      >
        로그인
      </span>
    </p>
```

로그인 폼으로 전환하는 것은 유저 로그인 뷰를 만든 후 해보도록 하겠습니다.

10.10 유저 로그인 뷰 만들기

헤더에서 user의 isLogged가 true라면 유저 프로필을 보여주도록 하겠습니다.

useSelector를 이용하여 리덕스 스토어의 유저 정보를 받아와 보여주도록 하겠습니다.

▶ **components/Header.tsx**

```
import { useSelector } from "../store";
import HamburgerIcon from "../public/static/svg/header/hamburger.svg";


.header-user-profile {
    display: flex;
    align-items: center;
    height: 42px;
    padding: 0 6px 0 16px;
    border: 0;
    box-shadow: 0px 1px 2px rgba(0, 0, 0, 0.18);
    border-radius: 21px;
    background-color: white;
    cursor: pointer;
    outline: none;
    &:hover {
      box-shadow: 0px 2px 8px rgba(0, 0, 0, 0.12);
```

```
    }
    .header-user-profile-image {
      margin-left: 8px;
      width: 30px;
      height: 30px;
      border-radius: 50%;
    }
  }


const user = useSelector((state) => state.user);

...

      {!user.isLogged && (
        <div className="header-auth-buttons">
          <button
            type="button"
            className="header-sign-up-button"
            onClick={openModal}
          >
            회원가입
          </button>
          <button type="button" className="header-login-button">
            로그인
          </button>
        </div>
      )}
      {user.isLogged && (
        <button className="header-user-profile" type="button">
          <HamburgerIcon />
          <img
            src={user.profileImage}
            className="header-user-profile-image"
            alt=""
          />
        </button>
      )}
```

airbnb

[그림 10-18] 헤더 로그인 유저 프로필

10.11 로그인 모달 만들기

회원가입을 하여 만든 유저로 로그인을 할 수 있게 로그인 모달을 만들도록 하겠습니다. 로그인 모달을 띄우는 방법에는 두 가지가 있습니다. 하나는 헤더의 로그인 버튼을 클릭하는 것이고, 나머지는 회원가입 모달의 로그인 버튼을 클릭하는 것입니다. 로그인 버튼을 눌렀을 때 회원가입 모달을 종료하면서, 로그인 모달을 어떻게 하면 띄울 수 있을까요?

저는 리덕스를 사용하여 모달의 종류를 선택할 수 있도록 만들었습니다. 리덕스에 모달의 종류 값을 저장할 값을 가지는 모듈을 만들도록 하겠습니다.

▶ store/auth.ts

```
import { createSlice, PayloadAction } from "@reduxjs/toolkit";

//* 초기 상태
const initialState: { authMode: "signup" | "login" } = {
  authMode: "signup",
};

const auth = createSlice({
  name: "auth",
  initialState,
  reducers: {
    //* 인증 팝업 변경하기
    setAuthMode(state, action: PayloadAction<"signup" | "login">) {
      state.authMode = action.payload;
    },
  },
```

```
});

export const authActions = { ...auth.actions };

export default auth;
```

▶ store/index.ts

```
import auth from "./auth";

const rootReducer = combineReducers({

  ...

  auth: auth.reducer,
```

회원가입을 클릭하면 authMode의 값을 "signup"으로 하여 모달을 띄우고, 로그인을 클릭하면 authMode를 'login'으로 변경하여 모달을 띄우도록 하겠습니다.

▶ components/Header.tsx

```
import { useDispatch } from "react-redux";
import { authActions } from "../store/auth";
import AuthModal from "./auth/AuthModal";

  const dispatch = useDispatch();

  ...

      {!user.isLogged && (
        <div className="header-auth-buttons">
          <button
            className="header-sign-up-button"
            onClick={() => {
              dispatch(authActions.setAuthMode("signup"));
              openModal();
            }}
```

```
          type="button"
        >
          회원가입
        </button>
        <button
          className="header-login-button"
          type="button"
          onClick={() => {
            dispatch(authActions.setAuthMode("login"));
            openModal();
          }}
        >
          로그인
        </button>
      </div>
    )}

  ...

    <ModalPortal>
      <AuthModal closeModal={closeModal} />
    </ModalPortal>
```

기존의 'SignUpModal'을 'AuthModal'로 변경하였습니다. 'AuthModal'은 authMode의 값에 따라 회원가입 모달과 로그인 모달을 띄우게 해주는 역할을 합니다.

▸ **components/auth/AuthModal.tsx**

```
import React from "react";
import SignUpModal from "./SignUpModal";
import { useSelector, RootState } from "../../store";

interface IProps {
  closeModal: () => void;
}

const AuthModal: React.FC<IProps> = ({ closeModal }) => {
  const authMode = useSelector((state: RootState) => state.auth.authMode);
```

```
  return (
    <div>
      {authMode === "signup" && <SignUpModal closeModal={closeModal} />}
      {authMode === "login" && <div>로그인</div>}
    </div>
  );
};

export default AuthModal;
```

이제 헤더의 회원가입 버튼을 클릭하면 회원가입 모달이 로그인을 클릭하면 로그인이 뜨는 것을 볼 수 있습니다. 로그인 모달을 스타일링 해보도록 하겠습니다. 회원가입 폼을 만들면서 만든 공통 컴포넌트를 사용하여 빠르게 만들도록 하겠습니다.

▸ **components/auths/LoginModal.tsx**

```
import React from "react";
import styled from "styled-components";
import CloseXIcon from "../../public/static/svg/modal/modal_colose_x_icon.
svg";
import MailIcon from "../../public/static/svg/auth/mail.svg";
import OpenedEyeIcon from "../../public/static/svg/auth/opened_eye.svg";
import ClosedEyeIcon from "../../public/static/svg/auth/closed_eye.svg";
import palette from "../../styles/palette";
import Button from "../common/Button";
import Input from "../common/Input";

const Container = styled.form`
  width: 568px;
  padding: 32px;
  background-color: white;
  z-index: 11;

  .mordal-close-x-icon {
    cursor: pointer;
    display: block;
```

```
    margin: 0 0 40px auto;
  }

  .login-input-wrapper {
    position: relative;
    margin-bottom: 16px;
  }

  .login-password-input-wrapper {
    svg {
      cursor: pointer;
    }
  }

  .login-modal-submit-button-wrapper {
    margin-bottom: 16px;
    padding-bottom: 16px;
    border-bottom: 1px solid ${palette.gray_eb};
  }
  .login-modal-set-signup {
    color: ${palette.dark_cyan};
    margin-left: 8px;
    cursor: pointer;
  }
`;

interface IProps {
  closeModal: () => void;
}

const LoginModal: React.FC<IProps> = ({ closeModal }) => {
  return (
    <Container>
      <CloseXIcon className="mordal-close-x-icon" onClick={closeModal} />
      <div className="login-input-wrapper">
        <Input
          placeholder="이메일 주소"
          name="email"
          type="email"
```

```
        icon={<MailIcon />}
      />
    </div>
    <div className="login-input-wrapper login-password-input-wrapper">
      <Input
        placeholder="비밀번호 설정하기"
        icon={<ClosedEyeIcon />}
        type="password"
      />
    </div>
    <div className="login-modal-submit-button-wrapper">
      <Button type="submit">로그인</Button>
    </div>
    <p>
      이미 에어비앤비 계정이 있나요?
      <span className="login-modal-set-signup">회원가입</span>
    </p>
  </Container>
 );
};

export default LoginModal;
```

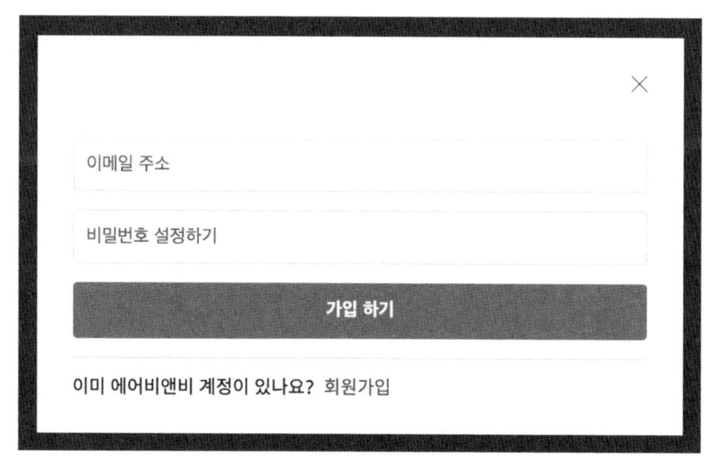

[그림 10-19] 로그인 모달 창

로그인 모달을 만드는 과정에서 공통 컴포넌트를 사용하여 스타일링을 빠르게 할 수 있게 되었습니다. 이제 로그인을 위해 필요한 이메일 주소와 비밀번호 값을 저장할 state와 onChange를 만들도록 하겠습니다.

```
import React, { useState } from "react";

const LoginModal: React.FC<IProps> = ({ closeModal }) => {
  const [email, setEmail] = useState("");
  const [password, setPassword] = useState("");

  const [isPasswordHided, setIsPasswordHided] = useState(true);

  //* 이메일 주소 변경시
  const onChangeEmail = (event: React.ChangeEvent<HTMLInputElement>) => {
    setEmail(event.target.value);
  };

  //* 비밀번호 변경 시
  const onChangePassword = (event: React.ChangeEvent<HTMLInputElement>) => {
    setPassword(event.target.value);
  };

  ...

        <Input
          placeholder="이메일 주소"
          name="email"
          type="email"
          icon={<MailIcon />}
          value={email}
          onChange={onChangeEmail}
        />
      </div>
      <div className="login-input-wrapper login-password-input-wrapper">
        <Input
          placeholder="비밀번호 설정하기"
          name="password"
          type={isPasswordHided ? "password" : "text"}
```

```
          icon={
            isPasswordHided ? (
              <ClosedEyeIcon onClick={togglePasswordHiding} />
            ) : (
              <OpenedEyeIcon onClick={togglePasswordHiding} />
            )
          }
          value={password}
          onChange={onChangePassword}
        />
```

로그인 모달의 회원가입을 클릭하면 회원가입 모달로 변경되게 리덕스 스토어의 authMode를 변경하도록 하겠습니다.

```
import { useDispatch } from "react-redux";
import { authActions } from "../../store/auth";

  const dispatch = useDispatch();

  //* 회원가입 모달로 변경하기
  const changeToSignUpModal = () => {
    dispatch(authActions.setAuthMode("signup"));
  };

  ...

        <span
          className="login-modal-set-signup"
          role="presentation"
          onClick={changeToSignUpModal}
        >
          회원가입
        </span>
```

반대로 회원가입 모달에서 '로그인'을 클릭하면 로그인 모달로 변경하도록 하겠습니다.

```
import { authActions } from "../../store/auth";

  //* 로그인 모달로 변경하기
  const changeToLoginModal = () => {
    dispatch(authActions.setAuthMode("login"));
  };

  ...

        <span
          className="sign-up-modal-set-login"
          role="presentation"
          onClick={changeToLoginModal}
        >
          로그인
        </span>
```

이제 회원가입과 로그인을 자유롭게 변경할 수 있습니다.

10.12 로그인 api 만들기

로그인 api를 만들도록 하겠습니다. 로그인은 다음 과정을 통해 이루어지게 됩니다.

회원가입 api는 다음의 순서를 거쳐 유저를 만들게 됩니다.

1. api method가 POST인지 확인합니다.
2. req.body에 필요한 값(email, password)이 전부 들었는지 확인합니다.
3. 패스워드를 확인합니다.
4. 추가된 유저의 정보와 token을 전달합니다.

'pages/api/auth/login.ts' 경로에 파일을 만들게 하고 api method를 확인하도록 하겠습니다.

▶ pages/api/auth/login.ts

```
import { NextApiRequest, NextApiResponse } from "next";

export default async (req: NextApiRequest, res: NextApiResponse) => {
  if (req.method === "POST") {
    return res.end();
  }
  res.statusCode = 405;

  return res.end();
};
```

req.body에 email과 password가 전달되었는지 확인하도록 하겠습니다.

```
  if (req.method === "POST") {
    try {
      const { email, password } = req.body;
      if (!email || !password) {
        res.statusCode = 400;
        return res.send("필수 데이터가 없습니다.");
      }
    } catch (e) {
      console.log(e);
      res.statusCode = 500;
      return res.send(e);
    }
  }
```

email을 가지고 유저를 찾아 유저의 비밀번호와 password가 일치하는지 확인하도록 하겠습니다. 유저의 fs 함수에 email로 유저를 찾는 find 함수를 추가하도록 하겠습니다.

▶ lib/data/user.ts

```
//* email의 유저 불러오기
const find = ({ email }: { email: string }) => {
```

```
  const users = getList();
  return users.find((user) => user.email === email);
};

export default { getList, exist, write, find };
```

find 함수를 이용하여 유저를 찾도록 하겠습니다. 해당 email 의 유저가 없다면 404에러를 보내도록 하겠습니다.

```
    const user = Data.user.find({ email });
    if (!user) {
      res.statusCode = 404;
      return res.send("해당 이메일의 유저가 없습니다.");
    }
```

bcrypt를 사용하여 비밀번호가 일치하는지 확인하도록 하겠습니다. 일치하지 않는다면 403에러를 보내도록 하겠습니다.

```
    //* 비밀번호 일치 여부
    const isPasswordMatched = bcrypt.compareSync(password, user.password);
    if (!isPasswordMatched) {
      res.statusCode = 403;
      return res.send("비밀번호가 일치하지 않습니다.");
    }
```

비밀번호가 일치한다면, 유저 정보에서 password를 제거하여 보내고, 회원가입 때와 동일하게 token을 전달하도록 하겠습니다.

```
    const token = jwt.sign(String(user.id), process.env.JWT_SECRET!);
    res.setHeader(
      "Set-Cookie",
      `access_token=${token}; path=/; expires=${new Date(
        Date.now() + 60 * 60 * 24 * 1000 * 3 //3일
```

```
        )}; httponly`
      );

      const userWithoutPassword: Partial<Pick<
        StoredUserType,
        "password"
      >> = user;

      delete userWithoutPassword.password;
      res.statusCode = 200;
      return res.send(user);
```

로그인 api를 사용하기 쉽도록 함수로 만들어줍니다.

▶ lib/api/auth.ts

```
//* 로그인 api
export const loginAPI = (body: { email: string; password: string }) =>
  axios.post<UserType>("/api/auth/login", body);
```

로그인 모달에서 '로그인'버튼을 클릭 시 email과 password를 이용하여 로그인 api를 보내도록 하겠습니다.

```
import { loginAPI } from "../../lib/api/auth";

  //* 로그인 클릭 시
  const onSubmitLogin = async (event: React.FormEvent<HTMLFormElement>) => {
    event.preventDefault();
    if (!email || !password) {
      alert("이메일과 비밀번호를 입력해주세요.");
    } else {
      const loginBody = { email, password };

      try {
        const { data } = await loginAPI(loginBody);
        console.log(data);
```

```
      } catch (e) {
        console.log(e);
      }
    }
  };

  return (
    <Container onSubmit={onSubmitLogin}>
```

이메일과 비밀번호를 바르게 입력한다면, 콘솔에 유저 정보가 뜨는 것과 쿠키에 access_token 값으로 token 값이 저장되어 있는 것을 확인할 수 있습니다.

10.13 로그인 밸리데이션

로그인 모달의 인풋 컴포넌트에 밸리데이션을 추가하도록 하겠습니다.

```
import useValidateMode from "../../hooks/useValidateMode";

  const {setValidateMode} =useValidateMode()

  //* 로그인 클릭 시
  const onSubmitLogin = async (event: React.FormEvent<HTMLFormElement>) => {
    event.preventDefault();
    setValidateMode(true)

    ...

        <Input
          ...
          isValid={email !== ""}
          errorMessage="이메일이 필요합니다."
        />
      </div>
```

```
<div className="login-input-wrapper login-password-input-wrapper">
  <Input
    ...
    isValid={password !== ""}
    errorMessage="비밀번호를 입력하세요."
  />
```

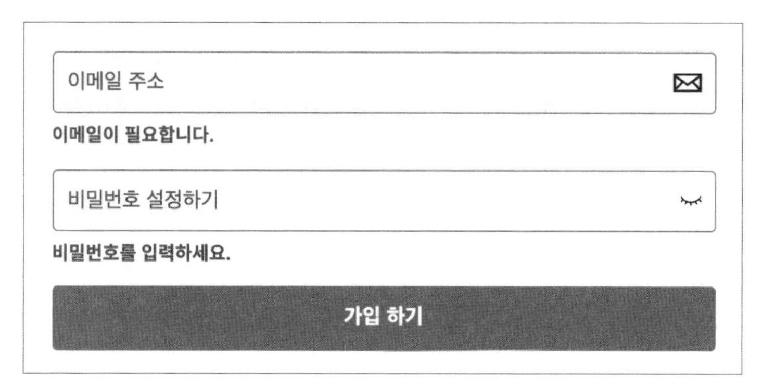

[그림 10-20] 로그인 밸리데이션

10.13.1 로그인 마무리하기

로그인에 성공하였을 때 유저 정보의 값을 리덕스에 저장하면서, 로그인 모달을 꺼주도록 하겠습니다.

```
try {
  const { data } = await loginAPI(loginBody);
  dispatch(userActions.setLoggedUser(data));
  closeModal();
```

마지막으로 컴포넌트가 사라질 때 validateMode를 꺼주도록 하겠습니다.

```
useEffect(() => {
  return () => {
```

```
      setValidateMode(false);
    };
  }, []);
```

10.14 로그인 유지하기

쿠키에 access_toekn이 있다는 것은 유저가 로그인되어 있음을 의미합니다. 모든 페이지에서 유저가 페이지에 접속하였을 때 access_token이 있다면 유저의 정보를 불러와 리덕스 스토어에 저장하여 로그인된 상태로 만들어야 합니다. 그러기 위해서 App 컴포넌트에서 쿠키의 access_token을 서버로 보내 유저의 정보를 받아오도록 할 것입니다. 유저의 정보를 받아온다면 받아온 유저의 정보를 리덕스 스토어에 저장하도록 하겠습니다.

모든 페이지에서 로그인 정보를 불러올 수 있도록 App 컴포넌트의 getInitialProps를 사용하도록 하겠습니다. 저희가 필요로 하는 쿠키의 정보를 다음과 같이 불러올 수 있습니다.

▸ **pages/_app.tsx**

```
app.getInitialProps = async (context: AppContext) => {
  const appInitialProps = await App.getInitialProps(context);
  console.log(context.ctx.req?.headers.cookie);
  return { ...appInitialProps };
};
```

새로고침을 한 후 터미널을 확인해보면 다음과 같이 access_token 값을 불러오는 것을 확인할 수 있습니다.

```
access_token=s%3A-DjXbMuyOqH0HO_kzF81BEaJ-LyE5mhf.X1Pdck9LUqVFxoLmAYVH0PCpGQ
g%2FsWvtSyf1SC2hBpU
```

그런데 cookie는 문자열로 되어 있기 때문에 다른 값 또한 함께 문자열로 포함되어 있습니다.

```
_ga=GA1.1.10; _gid=GA1.1.24836; access_token=s%3A-DjXbMuyOqH0HO_kzF81BEaJ-
LyE5mhf.X1Pdck9LUqVFxoLmAYVH0PCpGQg%2FsWvtSyf1SC2hBpU
```

그래서 이 쿠키 문자열에서 access_token의 값만을 빼보도록 하겠습니다. 쿠키 문자열을 쿠키객체로 만드는 utils 함수를 만들었습니다.

▶ /lib/utils.ts

```
//* "token=value" 를 {token:"value"}로 바꾸는 함수
export const cookieStringToObject = (cookieString: string | undefined) => {
  const cookies: { [key: string]: string } = {};
  if (cookieString) {
    //* "token=value"
    const itemString = cookieString?.split(/\s*;\s*/);
    itemString.forEach((pairs) => {
      //* ["token","value"]
      const pair = pairs.split(/\s*=\s*/);
      cookies[pair[0]] = pair.splice(1).join("=");
    });
  }
  return cookies;
};
```

만들어준 함수를 이용하여 쿠키객체를 확인하도록 하겠습니다.

```
app.getInitialProps = async (context: AppContext) => {
  const appInitialProps = await App.getInitialProps(context);
  const cookieObject = cookieStringToObject(context.ctx.req?.headers.cookie);
  console.log(cookieObject);
  return { ...appInitialProps };
};
```

터미널에 다음과 같이 성공적으로 출력됩니다.

```
{
  _ga: 'GA1.1.10',
  _gid: 'GA1.1.24836',
  access_token: 's%3A-DjXbMuyOqH0HO_kzF81BEaJ-LyE5mhf.X1Pdck9LUqVFxoLmAYVH0P
  CpGQg%2FsWvtSyf1SC2hBpU'
}
```

구해진 acess_token 값을 서버로 보내기 위해, api요청 헤더에 함께 보내도록 axios 헤더의 쿠키에 acess_token 값을 저장했습니다.

```
import axios from "../lib/api";

  const cookieObject = cookieStringToObject(context.ctx.req?.headers.cookie);
  axios.defaults.headers.cookie = cookieObject.access_token;
```

api를 요청하여 쿠키가 잘 전달되었는지 확인하도록 하겠습니다. api의 경로는 'api/auth/me'로 프로젝트의 경로는 'pages/api/auth/me.ts'에 파일을 만들도록 하겠습니다.

▸ **pages/api/auth/me.ts**

```
import { NextApiResponse, NextApiRequest } from "next";

export default async (req: NextApiRequest, res: NextApiResponse) => {
  if (req.method === "GET") {
    try {
      const accessToken = req.headers.cookie;
      console.log(accessToken);
      res.statusCode = 400;
      return res.end();
    } catch (e) {
      res.statusCode = 500;
      return res.send(e);
```

```
    }
  }
  res.statusCode = 405;

  return res.end();
};
```

인증과 관련된 api 이므로 'lib/api/auth.ts'파일에 api를 사용하는 함수를 만들어 사용하도록 하겠습니다.

▶ lib/api/auth.ts

```
//* 쿠키의 access_token의 유저 정보 받아오는 api
export const meAPI = () => axios.get<UserType>("/api/auth/me");
```

App 컴포넌트의 getInitialProps에서 me api를 보내도록 하겠습니다. 이때 리덕스의 유저 스토어에 isLogged가 true이거나 acess_token이 없다면 api를 보내지 않도록 하여 불필요한 요청을 방지하도록 하겠습니다. 'next-redux-wrapper' 덕분에 AppContext에서 store를 사용할 수 있습니다.

▶ pages/_app.tsx

```
app.getInitialProps = async (context: AppContext) => {
  const appInitialProps = await App.getInitialProps(context);
  const cookieObject = cookieStringToObject(context.ctx.req?.headers.cookie);
  const { store } = context.ctx;
  const { isLogged } = store.getState().user;
  try {
    if (!isLogged && cookieObject.access_token) {
      axios.defaults.headers.cookie = cookieObject.access_token;
      const { data } = await meAPI();
    }
  } catch (e) {
    console.log(e);
  }
```

```
  return { ...appInitialProps };
};
```

이제 me api를 완성하도록 하겠습니다. acess_token이 있다면 jwt의 verify 함수와 jwt_secret을 이용하여 userId를 구하도록 하겠습니다.

▸ **pages/api/auth/me.ts**

```
import { NextApiResponse, NextApiRequest } from "next";
import jwt from "jsonwebtoken";

export default async (req: NextApiRequest, res: NextApiResponse) => {
  if (req.method === "GET") {
    try {
      const accessToken = req.headers.cookie;
      if (!accessToken) {
        res.statusCode = 400;
        return res.send("access_token이 없습니다.");
      }
      const userId = jwt.verify(accessToken, process.env.JWT_SECRET!);
      console.log(userId);
      return res.end();
    } catch (e) {
      console.log(e);
      res.statusCode = 500;
      return res.send(e);
    }
  }
  res.statusCode = 405;

  return res.end();
};
```

올바른 access_token과 jwt_secret을 전달하였다면 유저의 id가 터미널에 정상적으로 출력될 것입니다. 유저의 id와 일치하는 유저를 찾도록 하겠습니다. 기존의 유저 fs 함수의 find를 id로도 검색할 수 있게 수정하도록 하겠습니다.

▸ lib/data/user.ts

```
//* email 또는 id의 유저 불러오기
const find = ({ email, id }: { email?: string; id?: number }) => {
  const users = getList();
  return users.find((user) => user.email === email || user.id === id);
};
```

find 함수를 이용하여 userId의 유저를 찾아 비밀번호를 제거하여 결과로 보내도록 하겠습니다.

```
      const user = Data.user.find({ id: Number(userId) });
      if (!user) {
        res.statusCode = 404;
        return res.send("해당 유저가 없습니다.");
      }

      const userWithoutPassword: Partial<Pick<
        StoredUserType,
        "password"
      >> = user;

      delete userWithoutPassword.password;
      res.statusCode = 200;
      return res.send(userWithoutPassword);
```

App 컴포넌트에서 api 결과 data를 콘솔로 확인하도록 하겠습니다.

▸ pages/_app.tsx

```
      axios.defaults.headers.cookie = cookieObject.access_token;
      const { data } = await meAPI();
      console.log(data);
    }
{
  id: 2,
  email: 'asdf@asdf.com',
```

```
  firstname: '님',
  lastname: '제리',
  birthday: '2019-03-03T15:00:00.000Z',
  profileImage: '/static/image/user/default_user_profile_image.jpg'
}
```

유저 데이터를 받는 데 성공했다면 리덕스 스토어에 저장하도록 하겠습니다.

```
import { userActions } from "../store/user";

      const { data } = await meAPI();
      store.dispatch(userActions.setLoggedUser(data));
```

이제 새로고침을 해도 로그인이 유지가 됩니다. 이제 헤더의 유저 프로필을 클릭하면 유저 메뉴가 나타나도록 하겠습니다.

10.15 유저 메뉴 만들기

유저 프로필 버튼을 클릭하게 되면 유저 메뉴가 열리게 됩니다. 그리고 유저 메뉴의 외부를 누르거나 메뉴를 클릭하면 메뉴가 닫히도록 되어 있습니다.

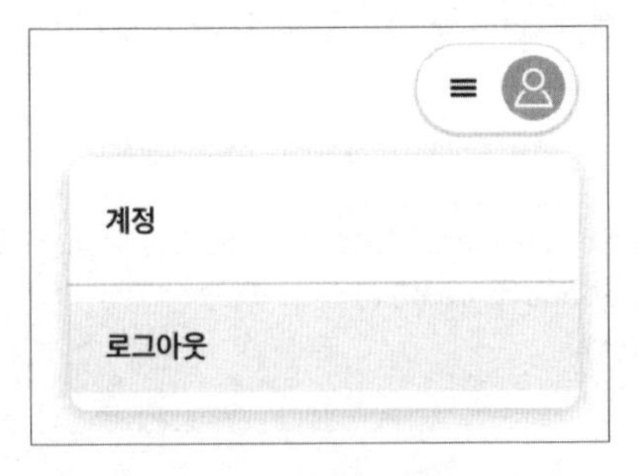

[그림 10-21] 헤더 유저 메뉴

이를 간편하게 만들기 위해 'react-outside-click-handler'를 이용하여 간단하게 구현하도록 하겠습니다.https://www.npmjs.com/package/react-outside-click-handler

```
$ yarn add react-outside-click-handler
  yarn add @types/react-outside-click-handler -D
```

'react-outside-click-handler'는 'OustsideClickHandler' 컴포넌트를 사용하여 외부 클릭 시 원하는 이벤트를 넣을 수 있는 간편한 기능을 제공합니다.

```
<OutsideClickHandler onOutsideClick={}>
```

팝업이 열리고 닫히는 여부를 state를 통해 관리하기 위해 useState를 사용하여 boolean 값을 만들도록 하겠습니다.

```
import React, { useState } from "react";

  //* 유저 메뉴 열고,닫힘 여부
  const [isUsermenuOpened, setIsUsermenuOpened] = useState(false);
```

저희는 다음과 같은 조건을 만족하는 유저 메뉴를 만들어야 합니다.

1. 유저 프로필을 클릭 시 유저 메뉴가 열립니다.
2. 유저 프로필을 다시 클릭 시 유저 메뉴가 닫힙니다.
3. 유저 메뉴의 외부를 클릭하면 메뉴가 닫히게 됩니다.

저는 세 가지 조건을 만족하기 위해 다음과 같이 작성하였습니다.

```
import OutsideClickHandler from "react-outside-click-handler";

{user.isLogged && (
```

```
        <OutsideClickHandler
          onOutsideClick={() => {
            if (isUsermenuOpened) {
              setIsUsermenuOpened(false);
            }
          }}
        >
          <button
            className="header-user-profile"
            type="button"
            onClick={() => setIsUsermenuOpened(!isUsermenuOpened)}
          >
            <HamburgerIcon />
            <img
              src={user.profileImage}
              className="header-user-profile-image"
              alt=""
            />
          </button>
          {isUsermenuOpened && <div>유저 메뉴</div>}
        </OutsideClickHandler>
      )}
```

유저 메뉴를 스타일링 해보도록 하겠습니다.

```
/** react-ouside-click-handler div */
.header-logo-wrapper + div {
  position: relative;
}

.header-usermenu {
  position: absolute;
  right: 0;
  top: 52px;
  width: 240px;
  padding: 8px 0;
  box-shadow: 0 2px 16px rgba(0, 0, 0, 0.12);
```

```
    border-radius: 8px;
    background-color: white;
    li {
      display: flex;
      align-items: center;
      width: 100%;
      height: 42px;
      padding: 0 16px;
      cursor: pointer;
      &:hover {
        background-color: ${palette.gray_f7};
      }
    }
    .header-usermenu-divider {
      width: 100%;
      height: 1px;
      margin: 8px 0;
      background-color: ${palette.gray_dd};
    }
  }

...

          {isUsermenuOpened && (
            <ul className="header-usermenu">
              <li>숙소 관리</li>
              <Link href="/room/register/building">
                <a
                  role="presentation"
                  onClick={() => {
                    setIsUsermenuOpened(false);
                  }}
                >
                  <li>숙소 등록하기</li>
                </a>
              </Link>
              <div className="header-usermenu-divider" />
              <li role="presentation" onClick={() => {}}>
```

```
            로그아웃
          </li>
        </ul>
      )}
```

react-outside-click-handler를 사용하게 되면 <div> 태그로 감싸게 됩니다. 이 <div> 태그에 className을 넣는 것이 안 되기 때문에 css 형제 연산자를 이용하여 div에 스타일을 주었습니다.

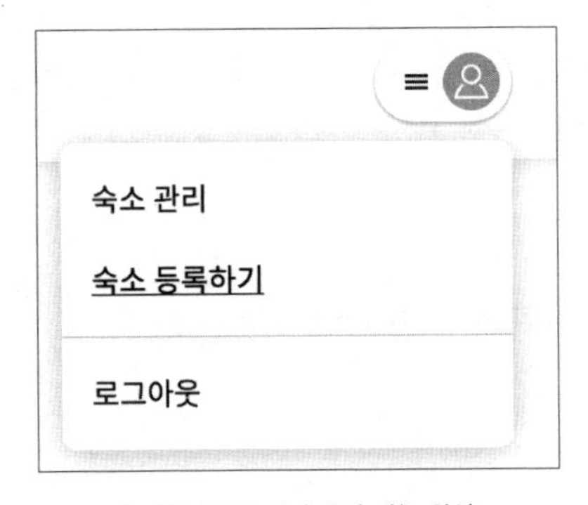

[그림 10-22] 헤더 유저 메뉴 완성

Link 컴포넌트를 사용하여 생긴 <a> 태그로 인해서 '숙소 등록하기'에 밑줄이 생겼습니다. 모든 <a> 태그에 대해서 밑줄이 생기지 않도록 글로벌 스타일에 다음 코드를 추가하도록 하겠습니다.

▶ **styles/GlobalStyle.ts**

```
a {
  text-decoration: none;
  color: ${palette.black};
}
```

10.16 로그아웃 하기

유저 메뉴의 로그아웃을 클릭하면 로그아웃이 되도록 합니다. 로그아웃을 클릭하면 다음의 작업들을 하게 됩니다.

1. 쿠키의 access_token 제거
2. 리덕스 스토어의 유저 정보 제거 및 isLogged를 false로 변경

쿠키의 access_token은 httponly 속성을 가지고 있기 때문에 javascript를 이용하여 제거할 수 없습니다. 따라서 로그아웃 api를 만들어 access_token을 제거하도록 하겠습니다.

로그아웃 api 의 경로는 'pages/api/auth/logout.ts' 입니다. 로그아웃 api의 경로를 만들도록 하겠습니다.

▸ **pages/api/auth/logout.ts**

```
import { NextApiRequest, NextApiResponse } from "next";

export default (req: NextApiRequest, res: NextApiResponse) => {
  try {
    //* 로그아웃 하기
    if (req.method === "DELETE") {
      return res.end();
    }
  } catch (e) {
    console.log(e);
    return res.send(e.message);
  }
  res.statusCode = 405;

  return res.end();
};
```

쿠키를 없애도록 설정하기 위해 다음과 같이 작성해주세요.

```
res.setHeader(
  "Set-Cookie",
  "access_token=; path=/; expires=Thu, 01 Jan 1970 00:00:00 GMT;
  httyonly"
);
```

로그인과 회원가입을 할때 expires 값을 설정하여 만료일을 설정했습니다. 만료일이 지나게 되면 쿠키는 자동으로 삭제가 됩니다. 앞의 코드는 만료일을 변경해서 쿠키가 삭제되도록 하는 코드입니다. 마지막으로 204(No Content) 코드와 함께 api를 종료하도록 하겠습니다.

```
//* 로그아웃 하기
if (req.method === "DELETE") {
  res.setHeader(
    "Set-Cookie",
    "access_token=; path=/; expires=Thu, 01 Jan 1970 00:00:00 GMT;
    httyonly"
  );
  res.statusCode = 204;
  return res.end();
}
```

로그아웃을 api를 사용하는 함수를 만들도록 하겠습니다.

▸ **lib/api/auth.ts**

```
//* 로그아웃 api
export const logoutAPI = () => axios.delete("/api/auth/logout");
```

유저 메뉴의 로그아웃 메뉴를 클릭하면 로그아웃 api를 보내도록 하겠습니다.

▸ **components/Header.tsx**

```
//* 로그아웃 하기
  const logout = async () => {
    try {
      await logoutAPI();
    } catch (e) {
      console.log(e.message);
    }
  };

...
{isUsermenuOpened && (
            <ul className="header-usermenu">
              <li>숙소 관리</li>
              <li>숙소 등록하기</li>
              <div className="header-usermenu-divider" />
              <li role="presentation" onClick={logout}>
                로그아웃
              </li>
            </ul>
          )}
```

로그아웃을 클릭하면 access_token 쿠키 값이 사라지게 됩니다. Application 탭을 확인하여 쿠키가 사라졌음을 확인할 수 있습니다.

쿠키를 제거하였지만 로그인되어 있는 뷰가 나오고 있습니다. 리덕스 스토어의 유저 정보 값이 남아 있기 때문입니다. 따라서 로그아웃을 하게 된다면 유저의 리덕스 스토어 값을 초기화하도록 하겠습니다. 간단하게 스토어의 값을 initialState 값으로 변경하면 됩니다.

▸ **store/user.ts**

```
const user = createSlice({
  name: "user",
  initialState,
```

```
  reducers: {
   ...
    //* 유저 초기화 하기
    initUser(state) {
      state = initialState;
      return state;
    },
  },
});
```

로그아웃 시에 유저의 스토어를 초기화하도록 디스패치 하도록 하겠습니다.

▶ **components/Header.tsx**

```
import { userActions } from "../store/user";

//* 로그아웃 하기
  const logout = async () => {
    try {
      await logoutAPI();
      dispatch(userActions.initUser());
    } catch (e) {
      console.log(e.message);
    }
  };
```

10.17 컴포넌트 최적화

앞에서 사용한 로컬스테이트를 사용하면 부모 컴포넌트가 업데이트 되면서 자식 컴포넌트들 또한 리렌더가 되게 됩니다. 이를 확인하기 위해 리액트 데브 툴즈를 이용하여 살펴보도록 하겠습니다.

크롬 확장 프로그램 스토어에서 'React Developer Tools'를 설치해주세요.

[그림 10-23] 리액트 데브툴즈 확장 프로그램

리액트 데브툴을 설치한 후, 다음 그림처럼 'Highlight updates when components render.'를 체크하면 렌더링이 될 때마다 윤곽선이 생기는 것을 볼 수 있습니다.

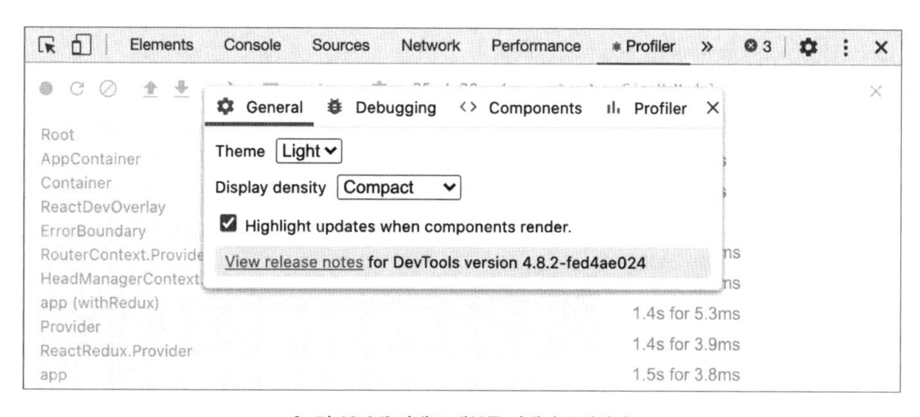

[그림 10-24] 리액트 데브툴 리렌더 표시하기

렌더링이 자주 발생하게 되면 성능의 저하로 이어질 수밖에 없습니다. 이러한 불필요한 리렌더 현상을 방지하여 성능 최적화 작업을 하도록 하겠습니다.

10.18 헤더 컴포넌트 최적화

헤더 컴포넌트의 렌더링에 영향을 끼치는 값은 다음과 같이 되어 있습니다.

```
const { openModal, ModalPortal, closeModal } = useModal();

  //* 유저 메뉴 열고,닫힘 여부
  const [isUsermenuOpened, setIsUsermenuOpened] = useState(false);
  const user = useSelector((state) => state.user);
```

모달이 열고 닫힐 때 헤더 컴포넌트 전체가 리렌더 되고 있습니다. 헤더의 인증 관련 코드를 컴포넌트로 분리하여 해당 컴포넌트에서만 렌더링이 발생하도록 하겠습니다.

▶ components/HeaderAuths.tsx

```
import React from "react";
import { useDispatch } from "react-redux";
import useModal from "../hooks/useModal";
import { authActions } from "../store/auth";
import AuthModal from "./auth/AuthModal";

const HeaderAuths: React.FC = () => {
  const { openModal, ModalPortal, closeModal } = useModal();

  const dispatch = useDispatch();

  return (
    <>
      <div className="header-auth-buttons">
        <button
          className="header-sign-up-button"
          onClick={() => {
            dispatch(authActions.setAuthMode("signup"));
            openModal();
          }}
          type="button"
        >
          회원가입
        </button>
        <button
          className="header-login-button"
```

```
          type="button"
          onClick={() => {
            dispatch(authActions.setAuthMode("login"));
            openModal();
          }}
        >
          로그인
        </button>
      </div>
      <ModalPortal>
        <AuthModal closeModal={closeModal} />
      </ModalPortal>
    </>
  );
};

export default HeaderAuths;
```

▶ components/Header.tsx

```
import HeaderAuths from "./HeaderAuths";

      {!user.isLogged && <HeaderAuths />}
```

모달이 열고 닫혀도 헤더 전체가 렌더링 않도록 되었으며, 가독성 또한 좋아졌습니다. 스타일드 컴포넌트 안의 해당 컴포넌트 관련 css 코드도 해당 컴포넌트 파일에 옮기는 것을 추천합니다. 관련 css 코드들이 해당 컴포넌트 파일에 있어야 나중에 css 코드를 찾기 수월합니다.

다음은 로그인이 되었을 때 뷰를 컴포넌트로 분리하도록 하겠습니다.

▶ components/HeaderUserProfile.tsx

```
import React, { useState } from "react";
import OutsideClickHandler from "react-outside-click-handler";
import { useDispatch } from "react-redux";
```

```
import Link from "next/link";
import HamburgerIcon from "../public/static/svg/header/hamburger.svg";
import { logoutAPI } from "../lib/api/auth";
import { userActions } from "../store/user";
import { useSelector } from "../store";

const HeaderUserProfile: React.FC = () => {
  //* 유저 메뉴 열고,닫힘 여부
  const [isUsermenuOpened, setIsUsermenuOpened] = useState(false);
  const userProfileImage = useSelector((state) => state.user.profileImage);

  const dispatch = useDispatch();

  //* 로그아웃 하기
  const logout = async () => {
    try {
      await logoutAPI();
      dispatch(userActions.initUser());
    } catch (e) {
      console.log(e.message);
    }
  };

  return (
    <OutsideClickHandler
      onOutsideClick={() => {
        if (isUsermenuOpened) {
          setIsUsermenuOpened(false);
        }
      }}
    >
      <button
        className="header-user-profile"
        type="button"
        onClick={() => setIsUsermenuOpened(!isUsermenuOpened)}
      >
        <HamburgerIcon />
        <img
          src={userProfileImage}
```

```
          className="header-user-profile-image"
          alt=""
        />
      </button>
      {isUsermenuOpened && (
        <ul className="header-usermenu">
          <li>숙소 관리</li>
          <Link href="/room/register/building">
            <a
              role="presentation"
              onClick={() => {
                setIsUsermenuOpened(false);
              }}
            >
              <li>숙소 등록하기</li>
            </a>
          </Link>
          <div className="header-usermenu-divider" />
          <li role="presentation" onClick={logout}>
            로그아웃
          </li>
        </ul>
      )}
    </OutsideClickHandler>
  );
};

export default HeaderUserProfile;
```

그대로 코드를 분리했지만 한 가지 부분이 다르게 되었습니다.

```
//before
const user = useSelector((state) => state.user);

//after
const userProfileImage = useSelector((state) => state.user.profileImage);
```

기존 useSelector에서 user 객체를 불러오는 것에서 userProfileImage 하나만 불러오도록 수정하였습니다. useSelector는 비교를 할 때 객체의 주소를 비교하게 됩니다. 유저 정보가 변경되어 user가 변경된다면 객체가 새로 만들어져 user 객체를 불러온 컴포넌트는 전부 리렌더될 것입니다. userProfileImage와 같이 원시타입으로 사용한다면 리렌더를 방지할 수 있습니다.

헤더 컴포넌트의 isLogged 또한 원시타입으로 불러오도록 수정하겠습니다.

```
//before
const user = useSelector((state) => state.user);

//after
const isLogged = useSelector((state) => state.user.isLogged);

  ...

      {!isLogged && <HeaderAuths />}
      {isLogged && <HeaderUserProfile />}
```

이번에는 회원가입 모달과 로그인 모달을 최적화하도록 하겠습니다. 회원가입 폼과 로그인 폼은 무수한 useState로 인하여 인풋 변경 시마다 렌더링이 발생하게 됩니다. 가능한 컴포넌트를 분리하여 리렌더를 막을 수 있다면 좋겠지만, SignUpModal이 모든 값을 가지고 있어야 하기 때문에 분리가 제한적입니다. 저희는 공통 컴포넌트를 사용하여 인풋과 셀렉터를 만들었습니다. 공통 컴포넌트에는 props의 값들이 자주 변경되기 때문에 React.memo를 사용하여 props의 값이 같다면 리렌더를 방지하도록 하겠습니다.

▸ **components/common/Input.tsx**

```
export default React.memo(Input);
```

▸ **components/common/Selector.tsx**

```
export default React.memo(Selector);
```

▸ **components/common/Button.tsx**

```
export default React.memo(Button);
```

개발자 도구의 Profiler탭에 파란 버튼을 클릭하면 렌더링 시 일어나는 시간을 볼 수 있습니다.

React.memo를 사용하면 다음 그림과 같이 렌더링을 방지할 수 있습니다.

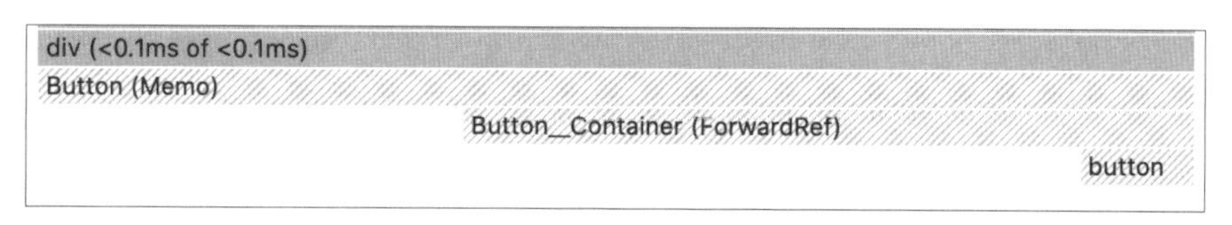

[그림 10-25] React.memo로 리렌더 방지하기

또한 무엇으로 인하여 리렌더가 일어나는지도 확인할 수 있습니다.

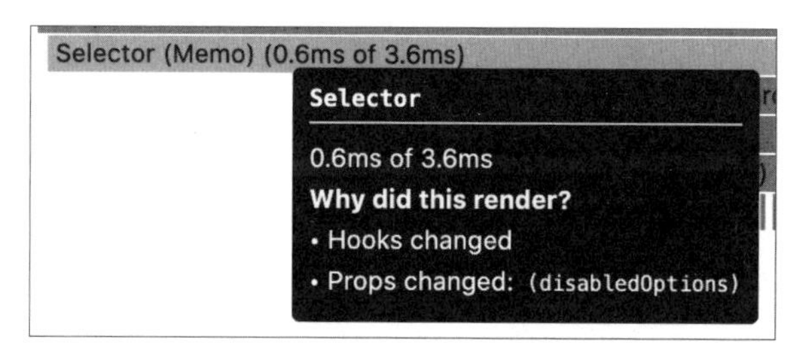

[그림 10-26] 리엑트 데브툴로 렌더링 원인 찾기

disabledOptions를 ["년"]처럼 사용하여 매번 새로 생성되면서 리렌더가 발생하게 된 것이죠. 이를 다음과 같이 변하지 않는 값을 주어 리렌더를 방지할 수 있습니다.

```
//* 선택할 수 없는 월 option
const disabledMoths = ["월"];
//* 선택할 수 없는 일 option
const disabledDays = ["일"];
//* 선택할 수 없는 년 option
const disabledYears = ["년"];

const SignUpModal: React.FC<IProps> = ({ closeModal }) => {

      ...

        <Selector
        ...
          disabledOptions={disabledMoths}
        />
      </div>
      <div className="sign-up-modal-birthday-day-selector">
        <Selector
        ...
          disabledOptions={disabledDays}
        />
      </div>
      <div className="sign-up-modal-birthday-year-selector">
        <Selector
          ...
          disabledOptions={disabledYears}
        />
```

CHAPTER 11 숙소 등록하기

숙소 등록하기의 코드를 작성하기에 앞서 어떻게 데이터를 관리하고, 그릴지 설계를 해보도록 하겠습니다. 숙소 등록 페이지는 여러 페이지에 걸쳐 값을 받고 있습니다. 여러 페이지에서 값을 저장하기 위해서는 전역 상태관리가 필요합니다. 리덕스 스토어에 숙소 등록에 필요한 값들을 저장할 수 있도록 하겠습니다. 우선 숙소 등록에 필요한 값들은 무엇이 있는지 살펴보겠습니다. 편의를 위해 11단계로 나누었습니다.

- 1단계(숙소): 집 종류, 건물 유형, 숙소 유형, 게스트용 확인
- 2단계(침대): 최대 숙박 인원, 침대 개수, 침대 유형별 개수
- 3단계(욕실): 욕실 수, 공용욕실 확인
- 4단계(위치): 숙소 위치, 국가/지역, 시/도, 시/군/구, 도로명주소, 동호수, 우편번호
- 5단계: 제공하는 편의 시설들

- 6단계: 제공하는 공용공간들
- 7단계: 숙소 사진
- 8단계: 설명
- 9단계: 제목
- 10단계: 요금
- 11단계: 날짜

단계별로 디자인대로 뷰를 만들면서 값을 채워나가도록 하겠습니다.

11.1 숙소 등록하기 리덕스 설정

1단계에서는 집 종류, 건물 유형, 숙소 유형, 게스트용인지에 대한 값을 받고 있습니다. 다음 디자인대로 숙소의 정보를 입력하도록 하겠습니다.

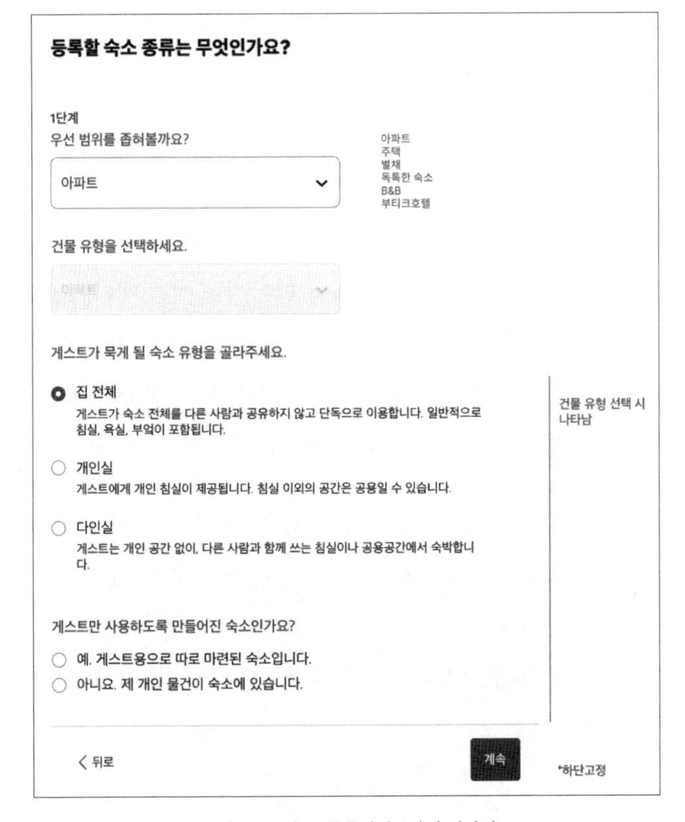

[그림 11-1] 숙소 등록하기 1단계 디자인

해당 값들을 저장할 숙소 등록하기 리덕스 스토어를 설정하도록 하겠습니다.

▶ store/registerRoom.ts

```
import { createSlice } from "@reduxjs/toolkit";

type RegisterRoomState = {
  largeBuildingType: string | null;
  buildingType: string | null;
  roomType: string | null;
  isSetUpForGuest: boolean | null;
};

//* 초기 상태
const initialState: RegisterRoomState = {
  //* 건물 유형 큰 범주
  largeBuildingType: null,
  //* 건물 유형
  buildingType: null,
  //* 숙소 유형
  roomType: null,
  //* 게스트만을 위해 만들어진 숙소인가
  isSetUpForGuest: null,
};

const registerRoom = createSlice({
  name: "registerRoom",
  initialState,
  reducers: {},
});

export const registerRoomActions = { ...registerRoom.actions };

export default registerRoom;
```

▶ store/index.ts

```
import registerRoom from "./registerRoom";
```

```
const rootReducer = combineReducers({
  registerRoom: registerRoom.reducer,
```

해당 값들은 선택되기 전의 상태가 있습니다. 선택되지 않았음을 나타내기 위해서 null로 초깃값을 설정하였습니다.

숙소 정보를 받을 페이지의 경로를 설정하도록 하겠습니다. 경로는 'pages/room/register/building.tsx'로 만들도록 하겠습니다. 건물의 범위를 선택하는 셀렉터 전까지 스타일링을 하도록 하겠습니다.

▶ **pages/room/register/building**

```
import React from "react";
import { NextPage } from "next";
import RegisterRoomBuilding from "../../../components/room/register/
RegisterRoomBuilding";

const building: NextPage = () => {
  return <RegisterRoomBuilding />;
};

export default building;
```

▶ **components/register/RegisterRoomBuilding.tsx**

```
import React from "react";
import styled from "styled-components";
import palette from "../styles/palette";

const Container = styled.div`
  padding: 62px 30px 100px;
  h2 {
    font-size: 19px;
    font-weight: 800;
    margin-bottom: 56px;
  }
```

```
  h3 {
    font-weight: bold;
    color: ${palette.gray_76};
    margin-bottom: 6px;
  }
`;

const RegisterRoomBuilding: React.FC = () => {
  return (
    <Container>
      <h2>등록할 숙소 종류는 무엇인가요?</h2>
      <h3>1단계</h3>
    </Container>
  );
};

export default RegisterRoomBuilding;
```

등록할 숙소 종류는 무엇인가요?

1단계

[그림 11-2] 숙소 등록하기 1단계 제목과 단계 스타일링

숙소 유형의 범위를 선택하기 위해서 셀렉터를 사용하게 됩니다. 그런데 이 셀렉터의 UI는 숙소 등록하는 모든 페이지에서 여러 번 사용되게 됩니다. 공통 셀렉터 컴포넌트를 사용하려고 하지만 회원가입에서 사용하는 셀렉터와 생긴 것이 다릅니다. 따라서 기존의 셀렉터 컴포넌트에 숙소 등록할 때의 UI를 추가하여 사용하도록 하겠습니다.

11.2 공통 셀렉트 컴포넌트에 숙소 등록하기 UI 추가하기

숙소 등록하기 셀렉터는 다음과 같은 디자인 패턴을 가지고 있습니다.

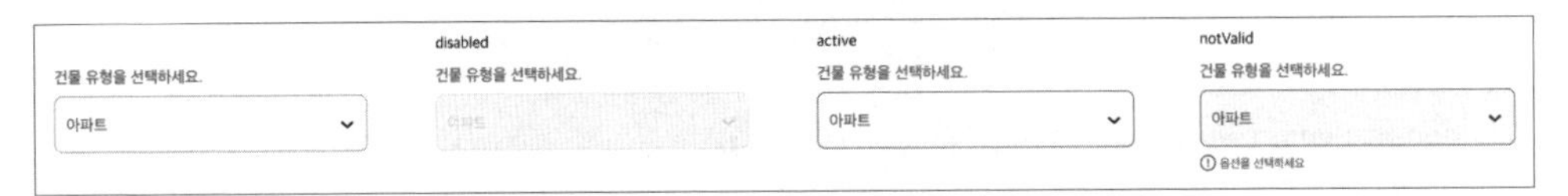

[그림 11-3] 숙소 등록하기 셀렉터 디자인 패턴

기존의 셀렉터 스타일을 'normalSelectorStyle'로 styled-components의 css 함수를 이용하여 별도로 저장하도록 하고, 숙소 등록에서 사용되는 스타일을 'Register SelectorStyle'로 만들어 선택적으로 사용할 수 있도록 하겠습니다.

또한 기존의 셀렉터에서는 사용하지 않던 label과 errorMessage를 props로 받도록 하겠습니다. 공통 컴포넌트를 수정할 때에는 기존의 셀렉터에 영향이 가는 것을 고려하여 수정해야 합니다.

▶ components/common/Selector.tsx

```
/* eslint-disable indent */
import React from "react";
import styled, { css } from "styled-components";
import palette from "../../styles/palette";
import { useSelector } from "../../store";
import WarningIcon from "../../public/static/svg/common/warning.svg";

const normalSelectorStyle = css`
  width: 100%;
  height: 46px;

  select {
    width: 100%;
    height: 100%;
    background-color: white;
    border: 1px solid ${palette.gray_eb};
```

```
    padding: 0 11px;
    border-radius: 4px;
    outline: none;
    -webkit-appearance: none;
    background-image: url("/static/svg/common/selector/selector_down_arrow.
    svg");
    background-position: right 11px center;
    background-repeat: no-repeat;
    font-size: 16px;
    &:focus {
      border-color: ${palette.dark_cyan};
    }
  }
`;

const RegisterSelectorStyle = css`
  width: 100%;
  label {
    position: relative;
  }
  span {
    display: block;
    font-size: 16px;
    color: ${palette.gray_76};
    font-weight: 600;
    margin-bottom: 8px;
  }
  select {
    width: 100%;
    height: 56px;
    border-radius: 8px;
    border: 1px solid ${palette.gray_b0};
    padding: 0 14px 0 12px;
    appearance: none;
    outline: none;
    -webkit-appearance: none;
    background-image: url("/static/svg/common/selector/register_selector_
    down_arrow.svg");
    background-position: right 14px center;
```

```
    background-repeat: no-repeat;
  }
`;

interface SelectorContainerProps {
  isValid: boolean;
  validateMode: boolean;
  type: "register" | "normal";
}
const Container = styled.div<SelectorContainerProps>`
  ${({ type }) => type === "normal" && normalSelectorStyle};
  ${({ type }) => type === "register" && RegisterSelectorStyle};

  select {
    ${({ validateMode, isValid }) => {
      if (validateMode) {
        if (!isValid) {
          return css`
            border-color: ${palette.tawny};
            background-color: ${palette.snow};
          `;
        }
        return css`
          border-color: ${palette.dark_cyan};
        `;
      }
      return undefined;
    }}

    &:disabled {
      background-image: url("/static/svg/common/selector/disabled_register_
      selector_down_arrow.svg");
      background-color: ${palette.gray_f7};
      border-color: ${palette.gray_e5};
      color: ${palette.gray_e5};
      cursor: not-allowed;
    }
  }
```

```
  .selector-warning {
    margin-top: 8px;
    display: flex;
    align-items: center;

    svg {
      margin-right: 4px;
    }
    p {
      font-size: 12px;
      color: ${palette.davidson_orange};
    }
  }
`;

interface IProps extends React.SelectHTMLAttributes<HTMLSelectElement> {
  label?: string;
  options?: string[];
  value?: string;
  isValid?: boolean;
  useValidation?: boolean;
  errorMessage?: string;
  type?: "register" | "normal";
  disabledOptions?: string[];
}

const Selector: React.FC<IProps> = ({
  label,
  options = [],
  isValid,
  useValidation = true,
  errorMessage = "옵션을 선택하세요.",
  type = "normal",
  disabledOptions = [],
  ...props
}) => {
  const validateMode = useSelector((state) => state.common.validateMode);
  return (
    <Container
```

```
      isValid={!!isValid}
      validateMode={useValidation && validateMode}
      type={type}
    >
      <label>
        {label && <span>{label}</span>}
        <select {...props}>
          {disabledOptions.map((option, index) => (
            <option key={index} value={option} disabled>
              {option}
            </option>
          ))}
          {options.map((option, index) => (
            <option key={index} value={option}>
              {option}
            </option>
          ))}
        </select>
      </label>
      {useValidation && validateMode && !isValid && (
        <div className="selector-warning">
          <WarningIcon />
          <p>{errorMessage}</p>
        </div>
      )}
    </Container>
  );
};

export default React.memo(Selector);
```

11.3 건물 유형 셀렉터

셀렉터는 width를 100%로 가지기 때문에 width를 설정하고 하단 마진을 줄 셀렉터 wrapper를 만들어 스타일링을 하도록 하겠습니다.

선택되지 않았을 때의 셀렉터는 '하나를 선택해주세요.'를 표시하고 선택할 수 없게 하도록 하겠습니다.

큰 범위 건물 유형의 옵션 값들은 staticData 파일에 만들어 사용하도록 하겠습니다.

▶ **lib/staticData.ts**

```
//* 숙소 큰 범위의 건물 유형
export const largeBuildingTypeList = [
  "아파트",
  "주택",
  "별채",
  "독특한 숙소",
  "B&B",
  "부티크호텔",
];
```

▶ **components/register/RegisterRoomBuilding.tsx**

```
import Selector from "../../common/Selector";
import { largeBuildingTypeList } from "../../../lib/staticData";

  .register-room-building-selector-wrapper {
    width: 320px;
    margin-bottom: 32px;
  }
`;

//* 선택 불가능한 큰 범위 건물 유형
const disabledlargeBuildingTypeOptions = ["하나를 선택해주세요."];

const RegisterRoomBuilding: React.FC = () => {
  return (
    <Container>
      <h2>등록할 숙소 종류는 무엇인가요?</h2>
      <h3>1단계</h3>
      <div className="register-room-building-selector-wrapper">
        <Selector
```

```
          type="register"
          value="하나를 선택해주세요."
          defaultValue="하나를 선택해주세요."
          disabledOptions={disabledlargeBuildingTypeOptions}
          label="우선 범위를 좁혀볼까요?"
          options={largeBuildingTypeList}
          onChange={() => {}}
        />
      </div>
    </Container>
  );
};
```

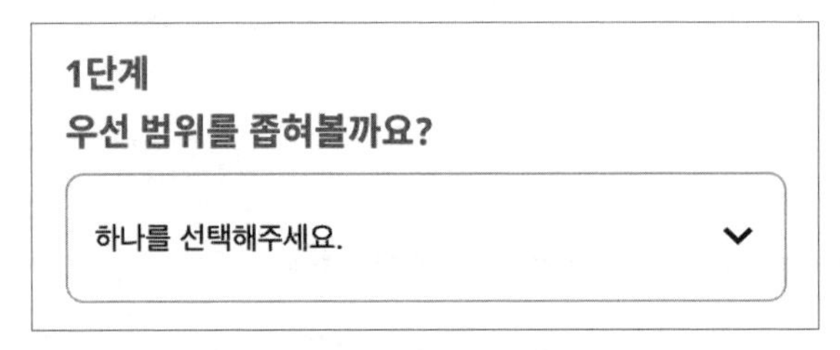

[그림 11-4] 숙소 등록하기 셀렉터 큰 범위 건물 유형

셀럭터의 값을 변경하면 리덕스 스토어의 'largeBuildingType' 값이 변경됩니다. 'largeBuildingType'을 변경하는 리듀서를 만들고, 셀렉터로 변경된 값을 'largeBuildingType'에 저장하도록 디스패치를 하도록 하겠습니다.

▸ store/registerRoom.ts

```
import { useSelector } from "../../../store";
import { registerRoomActions } from "../../../store/registerRoom";

const RegisterRoomBuilding: React.FC = () => {
  const largeBuildingType = useSelector(
    (state) => state.registerRoom.largeBuildingType
  );

  const dispatch = useDispatch();
```

```
//* 큰 범위 건물 유형 변경 시
const onChangeLargeBuildingType = (
  event: React.ChangeEvent<HTMLSelectElement>
) => {
  dispatch(registerRoomActions.setLargeBuildingType(event.target.value));
};

...

    <div className="register-room-building-selector-wrapper">
      <Selector
        type="register"
        value={largeBuildingType || undefined}
        defaultValue="하나를 선택해주세요."
        disabledOptions={disabledlargeBuildingTypeOptions}
        label="우선 범위를 좁혀볼까요?"
        options={largeBuildingTypeList}
        onChange={onChangeLargeBuildingType}
      />
    </div>
```

첫 번째 셀렉터는 두 번째 셀렉터의 옵션들을 변경하는 데 사용됩니다.

이를 위해선 큰 범주에 해당하는 옵션들이 만들어져야 합니다. 각 건물 유형별 옵션 리스트를 정적 데이터를 'lib/staticData.ts' 에 저장하여 불러오도록 하겠습니다.

▸ **lib/staticData.ts**

```
//* 아파트 건물 유형
export const apartmentBuildingTypeList = [
  "아파트",
  "공동주택",
  "별채",
  "카사 파르티쿨라르(쿠바)",
  "로프트",
  "레지던스",
];
```

```
//*주택 건물 유형
export const houstBuildingTypeList = [
  "주택",
  "방갈로",
  "통나무집",
  "카사",
  "파르티쿨라르(쿠바)",
  "살레",
  "전원주택",
  "키클라데스",
  "주택(그리스)",
  "담무소(이탈리아)",
  "돔하우스",
  "땅속의 집",
  "농장 체험 숙박",
  "하우스 보트",
  "오두막",
  "등대",
  "팬션(한국)",
  "마차(영국, 프랑스)",
  "초소형 주택",
  "타운하우스",
  "트룰로(이탈리아)",
  "저택",
];

//* 별채 건물 유형
export const secondaryUnitBuildingTypeList = [
  "게스트용 별채",
  "게스트 스위트",
  "농장 체험 숙박",
];

//* 독특한 숙소 건물 유형
export const uniqueSpaceBuildingTypeList = [
  "헛간",
  "보트",
  "버스",
```

```
  "캠핑카",
  "캠핑장",
  "성",
  "동굴",
  "돔하우스",
  "땅속의 집",
  "농장 체험 숙박",
  "하우스 보트",
  "오두막",
  "이글루",
  "섬",
  "등대",
  "펜션(한국)",
  "비행기",
  "마차(영국, 프랑스)",
  "텐트",
  "초소형 주택",
  "티피",
  "기차",
  "트리하우스",
  "풍차",
  "유르트",
];

//* B&B 건물유형
export const bnbBuildingTypeList = [
  "B&B",
  "카사 파르티쿨라르(쿠바)",
  "농장 체험 숙박",
  "민수 (타이완)",
  "산장",
  "료칸(일본)",
];

//* 부티크 호텔 건물유형
export const boutiquesHotelBuildingTypeList = [
  "부티크 호텔",
  "아파트 호텔",
  "헤리티지 호텔(인도)",
```

```
  "호스텔",
  "호텔",
  "산장",
  "리조트",
  "레지던스",
  "객잔(중국)",
];
```

첫 번째 셀렉터 값이 선택되지 않으면 두 번째 셀렉터는 disabled가 됩니다.

큰 범위의 건물 유형이 선택되었을 때 해당 옵션 리스트를 불러오도록 하겠습니다.

큰 건물 유형이 선택되었을 때 첫 번째 옵션 값이 리덕스 스토어의 'buildingType'으로 저장되도록 하겠습니다. 'buildingType'을 저장하는 리듀서를 먼저 만들도록 하겠습니다.

▶ **store/registerRoom.ts**

```
    //* 건물 유형 변경하기
    setBuildingType(state, action: PayloadAction<string>) {
      if (action.payload === "") {
        state.buildingType = null;
      }
      state.buildingType = action.payload;
      return state;
    },
```

▶ **components/register/RegisterRoomBuilding.tsx**

```
  //* 선택된 건물 유형 options
  const detailBuildingOptions = useMemo(() => {
    switch (largeBuildingType) {
      case "아파트": {
        const {
          apartmentBuildingTypeList,
        } = require("../../../lib/staticData");
        dispatch(
```

```
      registerRoomActions.setBuildingType(apartmentBuildingTypeList[0])
    );
    return apartmentBuildingTypeList;
  }
  case "주택": {
    const { houstBuildingTypeList } = require("../../../lib/staticData");
    dispatch(registerRoomActions.setBuildingType(houstBuildingTypeLi
      st[0]));
    return houstBuildingTypeList;
  }
  case "별채": {
    const {
      secondaryUnitBuildingTypeList,
    } = require("../../../lib/staticData");
    dispatch(
      registerRoomActions.setBuildingType(secondaryUnitBuildingTypeLi
      st[0])
    );
    return secondaryUnitBuildingTypeList;
  }
  case "독특한 숙소": {
    const {
      uniqueSpaceBuildingTypeList,
    } = require("../../../lib/staticData");
    dispatch(
      registerRoomActions.setBuildingType(uniqueSpaceBuildingTypeList[0])
    );
    return uniqueSpaceBuildingTypeList;
  }
  case "B&B": {
    const { bnbBuildingTypeList } = require("../../../lib/staticData");
    dispatch(registerRoomActions.setBuildingType(bnbBuildingTypeList[0]));
    return bnbBuildingTypeList;
  }
  case "부티크호텔": {
    const {
      boutiquesHotelBuildingTypeList,
    } = require("../../../lib/staticData");
    dispatch(
      registerRoomActions.setBuildingType(boutiquesHotelBuildingTypeLi
```

```
        st[0])
      );
      return boutiquesHotelBuildingTypeList;
    }
    default:
      return [];
  }
}, [largeBuildingType]);

...

    <div className="register-room-building-selector-wrapper">
      <Selector
        type="register"
        value={undefined}
        disabled={!largeBuildingType}
        label="건물 유형을 선택하세요."
        options={detailBuildingOptions}
      />
    </div>
```

불필요한 정적 데이터를 불러오고 싶지 않아서 함수 내부에서 require를 사용하였습니다. 셀렉터로 선택한 상세 건물 유형 값이 리덕스에 저장되도록 onChange 이벤트와 value 값을 더하도록 하겠습니다.

```
const buildingType = useSelector((state) => state.registerRoom.
buildingType);

//* 상세 건물 유형 변경 시
const onChangeBuildingType = (
  event: React.ChangeEvent<HTMLSelectElement>
) => {
  dispatch(registerRoomActions.setBuildingType(event.target.value));
};

...
```

```
<div className="register-room-building-selector-wrapper">
  <Selector
    type="register"
    value={buildingType || undefined}
    onChange={onChangeBuildingType}
    disabled={!largeBuildingType}
    label="건물 유형을 선택하세요."
    options={detailBuildingOptions}
  />
</div>
```

셀렉터를 이용하여 건물 유형 값을 저장해 보았습니다. 건물 유형을 입력하였다면 다음으로 숙소의 유형과 게스트용인지에 대한 값을 입력하도록 하겠습니다.

11.4 라디오 공통 컴포넌트

숙소의 유형과 게스트용인지에 대한 값은 라디오 버튼을 이용하여 값을 입력받고 있습니다. 이를 위해 라디오 공통 컴포넌트를 만들어보도록 하겠습니다.

라디오 공통 컴포넌트는 다음과 같은 디자인 패턴을 가지고 있습니다.

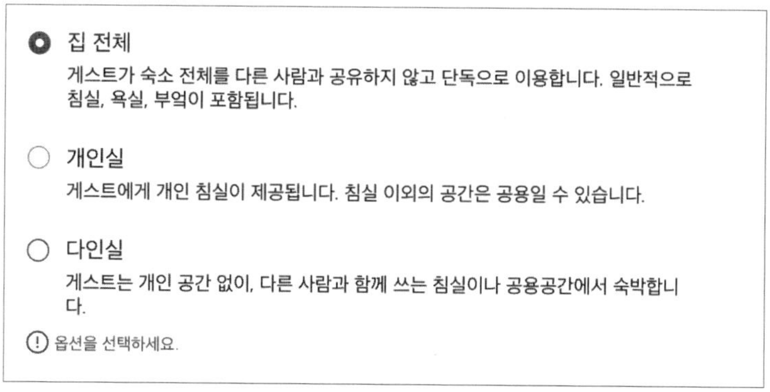

집 전체
게스트가 숙소 전체를 다른 사람과 공유하지 않고 단독으로 이용합니다. 일반적으로 침실, 욕실, 부엌이 포함됩니다.

개인실
게스트에게 개인 침실이 제공됩니다. 침실 이외의 공간은 공용일 수 있습니다.

다인실
게스트는 개인 공간 없이, 다른 사람과 함께 쓰는 침실이나 공용공간에서 숙박합니다.

옵션을 선택하세요.

[그림 11-5] 라디오 공통 컴포넌트 디자인 패턴

라디오 컴포넌트는 1개의 라디오 값을 가진 것을 의미하기에, 'RadioGroup'이라는 이름으로 만들겠습니다.

1개의 라디오 옵션 값은 label, value, description을 가지고 있습니다. description은 필수가 아닙니다. 그리고 추가적으로 validation을 위한 값을 props로 전달받습니다.

라디오 컴포넌트는 1개의 값만 선택할 수 있습니다. 따라서 props로 받은 value의 값이 일치하는 라디오 컴포넌트만 활성화하도록 하겠습니다.

▸ **components/common/RadioGroup.tsx**

```
/* eslint-disable indent */
import React from "react";
import styled, { css } from "styled-components";
import palette from "../../styles/palette";
import { useSelector } from "../../store";
import WarningIcon from "../../public/static/svg/common/warning.svg";

const Container = styled.div<{ isValid: boolean; validateMode: boolean }>`
  .radio-label {
    font-size: 16px;
    font-weight: 600;
    color: ${palette.gray_76};
    margin-bottom: 32px;
  }
  .radio-list-wrapper {
    &:after {
      display: block;
      content: "";
      clear: both;
    }
  }
  label {
    float: left;
    margin-bottom: 24px;
    font-size: 16px;
    line-height: 1.2;
```

```
    cursor: pointer;
    clear: both;

    &:last-child {
      margin-bottom: 0;
    }
  }

  input[type="radio"] {
    width: 16px;
    height: 16px;
    margin: 0;
    position: relative;
    margin: 0;
    margin-right: 12px;
    flex-shrink: 0;
    font-size: 16px;
    -webkit-appearance: none;
    border: 1px solid ${palette.gray_b0};
    border-radius: 50%;
    outline: none;
    cursor: pointer;

    ${({ validateMode, isValid }) => {
      if (validateMode) {
        if (!isValid) {
          return css`
            border-color: ${palette.tawny};
            background-color: ${palette.snow};
          `;
        }
        return css`
          border-color: ${palette.dark_cyan};
        `;
      }
      return undefined;
    }}
  }
```

```
input[type="radio"]:checked {
  background-color: ${palette.dark_cyan};
  border: 0;
}
input[type="radio"]:checked:after {
  content: "";
  width: 6px;
  height: 6px;
  margin: auto;
  position: absolute;
  top: 0;
  left: 0;
  right: 0;
  bottom: 0;
  background-color: white;
  border-radius: 50%;
  display: block;
}

.radio-description {
  display: block;
  margin-top: 5px;
  margin-left: 28px;
}

.radio-group-warning {
  margin-top: 8px;
  display: flex;
  align-items: center;

  svg {
    margin-right: 4px;
  }
  p {
    font-size: 12px;
    color: ${palette.davidson_orange};
  }
}
`;
```

```
interface IProps extends React.InputHTMLAttributes<HTMLInputElement> {
  label?: string;
  value?: any;
  onChange?: (value: any) => void;
  options?: { label: string; value: any; description?: string }[];
  isValid?: boolean;
  errorMessage?: string;
}

const RadioGroup: React.FC<IProps> = ({
  label,
  value,
  options = [],
  onChange,
  isValid,
  errorMessage = "옵션을 선택하세요",
}) => {
  const validateMode = useSelector((state) => state.common.validateMode);

  return (
    <Container isValid={!!isValid} validateMode={validateMode}>
      <p className="radio-label">{label}</p>
      <div className="radio-list-wrapper">
        {options.map((option, index) => (
          <label key={index}>
            <input
              type="radio"
              checked={value === option.value}
              onChange={() => onChange && onChange(option.value)}
            />
            <span>
              {option.label}
              <span className="radio-description">{option.description}</
              span>
            </span>
          </label>
        ))}
      </div>
```

```
      {validateMode && !isValid && (
        <div className="radio-group-warning">
          <WarningIcon />
          <p>{errorMessage}</p>
        </div>
      )}
    </Container>
  );
};

export default React.memo(RadioGroup);
```

11.5 숙소 유형 라디오 컴포넌트

숙소 유형 라디오 컴포넌트 건물 유형의 값이 있을 때에만 나타납니다.

집 전체의 value는 'entire', 개인실은 'private', 다인실은 'public'으로 정하여 사용하겠습니다.

▸ **components/register/RegisterRoomBuilding.tsx**

```
import RadioGroup from "../common/RadioGroup";

  .register-room-room-type-radio {
    max-width: 485px;
    margin-bottom: 50px;
  }

//* 숙소 유형 radio options
const roomTypeRadioOptions = [
  {
    label: "집 전체",
    value: "entire",
    description:
```

```
      "게스트가 숙소 전체를 다른 사람과 공유하지 않고 단독으로 이용합니다. 일반적으로 침실, 욕실, 
      부엌이 포함됩니다.",
  },
  {
    label: "개인실",
    value: "private",
    description:
      "게스트에게 개인 침실이 제공됩니다. 침실 이외의 공간은 공용일 수 있습니다.",
  },
  {
    label: "다인실",
    value: "public",
    description:
      "게스트는 개인 공간 없이, 다른 사람과 함께 쓰는 침실이나 공용공간에서 숙박합니다.",
  },
];

const RegisterRoomBuilding: React.FC = () => {

...

      {buildingType && (
        <div className="register-room-room-type-radio">
          <RadioGroup
            label="게스트가 묵게 될 숙소 유형을 골라주세요."
            value={undefined}
            options={roomTypeRadioOptions}
          />
        </div>
      )}
    </Container>
```

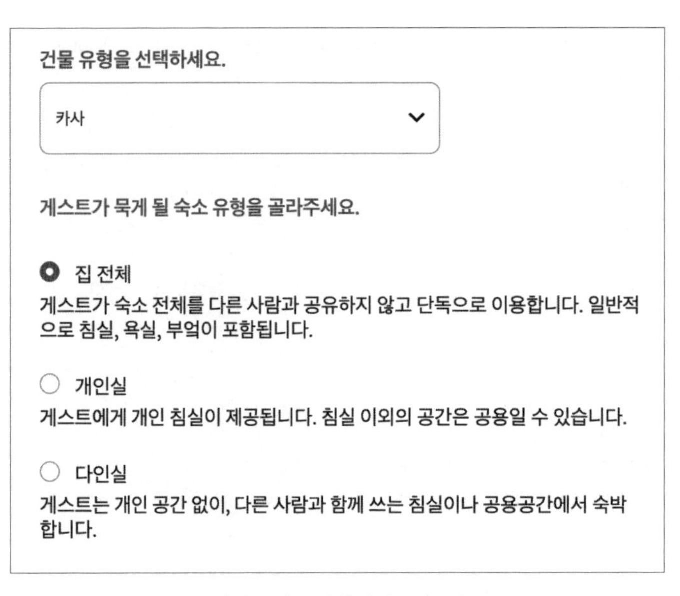

[그림 11-6] 숙소 유형 라디오 컴포넌트

숙소 유형을 저장할 수 있게 리듀서를 만들도록 하겠습니다.

```
//* 숙소 유형 변경하기
setRoomType(state, action: PayloadAction<"entire" | "private" |
"public">) {
  state.roomType = action.payload;
  return state;
},
```

라디오 컴포넌트의 값을 변경하면 리덕스 스토어의 'roomType'에 값을 저장하도록 하겠습니다.

```
const roomType = useSelector((state) => state.registerRoom.roomType);

//* 숙소 유형 변경시
const onChangeRoomType = (event: React.ChangeEvent<HTMLInputElement>) => {
  const selected = event.target.value;
  dispatch(
```

```
    registerRoomActions.setRoomType(
      selected as "entire" | "private" | "public"
    )
  );
};

...

        <RadioGroup
          label="게스트가 묵게 될 숙소 유형을 골라주세요."
          value={roomType}
          options={roomTypeRadioOptions}
          onChange={onChangeRoomType}
        />
```

라디오 컴포넌트를 클릭해 보면 다음 그림과 같이 값이 변경되어 선택된 것을 확인할 수 있습니다.

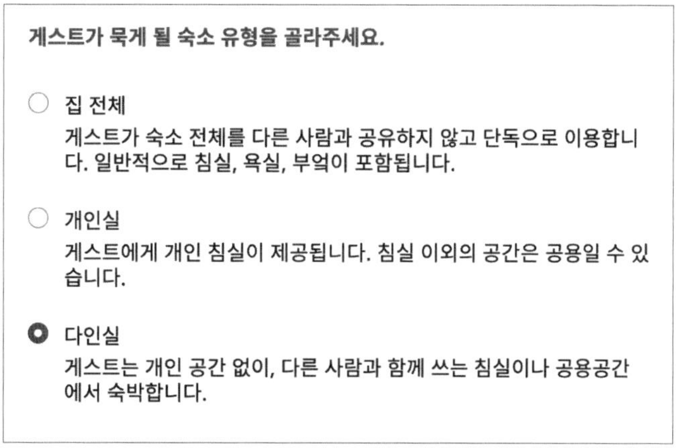

게스트가 묵게 될 숙소 유형을 골라주세요.

○ 집 전체
게스트가 숙소 전체를 다른 사람과 공유하지 않고 단독으로 이용합니다. 일반적으로 침실, 욕실, 부엌이 포함됩니다.

○ 개인실
게스트에게 개인 침실이 제공됩니다. 침실 이외의 공간은 공용일 수 있습니다.

◉ 다인실
게스트는 개인 공간 없이, 다른 사람과 함께 쓰는 침실이나 공용공간에서 숙박합니다.

[그림 11-7] 완성된 숙소 유형 라디오 컴포넌트

이어서 게스트만을 위해 만들어진 숙소인지 선택하는 라디오를 라디오 컴포넌트를 이용하여 간단하게 만들도록 하겠습니다.

건물 유형의 값이 있을 때만 나타납니다. 앞에서 만든 숙소 유형 라디오 컴포넌트와 Fragment로 묶어주도록 하겠습니다.

값으로 boolean과 null을 사용하도록 하겠습니다.

▶ **store/registerRoom.ts**

```
    //* '게스트용 숙소인지' 변경하기
    setIsSetUpForGuest(state, action: PayloadAction<boolean>) {
      state.isSetUpForGuest = action.payload;
      return state;
    },
```

▶ **components/register/RegisterRoomBuilding.tsx**

```
  .register-room-is-setup-for-guest-radio {
    margin-bottom: 50px;
  }

  ...

//* 게스트만 사용하도록 만들어진 숙소인지 라디오 options
const isSetUpForGuestOptions = [
  {
    label: "예, 게스트용으로 따로 마련된 숙소입니다.",
    value: true,
  },
  {
    label: "아니요, 제 개인 물건이 숙소에 있습니다.",
    value: false,
  },
];

  ...

  //* 게스트용 숙소인지 변경 시
  const onChangeIsSetUpForGuest = (value: any) => {
    dispatch(registerRoomActions.setIsSetUpForGuest(value));
```

```
};

...

        <div className="register-room-is-setup-for-guest-radio">
          <RadioGroup
            label="게스트만 사용하도록 만들어진 숙소인가요?"
            value={isSetUpForGuest}
            onChange={onChangeIsSetUpForGuest}
            options={isSetUpForGuestOptions}
          />
        </div>
      </>
```

게스트만 사용하도록 만들어진 숙소인가요?

◉ 예. 게스트용으로 따로 마련된 숙소입니다.

○ 아니요. 제 개인 물건이 숙소에 있습니다.

[그림 11-8] 게스트용 숙소인지 선택하는 라디오 컴포넌트

숙소 등록하기 1단계에 값을 입력하기 위한 모든 컴포넌트를 만들었습니다. 하단에는 다음 단계로 넘어갈 수 있는 푸터가 있습니다. 이 푸터는 모든 단계에서 공통적으로 사용되는 UI를 가지고 있습니다. 따라서 공통 컴포넌트로 만들어서 사용하도록 하겠습니다.

11.6 숙소 등록하기 공통 푸터

숙소 등록하기 푸터는 뒤로가기 버튼을 클릭하면 전 단계로, 다음을 누르면 다음 단계로 이동합니다. 뒤로가기 버튼을 클릭 시 이동하는 경로를 prevHref로, 다음 단계의

경로를 nextHref로 props로 받아서 사용하도록 하겠습니다.

해당 단계에서 필요한 값들이 채워져 있지 않으면 다음으로 이동할 수 없습니다. 다음 단계로 이동할 수 있는지 여부를 isValid라는 값으로 전달받고 기본값을 true로 하겠습니다.

푸터는 항상 하단에 고정되어 있습니다.

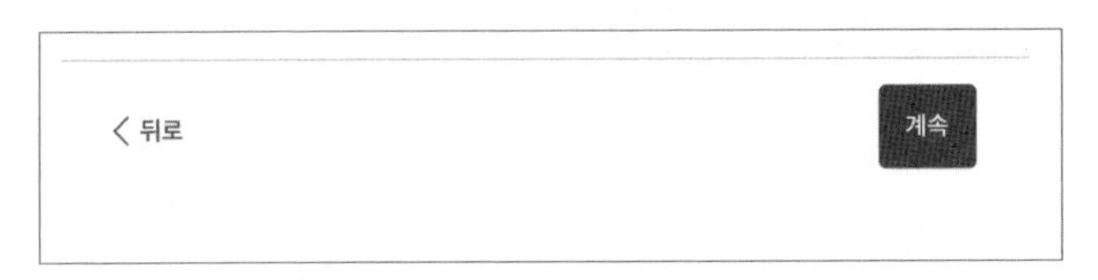

[그림 11-9] 숙소 등록하기 푸터 디자인

▶ **components/register/RegisterRoomFooter.tsx**

```
import React from "react";
import styled from "styled-components";
import Link from "next/link";
import BackArrowIcon from "../../../public/static/svg/register/register_
room_footer_back_arrow.svg";
import Button from "../../common/Button";
import palette from "../../../styles/palette";

const Container = styled.footer`
  position: fixed;
  bottom: 0;
  display: flex;
  justify-content: space-between;
  align-items: center;
  width: 548px;
  height: 82px;
  padding: 14px 30px 20px;
  background-color: white;
  z-index: 10;
  border-top: 1px solid ${palette.gray_dd};
```

```
  .register-room-footer-back {
    display: flex;
    align-items: center;
    color: ${palette.dark_cyan};
    cursor: pointer;
    svg {
      margin-right: 8px;
    }
  }
`;

interface IProps {
  prevHref?: string;
  nextHref?: string;
  isValid?: boolean;
}

const RegisterRoomFooter: React.FC<IProps> = ({ prevHref, nextHref }) => {
  const onClickNext = (
    event: React.MouseEvent<HTMLButtonElement, MouseEvent>
  ) => {};

  return (
    <Container>
      <Link href={prevHref || ""}>
        <a className="register-room-footer-back">
          <BackArrowIcon />
          뒤로
        </a>
      </Link>
      <Link href={nextHref || ""}>
        <a>
          <Button color="dark_cyan" onClick={onClickNext}>
            계속
          </Button>
        </a>
      </Link>
    </Container>
```

```
  );
};

export default RegisterRoomFooter;
```

버튼에 color라는 속성을 주었습니다. 버튼에 초록색의 값을 주기 위해 공통 버튼 컴포넌트에 색상을 변경할 수 있도록 수정하겠습니다.

▸ **components/common/Button.tsx**

```
import React from "react";
import styled, { css } from "styled-components";
import palette from "../../styles/palette";

//* 버튼 색상 구하기
const getButtonColor = (color: string) => {
  switch (color) {
    case "dark_cyan":
      return css`
        background-color: ${palette.dark_cyan};
      `;
    default:
      return css`
        background-color: ${palette.bittersweet};
      `;
  }
};

const Container = styled.button`
  width: 100%;
  height: 48px;
  padding: 0 15px;
  border: 0;
  border-radius: 4px;
  background-color: ${palette.bittersweet};
  color: white;
  font-size: 16px;
  font-weight: 800;
```

```
  outline: none;
  cursor: pointer;
  ${(props) => getButtonColor(props.color || "")}
`;

interface IProps extends React.ButtonHTMLAttributes<HTMLButtonElement> {
  children: React.ReactNode;
  color?: "dark_cyan";
}

const Button: React.FC<IProps> = ({ children, color, ...props }) => {
  return (
    <Container {...props} color={color}>
      {children}
    </Container>
  );
};

export default React.memo(Button);
```

switch문을 이용하여 버튼의 색상을 주었습니다. 후에 색상이 추가된다면 switch문에 추가하여 버튼에 다른 색상을 적용할 수 있게 됩니다.

푸터의 '계속'을 클릭하였을 때 해당 단계의 값들이 유효하지 않다면, 다음 단계의 이동을 막고 validateMode를 켜서 값들의 validation을 할 수 있도록 하겠습니다.

▶ **components/room/register/RegisterRoomFooter.tsx**

```
const RegisterRoomFooter: React.FC<IProps> = ({
  prevHref,
  nextHref,
  isValid = true,
}) => {
  const { setValidateMode } = useValidateMode();

  useEffect(() => {
    return () => {
```

```
    setValidateMode(false);
  };
}, []);
//* 계속 버튼 클릭 시
const onClickNext = (
  event: React.MouseEvent<HTMLButtonElement, MouseEvent>
) => {
  if (!isValid) {
    event.preventDefault();
    setValidateMode(true);
  }
};
```

컴포넌트가 언마운트 될 때 validateMode를 false하는 것을 잊지 마세요.

이제 만들어준 푸터를 적용하도록 하겠습니다.

```
import RegisterRoomFooter from "./RegisterRoomFooter";


      ...

      <RegisterRoomFooter
        isValid={false}
        prevHref="/"
        nextHref="/room/register/bedrooms"
      />
    </Container>
```

적용하기 위해선 숙소 등록하기 1단계의 값들이 전부 있는지 밸리데이션이 필요합니다.

11.7 숙소 등록하기 밸리데이션

1단계에서는 largeBuildingType, buildingType, roomType, isSetUpForGuest의 값이 없다면 다음 단계로 진행할 수 없습니다. 각 컴포넌트에 isValid 값을 알맞게 넣고, 푸터의 다음 단계로 진행할 수 있는지 값을 전달하도록 하겠습니다.

다음 단계인 2단계는 침대 등록 페이지로 '/room/register/bedrooms' 의 경로를 가집니다.

▸ **components/register/RegisterRoomBuilding.tsx**

```
const RegisterRoomBuilding: React.FC = () => {

 ...

 //* 모든 값이 있는지 확인하기
  const isValid = useMemo(() => {
    if (!largeBuildingType || !buildingType || !roomType ||
    !isSetUpForGuest===null) {
      return false;
    }
    return true;
  }, [largeBuildingType, buildingType, roomType, isSetUpForGuest]);

 ...

      <div className="register-room-building-selector-wrapper">
        <Selector
          isValid={!!largeBuildingType}
          label="우선 범위를 좁혀볼까요?"

 ...

        <Selector
         isValid={!!buildingType}
          label="건물 유형을 선택하세요."
```

```
...
          <RadioGroup
            isValid={!!roomType}
            label="게스트가 묵게 될 숙소 유형을 골라주세요."

...

          <RadioGroup
            isValid={isSetUpForGuest !== null}
            label="게스트만 사용하도록 만들어진 숙소인가요?"
...

      <RegisterRoomFooter
        isValid={isValid}
        prevHref="/"
        nextHref="/room/register/bedrooms"
      />
    </Container>
  );
};

export default RegisterRoomBuilding;
```

모든 값을 채우지 않고 푸터의 계속 버튼을 클릭하게 되면 validateMode가 켜지고 이동은 막아지게 됩니다. 값을 다 채웠다면 다음 단계로 이동하는 것을 볼 수 있습니다.

숙소 등록하기 2단계 (침대)

숙소 등록하기 2단계는 최대 숙박 인원(maximumGuestCount), 침실 개수(bedroomCount), 침대 개수(bedCount), 침대 유형(bedList), 공용공간 침대 유형(publicBedList) 의 값을 가지게 됩니다. 다음은 숙소 등록하기 2단계의 완성된 모습입니다.

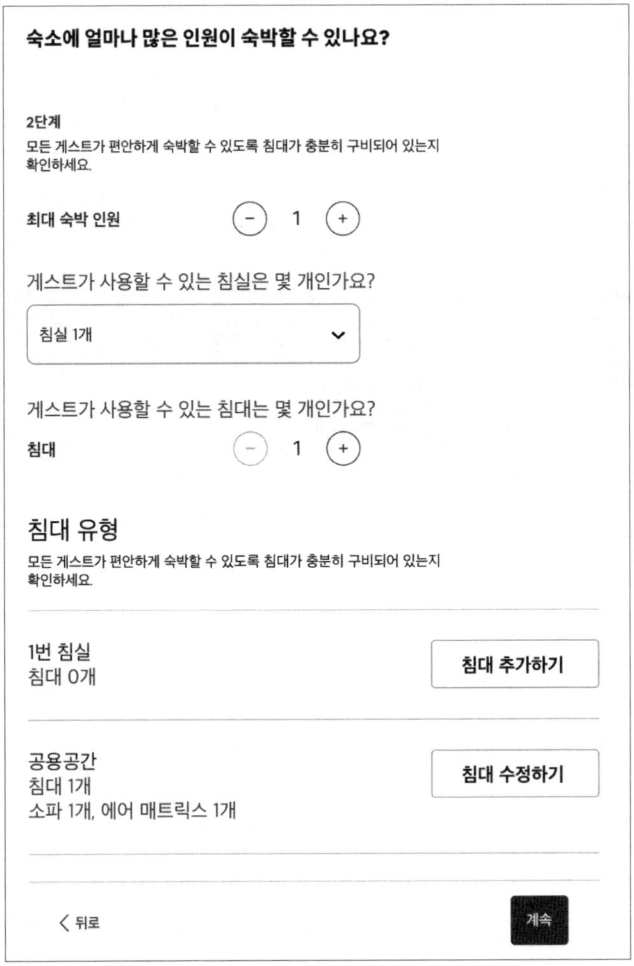

[그림 12-1] 숙소 등록하기 2단계 디자인

완성된 모습에는 공통적으로 사용되는 숫자 카운터가 있습니다. 공통 컴포넌트로 카운터 컴포넌트를 만들 예정입니다. 카운터 컴포넌트를 이용하여 최대 숙박 인원과 침대의 값을 입력하도록 합니다.

앞에서 만들어둔 셀렉터를 이용하여 침실 개수를 변경하고, 침실의 개수만큼 침대 정보들을 넣을 수 있도록 합니다. 이 과정에서 depth가 깊은 객체의 리덕스를 이용하여 간편하게 변경하는 것을 해보도록 하겠습니다.

12.1 숙소 등록하기 2단계 리덕스 설정하기

숙소 등록하기 2단계에 들어가는 값들을 redux 스토어에 값을 추가하는 것부터 시작하도록 하겠습니다.

▶ types/room.d.ts

```
//* 침대 유형
export type BedType =
  | "다른 침대 추가"
  | "소파"
  | "에어 매트릭스"
  | "요와 이불"
  | "싱글"
  | "더블"
  | "퀸"
  | "이층 침대"
  | "바닥용 에어매트릭스"
  | "유아 침대"
  | "유아용 침대"
  | "해먹"
  | "물침대";
```

▶ store/registerRoom.ts

```
import { BedType } from "../types/room";

type RegisterRoomState = {

  ...

  maximumGuestCount: number;
  bedroomCount: number;
  bedCount: number;
  bedList: { id: number; beds: { type: BedType; count: number }[] }[];
  publicBedList: { type: BedType; count: number }[];
}
```

```
//* 초기 상태
const initialState: RegisterRoomState = {

  ...

  //* 최대 숙박 인원
  maximumGuestCount: 1,
  //* 침실 개수
  bedroomCount: 0,
  //* 침대 개수
  bedCount: 1,
  //* 침대 유형
  bedList: [],
  //* 공용공간 침대 유형
  publicBedList: [],
};
```

침대의 유형을 숙소와 관련된 타입을 저장하는 'types/room.d.ts'에 만들어 사용하였습니다. 침실은 침실번호와 여러 침대들의 종류와 개수를 가지게 됩니다.

숙소 등록하기 2단계의 경로는 'pages/room/register/bedrooms.tsx'입니다. 숙소 등록하기 2단계의 상단 부분을 스타일링 하도록 하겠습니다.

이전 단계와 동일한 UI이기에 전 단계의 css를 복사하여 사용하겠습니다. 상단 부분은 중복적으로 만들어져 번거롭겠지만, 추후에 수정이 필요하다면 개별 수정이 가능하게 됩니다.

▶ **pages/room/register/bedrooms.tsx**

```
import React from "react";
import { NextPage } from "next";
import RegisterRoomBedrooms from "../../../components/room/register/
RegisterRoomBedrooms";

const bedrooms: NextPage = () => {
  return <RegisterRoomBedrooms />;
```

```
};

export default bedrooms;
```

▶ components/room/register/RegisterRoomBedrooms.tsx

```
import React from "react";
import styled from "styled-components";
import palette from "../../../styles/palette";

const Container = styled.div`
  padding: 62px 30px 100px;
  h2 {
    font-size: 19px;
    font-weight: 800;
    margin-bottom: 56px;
  }
  h3 {
    font-weight: bold;
    color: ${palette.gray_76};
    margin-bottom: 6px;
  }
  .register-room-step-info {
    font-size: 14px;
    max-width: 400px;
    margin-bottom: 24px;
    max-width: 400px;
    word-break: keep-all;
  }
`;

const RegisterRoomBedrooms: React.FC = () => {
  return (
    <Container>
      <h2>숙소에 얼마나 많은 인원이 숙박할 수 있나요?</h2>
      <h3>2단계</h3>
      <p className="room-register-step-info">
        모든 게스트가 편안하게 숙박할 수 있도록 침대가 충분히 구비되어 있는지
        확인하세요.
```

```
        </p>
      </Container>
    );
};

export default RegisterRoomBedrooms;
```

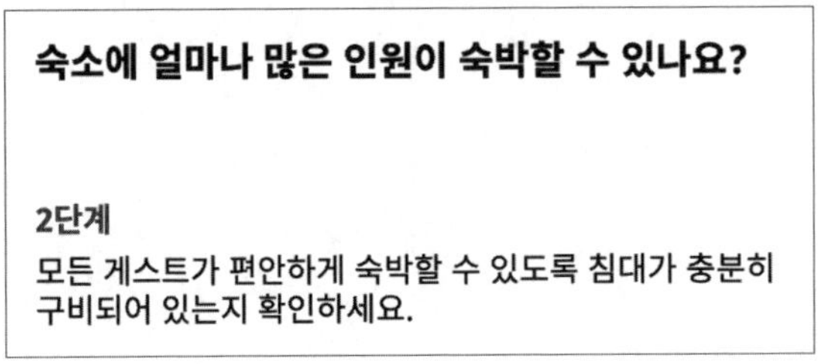

숙소에 얼마나 많은 인원이 숙박할 수 있나요?
2단계
모든 게스트가 편안하게 숙박할 수 있도록 침대가 충분히 구비되어 있는지 확인하세요.

[그림 12-2] 숙소 등록하기 2단계 상단 텍스트

12.2 카운터 공통 컴포넌트 만들기

카운터는 다음과 같은 디자인 패턴을 가지고 있습니다.

1
disabled
opacity 0.3
1
label
최대 숙박 인원
1
욕실
1.5
description
최대 숙박 인원
설명
1

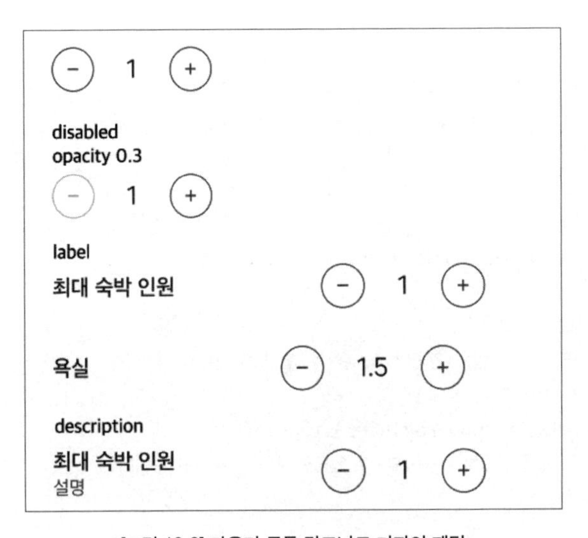

[그림 12-3] 카운터 공통 컴포넌트 디자인 패턴

'-' 버튼을 누르면 숫자가 줄어들고 '+' 버튼을 누르면 값이 늘어나게 됩니다.

최솟값이 있어 그 밑으로는 줄어들게 할 수 없습니다.

레이블을 받을 수 있고, 레이블과 양 끝으로 멀어지게 됩니다.

값은 항상 1씩 증가하는 것이 아니기에, 증가하는 값을 전달받습니다.

값에 대한 설명으로 description 값을 전달받을 수 있습니다.

기본값으로 값은 1, 증가 값은 1, 최솟값을 0으로 하겠습니다.

▶ components/common/Counter.tsx

```
import React from "react";
import styled from "styled-components";
import palette from "../../styles/palette";
import CounterMinusIcon from "../../public/static/svg/common/counter/
counter_minus.svg";
import CounterPlusIcon from "../../public/static/svg/common/counter/counter_
plus.svg";

const Container = styled.div`
  display: flex;
  width: 100%;
  justify-content: space-between;
  align-items: center;
  .counter-label {
    font-size: 16px;
    color: ${palette.gray_48};
    font-weight: 600;
  }
  .counter-description {
    display: block;
    font-size: 14px;
    color: ${palette.gray_71};
  }
  .counter-contents {
```

```
    display: flex;
    justify-content: space-between;
    align-items: center;
    width: 120px;

    button {
      width: 32px;
      height: 32px;
      display: flex;
      justify-content: center;
      align-items: center;
      border-radius: 50%;
      border: 1px solid ${palette.dark_cyan};
      color: ${palette.dark_cyan};
      background-color: white;
      outline: none;
      cursor: pointer;
      font-size: 21px;
      &:disabled {
        opacity: 0.3;
        cursor: not-allowed;
      }
    }
  }
`;

interface IProps {
  label?: string;
  description?: string;
  value?: number;
  minValue?: number;
  increaseNum?: number;
  onChange?: (value: number) => void;
}

const Counter: React.FC<IProps> = ({
  label,
  value = 1,
  minValue = 0,
  increaseNum = 1,
```

```
  onChange,
  description,
}) => {
  return (
    <Container>
      <label className="counter-label">
        {label}
        {description && (
          <span className="counter-description">{description}</span>
        )}
      </label>
      <div className="counter-contents">
        <button
          type="button"
          disabled={value === minValue}
          onClick={() => {
            if (onChange) {
              onChange(value - increaseNum);
            }
          }}
        >
          <CounterMinusIcon />
        </button>
        <p>{value}</p>
        <button
          type="button"
          onClick={() => {
            if (onChange) {
              onChange(value + increaseNum);
            }
          }}
        >
          <CounterPlusIcon />
        </button>
      </div>
    </Container>
  );
};

export default React.memo(Counter);
```

만들어본 카운터를 최대 숙박 인원 값과 사용하도록 해보겠습니다.

▶ store/registerRoom.ts

```
const registerRoom = createSlice({
  name: "registerRoom",
  initialState,
  reducers: {
    //* 최대 숙박 인원 변경하기
    setMaximumGuestCount(state, action: PayloadAction<number>) {
      state.maximumGuestCount = action.payload;
      return state;
    },
```

▶ components/room/register/RegisterRoomBedrooms.tsx

```
import { useDispatch } from "react-redux";
import { useSelector } from "../../store";
import { registerRoomActions } from "../../store/registerRoom";
import Counter from "../common/Counter";

  ...

  .register-room-mamximum-guest-count-wrapper {
    width: 320px;
    margin-top: 24px;
    margin-bottom: 32px;
  }
`;

const RegisterRoomBedrooms: React.FC = () => {
  const maximumGuestCount = useSelector(
    (state) => state.registerRoom.maximumGuestCount
  );

  const dispatch = useDispatch();

  //* 최대 숙박 인원 변경 시
  const onChangeMaximumGuestCount = (value: number) => {
```

```
    dispatch(registerRoomActions.setMaximumGuestCount(value));
  };

  ...

      <div className="register-room-mamximum-guest-count-wrapper">
        <Counter
          label="최대 숙박 인원"
          value={maximumGuestCount}
          onChange={onChangeMaximumGuestCount}
        />
      </div>
```

최대 숙박 인원	− 2 +

[그림 12-4] 최대 숙박 인원 카운터

12.3 공통 컴포넌트를 재사용하기(침실 개수, 침대 개수)

앞에서 만든 셀렉터와 카운터 컴포넌트로 침실 개수와 침대 개수를 변경할 수 있도록 하겠습니다. 침대의 최대 개수는 15개입니다. 이를 정적 데이터로 만들어서 침대 개수 셀렉터의 options으로 사용하도록 하겠습니다.

▸ lib/staticData.ts

```
//* 침실 개수
export const bedroomCountList = Array.from(Array(16), (_, i) => `침실 ${i}개`);
```

셀렉터의 값은 string이고 redux에 저장되는 bedroomCount 값은 number입니다. 셀렉터는 클릭 시 '침실 1개'와 같은 형식으로 값을 주게 됩니다. 따라서 '침실 1개'의 텍스트에서 숫자만 얻도록 하겠습니다.

string에서 number만 빼내는 함수를 만들도록 하겠습니다.

▸ lib/utils.ts

```
//*string에서 number만 return하는 함수
export const getNumber = (string: string) => {
  const numbers = string.match(/\d/g)?.join("");
  if (numbers) {
    return Number(numbers);
  }
  return null;
};
```

getNumber 함수를 이용하여 침실 개수 셀렉터를 완성해 보겠습니다.

▸ store/registerRoom.ts

```
    //* 침실 개수 변경하기
    setBedroomCount(state, action: PayloadAction<number>) {
      state.bedroomCount = action.payload;
      return state;
    },
```

▸ components/room/register/RegisterRoomBedrooms.tsx

```
import { getNumber } from "../../lib/utils";
import Selector from "../common/selector/Selector";
import { getNumber } from "../../lib/utils";
import { bedroomCountList } from "../../lib/staticData";

  ...

  .register-room-bedroom-count-wrapper {
    width: 320px;
    margin-bottom: 32px;
  }

  ...
```

```
const RegisterRoomBedrooms: React.FC = () => {
  const bedroomCount = useSelector((state) => state.registerRoom.bedroomCount);

  //* 침실 개수 변경 시
  const onChangeBedroomCount = (event: React.ChangeEvent<HTMLSelectElement>) =>
    dispatch(
      registerRoomActions.setBedroomCount(getNumber(event.target.value) || 0)
    );

  ...

      <div className="register-room-bedroom-count-wrapper">
        <Selector
          type="register"
          value={`침실 ${bedroomCount}개`}
          onChange={onChangeBedroomCount}
          label="게스트가 사용할 수 있는 침실은 몇 개인가요?"
          options={bedroomCountList}
        />
      </div>
```

이어서 침대 개수 카운터를 만들도록 하겠습니다.

▸ store/registerRoom.ts

```
    //* 최대 침대 개수 변경하기
    setBedCount(state, action: PayloadAction<number>) {
      state.bedCount = action.payload;
      return state;
    },
```

▸ components/room/register/RegisterRoomBedrooms.tsx

```
  .register-room-bed-count-wrapper {
    width: 320px;
    margin-bottom: 57px;
  }
```

```
...

const RegisterRoomBedrooms: React.FC = () => {
  const bedCount = useSelector((state) => state.registerRoom.bedCount);

  //* 침대 개수 변경 시
  const onChangeBedCount = (value: number) =>
    dispatch(registerRoomActions.setBedCount(value));

...

      <div className="register-room-bed-count-wrapper">
        <Counter label="침대" value={bedCount} onChange={onChangeBedCount} />
      </div>
```

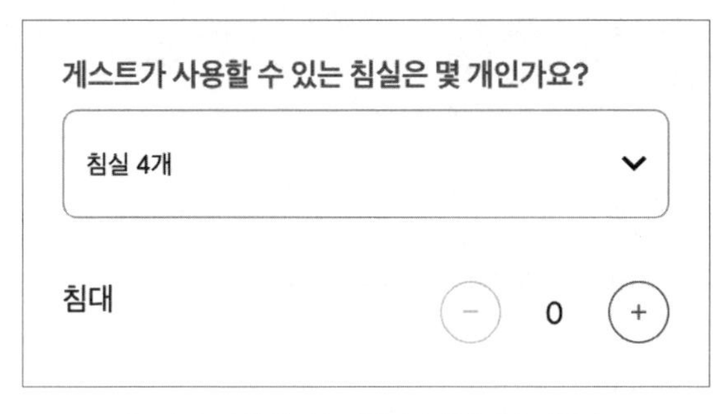

[그림 12-5] 침실 개수 셀렉터와 침대 개수 카운터

공통 컴포넌트가 있으니 몇 줄 추가하는 것으로 빠르게 컴포넌트를 만들 수 있게 되었습니다.

12.4 침대 유형 변경하기

침대 유형은 다음과 같은 구조로 설계되어 있습니다.

```
{
  bedList: [
    { id : 1, beds: [{type: "소파", count: 1}]},
    { id : 2, beds: [{type: "더블", count: 2},{type:"싱글", count: 1},
    { id : 3, beds: [{type: "에어 매트릭스", count: 1}]
  ],
  publicBedList : [{type:"요와 이불", count: 1}]
}
```

침실 개수를 변경하면 bedList에 침실 개수만큼의 {id,beds}가 만들어져야 합니다. 우선 이것을 만들도록 하겠습니다.

▶ store/registerRoom.ts

```
  //* 침실 개수 변경하기
  setBedroomCount(state, action: PayloadAction<number>) {
    const bedroomCount = action.payload;

    state.bedroomCount = bedroomCount;
    state.bedList = Array.from(Array(bedroomCount), (_, index) => ({
      id: index + 1,
      beds: [],
    }));

    return state;
  },
```

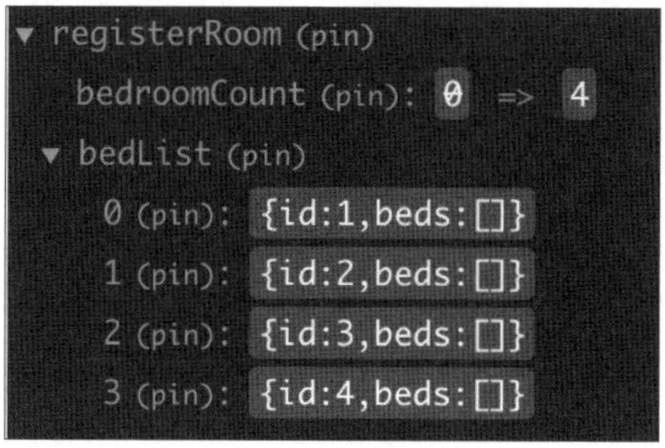

▼ registerRoom (pin)
bedroomCount (pin): 0 => 4
▼ bedList (pin)
0 (pin): {id:1,beds:[]}
1 (pin): {id:2,beds:[]}
2 (pin): {id:3,beds:[]}
3 (pin): {id:4,beds:[]}

[그림 12-6] 침실 개수만큼 침실 값 만들기

침실의 개수만큼 비어 있는 beds를 만들었습니다. 하지만 앞의 방법은 사실 사용 가능한 코드가 아닙니다. 왜냐하면, 침실의 유형 값이 있을 때 침실 개수를 변경하게 된다면 침실의 값이 없어지고 빈 배열로 바뀌게 될 것이기 때문입니다. 그래서 그러한 점을 고려하여 침실의 개수가 늘어나면 기존의 침실에 빈 침실을 더하는 방식으로 만들겠습니다.

```
//* 침실 개수 변경하기
setBedroomCount(state, action: PayloadAction<number>) {
  const bedroomCount = action.payload;
  let { bedList } = state;

  state.bedroomCount = bedroomCount;

  if (bedroomCount < bedList.length) {
    //* 기존 침대 개수가 더 많으면 초과 부분 잘라내기
    bedList = state.bedList.slice(0, bedroomCount);
  } else {
    //* 변경될 침대 개수가 더 많으면 나머지 침실 채우기
    for (let i = bedList.length + 1; i < bedroomCount + 1; i += 1) {
      bedList.push({ id: i, beds: [] });
    }
  }

  state.bedList = bedList;

  return state;
},
```

침실의 개수를 늘리고 줄일 수 있게 되었으니 이를 가지고 침대 유형의 침실 리스트를 만들어보도록 하겠습니다.

▶ **components/room/register/RegisterRoomBedrooms.tsx**

```
.register-room-bed-type-info {
  margin-top: 6px;
```

```
    margin-bottom: 20px;
    max-width: 400px;
    word-break: keep-all;
  }

  ...

      <h4>침대 유형</h4>
      <p className="register-room-bed-type-info">
        각 침실에 놓인 침대 유형을 명시하면 숙소에 침대가 어떻게 구비되어 있는지 게스트가
        잘 파악할 수 있습니다.
      </p>
```

'침대 추가하기' 버튼은 기존과 다른 스타일을 가지고 있습니다. 따라서 셀렉터와 동일하게 숙소 등록하기에서 사용하는 스타일을 새로 만들도록 하겠습니다.

▶ components/common/Button.tsx

```
import React from "react";
import styled, { css } from "styled-components";
import palette from "../../styles/palette";

//* 버튼 색상 구하기
const getButtonColor = (color: string) => {
  switch (color) {
    case "dark_cyan":
      return css`
        background-color: ${palette.dark_cyan};
      `;
    case "white":
      return css`
        background-color: white;
      `;
    default:
      return css`
        background-color: ${palette.bittersweet};
      `;
  }
```

```
};

const normalButtonStyle = css`
  width: 100%;
  height: 48px;
  padding: 0 15px;
  border: 0;
  border-radius: 4px;
  background-color: ${palette.bittersweet};
  color: white;
  font-size: 16px;
  font-weight: 800;
  outline: none;
  cursor: pointer;
`;

const RegisterButtonStyle = css`
  width: 161px;
  height: 45px;
  border: 1px solid ${palette.gray_c4};
  background-color: white;
  border-radius: 4px;
  color: ${palette.gray_48};
  font-size: 18px;
  font-weight: 700;
  outline: none;
  cursor: pointer;
`;

const Container = styled.button<{ styleType: "normal" | "register" }>`
  ${({ styleType }) =>
    styleType === "register" ? RegisterButtonStyle : normalButtonStyle}
  ${(props) => getButtonColor(props.color || "")}
`;

interface IProps extends React.ButtonHTMLAttributes<HTMLButtonElement> {
  children: React.ReactNode;
  color?: "dark_cyan" | "white";
  styleType?: "normal" | "register";
```

```
}

const Button: React.FC<IProps> = ({
  children,
  color,
  styleType = "normal",
  ...props
}) => {
  return (
    <Container {...props} color={color} styleType={styleType}>
      {children}
    </Container>
  );
};

export default React.memo(Button);
```

공통 버튼 컴포넌트를 사용하여 침실 리스트를 만들도록 하겠습니다.

```
  .register-room-bed-type-list-wrapper {
    width: 548px;
  }

  .register-room-bedroom {
    width: 100%;
    padding: 28px 0;
    border-top: 1px solid ${palette.gray_dd};
    &:last-child {
      border-bottom: 1px solid ${palette.gray_dd};
    }
  }
  .register-room-bed-type-top {
    display: flex;
    justify-content: space-between;
    align-items: center;
  }
  .register-room-bed-type-bedroom-texts {
```

```
  margin-bottom: 28px;
}
.register-room-bed-type-bedroom {
  font-size: 19px;
  color: ${palette.gray_48};
}

...

const bedList = useSelector((state) => state.registerRoom.bedList);

...

    <div className="register-room-bed-type-list-wrapper">
      {bedList.map((bedroom) => (
        <div className="register-room-bedroom">
          <div className="register-room-bed-type-top">
            <div className="register-room-bed-type-bedroom-texts"s>
              <p className="register-room-bed-type-bedroom">
                {bedroom.id}번 침실
              </p>
              <p className="register-room-bed-type-bedroom-counts">
                침대 0개
              </p>
            </div>
            <Button styleType="register" color="white">
              침대 추가하기
            </Button>
          </div>
        </div>
      ))}
    </div>
```

[그림 12-7] 침실별 침대 유형 리스트

침대 추가하기를 누르면 셀렉터가 나타나고, '완료'로 텍스트가 변경됩니다.

셀렉터는 침대 유형들을 가지고 있고 셀렉터의 값을 선택하면 셀렉터 위로 해당 침대 유형의 카운터가 생성됩니다. 그리고 침대들의 개수를 나타내는 텍스트가 나타납니다.

선택한 침대 유형은 셀렉터 항목에서 제외됩니다.

'완료'를 클릭하면 셀렉터와 카운터가 사라지고 '침대 수정하기'로 텍스트가 변경됩니다.

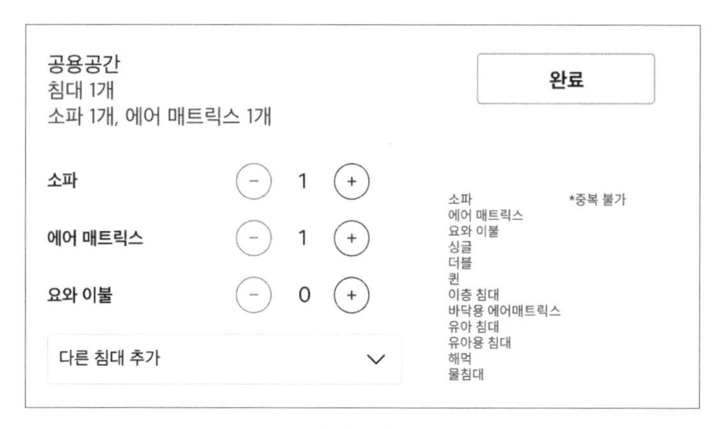

[그림 12-8] 침실의 침대 유형 디자인

침대 추가하기 버튼으로 열고 닫는 것과 버튼의 텍스트를 변경하는 것부터 하겠습니다. 침대 추가를 열고 닫는 것과 침대 개수의 총합을 구하도록 하겠습니다. 침실 추가하기를 클릭할 때 해당 침실에 관련된 부분만 리렌더링 되도록 침실을 'RegisterRoomBedTypes' 컴포넌트로 만들겠습니다.

▶ **components/room/register/RegisterRoomBedTypes.tsx**

```
import React, { useMemo, useState } from "react";
import styled from "styled-components";
import palette from "../../../styles/palette";
import { BedType } from "../../../types/room";
import Button from "../../common/Button";
import Selector from "../../common/Selector";

const Container = styled.li`
  width: 100%;
  padding: 28px 0;
  border-top: 1px solid ${palette.gray_dd};
  &:last-child {
    border-bottom: 1px solid ${palette.gray_dd};
  }

  .register-room-bed-type-top {
    display: flex;
    justify-content: space-between;
    align-items: center;
  }
  .register-room-bed-type-bedroom {
    font-size: 19px;
    color: ${palette.gray_48};
  }
  .register-room-bed-type-selector-wrapper {
    width: 320px;
  }
`;

interface IProps {
  bedroom: { id: number; beds: { type: BedType; count: number }[] };
```

```
}

const RegisterRoomBedTypes: React.FC<IProps> = ({ bedroom }) => {
  const [opened, setOpened] = useState(false);

  //* 침대 개수 총합
  const totalBedsCount = useMemo(() => {
    let total = 0;
    bedroom.beds.forEach((bed) => {
      total += bed.count;
    });
    return total;
  }, [bedroom]);

  //* 침실 유형 열고 닫기
  const toggleOpened = () => setOpened(!opened);

  return (
    <Container>
      <div className="register-room-bed-type-top">
        <div className="register-room-bed-type-bedroom-texts">
          <p className="register-room-bed-type-bedroom">{bedroom.id}번 침실</p>
          <p className="register-room-bed-type-bedroom-counts">
            침대 {totalBedsCount}개
          </p>
        </div>
        <Button onClick={toggleOpened} styleType="register" color="white">
          {opened && "완료"}
          {!opened &&
            (totalBedsCount === 0 ? "침대 추가하기" : "침대 수정하기")}
        </Button>
      </div>
      {opened && (
        <div className="register-room-bed-type-selector-wrapper">
          <Selector
            type="register"
            defaultValue="다른 침대 추가"
            value="다른 침대 추가"
            disabledOptions={["다른 침대 추가"]}
```

```
          />
        </div>
      )}
    </Container>
  );
};

export default RegisterRoomBedTypes;
```

▸ **components/room/register/RegisterRoomBedrooms.tsx**

```
import RegisterRoomBedTypes from "./RegisterRoomBedTypes";

    ...

      <ul className="register-room-bed-type-list-wrapper">
        {bedList.map((bedroom) => (
          <RegisterRoomBedTypes bedroom={bedroom} />
        ))}
      </ul>
```

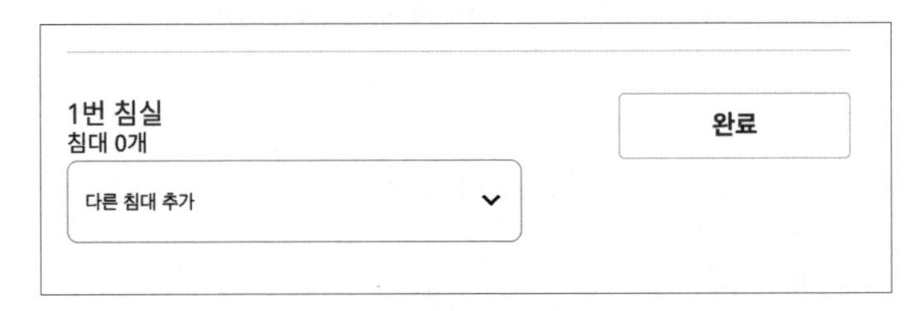

[그림 12-9] 침실의 침대 유형 버튼

다음으로 셀렉터의 값이 중복되지 않게 선택할 수 있도록 하면서, 선택된 침대 항목의 카운터를 추가하도록 하겠습니다. 정적 데이터로 침대 유형들의 배열인 bedTypes를 만들고, 선택된 침대 옵션들을 가지는 activedBedOptions를 만들어 bedTypes에서 active된 침대 유형을 filter를 이용하여 없애도록 합니다.

▶ lib/staticData.ts

```
//* 침대 유형
export const bedTypes: BedType[] = [
  "소파",
  "에어 매트릭스",
  "요와 이불",
  "싱글",
  "더블",
  "퀸",
  "이층 침대",
  "바닥용 에어매트릭스",
  "유아 침대",
  "유아용 침대",
  "해먹",
  "물침대",
];
```

▶ components/room/register/RegisterRoomBedTypes.tsx

```
  //* 선택된 침대 옵션들
  const [activedBedOptions, setActivedBedOptions] = useState<BedType[]>([]);

  //* 남은 침대 옵션들
  const lastBedOptions = useMemo(() => {
    return bedTypes.filter((bedType) => !activedBedOptions.
    includes(bedType));
  }, [activedBedOptions, bedroom]);

  console.log(activedBedOptions);

            <Selector
              type="register"
              options={lastBedOptions}
              defaultValue="다른 침대 추가"
              value="다른 침대 추가"
              disabledOptions={["다른 침대 추가"]}
              useValidation={false}
              onChange={(e) =>
```

```
            setActivedBedOptions([
              ...activedBedOptions,
              e.target.value as BedType,
            ])
          }
        />
```

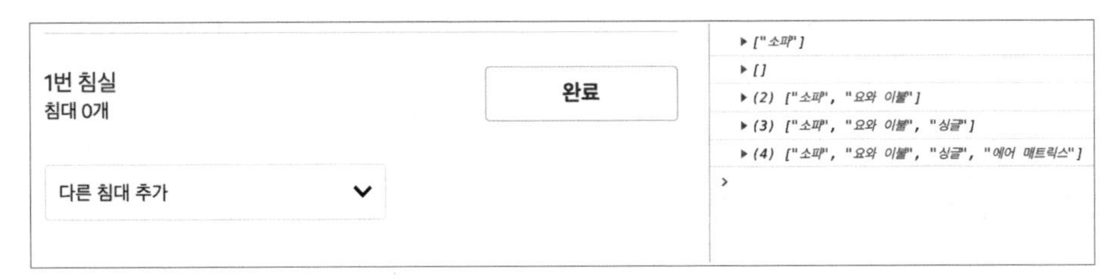

[그림 12-10] 중복 없이 활성화된 침대 유형 배열 구하기

활성화된 침대 유형마다 카운터를 만들도록 하겠습니다.

```
 .register-room-bed-type-counters {
    width: 320px;
    margin-top: 28px;
  }
  .register-room-bed-type-counter {
    width: 290px;
    margin-bottom: 18px;
  }


{opened && (
        <div className="register-room-bed-type-counters">
          {activedBedOptions.map((type) => (
            <div className="register-room-bed-type-counter" key={type}>
              <Counter
                label={type}
                value={
                  bedroom.beds.find((bed) => bed.type === type)?.count || 0
                }
```

```
          key={type}
          onChange={(value) =>
            dispatch(
              registerRoomActions.setBedTypeCount({
                bedroomId: bedroom.id,
                type,
                count: value,
              })
            )
          }
        />
      </div>
    ))}
    <Selector
```

[그림 12-11] 활성화된 침대 유형마다 카운터 만들기

이제 카운터로 변경된 값을 리덕스 스토어에 저장하도록 하겠습니다. 처음 침실의 값이 다음과 같이 저장되어 있습니다.

```
{id:1, beds: []}
```

이미 추가된 항목이 있다면 count를 늘려주고, 없다면 배열에 넣어야 합니다.

▶ store/registerRoom.ts

```
    //* 침대 유형 개수 변경하기
    setBedTypeCount(
      state,
      action: PayloadAction<{ bedroomId: number; type: BedType; count:
      number }>
    ) {
      const { bedroomId, type, count } = action.payload;
      const bedroom = state.bedList[bedroomId - 1];
      const prevBeds = bedroom.beds;
      const index = prevBeds.findIndex((bed) => bed.type === type);
      if (index === -1) {
        //* 타입이 없다면
        state.bedList[bedroomId - 1].beds = [...prevBeds, { type, count }];
        return state;
      }
      //* 타입이 존재한다면
      if (count === 0) {
        state.bedList[bedroomId - 1].beds.splice(index, 1);
      } else {
        state.bedList[bedroomId - 1].beds[index].count = count;
      }
      return state;
    },
```

▶ components/room/register/RegisterRoomBedTypes.tsx

```
import Counter from "../../common/Counter";
import { useDispatch } from "react-redux";
import { registerRoomActions } from "../../store/registerRoom";

  .register-room-bed-type-counter {
    width: 290px;
    margin-bottom: 18px;
  }
```

```
...

const dispatch = useDispatch();

//* 침실 침대 개수 변경 시
const onChangeBedTypeCount = (value: number, type: BedType) =>
  dispatch(
    registerRoomActions.setBedTypeCount({
      bedroomId: bedroom.id,
      type,
      count: value,
    })
  );

...

    {opened && (
      <div className="register-room-bed-type-selector-wrapper">
        {activedBedOptions.map((type) => (
          <div className="register-room-bed-type-counter" key={type}>
            <Counter
              label={type}
              value={
                bedroom.beds.find((bed) => bed.type === type)?.count || 0
              }
              key={type}
              onChange={(value) => {
                onChangeBedTypeCount(value, type);
              }}
            />
          </div>
        ))}
```

[그림 12-12] 침실의 침대 유형 개수 변경하기

셀렉터가 잘 늘어나지만 activedBedOptions는 useState를 사용하기 때문에 페이지를 나갔다가 다시 돌아오면 값이 다시 빈 배열로 돌아가게 됩니다. 리덕스에는 값이 남아 있기 때문에 페이지를 나갔다 왔을 때에도 activedBedOptions를 유지할 수 있도록 리덕스의 값을 useState의 초깃값으로 넣어야 하겠습니다.

▶ **components/room/register/RegisterRoomBedTypes.tsx**

```
const initialBedOptions = bedroom.beds.map((bed) => bed.type);

//* 선택된 침대 옵션들
const [activedBedOptions, setActivedBedOptions] = useState<BedType[]>(
  initialBedOptions
);
```

마지막으로 침대 유형별 개수를 텍스트로 나타내도록 하겠습니다.

```
.register-room-bed-type-bedroom-counts {
  font-size: 19px;
  color: ${palette.gray_76};
}
```

```
...

//* 침대 종류 텍스트
const bedsText = useMemo(() => {
  const texts = bedroom.beds.map((bed) => `${bed.type} ${bed.count}개`);
  return texts.join(",");
}, [bedroom]);

...

      <div className="register-room-bed-type-bedroom-texts">
        <p className="register-room-bed-type-bedroom">{bedroom.id}번 침실
        </p>
        <p className="register-room-bed-type-bedroom-counts">
          침대 {totalBedsCount}개<br />
          {bedsText}
        </p>
      </div>
```

[그림 12-13] 침실의 침대 유형 변경하기 완성

12.5 공용공간 침대 유형 변경하기

공용공간의 침대 추가하기는 앞의 침대 추가하기 바로 밑에 생성됩니다. 구조와 기능은 앞의 침대 유형을 만드는 것과 동일합니다. 그럼에도 따로 분리한 이유는 코드를 분리함으로써 단순해진 구조로 이해하기가 쉬워집니다. 공용공간 침대 유형 추가하기를 만들도록 하겠습니다. 앞의 내용의 반복이기에 간단하게 넘어가도록 하겠습니다.

▶ components/room/register/RegisterRoomBedrooms.tsx

```
    <p className="register-room-bed-type-info">
      각 침실에 놓인 침대 유형을 명시하면 숙소에 침대가 어떻게 구비되어 있는지
      게스트가 잘 파악할 수 있습니다.
    </p>
    <RegisterRoomBedList />
  </Container>
```

▶ components/room/register/RegisterRoomBedList.tsx

```
  <ul className="register-room-bed-type-list">
    {bedList.map((bedroom) => (
      <RegisterRoomBedTypes key={bedroom.id} bedroom={bedroom} />
    ))}
    <RegisterRoomPublicBedTypes />
  </ul>
```

▶ store/registerRoom.ts

```
//* 공용공간 침대 유형 개수 변경하기
   setPublicBedTypeCount(
     state,
     action: PayloadAction<{ type: BedType; count: number }>
   ) {
     const { type, count } = action.payload;

     const index = state.publicBedList.findIndex((bed) => bed.type === type);
     if (index === -1) {
```

```
        //* 타입이 없다면
        state.publicBedList = [...state.publicBedList, { type, count }];
        return state;
      }
      //* 타입이 존재한다면
      if (count === 0) {
        state.publicBedList.splice(index, 1);
      } else {
        state.publicBedList[index].count = count;
      }
      return state;
    },
```

▶ components/room/register/RegisterRoomPublicBedTypes.tsx

```
import React, { useMemo, useState } from "react";
import { useDispatch } from "react-redux";
import styled from "styled-components";
import { bedTypes } from "../../../lib/staticData";
import { useSelector } from "../../../store";
import { registerRoomActions } from "../../../store/registerRoom";
import palette from "../../../styles/palette";
import { BedType } from "../../../types/room";
import Button from "../../common/Button";
import Counter from "../../common/Counter";

import Selector from "../../common/Selector";

const Container = styled.li`
  width: 100%;
  padding: 28px 0;
  border-top: 1px solid ${palette.gray_dd};
  &:last-child {
    border-bottom: 1px solid ${palette.gray_dd};
  }

  .register-room-bed-type-top {
    display: flex;
```

```
    justify-content: space-between;
    align-items: center;
  }
  .register-room-bed-type-bedroom {
    font-size: 19px;
    color: ${palette.gray_48};
  }
  .register-room-public-bed-type-counters {
    width: 320px;

    margin-top: 28px;
  }
  .register-room-bed-type-bedroom-counts {
    font-size: 19px;
    color: ${palette.gray_76};
  }
  .register-room-bed-type-counter {
    width: 290px;
    margin-bottom: 18px;
  }
`;

const RegisterRoomPublicBedTypes: React.FC = () => {
  const [opened, setOpened] = useState(false);
  const publicBedList = useSelector(
    (state) => state.registerRoom.publicBedList
  );

  const dispatch = useDispatch();

  const totalBedsCount = useMemo(() => {
    let total = 0;
    publicBedList.forEach((bed) => {
      total += bed.count;
    });
    return total;
  }, [publicBedList]);

  const bedsText = useMemo(() => {
```

```
    const texts = publicBedList.map((bed) => `${bed.type} ${bed.count}개`);
    return texts.join(",");
  }, [publicBedList]);

  const initialBedOptions = () => publicBedList.map((bed) => bed.type);
  //* 선택된 침대 옵션들
  const [activedBedOptions, setActivedBedOptions] = useState<BedType[]>(
    initialBedOptions
  );

  //* 남은 침대 옵션들
  const lastBedOptions = useMemo(() => {
    return bedTypes.filter((bedType) => !activedBedOptions.
    includes(bedType));
  }, [activedBedOptions, publicBedList]);

  return (
    <Container>
      <div className="register-room-bed-type-top">
        <div>
          <p className="register-room-bed-type-bedroom">공용공간</p>
          <p className="register-room-bed-type-bedroom-counts">
            침대 {totalBedsCount}개<br />
            {bedsText}
          </p>
        </div>
        <Button
          onClick={() => setOpened(!opened)}
          styleType="register"
          color="white"
        >
          {opened && "완료"}
          {!opened &&
            (totalBedsCount === 0 ? "침대 추가하기" : "침대 수정하기")}
        </Button>
      </div>
      {opened && (
        <div className="register-room-public-bed-type-counters">
          {activedBedOptions.map((type) => (
```

```
            <div className="register-room-bed-type-counter" key={type}>
              <Counter
                label={type}
                value={
                  publicBedList.find((bed) => bed.type === type)?.count || 0
                }
                key={type}
                onChange={(value) =>
                  dispatch(
                    registerRoomActions.setPublicBedTypeCount({
                      type,
                      count: value,
                    })
                  )
                }
              />
            </div>
          ))}
          <Selector
            type="register"
            options={lastBedOptions}
            disabledOptions={["다른 침대 추가"]}
            value="다른 침대 추가"
            useValidation={false}
            onChange={(e) =>
              setActivedBedOptions([
                ...activedBedOptions,
                e.target.value as BedType,
              ])
            }
          />
        </div>
      )}
    </Container>
  );
};

export default RegisterRoomPublicBedTypes;
```

공용공간
침대 4개
에어 매트릭스 1개,요와 이불 2개,더블 1개

완료

에어 매트릭스 − 1 +

요와 이불 − 2 +

더블 − 1 +

다른 침대 추가

[그림 12-14] 공용공간 침대 유형

12.6 숙소 등록하기 2단계 밸리데이션

숙소 등록하기 2단계에 들어가는 값을 변경하는 것을 마쳤습니다. 이제 다음 단계로 넘어가기 전에 푸터를 추가하고, 필수 값이 있는지 밸리데이션을 하도록 하겠습니다.

2단계에는 침실 개수의 값이 0이 아니어야 합니다.

다음 단계의 경로는 '/room/register/bathroom' 입니다.

▶ **components/room/register/RegisterRoomBedrooms.tsx**

```
import RegisterRoomFooter from "./RegisterRoomFooter";

      <Selector
        type="register"
        label="게스트가 사용할 수 있는 침실은 몇 개인가요?"
        isValid={!!bedroomCount}

...
```

```
<RegisterRoomFooter
  prevHref="/room/register/building"
  nextHref="/room/register/bathroom"
  isValid={!!bedroomCount}
/>
```

2단계
모든 게스트가 편안하게 숙박할 수 있도록 침대가 충분히 구비되어 있는지 확인하세요.

최대 숙박 인원 − 1 +

게스트가 사용할 수 있는 침실은 몇 개인가요?

침실 2개

침대 − 1 +

침대유형
모든 게스트가 편안하게 숙박할 수 있도록 침대가 충분히 구비되어 있는지 확인하세요.

1번 침실
침대 1개
요와 이불 1개
침대 수정하기

2번 침실
침대 3개
소파 1개,이층 침대 2개
침대 수정하기

공용공간
침대 2개
에어 매트릭스 2개
침대 수정하기

뒤로 계속

[그림 12-15] 완성된 숙소 등록하기 2단계

숙소 등록하기 3단계 (욕실)

욕실은 욕실의 개수를 변경하는 카운터와, 욕실이 공용인지 체크하는 라디오 컴포넌트로 이루어져 있습니다. 카운터와 라디오는 앞에서 이미 공용 컴포넌트로 만들었습니다. 공용 컴포넌트를 사용하여 간단하게 숙소 등록하기 3단계를 만들어보도록 하겠습니다.

13.1 숙소 등록하기 욕실 리덕스 설정

먼저 욕실의 정보를 저장할 리덕스 스토어 설정을 하도록 하겠습니다. 리듀서도 미리 만들도록 하겠습니다.

▶ store/registerRoom.ts

```
type RegisterRoomState = {

  ...

  bathroomCount: number;
  bathroomType: "private" | "public" | null;
}


const initialState: RegisterRoomState = {

  ...

  //* 욕실 개수
  bathroomCount: 1,
  //* 욕실 유형
  bathroomType: null,

  ...

    //*  욕실 개수 변경하기
    setBathroomCount(state, action: PayloadAction<number>) {
      state.bathroomCount = action.payload;
    },

    //* 욕실 유형 변경하기
    setBathroomType(state, action: PayloadAction<"private" | "public">) {
      state.bathroomType = action.payload;
    },
```

숙소 등록하기 3단계의 경로를 설정하겠습니다.

▶ pages/room/register/bathroom.tsx

```
import React from "react";
import { NextPage } from "next";
import RegisterBathroom from "../../../components/room/register/
```

```
RegisterRoomBathroom";

const bathroom: NextPage = () => {
  return <RegisterBathroom />;
};

export default bathroom;
```

13.2 공통 컴포넌트 재사용(욕실 개수, 욕실 공용 여부)

숙소 등록하기 3단계를 만들 때 유의할 점은 다음과 같습니다.

욕실의 개수는 0.5씩 증가합니다.(샤워실 또는 욕조가 없는 경우 0.5개로 간주합니다.)

숙소 등록하기 4단계는 위치 변경하기로 경로는 '/room/register/location'입니다.

```
import React from "react";
import styled from "styled-components";
import { useDispatch } from "react-redux";
import palette from "../../styles/palette";
import Counter from "../common/Counter";
import { useSelector } from "../../store";
import RegisterRoomFooter from "./RegisterRoomFooter";
import RadioGroup from "../common/RadioGroup";
import { registerRoomActions } from "../../store/registerRoom";

const Container = styled.div`
  padding: 62px 30px 100px;
  h2 {
    font-size: 19px;
    font-weight: 800;
    margin-bottom: 56px;
  }
  h3 {
    font-weight: bold;
```

```
    color: ${palette.gray_76};
    margin-bottom: 6px;
  }
  .register-room-step-info {
    font-size: 14px;
    max-width: 400px;
    margin-bottom: 24px;
  }
  .register-room-bathroom-counter-wrapper {
    width: 290px;
    margin-bottom: 32px;
  }
`;
const RegisterBathroom: React.FC = () => {
  const bathroomCount = useSelector(
    (state) => state.registerRoom.bathroomCount
  );

  const bathroomType = useSelector((state) => state.registerRoom.
bathroomType);

  const dispatch = useDispatch();

  return (
    <Container>
      <h2>욕실 수</h2>
      <h3>3단계</h3>
      <p className="register-room-step-info">
        샤워실 또는 욕조가 없는 경우 0.5개로 간주합니다.
      </p>
      <div className="register-room-bathroom-counter-wrapper">
        <Counter
          label="욕실"
          increaseNum={0.5}
          value={bathroomCount}
          onChange={(value) =>
            dispatch(registerRoomActions.setBathroomCount(value))
          }
        />
      </div>
```

```
      <RadioGroup
        label="게스트가 단독으로 사용하는 욕실인가요?"
        value={bathroomType}
        isValid={!!bathroomType}
        onChange={(value) =>
          dispatch(registerRoomActions.setBathroomType(value))
        }
        options={[
          { value: "private", label: "예" },
          { value: "public", label: "아니요, 공용입니다." },
        ]}
      />
      <RegisterRoomFooter
        prevHref="/room/register/bedrooms"
        nextHref="/room/register/location"
        isValid={bathroomCount > 0 && !!bathroomType}
      />
    </Container>
  );
};

export default RegisterBathroom;
```

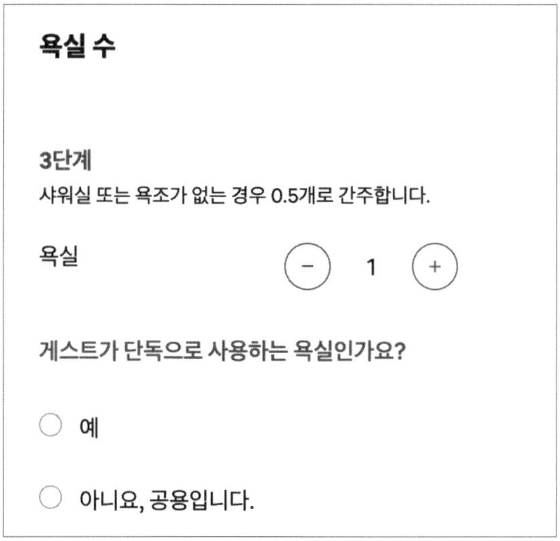

[그림 13-1] 숙소 등록하기 3단계

공통 컴포넌트를 사용하여 간단하고 깔끔하게 숙소 등록하기 3단계를 만들 수 있었습니다. 공통 컴포넌트의 장점을 체감했을 것입니다.

숙소 등록하기 4단계 (위치)

이번 단계에서는 숙소의 위치에 대한 값을 입력해야 합니다. navigator를 이용하여 현재 위치를 불러오는 것을 해볼 것이고, 불러온 현재 위치를 google api를 이용하여 주소를 받아오도록 해볼 것입니다. 리덕스 스토어에 저장할 값을 설정하는 것부터 시작하도록 하겠습니다.

14.1 숙소 등록하기 4단계 리덕스 설정

▸ store/registerRoom.ts

```
type RegisterRoomState = {
```

```
  ...

  country: string;
  city: string;
  district: string;
  streetAddress: string;
  detailAddress: string;
  postcode: string;
  latitude: number;
  longitude: number;
}

const initialState: RegisterRoomState = {

  ...

  //* 국가/지역
  country: "",
  //* 시/도
  city: "",
  //* 시/군/구
  district: "",
  //* 도로명주소
  streetAddress: "",
  //* 동호수
  detailAddress: "",
  //* 우편번호
  postcode: "",
  //* 위도
  latitude: 0,
  //* 경도
  longitude: 0,
}

  ...

    //* 국가 변경하기
    setCountry(state, action: PayloadAction<string>) {
      state.country = action.payload;
```

```
    },
    //* 시/도 변경하기
    setCity(state, action: PayloadAction<string>) {
      state.city = action.payload;
    },
    //* 시/군/구 변경하기
    setDistrict(state, action: PayloadAction<string>) {
      state.district = action.payload;
    },
    //* 도로명주소 변경하기
    setStreetAddress(state, action: PayloadAction<string>) {
      state.streetAddress = action.payload;
    },
    //* 동호수 변경하기
    setDetailAddress(state, action: PayloadAction<string>) {
      state.detailAddress = action.payload;
    },
    //* 우편번호 변경하기
    setPostcode(state, action: PayloadAction<string>) {
      state.postcode = action.payload;
    },
    //* 위도 변경하기
    setLatitude(state, action: PayloadAction<number>) {
      state.latitude = action.payload;
    },
    //* 경도 변경하기
    setLongitude(state, action: PayloadAction<number>) {
      state.longitude = action.payload;
    },
```

주소 정보 값들은 간단한 인풋에 들어가기 때문에 간단하게 리듀서까지 만들었습니다.
현재 위치 사용 버튼 이전까지 만들어 스타일링 하도록 하겠습니다.

14.2 숙소 등록하기 4단계 스타일링

▶ pages/room/register/location.tsx

```
import React from "react";
import { NextPage } from "next";
import RegisterLocation from "../../../components/room/register/
RegisterRoomLocation";

const location: NextPage = () => {
  return <RegisterLocation />;
};

export default location;
```

▶ components/room/register/RegisterRoomLocation.tsx

```
import React from "react";
import styled from "styled-components";

import palette from "../../../styles/palette";

const Container = styled.div`
  padding: 62px 30px 100px;
  h2 {
    font-size: 19px;
    font-weight: 800;
    margin-bottom: 56px;
  }
  h3 {
    font-weight: bold;
    color: ${palette.gray_76};
    margin-bottom: 6px;
  }
  .register-room-step-info {
    font-size: 14px;
    max-width: 400px;
    margin-bottom: 24px;
```

```
  }
`;

const RegisterLocation: React.FC = () => {
  return (
    <Container>
      <h2>숙소의 위치를 알려주세요.</h2>
      <h3>4단계</h3>
      <p className="register-room-step-info">
        정확한 숙소 주소는 게스트가 예약을 완료한 후에만 공개됩니다.
      </p>
    </Container>
  );
};

export default RegisterLocation;
```

숙소의 위치를 알려주세요.

4단계

정확한 숙소 주소는 게스트가 예약을 완료한 후에만 공개됩니다.

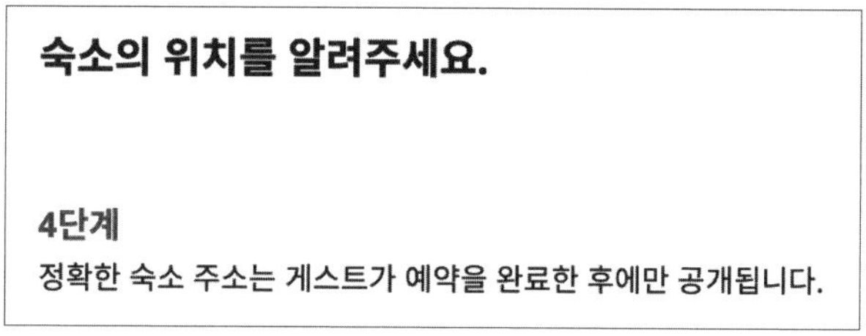

[그림 14-1] 숙소 등록하기 4단계 상단

현재 위치 사용 버튼은 기존 버튼과 다르게 색상이 반전되어 있으며, 아이콘이 들어 있습니다. 공통 버튼 컴포넌트에 색상을 반전시키는 옵션과 아이콘을 전달하려고 합니다.

▶ components/common/Button.tsx

```
import React from "react";
import styled, { css } from "styled-components";
import palette from "../../styles/palette";

//* 버튼 색상 구하기
```

```
const getButtonColor = (color: string, colorReverse: boolean) => {
  if (colorReverse) {
    switch (color) {
      case "dark_cyan":
        return css`
          border: 2px solid ${palette.dark_cyan};
          color: ${palette.dark_cyan};
          background-color: white;
        `;
      default:
        return css`
          border: 2px solid ${palette.black};
          color: ${palette.black};
          background-color: white;
        `;
    }
  }
  switch (color) {
    case "dark_cyan":
      return css`
        background-color: ${palette.dark_cyan};
        color: white;
      `;
    case "bittersweet":
      return css`
        background-color: ${palette.bittersweet};
        color: white;
      `;
    default:
      return css`
        background-color: white;
        color: ${palette.black};
        border: 1px solid ${palette.gray_c4};
      `;
  }
};

interface StyledButtonProps {
  width: string | undefined;
```

```
  colorReverse: boolean;
}

const Container = styled.button<StyledButtonProps>`
  display: flex;
  justify-content: center;
  align-items: center;
  width: 100%;
  height: 48px;
  padding: 0 15px;
  border: 0;
  border-radius: 4px;
  font-size: 18px;
  font-weight: 700;
  outline: none;
  cursor: pointer;
  width: ${(props) => props.width};
  ${(props) => getButtonColor(props.color || "", props.colorReverse)};

  svg {
    margin-right: 12px;
  }
`;

interface IProps extends React.ButtonHTMLAttributes<HTMLButtonElement> {
  children: React.ReactNode;
  color?: "dark_cyan" | "white";
  width?: string;
  colorReverse?: boolean;
  icon?: JSX.Element;
}

const Button: React.FC<IProps> = ({
  children,
  color,
  width,
  colorReverse = false,
  icon,
  ...props
```

```
}) => {
  return (
    <Container
      {...props}
      color={color}
      width={width}
      colorReverse={colorReverse}
    >
      {icon}
      {children}
    </Container>
  );
};

export default React.memo(Button);
```

기본 컬러를 흰색으로 바꾸었기 때문에, 기존의 SignUpModal과 LoginModal의 버튼에 color="bittersweet"을 넣어주세요.

버튼에 icon과 colorReverse 값을 줘서 현재 위치 사용 버튼을 만들도록 하겠습니다.

▸ **components/room/register/RegisterRoomLocation.tsx**

```
import NavigationIcon from "../../../public/static/svg/register/navigation.
svg";
import Button from "../../common/Button";

  ...

  .register-room-location-button-wrapper {
    width: 176px;
    margin-bottom: 24px;
  }

  ...

      <div className="register-room-location-button-wrapper">
        <Button color="dark_cyan" colorReverse icon={<NavigationIcon />}>
```

```
            현재 위치 사용
        </Button>
    </div>
```

4단계

정확한 숙소 주소는 게스트가 예약을 완료한 후에만 공개됩니다.

현재 위치 사용

[그림 14-2] 현재 위치 사용 버튼

현재 위치 사용 버튼을 만들었지만, 페이지의 스타일링을 먼저 마무리하도록 하겠습니다. 국가 선택은 셀렉터로 선택하도록 하여, 필요한 options를 만들도록 하겠습니다.

▶ lib/staticData.ts

```
//* 국가 리스트
export const countryList = ["가나","가봉","가이아나","감비아","건지","과들루프",
"과테말라","괌","그레나다","그루지야","그리스","그린란드","기네비쏘","기니","까뽀베르데",
"나미비아","나우루","나이지리아","남수단","남아프리카","네덜란드","네덜란드령 카리브","네팔",
"노르웨이","노퍽섬","뉴 칼레도니아","뉴질랜드","니우에","니제르","니카라과","대만","덴마크",
"도미니카","도미니카 공화국","독일","동티모르","라오스","라이베리아","라트비아","러시아",
"레바논","레소토","루마니아","룩셈부르크","르완다","리비아","리유니온","리투아니아",
"리히텐슈타인","마다가스카르","마샬 군도","마요티","마카오","말라위","말레이시아","말리",
"말티니크","맨 섬","멕시코","모나코","모로코","모리셔스","모리타니","모잠비크","몬테네그로",
"몬트세라트","몰도바","몰디브","몰타","몽골","미국","미국령 버진 아일랜드","미얀마",
"미크로네시아","바누아투","바레인","바베이도스","바티칸","바하마","방글라데시","버뮤다","베냉",
"베네수엘라","베트남","벨기에","벨라루스","벨리즈","보스니아 헤르체고비나","보츠와나",
"볼리비아","부룬디","부르키나파소","부탄","북마리아나제도","북마케도니아","불가리아","브라질",
"브루나이","사모아","사우디아라비아","사우스조지아 사우스샌드위치 제도","사이프러스","산마리노",
"상투메 프린시페","생 마르탱","생 바르텔르미","서사하라","세네갈","세르비아","세인트루시아",
"세인트빈센트그레나딘","세인트크리스토퍼 네비스","세인트피에르-미케롱","세인트헬레나","소말리아",
"솔로몬 제도","수단","수리남","쉐이쉘","스리랑카","스발바르제도-얀마웬섬","스와질랜드",
```

```
"스웨덴","스위스","스페인","슬로바키아","슬로베니아","시에라리온","신트마르턴","싱가포르",
"아랍에미리트 연합","아루바","아르메니아","아르헨티나","아메리칸 사모아","아이슬란드","아이티",
"아일랜드","아제르바이잔","아프가니스탄","안길라","안도라","알바니아","알제리","앙골라",
"앤티가 바부다","에리트리아","에스토니아","에콰도르","엘살바도르","영국","영국령 버진 아일랜드",
"영국령인도양식민지","예멘","오만","오스트레일리아","오스트리아","온두라스","올란드 제도","
왈리스-푸투나 제도","요르단","우간다","우루과이","우즈베키스탄","우크라이나","이디오피아",
"이라크","이스라엘","이집트","이탈리아","인도","인도네시아","일본","자메이카","잠비아","저지",
"적도 기니","중국","중앙 아프리카 공화국","지부티","지브롤터","짐바브웨","차드","체코","칠레",
"카메룬","카자흐스탄","카타르","캄보디아","캐나다","케냐","케이맨제도","코모로스","코소보",
"코스타리카","코코스제도","코트디부아르","콜롬비아","콩고","콩고 민주 공화국","쿠바",
"쿠웨이트","쿡제도","퀴라소","크로아티아","크리스마스섬","키르기스스탄","키리바시","타지키스탄",
"탄자니아","태국","터크스케이커스제도","터키","토고","토켈라우","통가","투르크메니스탄",
"투발루","튀니지","트리니다드 토바고","파나마","파라과이","파키스탄","파푸아뉴기니","팔라우",
"팔레스타인 지구","페로제도","페루","포르투갈","포클랜드 제도(말비나스 군도)","폴란드",
"푸에르토리코","프랑스","프랑스령 기아나","프랑스령 폴리네시아","피지","핀란드","필리핀",
"핏케언섬","대한민국","헝가리","홍콩",];
```

숙소 등록하기 4단계의 인풋과 셀렉터는 밸리데이션을 사용하지 않습니다.

▶ **components/room/register/RegisterRoomLocation.tsx**

```
import Selector from "../../common/Selector";
import { countryList } from "../../../lib/staticData";

  .register-room-location-country-selector-wrapper {
    width: 385px;
    margin-bottom: 24px;
  }

  ...

      <div className="register-room-location-country-selector-wrapper">
        <Selector
          type="register"
          options={countryList}
          useValidation={false}
          defaultValue="국가/지역 선택"
          disabledOptions={["국가/지역 선택"]}
```

```
    />
  </div>
```

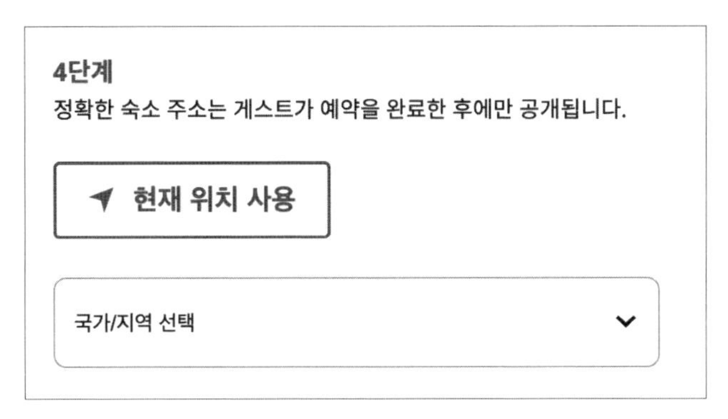

[그림 14-3] 국가 선택하기 셀렉터

인풋 위에 텍스트가 있는 것을 볼 수 있습니다. 따라서 공통 인풋 컴포넌트에 레이블을 받아 인풋의 레이블을 표시하도록 하겠습니다.

▶ components/common/Input.tsx

```
const Container = styled.div<InputContainerProps>`
  label {
    span {
      display: block;
      margin-bottom: 8px;
    }
  }

  ...

interface IProps extends React.InputHTMLAttributes<HTMLInputElement> {
  icon?: JSX.Element;

  ...

const Input: React.FC<IProps> = ({
  label,
```

```
...

  <Container
    iconExist={!!icon}
    isValid={isValid}
    useValidation={validateMode && useValidation}
  >
    {label && (
      <label>
        <span>{label}</span>
        <input {...props} />
      </label>
    )}
    {!label && <input {...props} />}
```

인풋 컴포넌트를 이용하여 위치 인풋들을 만들도록 하겠습니다.

```
import Input from "../../common/Input";

    <div className="register-room-location-city-district">
      <Input label="시/도" />
      <Input label="시/군/구" />
    </div>
    <div className="register-room-location-street-address">
      <Input label="도로명주소" />
    </div>
    <div className="register-room-location-detail-address">
      <Input label="동호수(선택 사항)" useValidation={false} />
    </div>
    <div className="register-room-location-postcode">
      <Input label="우편번호" />
    </div>
  </Container>
```

셀렉터 컴포넌트와 인풋 컴포넌트에 value와 onChange 값들을 넣어주도록 하겠습니다.

▸ components/room/register/RegisterRoomLocation.tsx

```
import { useDispatch } from "react-redux";
import { registerRoomActions } from "../../../store/registerRoom";
import { useSelector } from "../../../store";

const RegisterLocation: React.FC = () => {
  const country = useSelector((state) => state.registerRoom.country);
  const city = useSelector((state) => state.registerRoom.city);
  const district = useSelector((state) => state.registerRoom.district);
  const streetAddress = useSelector(
    (state) => state.registerRoom.streetAddress
  );
  const detailAddress = useSelector(
    (state) => state.registerRoom.detailAddress
  );
  const postcode = useSelector((state) => state.registerRoom.postcode);

  const dispatch = useDispatch();

  //* 나라 변경 시
  const onChangeCountry = (event: React.ChangeEvent<HTMLSelectElement>) => {
    dispatch(registerRoomActions.setCountry(event.target.value));
  };

  //* 시/도 변경 시
  const onChangeCity = (event: React.ChangeEvent<HTMLInputElement>) => {
    dispatch(registerRoomActions.setCity(event.target.value));
  };

  //* 시/군/구 변경 시
  const onChangeDistrict = (event: React.ChangeEvent<HTMLInputElement>) => {
    dispatch(registerRoomActions.setDistrict(event.target.value));
  };

  //* 도로명주소 변경 시
  const onChangeStreetAdress = (event: React.ChangeEvent<HTMLInputElement>)
  => {
    dispatch(registerRoomActions.setStreetAddress(event.target.value));
```

```
  };
  //*동호수 변경 시
  const onChangeDetailAddress = (
    event: React.ChangeEvent<HTMLInputElement>
  ) => {
    dispatch(registerRoomActions.setDetailAddress(event.target.value));
  };
  //*우편번호 변경 시
  const onChangePostcode = (e: React.ChangeEvent<HTMLInputElement>) => {
    dispatch(registerRoomActions.setPostcode(e.target.value));
  };

  return (
    <Container>
      <h2>숙소의 위치를 알려주세요.</h2>
      <h3>4단계</h3>
      <p className="register-room-step-info">
        정확한 숙소 주소는 게스트가 예약을 완료한 후에만 공개됩니다.
      </p>
      <div className="register-room-location-button-wrapper">
        <Button color="dark_cyan" colorReverse icon={<NavigationIcon />}>
          현재 위치 사용
        </Button>
      </div>
      <div className="register-room-location-country-selector-wrapper">
        <Selector
          type="register"
          options={countryList}
          useValidation={false}
          defaultValue="국가/지역 선택"
          disabledOptions={["국가/지역 선택"]}
          value={country}
          onChange={onChangeCountry}
        />
      </div>
      <div className="register-room-location-city-district">
        <Input label="시/도" value={city} onChange={onChangeCity} />
        <Input label="시/군/구" value={district} onChange={onChangeDistrict} />
      </div>
```

```
      <div className="register-room-location-street-address">
        <Input
          label="도로명주소"
          value={streetAddress}
          onChange={onChangeStreetAdress}
        />
      </div>
      <div className="register-room-location-detail-address">
        <Input
          label="동호수(선택 사항)"
          value={detailAddress}
          onChange={onChangeDetailAddress}
          useValidation={false}
        />
      </div>
      <div className="register-room-location-postcode">
        <Input label="우편번호" value={postcode} onChange={onChangePostcode} />
      </div>
    </Container>
  );
};
```

14.3 구글 api 사용 설정하기

'현재 위치 사용' 버튼을 클릭하면 현재 위치를 불러와 위도(latitude)와 경도(longitude)를 가져옵니다. 가져온 위도 경도를 'google geocoding api'를 사용하여 주소 정보를 받아올 수 있습니다. 다음은 'google geocoding api'의 사용하는 문서입니다.

https://developers.google.com/maps/documentation/geocoding/overview

구글 api를 사용하기 위해서 Google Cloud Platform에 결제정보를 등록하여 활성화해야 합니다. 결제 정보를 등록했다면, https://console.cloud.google.com/apis/

library에 접속하여 geocoding api를 검색합니다. 'Geocoding API'를 클릭하면 페이지 이동을 하게 됩니다.

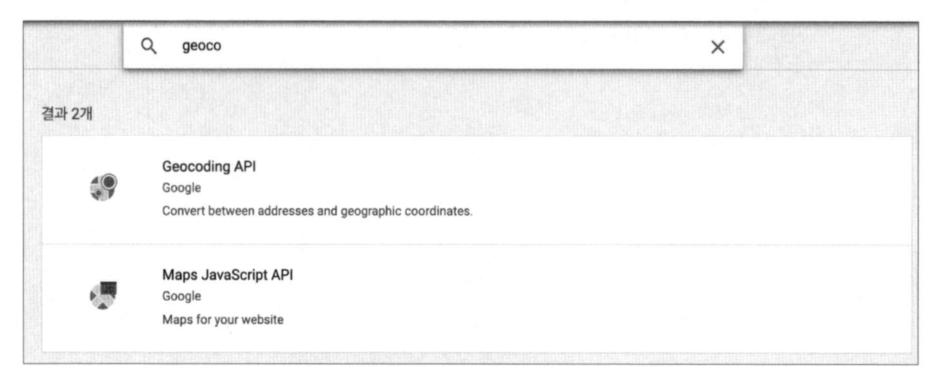

[그림 14-4] 구글 api 검색하기

해당 페이지로 들어오게 된다면 사용 버튼을 클릭하면 geocoding api를 사용할 수 있게 됩니다.

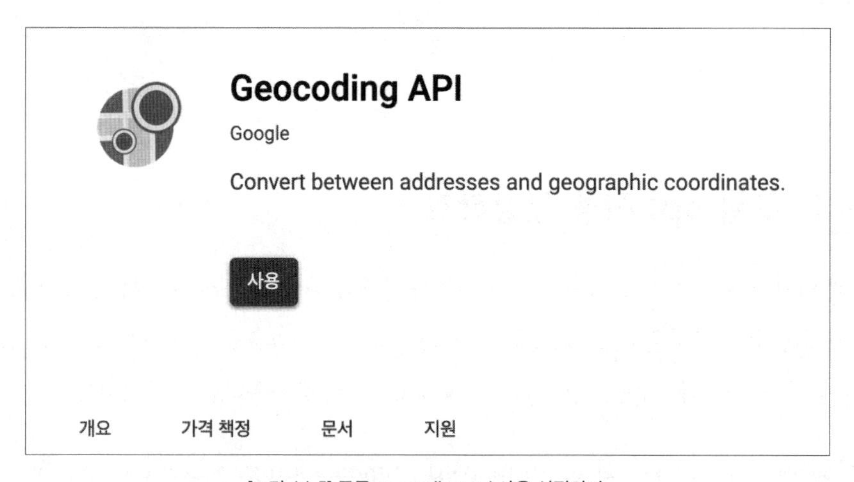

[그림 14-5] 구글 geocoding api 사용 설정하기

Google map api를 사용하기 위한 key를 발급받도록 하겠습니다. 메뉴에서 '사용자 인증 정보' 창으로 이동합니다.

[그림 14-6] 구글 사용자 인증 정보 메뉴

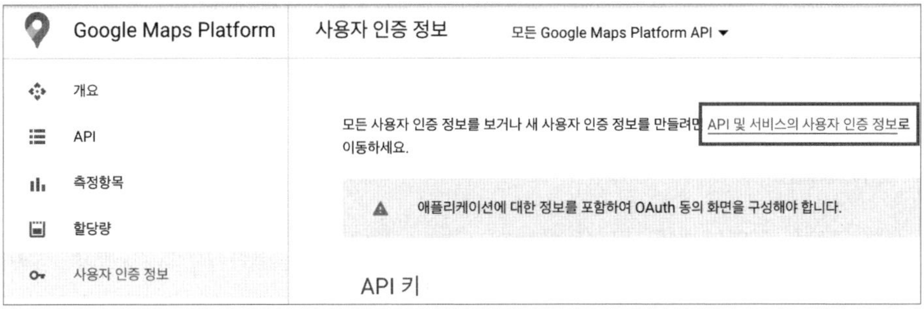

Google Maps Platform
사용자 인증 정보
모든 Google Maps Platform API
개요
API
측정항목
할당량
사용자 인증 정보
모든 사용자 인증 정보를 보거나 새 사용자 인증 정보를 만들려면 API 및 서비스의 사용자 인증 정보로 이동하세요.
애플리케이션에 대한 정보를 포함하여 OAuth 동의 화면을 구성해야 합니다.
API 키

[그림 14-7] 구글 사용자 인증 정보 생성으로 이동하기

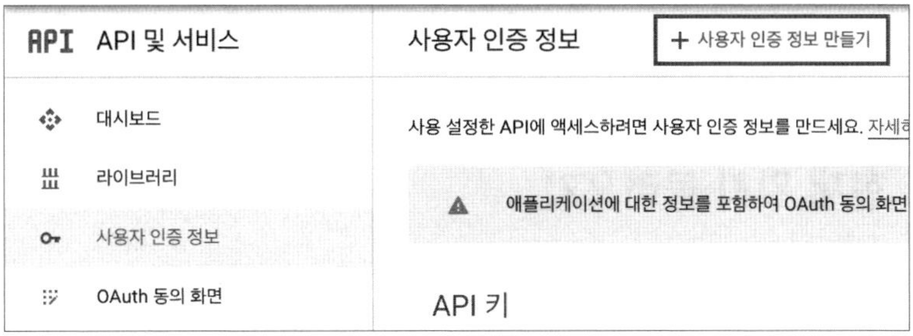

API API 및 서비스
사용자 인증 정보
+ 사용자 인증 정보 만들기
대시보드
라이브러리
사용자 인증 정보
OAuth 동의 화면
사용 설정한 API에 액세스하려면 사용자 인증 정보를 만드세요. 자세히
애플리케이션에 대한 정보를 포함하여 OAuth 동의 화면
API 키

[그림 14-8] 구글 사용자 인증 정보 만들기

'사용자 인증 정보 만들기'를 클릭하고 'API 키'를 클릭하면 키가 만들어집니다.

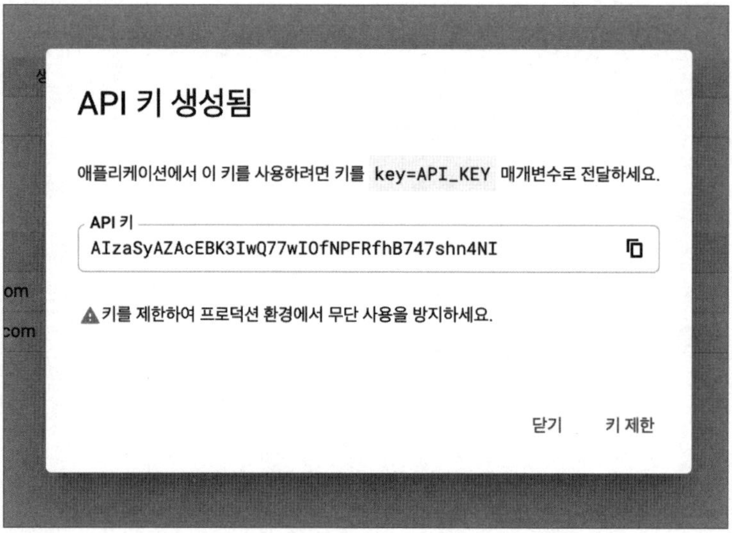

API 키 생성됨

애플리케이션에서 이 키를 사용하려면 키를 key=API_KEY 매개변수로 전달하세요.

API 키
AIzaSyAZAcEBK3IwQ77wIOfNPFRfhB747shn4NI

키를 제한하여 프로덕션 환경에서 무단 사용을 방지하세요.

닫기 키 제한

[그림 14-9] 구글 API 키 생성 완료

해당 키 정보를 복사하여 .env 파일에 저장하도록 하겠습니다.

▶ .env.local

```
NEXT_PUBLIC_GOOGLE_MAP_API_KEY=AIzaSyAZAcEBK3IwQ77wIOfNPFRfhB747shn4NI
```

이제 google api를 이용할 준비가 끝났습니다. '현재 위치 사용' 버튼의 onClick에 현재 위치를 불러오는 것부터 해보도록 하겠습니다.

14.4 현재 위치 불러오기

navigator.geolocation 함수를 이용하여 사용자의 현재 위치를 불러올 수 있습니다.

▸ components/register/RegisterRoomLocation.tsx

```
  //* 현재 위치 불러오기에 성공했을 때
  const onSuccessGetLocation = ({ coords }: { coords: Coordinates }) => {
    console.log("latitude", coords.latitude);
    console.log("longitude", coords.longitude);
  };

  //* 현재 위치 사용 클릭 시
  const onClickGetCurrentLocation = () => {
    navigator.geolocation.getCurrentPosition(onSuccessGetLocation, (e) => {
      console.log(e);
      alert(e?.message);
    });
  };

...

        <Button
          color="dark_cyan"
          colorReverse
          icon={<NavigationIcon />}
          onClick={onClickGetCurrentLocation}
        >
          현재 위치 사용
        </Button>
```

navigator의 getCurrentPosition은 첫 번째 인자로 성공했을 때 함수를, 두 번째 인자로 실패했을 때의 함수를 받습니다. 위치를 불러오는 데 성공했을 때에 coords라는 값을 주는데 이 안에 latitude와 longitude가 현재 위치를 나타냅니다. 이제 현재 위치를 구글 geocoding api를 이용하여 주소를 받을 수 있게 하겠습니다.

14.5 구글 api로 주소 불러오기

구글 api를 사용하여 받아온 주소를 주는 api를 만들도록 하겠습니다. query를 이용하여 위치 정보와 key 그리고 language를 전달했습니다. 자세한 내용은 구글 geocoding 공식문서를 보면 더 자세하게 알 수 있습니다.

https://developers.google.com/maps/documentation/geocoding/overview

▸ pages/api/maps/location.ts

```
import { NextApiResponse, NextApiRequest } from "next";
import axios from "axios";

export default async (req: NextApiRequest, res: NextApiResponse) => {
  if (req.method === "GET") {
    const { latitude, longitude } = req.query;
    if (!latitude || !longitude) {
      res.statusCode = 400;
      return res.send("위치 정보가 없습니다.");
    }
    try {
      const url = `https://maps.googleapis.com/maps/api/geocode/json?latlng
      =${latitude},${longitude}&language=ko&key=${process.env.NEXT_PUBLIC_
      GOOGLE_MAP_API_KEY}`;
      const { data } = await axios.get(url);
      console.log(data);
    } catch (e) {
      res.statusCode = 404;
      return res.end();
    }
  }
  res.statusCode = 405;

  return res.end();
};
```

location api를 사용하는 함수를 만들도록 하겠습니다.

▶ lib/api/map.ts

```
import axios from ".";

//* 현재 위치 정보 가져오기 api
export const getLocationInfoAPI = async ({
  latitude,
  longitude,
}: {
  latitude: number;
  longitude: number;
}) =>
  axios.get(`/api/maps/location?latitude=${latitude}&longitude=
  ${longitude}`);
```

'현재 위치 사용' 버튼을 클릭하여 현재 위치를 구하는 데 성공한다면 api를 보내어 geocoding api의 결과를 확인하도록 하겠습니다.

▶ components/room/register/RegisterRoomLocation.tsx

```
import { getLocationInfoAPI } from "../../../lib/api/map";

  //* 현재 위치 불러오기에 성공했을 때
  const onSuccessGetLocation = async ({ coords }: { coords: Coordinates }) => {
    try {
      await getLocationInfoAPI({
        latitude: coords.latitude,
        longitude: coords.longitude,
      });
    } catch (e) {
      console.log(e);
      alert(e?.message);
    }
  };
```

버튼을 클릭하여 data가 어떻게 출력되는지를 확인하도록 하겠습니다.

```
{
  plus_code: { compound_code: 'HVHR+9C 대한민국 서울특별시', global_code:
  '8Q98HVHR+9C' },
  results: [
    {
      address_components: [Array],
      formatted_address: '대한민국 서울특별시 마포구 상암동 213-1',
      geometry: [Object],
      place_id: 'ChIJyzUnlRKZfDUR_JkZawN_Rx0',
      plus_code: [Object],
      types: [Array]
    },
    {
      address_components: [Array],
      formatted_address: '대한민국 서울특별시 마포구 월드컵북로',
      geometry: [Object],
      place_id: 'ChIJF0AmUheZfDURXXvWuv4OgVQ',
      types: [Array]
    },
    {
      address_components: [Array],
      formatted_address: '대한민국 서울특별시 마포구 상암동',
      geometry: [Object],
      place_id: 'ChIJWZlkwVyZfDUR6Jv-36lQtxc',
      types: [Array]
    },
    {
      address_components: [Array],
      formatted_address: '대한민국 서울특별시 마포구 상암동',
      geometry: [Object],
      place_id: 'ChIJWZlkwVyZfDURUfZX-FWk7TU',
      types: [Array]
    },
    {
      address_components: [Array],
      formatted_address: '대한민국 서울특별시 마포구 상암동',
      geometry: [Object],
      place_id: 'ChIJb6Pm1EKZfDURaa5U096vTDc',
      types: [Array]
```

```
    },
    {
      address_components: [Array],
      formatted_address: '대한민국 서울특별시 마포구',
      geometry: [Object],
      place_id: 'ChIJIWguayCZfDURBR0f-llT68I',
      types: [Array]
    },
    {
      address_components: [Array],
      formatted_address: '대한민국 서울특별시',
      geometry: [Object],
      place_id: 'ChIJzzlcLQGifDURm_JbQKHsEX4',
      types: [Array]
    },
    {
      address_components: [Array],
      formatted_address: '대한민국 서울특별시',
      geometry: [Object],
      place_id: 'ChIJzWXFYYuifDUR64Pq5LTtioU',
      types: [Array]
    },
    {
      address_components: [Array],
      formatted_address: '대한민국',
      geometry: [Object],
      place_id: 'ChIJm7oRy-tVZDURS9uIugCbJJE',
      types: [Array]
    }
  ],
  status: 'OK'
}
```

address_components는 다음과 같이 되어 있습니다.

```
[
  { long_name: '213-1', short_name: '213-1', types: [ 'premise' ] },
  {
```

```
    long_name: '상암동',
    short_name: '상암동',
    types: [ 'political', 'sublocality', 'sublocality_level_2' ]
  },
  {
    long_name: '마포구',
    short_name: '마포구',
    types: [ 'political', 'sublocality', 'sublocality_level_1' ]
  },
  {
    long_name: '서울특별시',
    short_name: '서울특별시',
    types: [ 'administrative_area_level_1', 'political' ]
  },
  {
    long_name: '대한민국',
    short_name: 'KR',
    types: [ 'country', 'political' ]
  },
  {
    long_name: '121-270',
    short_name: '121-270',
    types: [ 'postal_code' ]
  }
]
```

저희가 원하는 값은 data.results[0].address_components 안에 있으므로 이 값을 이용하여 숙소 등록하기 4단계의 인풋들에 해당하는 값들로 res 값을 구성하도록 하겠습니다.

▸ **pages/api/maps/location.ts**

```
if (req.method === "GET") {
    const { latitude, longitude } = req.query;
    if (!latitude || !longitude) {
      res.statusCode = 400;
      return res.send("위치 정보가 없습니다.");
    }
```

```
    try {
      const URL = `https://maps.googleapis.com/maps/api/geocode/json?latlng
      =${latitude},${longitude}&language=ko&key=${process.env.NEXT_PUBLIC_
      GOOGLE_MAP_API_KEY}`;
      const { data } = await axios.get(URL);
      const addressComponent = data.results[0].address_components;
      const { lat, lng } = data.results[0].geometry.location;
      const result = {
        latitude: lat,
        longitude: lng,
        country: addressComponent[4].long_name,
        city: addressComponent[3].long_name,
        district: addressComponent[2].long_name,
        streetAddress: `${addressComponent[1].long_name}
        ${addressComponent[0].long_name}`,
        postcode: addressComponent[5].long_name,
      };
      res.statusCode = 200;
      res.send(result);
    } catch (e) {
      console.log(e);
      return res.end();
    }
  }
```

api를 사용하는 함수에서도 반환 타입을 설정하도록 하겠습니다.

▶ lib/api/map.ts

```
type GetLocationInfoAPIResponse = {
  country: string;
  city: string;
  district: string;
  streetAddress: string;
  detailAddress: string;
  postcode: string;
  latitude: number;
  longitude: number;
};
```

```
//* 현재 위치 정보 가져오기 api
export const getLocationInfoAPI = async ({
  latitude,
  longitude,
}: {
  latitude: number;
  longitude: number;
}) =>
  axios.get<GetLocationInfoAPIResponse>(
    `/api/maps/location?latitude=${latitude}&longitude=${longitude}`
  );
```

location api의 결과를 확인하기 위해 data를 콘솔로 출력하도록 하겠습니다.

```
//* 현재 위치 불러오기에 성공했을 때
const onSuccessGetLocation = async ({ coords }: { coords: Coordinates }) => {
  try {
    const { data } = await getLocationInfoAPI({
      latitude: coords.latitude,
      longitude: coords.longitude,
    });
    console.log(data);
  } catch (e) {
    console.log(e);
    alert(e?.message);
  }
};
```

```
▼{latitude: 37.5784448, longitude:
   city: "서울특별시"
   country: "대한민국"
   district: "마포구"
   latitude: 37.5784448
   longitude: 126.8911023
   postcode: "121-270"
   streetAddress: "상암동 2 1 3-1"
  ▶__proto__: Object
```

[그림 14-10] 현재 위치 정보 불러오기 데이터 값

받아온 데이터를 redux 스토어에 넣을 수 있게 하겠습니다. 그리고 이 과정이 시간이 소요되는 과정이기 때문에 loading을 추가하도록 하겠습니다.

▶ **components/room/register/RegisterRoomLocation.tsx**

```
//* 현재 주소 불러오기 로딩
const [loading, setLoading] = useState(false);

//* 현재 위치 불러오기에 성공했을 때
const onSuccessGetLocation = async ({ coords }: { coords: Coordinates }) => {
  try {
    const { data: currentLocation } = await getLocationInfoAPI({
      latitude: coords.latitude,
      longitude: coords.longitude,
    });
    dispatch(registerRoomActions.setCountry(currentLocation.country));
    dispatch(registerRoomActions.setCity(currentLocation.city));
    dispatch(registerRoomActions.setDistrict(currentLocation.district));
    dispatch(
      registerRoomActions.setStreetAddress(currentLocation.streetAddress)
    );
    dispatch(registerRoomActions.setPostcode(currentLocation.postcode));
    dispatch(registerRoomActions.setLatitude(currentLocation.latitude));
    dispatch(registerRoomActions.setLongitude(currentLocation.longitude));
  } catch (e) {
    console.log(e);
  }
  setLoading(false);
};

//* 현재 위치 불러오기
const onClickGetCurrentLocation = () => {
  setLoading(true);
  navigator.geolocation.getCurrentPosition(onSuccessGetLocation, (e) => {
    console.log(e);
  });
};

...
```

```
      <Button
        color="dark_cyan"
        colorReverse
        icon={<NavigationIcon />}
        onClick={onClickGetCurrentLocation}
      >
        {loading ? "불러오는 중..." : "현재 위치 사용"}
      </Button>
```

현재 위치를 불러오는 데 성공했다면 주소 인풋들이 자동으로 채워질 것입니다. 마지막으로 밸리데이션과 푸터를 추가하도록 하겠습니다. 이 단계부터는 밸리데이션을 하지 않고 마지막에 체크할 수 있도록 하겠습니다.

▸ **components/room/register/RegisterRoomLocation.tsx**

```
import RegisterRoomFooter from "./RegisterRoomFooter";

    <RegisterRoomFooter
      prevHref="/room/register/bathroom"
      nextHref="/room/register/geometry"
    />
```

14.6 구글 지도로 숙소 위치 조정하기

이제 '현재 위치 사용'을 클릭하면 위치를 불러와서 인풋들의 값이 채워지게 되었습니다. 이제 푸터의 '계속'을 클릭하게 되면 구글 map을 이용하여 latitude와 longitude를 조정할 수 있도록 하겠습니다. 지도를 사용하기 전까지 만들도록 하겠습니다.

▸ **pages/room/register/geometry.tsx**

```
import { NextPage } from "next";
import dynamic from "next/dynamic";
```

```
import React from "react";

const RegisterRoomGeometry = dynamic(
  import("../../../components/room/register/RegisterRoomGeometry"),
  { ssr: false }
);

const geometry: NextPage = () => {
  return <RegisterRoomGeometry />;
};

export default geometry;
```

컴포넌트를 dynamic을 사용하여 서버 사이드 렌더링을 하지 않고 불러오게 됩니다. 컴포넌트 안에서 window를 사용하게 될 예정이기에 dynamic을 사용하여 서버 사이드 렌더링을 방지하였습니다. dynamic을 사용하지 않고 import하게 된다면 window is undefined라는 에러를 보게 됩니다. 서버에서는 window와 document를 사용할 수 없기 때문입니다.

▶ **components/room/register/RegisterRoomGeometry.tsx**

```
import React from "react";

import styled from "styled-components";

import palette from "../../../styles/palette";

const Container = styled.div`
  padding: 62px 30px 100px;
  h2 {
    font-size: 19px;
    font-weight: 800;
    margin-bottom: 56px;
  }
  h3 {
    font-weight: bold;
```

```
    color: ${palette.gray_76};
    margin-bottom: 6px;
  }
`;

const RegisterRoomGeometry: React.FC = () => {
  return (
    <>
      <Container>
        <h2>핀이 놓인 위치가 정확한가요?</h2>
        <h3>4단계</h3>
        <p>필요한 경우 핀이 정확한 위치에 자리하도록 조정할 수 있어요.</p>
      </Container>
    </>
  );
};

export default RegisterRoomGeometry;
```

핀이 놓인 위치가 정확한가요?

4단계

필요한 경우 핀이 정확한 위치에 자리하도록 조정할 수 있어요.

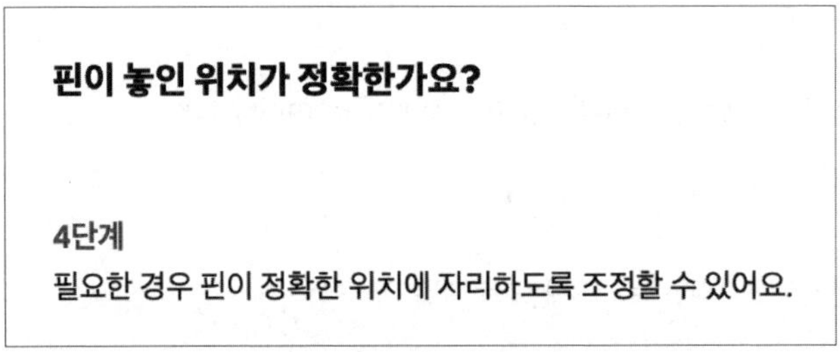

[그림 14-11] 구글 지도 상단 UI

구글 맵을 사용하기 위해서는 구글 맵 script를 불러와야 합니다. 다음은 구글의 지도 사용 공식문서입니다.

https://developers.google.com/maps/documentation/javascript/overview

구글 map을 사용하기 위해서는 다음 그림처럼 'Maps JavaScript API' 사용하기를 클릭해야 합니다.

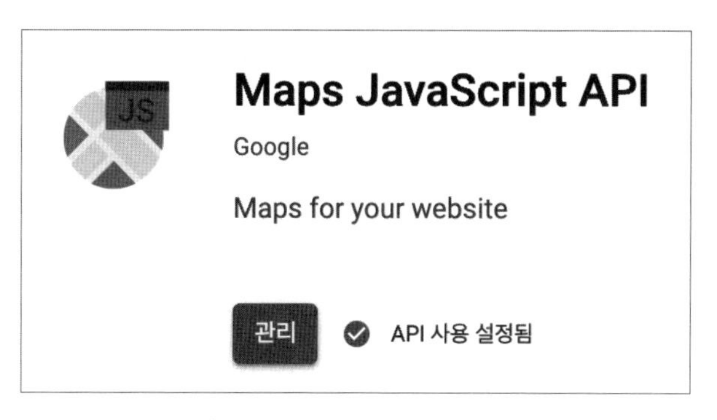

[그림 14-12] 구글 지도 api 사용 설정하기

script를 불러오기 전까지는 google api를 사용할 수 없기 때문에 Promise를 이용하여 구글 script를 불러올 때까지 기다리도록 하겠습니다.

```
//* 구글 지도 script 불러오기
const loadMapScript = () => {
  return new Promise<void>((resolve) => {
    const script = document.createElement("script");
    script.src = `https://maps.googleapis.com/maps/api/js?key=${process.env.
    NEXT_PUBLIC_GOOGLE_MAP_API_KEY}&callback=initMap`;
    script.defer = true;
    document.head.appendChild(script);
    script.onload = () => {
      resolve();
    };
  });
};
```

url의 query를 살펴보면 key를 전달하고, callback으로 initMap을 전달하고 있습니다.

지도를 불렀을 때 window.initMap이라는 함수를 실행하도록 설정됩니다. window.initMap이라는 함수에 지도가 만들어질 수 있게 설정하여 지도가 생성되도록 하겠습니다. 그전에 google map api를 편히 사용할 수 있게 google map api의 type을 다운 받도록 하겠습니다.

```
$ yarn add @types/googlemaps -D
```

▶ types/map.d.ts

```
declare module "googlemaps";

declare global {
  interface Window {
    google: any;
    initMap: () => void;
  }
}
```

이제 google map api의 type을 지원받을 수 있게 되었습니다.

이제 구글 지도를 불러오도록 설정하도록 하겠습니다. 처음 위치는 서울 중앙을 나타내도록 하겠습니다.

▶ components/room/register/RegisterRoomGeometry.tsx

```
  .register-room-geometry-map-wrapper {
    width: 487px;
    height: 280px;
    margin-top: 24px;
    > div {
      width: 100%;
      height: 100%;
    }
  }

declare global {
  interface Window {
    initMap: () => void;
  }
}

const RegisterRoomGeometry: React.FC = () => {
```

```
const mapRef = useRef<HTMLDivElement>(null);
const latitude = useSelector((state) => state.registerRoom.latitude);
const longitude = useSelector((state) => state.registerRoom.longitude);

const loadMap = async () => {
  await loadMapScript();
};

window.initMap = () => {
  //* 지도 불러오기
  if (mapRef.current) {
    const map = new window.google.maps.Map(mapRef.current, {
      center: {
        lat: latitude || 37.5666784,
        lng: longitude || 126.9778436,
      },
      zoom: 14,
    });
  }
};

useEffect(() => {
  loadMap();
}, []);

return (

...

      <p>필요한 경우 핀이 정확한 위치에 자리하도록 조정할 수 있어요.</p>
      <div className="register-room-geometry-map-wrapper">
        <div ref={mapRef} id="map" />
      </div>
```

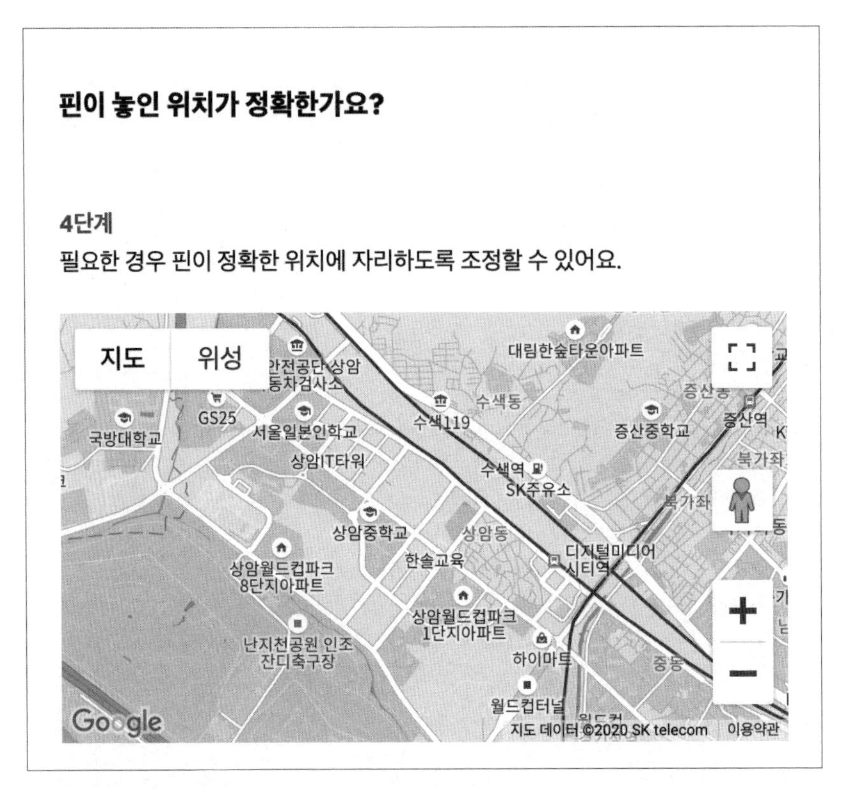

[그림 14-13] 구글 지도 불러오기

지도에서 확대 축소를 제외한 기능들은 사용하지 않게 css를 이용하여 가려주도록 하겠습니다.

```
/** 지도 위성 제거 */
.gmnoprint .gm-style-mtc {
  display: none;
}
/** 로드뷰 아이콘 제거 */
.gm-svpc {
  display: none;
}
/** 풀스크린 제거 */
.gm-fullscreen-control {
```

```
    display: none;
  }
```

지도에 중앙에 마커를 표시하도록 하겠습니다. 마커에 대한 자세한 정보는 구글 공식 문서에 작성되어 있습니다.

https://developers.google.com/maps/documentation/javascript/markers

```
window.initMap = () => {
  //* 지도 불러오기
  if (mapRef.current) {
    const map = new window.google.maps.Map(mapRef.current, {
      center: {
        lat: latitude || 37.5666784,
        lng: longitude || 126.9778436,
      },
      zoom: 14,
    });
    const marker = new window.google.maps.Marker({
      position: {
        lat: latitude || 37.5666784,
        lng: longitude || 126.9778436,
      },
      map,
    });
  }
};
```

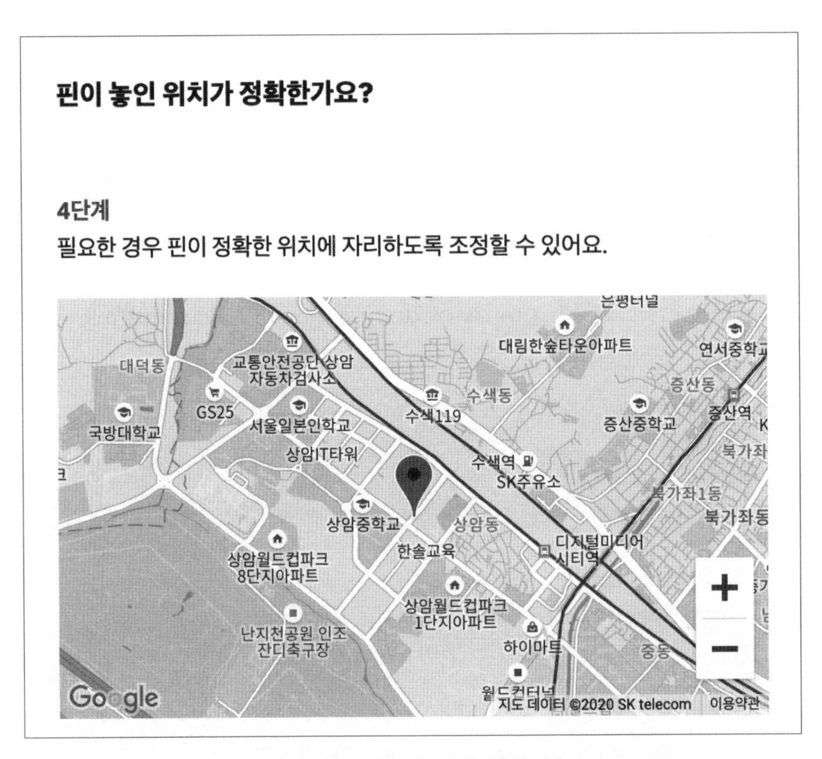

[그림 14-14] 구글 지도 중앙에 마커 표시하기

마커를 표시하는 데까지 성공했습니다. 이제 지도를 드래그했을 때 바뀐 중앙 지점의 위치로 리덕스 스토어의 latitude와 longitude를 바꾸는 작업을 하도록 하겠습니다.

```
const marker = new window.google.maps.Marker({
  position: {
    lat: latitude || 37.5666784,
    lng: longitude || 126.9778436,
  },
  map,
});
map.addListener("center_changed", () => {
  const centerLat = map.getCenter().lat();
  const centerLng = map.getCenter().lng();
  console.log(centerLat, centerLng);
});
```

지도를 드래그하여 지도의 중앙이 바뀔 때마다 콘솔이 찍히는 것을 확인할 수 있습니다. 하지만 그 빈도가 너무 자주 일어나는 것은 불필요하기 때문에 throttle를 이용하여 빈도를 줄이도록 하겠습니다. throttle은 이벤트가 정해진 시간마다 실행되게 하는 기능을 합니다. 그리고 마커의 위치를 바꾼 후 redux에 저장하도록 하겠습니다.

```
import throttle from "lodash/throttle";
import { useDispatch } from "react-redux";

  ...

  map.addListener(
        "center_changed",
        throttle(() => {
          const centerLat = map.getCenter().lat();
          const centerLng = map.getCenter().lng();
          marker.setPosition({ lat: centerLat, lng: centerLng });
          dispatch(registerRoomActions.setLatitude(centerLat));
          dispatch(registerRoomActions.setLongitude(centerLng));
        }, 150)
      );
```

지도의 중앙으로 숙소의 위치를 변경하는 것까지 완료하였습니다. 이제 푸터를 만들어 다음 단계로 진행할 수 있도록 하면서 마무리하도록 하겠습니다. 다음 단계의 경로는 '/room/register/amentities'입니다.

```
import RegisterRoomFooter from "./RegisterRoomFooter";

    ...

      <RegisterRoomFooter
        prevHref="/room/register/location"
        nextHref="/room/register/amentities"
      />
    </Container>
```

숙소 등록하기 5단계 (편의 시설)

이번 단계에서는 체크박스 공통 컴포넌트를 만들어서 숙소의 편의시설들을 추가하는 작업을 하려고 합니다. 리덕스 스토어에 편의 시설(amenities)들을 값을 만드는 것부터 시작하도록 하겠습니다. 편의 시설은 string의 배열입니다.

15.1 숙소 등록하기 5단계 리덕스 설정

▸ store/registerRoom.ts

```
type RegisterRoomState = {
  ...
  amentities: string[];
```

```
}

const initialState: RegisterRoomState = {
  ...
  //* 편의 시설
  amentities: [],

    //* 편의 시설 변경하기
    setAmentities(state, action: PayloadAction<string[]>) {
      state.amentities = action.payload;
    },
```

경로 설정을 하도록 하겠습니다. 경로는 '/room/register/amentities' 입니다.

▶ **pages/room/register/amentities.tsx**

```
import React from "react";
import { NextPage } from "next";
import RegisterRoomAmentities from "../../../components/room/register/
RegisterRoomAmentities";

const amentities: NextPage = () => {
  return <RegisterRoomAmentities />;
};

export default amentities;
```

체크박스를 사용하기 전까지의 UI를 만들도록 하겠습니다.

```
import React from "react";
import styled from "styled-components";
import palette from "../../../styles/palette";

const Container = styled.div`
  padding: 62px 30px 100px;
  h2 {
    font-size: 19px;
```

```
    font-weight: 800;
    margin-bottom: 56px;
  }
  h3 {
    font-weight: bold;
    color: ${palette.gray_76};
    margin-bottom: 6px;
  }
  .register-room-step-info {
    font-size: 14px;
    max-width: 400px;
    margin-bottom: 24px;
  }
`;

const RegisterRoomAmentities: React.FC = () => {
  return (
    <Container>
      <h2>어떤 편의 시설을 제공하시나요?</h2>
      <h3>5단계</h3>
      <p className="register-room-step-info">
        일반적으로 게스트가 기대하는 편의 시설 목록입니다. 숙소를 등록한 후
        언제든 편의 시설을 추가할 수 있어요.
      </p>
    </Container>
  );
};

export default RegisterRoomAmentities;
```

어떤 편의 시설을 제공하시나요?

5단계

일반적으로 게스트가 기대하는 편의 시설 목록입니다. 숙소를 등록한 후 언제든 편의 시설을 추가할 수 있어요.

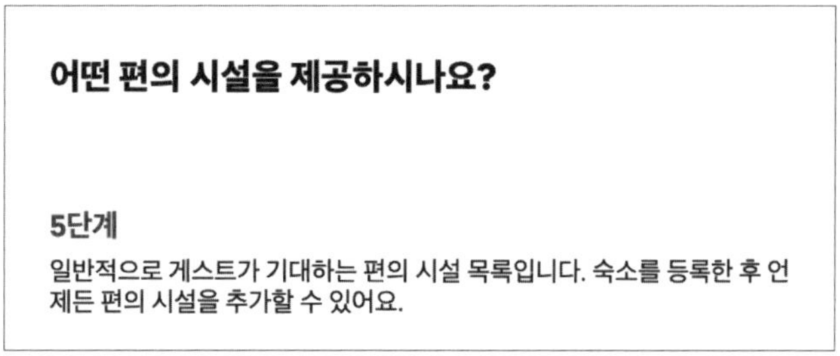

[그림 15-1] 체크박스 상단 UI

15.2 체크박스 공통 컴포넌트 만들기

체크박스는 라디오 컴포넌트와 비슷하지만 값이 여러 개라는 점이 다릅니다. 앞으로 사용될 체크박스는 값과 보이는 값이 같은 구조로 되어 있습니다. 따라서 값을 string 배열로 받아 사용하도록 하겠습니다. string 배열이 해당 값을 가지고 있으면 check하도록 되어 있습니다. checkbox 타입의 인풋을 자유롭게 수정하는 데에는 after을 사용하는 것이 수월합니다. props로는 value와 onChange, options만 받도록 하겠습니다.

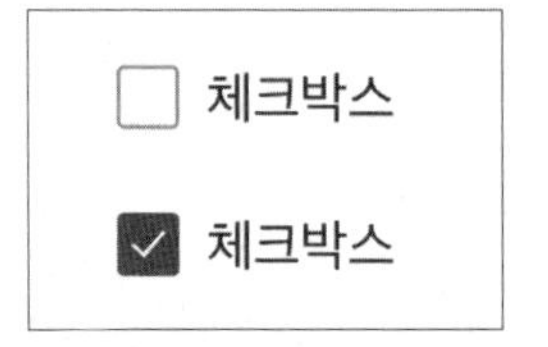

[그림 15-2] 공통 체크박스 컴포넌트 디자인 패턴

▸ components/common/CheckboxGroup.tsx

```
import React from "react";
import styled from "styled-components";
import palette from "../../styles/palette";

const Container = styled.div`
  &:after {
    display: block;
    content: "";
    clear: both;
  }
  .checkbox-label {
    position: relative;
    height: 18px;
    margin-bottom: 24px;
    display: flex;
    align-items: center;
    color: ${palette.gray_48};
```

```
  cursor: pointer;
  float: left;
  clear: both;
}

/** ie input x버튼 삭제 */
input::-ms-clear {
  display: none;
}

input[type="checkbox"] {
  margin: 0;
  border: 0;
  width: 0;
  height: 0;
  -webkit-appearance: none;
}
input[type="checkbox"]:checked {
  margin: 0;
  border: 0;
  -webkit-appearance: none;
}
input[type="checkbox"] + input {
  display: none;
}
input[type="checkbox"] + span {
  width: 18px;
  height: 18px;
  margin-right: 8px;
  display: inline-block;
  flex-shrink: 0;
}
input[type="checkbox"] + span::before {
  content: "";
  width: 18px;
  height: 18px;
  position: absolute;
  top: 0;
  display: inline-table;
```

```
    border: 1px solid ${palette.gray_b0};
    border-radius: 2px;
    box-sizing: border-box;
    background-color: white;
    cursor: pointer;
  }
  input[type="checkbox"]:checked + span::before {
    content: " ";
    width: 18px;
    height: 18px;
    display: inline-table;
    background-color: ${palette.dark_cyan};
    border: 0;
    border-radius: 2px;
    position: absolute;
    background-image: url("/static/svg/checkbox/checkbox_mark.svg");
    background-repeat: no-repeat;
    background-position: center;
  }
`;

interface IProps {
  value?: string[];
  onChange: (selected: string[]) => void;
  options?: string[];
}

const CheckboxGroup: React.FC<IProps> = ({
  value = [],
  onChange,
  options = [],
}) => {
  return (
    <Container>
      {options.map((option) => (
        <label className="checkbox-label" key={option}>
          <input
            type="checkbox"
            checked={value?.includes(option)}
```

```
            onChange={(e) => {
              if (e.target.checked) {
                onChange([...value!, option]);
              } else {
                onChange(value.filter((option_) => option_ !== option));
              }
            }}
          />
          <span />
          {option}
        </label>
      ))}
    </Container>
  );
};

export default CheckboxGroup;
```

15.3 숙소 편의 시설에 체크박스 공통 컴포넌트 적용하기

숙소 편의 시설에 해당하는 정적 데이터를 만들도록 하겠습니다.

▶ lib/staticData.ts

```
//* 편의 시설
export const amentityList = [
  "무선 인터넷",
  "TV",
  "난방",
  "에어컨",
  "다리미",
  "샴푸",
  "헤어 드라이어",
  "조식, 커피, 차",
```

```
  "업무가능 공간/책상",
  "벽난로",
  "옷장/서랍장",
  "게스트 전용 출입문",
];
```

▶ components/room/register/RegisterRoomAmentities.tsx

```
import { amentityList } from "../../lib/staticData";

const RegisterRoomAmentities: React.FC = () => {
  const dispatch = useDispatch();

  const amentities = useSelector((state) => state.registerRoom.amentities);

  const onChangeAmentities = (selected: string[]) => {
    dispatch(registerRoomActions.setAmentities(selected));
  };

  ...

      <div className="register-room-amentities-checkbox-group-wrapper">
        <CheckboxGroup
          value={amentities}
          onChange={onChangeAmentities}
          options={amentityList}
        />
      </div>
      <RegisterRoomFooter
        prevHref="/room/register/location"
        nextHref="/room/register/conveniences"
      />
    </Container>
```

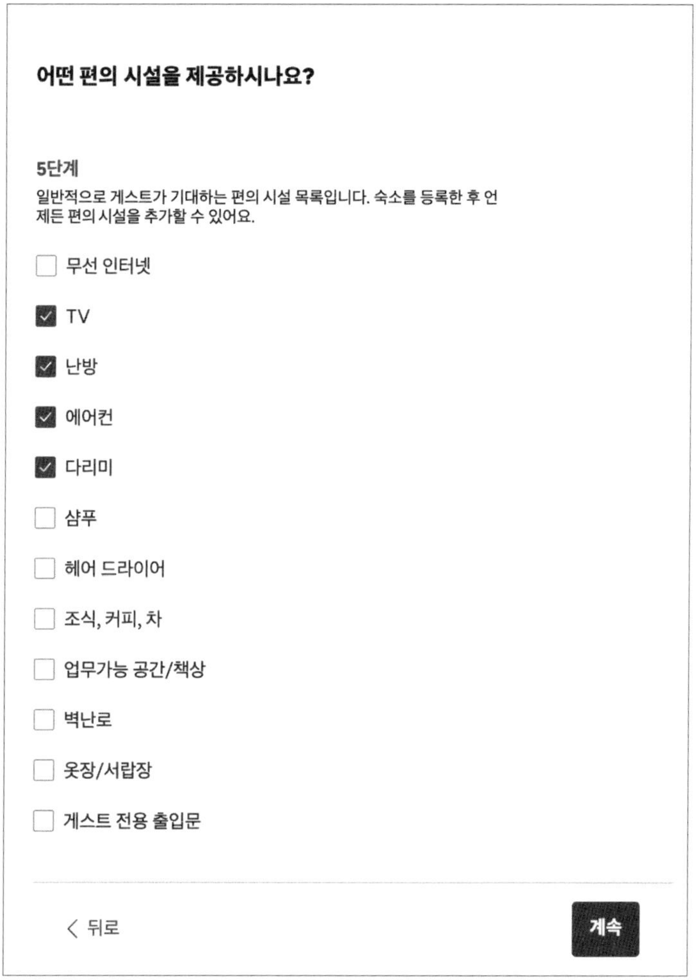

어떤 편의 시설을 제공하시나요?

5단계

일반적으로 게스트가 기대하는 편의 시설 목록입니다. 숙소를 등록한 후 언제든 편의 시설을 추가할 수 있어요.

- [ ] 무선 인터넷
- [x] TV
- [x] 난방
- [x] 에어컨
- [x] 다리미
- [ ] 샴푸
- [ ] 헤어 드라이어
- [ ] 조식, 커피, 차
- [ ] 업무가능 공간/책상
- [ ] 벽난로
- [ ] 옷장/서랍장
- [ ] 게스트 전용 출입문

< 뒤로 계속

[그림 15-3] 편의 시설 체크박스 컴포넌트

숙소 등록하기 6단계 (편의 공간)

편의 공간은 편의 시설과 같은 방식으로 되어 있습니다. 편의 공간의 초기 리덕스 값과 리듀서를 만들도록 하겠습니다.

▸ store/registerRoom.ts

```
type RegisterRoomState = {
  ...
  conveniences: string[];
}

const initialState: RegisterRoomState = {
  ...
  //* 편의공간
  conveniences: [],

    //* 편의공간 변경하기
```

```
    setConveniences(state, action: PayloadAction<string[]>) {
      state.conveniences = action.payload;
    },
```

▶ pages/room/register/conveniences.tsx

```
import React from "react";
import { NextPage } from "next";
import RegisterConveniences from "../../../components/room/register/
RegisterRoomConveniences";

const conveniences: NextPage = () => {
  return <RegisterConveniences />;
};

export default conveniences;
```

편의 공간 목록을 staticData에 저장하도록 하겠습니다.

▶ lib/staticData.ts

```
//* 편의 공간
export const convinienceList = [
  "주방",
  "세탁 공간 - 세탁기",
  "주차",
  "헬스장",
  "수영장",
  "자쿠지",
];
```

▶ components/register/RegisterRoomConveniences.tsx

```
import React from "react";
import styled from "styled-components";
import { useDispatch } from "react-redux";
import palette from "../../styles/palette";
import CheckboxGroup from "../common/CheckboxGroup";
```

```
import { registerRoomActions } from "../../store/registerRoom";
import { useSelector } from "../../store";
import RegisterRoomFooter from "./RegisterRoomFooter";
import { convinienceList } from "../../lib/staticData";

const Container = styled.div`
  padding: 62px 30px 100px;
  h2 {
    font-size: 19px;
    font-weight: 800;
    margin-bottom: 56px;
  }
  h3 {
    font-weight: bold;
    color: ${palette.gray_76};
    margin-bottom: 6px;
  }
  .register-room-step-info {
    font-size: 14px;
    max-width: 400px;
    margin-bottom: 24px;
  }
`;

const RegisterConveniences: React.FC = () => {
  const dispatch = useDispatch();

  const conveniences = useSelector((state) => state.registerRoom.conveniences);

  const onChangeConviniences = (selected: string[]) => {
    dispatch(registerRoomActions.setConveniences(selected));
  };

  return (
    <Container>
      <h2>게스트가 어떤 공간을 사용할 수 있나요?</h2>
      <h3>6단계</h3>
      <p className="register-room-step-info">
        등록하고자 하는 숙소에서 게스트가 이용 가능한 공용공간을 선택하세요.
```

```
      </p>
      <div className="register-room-conviniences-checkbox-group-wrapper">
        <CheckboxGroup
          value={conveniences}
          onChange={onChangeConviniences}
          options={convinienceList}
        />
      </div>
      <RegisterRoomFooter
        prevHref="/room/register/amentities"
        nextHref="/room/register/photo"
      />
    </Container>
  );
};

export default RegisterConveniences;
```

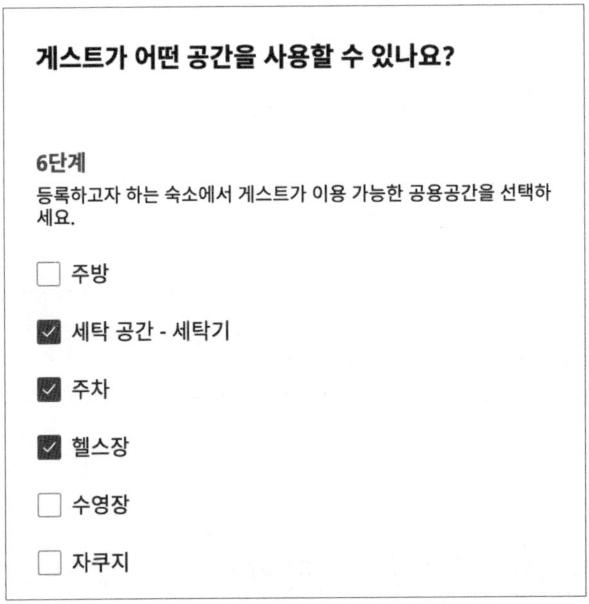

게스트가 어떤 공간을 사용할 수 있나요?

6단계

등록하고자 하는 숙소에서 게스트가 이용 가능한 공용공간을 선택하세요.

- [ ] 주방
- [x] 세탁 공간 - 세탁기
- [x] 주차
- [x] 헬스장
- [ ] 수영장
- [ ] 자쿠지

[그림 16-1] 편의 공간 체크박스

숙소 등록하기 7단계 (숙소 사진)

숙소의 사진을 업로드하기 위해서는 파입을 업로드하는 api를 만들어야 하고, file 타입의 인풋을 다루어서 이미지를 서버로 업로드 하도록 합니다. 결과적으로는 업로드한 파일의 url을 결과 값으로 받아 리덕스에 저장하게 됩니다. 숙소 사진은 string 배열로 이루어져 있습니다. 리덕스의 초깃값과 리듀서를 만들도록 하겠습니다.

17.1 숙소 사진 리덕스 설정

▸ store/registerRoom.ts

```
type RegisterRoomState = {
  ...
```

```
  photos: string[];
}

const initialState: RegisterRoomState = {
  ...
  //* 편의 공간
  photos: [],

    //* 숙소 사진 변경하기
    setPhotos(state, action: PayloadAction<string[]>) {
      state.photos = action.payload;
    },
```

숙소 등록하기 페이지를 만들도록 하겠습니다.

▶ pages/room/register/photo.tsx

```
import React from "react";
import { NextPage } from "next";
import RegisterRoomPhoto from "../../../components/room/register/
RegisterRoomPhoto";

const photo: NextPage = () => {
  return <RegisterRoomPhoto />;
};

export default photo;
```

페이지의 상단 부분을 스타일링 하도록 하겠습니다.

▶ components/room/register/RegisterRoomPhoto.tsx

```
import React from "react";
import styled from "styled-components";
import palette from "../../../styles/palette";

const Container = styled.div`
  padding: 62px 30px 100px;
```

```
  h2 {
    font-size: 19px;
    font-weight: 800;
    margin-bottom: 56px;
  }
  h3 {
    font-weight: bold;
    color: ${palette.gray_76};
    margin-bottom: 6px;
  }
  .register-room-step-info {
    font-size: 14px;
    max-width: 400px;
    margin-bottom: 24px;
  }
`;

const RegisterRoomPhoto: React.FC = () => {
  return (
    <Container>
      <h2>숙소 사진 올리기</h2>
      <h3>7단계</h3>
      <p className="register-room-step-info">
        게스트가 사진을 보고 숙소의 느낌을 생생히 떠올려볼 수 있도록 해주세요.
        우선 사진 1장을 업로드하고 숙소를 등록한 후에 추가할 수 있습니다.
      </p>
    </Container>
  );
};

export default RegisterRoomPhoto;
```

숙소 사진을 업로드 할 버튼은 다음 그림과 같은 UI를 가지고 있습니다. 숙소 사진이 등록되지 않았을 때의 업로드 버튼을 공통 버튼 컴포넌트를 이용하여 스타일링 하도록 하겠습니다. 또한, 버튼의 위로 보이지 않는 file 타입 인풋을 이용하여 파일을 선택할 수 있도록 하겠습니다.

사진 업로드

*등록된 사진이 없을 때

[그림 17-1] 숙소 사진 업로드 버튼

```
import isEmpty from "lodash/isEmpty";
import { useSelector } from "../../../store";
import UploadIcon from "../../../public/static/svg/register/upload.svg";
import Button from "../../common/Button";

  ...

  .register-room-upload-photo-wrapper {
    width: 858px;
    height: 433px;
    margin: auto;
    position: relative;
    display: flex;
    justify-content: center;
    align-items: center;
    border: 2px dashed ${palette.gray_bb};
    border-radius: 6px;

    input {
      position: absolute;
      width: 100%;
      height: 100%;
      opacity: 0;
```

```
      cursor: pointer;
    }
    img {
      width: 100%;
      max-height: 100%;
    }
  }

  ...

const RegisterRoomPhoto: React.FC = () => {
  const photos = useSelector((state) => state.registerRoom.photos);

  //* 이미지 업로드 하기
  const uploadImage = async (event: React.ChangeEvent<HTMLInputElement>) => {
    const { files } = event.target;
    console.log(files);
  };
  return (
    <Container>
      <h2>숙소 사진 올리기</h2>
      <h3>7단계</h3>
      <p className="register-room-step-info">
        게스트가 사진을 보고 숙소의 느낌을 생생히 떠올려볼 수 있도록 해주세요.
        우선 사진 1장을 업로드하고 숙소를 등록한 후에 추가할 수 있습니다.
      </p>
      {isEmpty(photos) && (
        <div className="register-room-upload-photo-wrapper">
          <>
            <input type="file" accept="image/*" onChange={uploadImage} />
            <Button icon={<UploadIcon />} color="bittersweet" width="167px">
              사진 업로드
            </Button>
          </>
        </div>
      )}
    </Container>
  );
};
```

버튼을 클릭하여 사진을 업로드 해보면 FileList 가 콘솔에 뜨는 것을 확인할 수 있습니다. 이 파일을 api를 이용하여 서버로 보내도록 하겠습니다.

17.2 파일 업로드 하기

파일 업로드를 위해 'formidable'이라는 라이브러리를 설치하도록 하겠습니다. 'formidable'은 양식 데이터, 특히 파일 업로드를 구문 분석하기 위한 Node.js 모듈입니다.

```
$ yarn add formidable
  yarn add @types/formidable -D
```

파일 업로드 api 경로를 'api/files/upload'로 하겠습니다. 따라서 'pages/api/files/upload.ts'경로로 파일을 만들도록 하겠습니다. 만들어진 파일에 'formidable'을 사용하여 파일의 정보를 출력하는 코드를 작성하도록 하겠습니다.

▸ **pages/api/files/upload.ts**

```
import { NextApiRequest, NextApiResponse } from "next";
import formidable from "formidable";

export const config = {
  api: {
    bodyParser: false,
  },
};

export default async (req: NextApiRequest, res: NextApiResponse) => {
  if (req.method === "POST") {
    try {
      const form = new formidable.IncomingForm();
      form.parse(req, async (err, fields, files) => {
```

```
        console.log(files);
      });
    } catch (e) {
      console.log(e);
      res.end();
    }
  }
  res.statusCode = 405;

  return res.end();
};
```

다음 코드처럼 parse 함수를 이용하여 파일의 정보를 받을 수 있습니다.

```
      const form = new formidable.IncomingForm();
      form.parse(req, async (err, fields, files) => {
        console.log(files);
      });
```

콘솔을 확인하기 위해 '사진 업로드' 버튼을 클릭하여 api를 보내도록 하겠습니다.

▶ **lib/api/file.ts**

```
import axios from ".";

//* 파일 업로드 api
export const uploadFileAPI = (file: FormData) =>
  axios.post("/api/files/upload", file);
```

▶ **components/room/register/RegisterRoomPhoto.tsx**

```
import { uploadFileAPI } from "../../../lib/api/file";



  //* 이미지 업로드 하기
  const uploadImage = async (event: React.ChangeEvent<HTMLInputElement>) => {
```

```
    const { files } = event.target;
    if (files && files.length > 0) {
      const file = files[0];
      const formdata = new FormData();
      formdata.append("file", file);
      try {
        await uploadFileAPI(formdata);
      } catch (e) {
        console.log(e);
      }
    }
  };
```

파일을 선택한 후 취소를 누르면 files가 비어 있는 채로 이벤트가 호출됩니다. 불필요한 실행을 방지하기 위해 files.length > 0 이라는 조건을 추가하였습니다.

사진 업로드 버튼을 클릭하여 사진을 선택하여 파일을 업로드 해보도록 하겠습니다.

```
{
  file: File {
    _events: [Object: null prototype] {},
    _eventsCount: 0,
    _maxListeners: undefined,
    size: 1009768,
    path: '/var/folders/g_/1v1zztfs74q_wvq02bs_34sh0000gn/T/upload_ebf0f14cf
    e1a7e0c143893e58ee4495c',
    name: 'room_image_1_2x.jpg',
    type: 'image/jpeg',
    hash: null,
    lastModifiedDate: 2020-11-11T10:23:37.210Z,
    _writeStream: WriteStream {
      _writableState: [WritableState],
      writable: false,
      _events: [Object: null prototype] {},
      _eventsCount: 0,
      _maxListeners: undefined,
      path: '/var/folders/g_/1v1zztfs74q_wvq02bs_34sh0000gn/T/upload_ebf0f14
```

```
      cfe1a7e0c143893e58ee4495c',
      fd: null,
      flags: 'w',
      mode: 438,
      start: undefined,
      autoClose: true,
      pos: undefined,
      bytesWritten: 1009768,
      closed: false,
      [Symbol(kCapture)]: false,
      [Symbol(kIsPerformingIO)]: false
    },
    [Symbol(kCapture)]: false
  }
}
```

파일의 정보를 성공적으로 서버에서 읽을 수 있습니다. 이 파일을 저장하여 브라우저에서 불러와 사용할 수 있도록 aws S3라는 클라우드 스토리지에 올리려고 합니다.

17.3 aws S3 사용 설정하기

aws 서비스를 사용하기 위해서는 aws 계정이 필요합니다. aws 계정을 만들어주세요.

aws S3에 파일을 업로드하기 위해서는 aws 사용자의 액세스 키 페어와, 파일을 저장할 S3 버킷의 이름이 필요합니다.

17.3.1 aws 사용자 생성하기

aws 계정에 로그인하여 콘솔로 이동한 후, 사용자 인증 key를 받기 위해 IAM으로 이동하도록 하겠습니다.

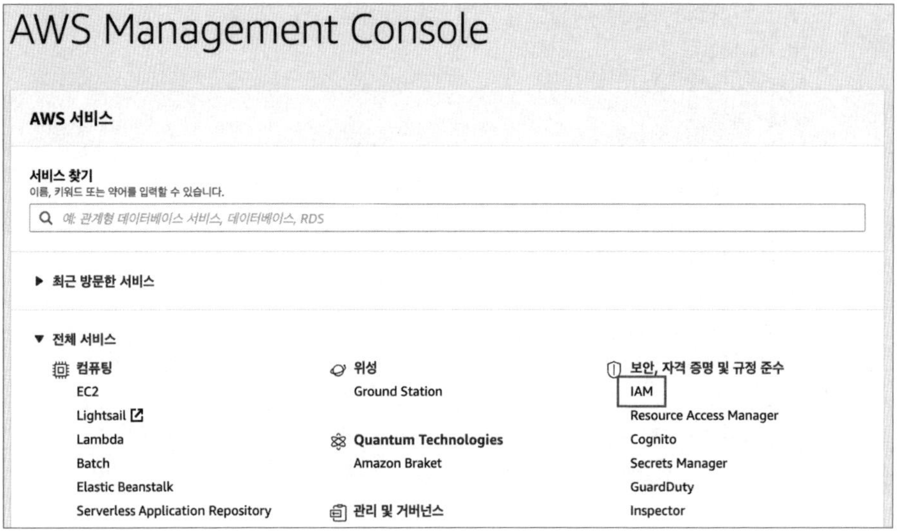

AWS Management Console

AWS 서비스

서비스 찾기
이름, 키워드 또는 약어를 입력할 수 있습니다.

예: 관계형 데이터베이스 서비스, 데이터베이스, RDS

▶ 최근 방문한 서비스

▼ 전체 서비스

컴퓨팅
EC2
Lightsail
Lambda
Batch
Elastic Beanstalk
Serverless Application Repository

위성
Ground Station

Quantum Technologies
Amazon Braket

관리 및 거버넌스

보안, 자격 증명 및 규정 준수
IAM
Resource Access Manager
Cognito
Secrets Manager
GuardDuty
Inspector

[그림 17-2] aws 콘솔 IAM 클릭하기

IAM 페이지로 이동하여 좌측의 사용자 메뉴를 클릭하도록 하겠습니다.

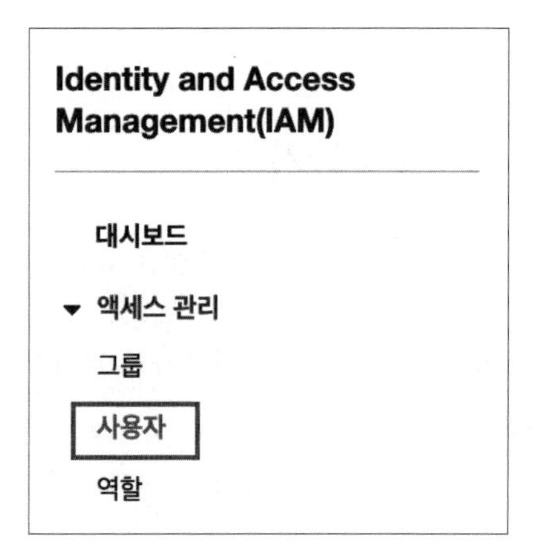

[그림 17-3] IAM 사용자 메뉴 클릭하기

사용자 추가하기를 눌러 사용자 이름과 프로그래밍 방식 엑세스 체크박스를 클릭해 주세요.

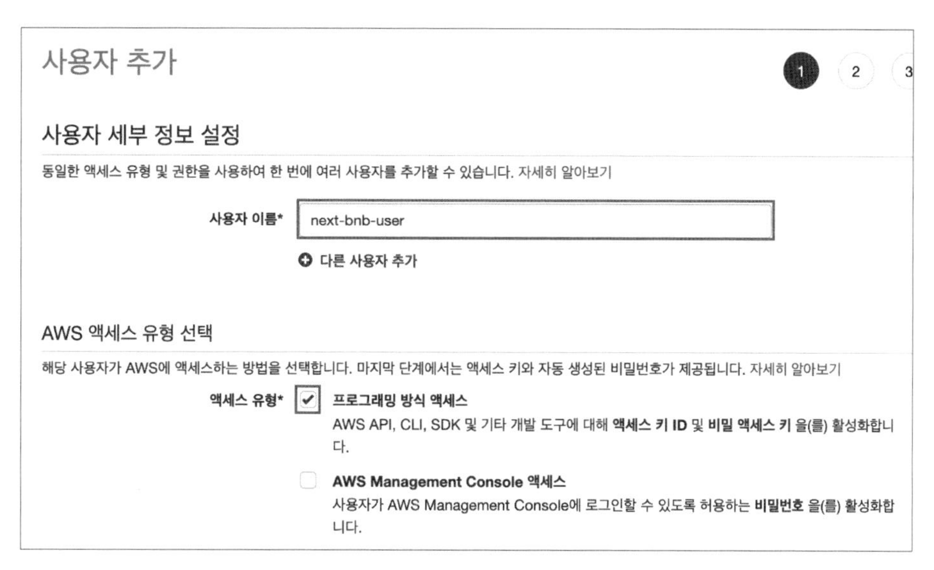

[그림 17-4] 사용자 추가하기 1단계

사용자에 s3 사용 권한을 주기 위해 다음과 같이 AmazonS3FullAccess 체크박스를 클릭해 주세요.

[그림 17-5] aws S3 권한 부여하기

다음 버튼을 눌러 사용자 만들기를 클릭해 주세요.

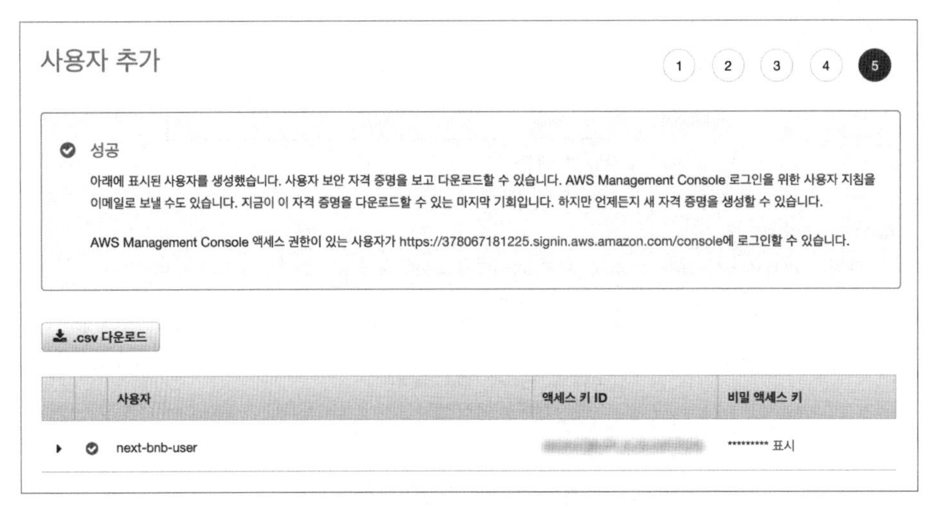

[그림 17-6] aws 사용자 만들기 완료

사용자가 만들어졌습니다. 생성된 액세스 키 ID와 비밀 액세스 키를 사용자 인증을 할 수 있도록 저장하세요. 저는 .env.local파일에 저장하도록 하겠습니다. 이 액세스 키는 절대 노출되어서는 안 됩니다.

```
ACCESSKEY_ID=AKIAVQBUPL2U3U***
SECRET_ACCESSKEY_ID=hMkNiuMlXWPwcSdy6bD40s***
```

17.3.2 aws S3 설정하기

이미지를 저장할 S3 버킷을 만들도록 하겠습니다.

aws의 S3 페이지로 이동하여 '버킷 만들기' 버튼을 클릭해 주세요.

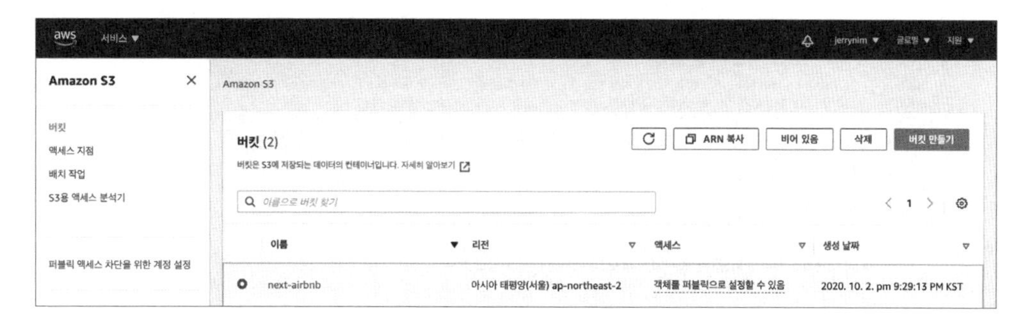

[그림 17-7] aws S3

사용할 버킷의 이름을 입력해주세요. 버킷의 이름은 고유해야 합니다.

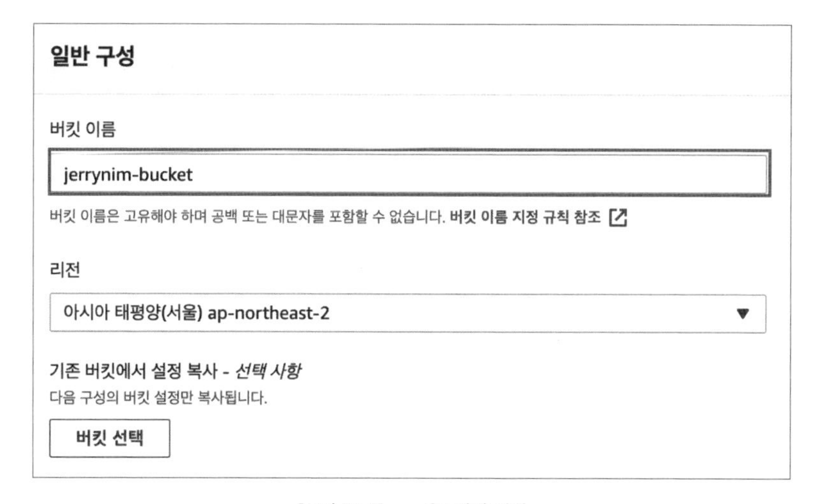

[그림 17-8] aws S3 버킷 생성

버킷을 퍼블릭으로 설정하여 저장 및 불러오기가 가능하도록 하기 위해 다음 체크박스를 클릭해 주세요.

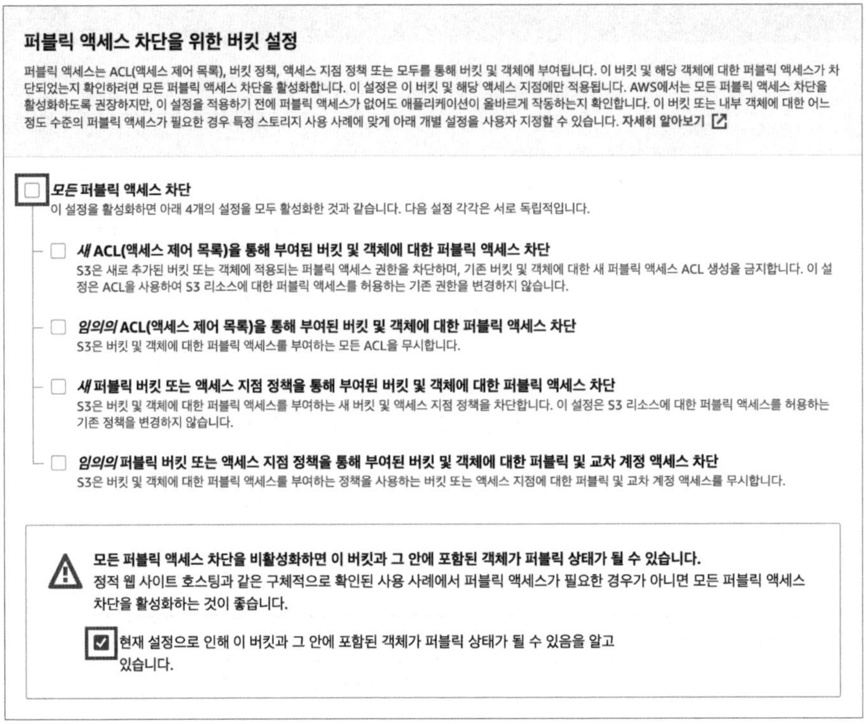

퍼블릭 액세스 차단을 위한 버킷 설정

퍼블릭 액세스는 ACL(액세스 제어 목록), 버킷 정책, 액세스 지점 정책 또는 모두를 통해 버킷 및 객체에 부여됩니다. 이 버킷 및 해당 객체에 대한 퍼블릭 액세스가 차단되었는지 확인하려면 모든 퍼블릭 액세스 차단을 활성화합니다. 이 설정은 이 버킷 및 해당 액세스 지점에만 적용됩니다. AWS에서는 모든 퍼블릭 액세스 차단을 활성화하도록 권장하지만, 이 설정을 적용하기 전에 퍼블릭 액세스가 없어도 애플리케이션이 올바르게 작동하는지 확인합니다. 이 버킷 또는 내부 객체에 대한 어느 정도 수준의 퍼블릭 액세스가 필요한 경우 특정 스토리지 사용 사례에 맞게 아래 개별 설정을 사용자 지정할 수 있습니다. **자세히 알아보기**

- [ ] ***모든*** **퍼블릭 액세스 차단**
  이 설정을 활성화하면 아래 4개의 설정을 모두 활성화한 것과 같습니다. 다음 설정 각각은 서로 독립적입니다.
  - [ ] ***새*** **ACL(액세스 제어 목록)을 통해 부여된 버킷 및 객체에 대한 퍼블릭 액세스 차단**
    S3은 새로 추가된 버킷 또는 객체에 적용되는 퍼블릭 액세스 권한을 차단하며, 기존 버킷 및 객체에 대한 새 퍼블릭 액세스 ACL 생성을 금지합니다. 이 설정은 ACL을 사용하여 S3 리소스에 대한 퍼블릭 액세스를 허용하는 기존 권한을 변경하지 않습니다.
  - [ ] ***임의의*** **ACL(액세스 제어 목록)을 통해 부여된 버킷 및 객체에 대한 퍼블릭 액세스 차단**
    S3은 버킷 및 객체에 대한 퍼블릭 액세스를 부여하는 모든 ACL을 무시합니다.
  - [ ] ***새*** **퍼블릭 버킷 또는 액세스 지점 정책을 통해 부여된 버킷 및 객체에 대한 퍼블릭 액세스 차단**
    S3은 버킷 및 객체에 대한 퍼블릭 액세스를 부여하는 새 버킷 및 액세스 지점 정책을 차단합니다. 이 설정은 S3 리소스에 대한 퍼블릭 액세스를 허용하는 기존 정책을 변경하지 않습니다.
  - [ ] ***임의의*** **퍼블릭 버킷 또는 액세스 지점 정책을 통해 부여된 버킷 및 객체에 대한 퍼블릭 및 교차 계정 액세스 차단**
    S3은 버킷 및 객체에 대한 퍼블릭 액세스를 부여하는 정책을 사용하는 버킷 또는 액세스 지점에 대한 퍼블릭 및 교차 계정 액세스를 무시합니다.

⚠ **모든 퍼블릭 액세스 차단을 비활성화하면 이 버킷과 그 안에 포함된 객체가 퍼블릭 상태가 될 수 있습니다.**
정적 웹 사이트 호스팅과 같은 구체적으로 확인된 사용 사례에서 퍼블릭 액세스가 필요한 경우가 아니면 모든 퍼블릭 액세스 차단을 활성화하는 것이 좋습니다.

- [x] 현재 설정으로 인해 이 버킷과 그 안에 포함된 객체가 퍼블릭 상태가 될 수 있음을 알고 있습니다.

[그림 17-9] aws S3 버킷 권한 설정

체크박스를 클릭 후, 페이지 맨 밑에 있는 '버킷 만들기' 버튼을 클릭하면 버킷이 만들어지게 됩니다.

만들어진 버킷 이름은 파일 업로드를 위해 필요하므로 .env.local 파일에 저장하도록 하겠습니다.

▶ .env.local

```
S3_BUCKET_NAME=jerrynim-next-bnb
```

17.3.3 aws-sdk로 파일 업로드하기

파일을 'aws-sdk'를 이용하여 버킷에 업로드 하도록 하겠습니다.

'aws-sdk'는 aws를 프로그래밍적으로 제어하기 편리하도록 제공되는 라이브러리들입니다. 'aws-sdk'를 설치하도록 하겠습니다.

```
$ yarn add aws-sdk
```

▶ **pages/api/files/upload.ts**

```
import aws from "aws-sdk";

    form.parse(req, async (err, fields, files) => {
      const s3 = new aws.S3({
        accessKeyId: process.env.ACCESSKEY_ID,
        secretAccessKey: process.env.SECRET_ACCESSKEY_ID,
      });

      const stream = createReadStream(files.file.path);

      await s3
        .upload({
          Bucket: process.env.S3_BUCKET_NAME!,
          Key: files.file.name,
          ACL: "public-read",
          Body: stream,
        })
        .promise()
        .then((res) => console.log(res))
        .catch((e) => console.log(e));
    });
```

s3의 upload 함수를 이용하여 파일을 업로드 하게 되는데, Bucket은 파일을 업로드할 버킷의 이름을, Key는 버킷에 저장될 파일의 이름을, ACL은 버킷 및 파일에 대한 액세

스를 설정할 수 있습니다. Body는 업로드할 파일의 스트림 값을 가지게 됩니다.

파일을 업로드 하면 콘솔에 다음과 같이 출력됩니다.

```
{
  ETag: '"7537408d7dfc5e994f396d247938ffc8"',
  Location: 'https://jerrynim-next-bnb.s3.ap-northeast-2.amazonaws.com/room_
  image_4_2x.jpg',
  key: 'room_image_4_2x.jpg',
  Key: 'room_image_4_2x.jpg',
  Bucket: 'jerrynim-next-bnb'
}
```

Location 값을 브라우저의 주소 창에 넣어보면 사진을 받아올 수 있는 것을 확인할 수 있습니다. 이 Location 값을 결과 값으로 보내주어 이미지를 표시할 수 있도록 하겠습니다.

▶ pages/api/files/upload.ts

```
      const url = await new Promise((resolve, reject) => {
        form.parse(req, async (err, fields, files) => {
          const s3 = new aws.S3({
            accessKeyId: undefined,
            secretAccessKey: undefined,
          });

          const stream = createReadStream(files.file.path);

          await s3
            .upload({
              Bucket: process.env.S3_BUCKET_NAME!,
              Key: files.file.name,
              ACL: "public-read",
              Body: stream,
            })
            .promise()
```

```
            .then((res) => resolve(res.Location))
            .catch((e) => reject(e));
      });
    });
    res.statusCode = 201;
    res.send(url);
```

Promise를 이용하여 Location 값을 받도록 하여 res로 전달했습니다. 그런데 같은 파일을 S3에 올리게 되면 기존의 파일에 덮어씌우게 되므로 기존의 파일이 사라지게됩니다. 따라서 파일마다 고유한 아이디를 추가하도록 하겠습니다. 고유한 아이디를 만들기 위해 'uuid' 라이브러리를 설치하도록 하겠습니다.

```
$ yarn add uuid
  yarn add @types/uuid -D
```

uuid는 유니크한 id를 생성하는 라이브러리입니다.

파일의 이름을 변경하는 코드를 추가하도록 하겠습니다. 파일의 이름은 파일의 이름에 유니크한 id를 더한 후 확장자를 붙이도록 하겠습니다.

▶ **pages/api/files.ts**

```
import { v4 as uuidv4 } from "uuid";

      const url = await new Promise((resolve, reject) => {
        form.parse(req, async (err, fields, files) => {
          const s3 = new aws.S3({
            accessKeyId: undefined,
            secretAccessKey: undefined,
          });

          const stream = createReadStream(files.file.path);

          //* 파일이름
```

```
        const originalFileName = files.file.name.split(".").shift();
        //* 확장자
        const fileExtension = files.file.name.split(".").pop();
        await s3
          .upload({
            Bucket: process.env.S3_BUCKET_NAME!,
            Key: `${originalFileName}__${uuidv4()}.${fileExtension}`,
            ACL: "public-read",
            Body: stream,
          })
          .promise()
          .then((res) => resolve(res.Location))
          .catch((e) => reject(e));
      });
    });
```

사진 업로드를 다시 해보면 파일의 명이 원하는 대로 고유한 id를 가지며 저장되는 것을 볼 수 있습니다.

17.4 숙소 사진 업데이트 하기

파일 업로드 api의 결과 값으로 받은 url을 리덕스 스토어에 저장하도록 하겠습니다.

▶ components/room/register/RegisterRoomPhoto.tsx

```
import { useDispatch } from "react-redux";
import { registerRoomActions } from "../../store/registerRoom";

 const dispatch = useDispatch();

  //* 파일 업로드 하기
  const uploadImage = async (event: React.ChangeEvent<HTMLInputElement>) => {
    const { files } = event.target;
    if (files && files.length > 0) {
```

```
      const file = files[0];
      const formdata = new FormData();
      formdata.append("file", file);
      try {
        const { data } = await uploadFileAPI(formdata);
        if (data) {
          dispatch(registerRoomActions.setPhotos([...photos, data]));
        }
      } catch (e) {
        console.log(e);
      }
    }
  };
```

이제 photos 값이 없을 때는 사진 업로드 버튼 UI를 보여주고, photos 배열에 값이 있다면 사진을 추가로 업로드할 수 있도록 업로드 카드를 만들고 사진을 수정, 삭제할 수 있도록 하겠습니다.

첫 번째 사진은 크게 나오도록 하겠습니다.

이후 사진은 카드가 3개씩 정렬되도록 만들고, 마지막 카드는 추가하기 카드가 되도록 하겠습니다.

카드를 hover 시에는 수정 삭제 버튼이 나타나도록 하겠습니다.

우선 기능을 제외하고 UI를 만들도록 하겠습니다.

7단계
게스트가 사진을 보고 숙소의 느낌을 생생히 떠올려볼 수 있도록 해주세요. 우선 사진 1장을 업로드하고 숙소를 등록한 후에 추가할 수 있습니다.
추가하기
수정, 삭제 아이콘은 hover 시에 나타난다.
*사진이 등록되었을 때 추가하기 카드는 마지막에

[그림 17-10] 숙소 사진 등록하기 디자인 패턴

▶ components/room/register/RegisterRoomPhoto.tsx

```
import isEmpty from "lodash/isEmpty";

  ...

      {isEmpty(photos) && (
        <div className="register-room-upload-photo-wrapper">
          <>
            <input type="file" accept="image/*" onChange={uploadImage} />
            <Button icon={<UploadIcon />} color="bittersweet" width="167px">
              사진 업로드
            </Button>
```

```
        </>
      </div>
    )}
    {!isEmpty(photos) && <RegisterRoomPhotoCardList photos={photos} />}
```

첫 번째 카드에 대한 부분을 만들겠습니다.

▶ **components/room/register/RegisterRoomPhotoCardList.tsx**

```
import React from "react";
import styled from "styled-components";

import PencilIcon from "../../public/static/svg/register/photo/pencil.svg";
import TrashCanIcon from "../../public/static/svg/register/photo/trash_can.
svg";

const Container = styled.ul`
  width: 858px;
  margin: auto;
  /** 첫 번째 사진 */
  .register-room-first-photo-wrapper {
    width: 858px;
    height: 433px;
    margin: 0 auto 24px;
    position: relative;
    display: flex;
    justify-content: center;
    align-items: center;
    border-radius: 6px;
    overflow: hidden;
    &:hover {
      .register-room-photo-interaction-buttons {
        display: flex;
      }
    }
    input {
      position: absolute;
      width: 100%;
```

```
      height: 100%;
      opacity: 0;
      cursor: pointer;
    }
    img {
      width: 100%;
      max-height: 100%;
    }
  }

  /** 수정,삭제 버튼 */
  .register-room-photo-interaction-buttons {
    display: none;
    position: absolute;
    top: 8px;
    right: 8px;
    button {
      width: 48px;
      height: 48px;
      background-color: white;
      border-radius: 50%;
      cursor: pointer;
      border: 0;
      outline: none;
      box-shadow: 0 2px 4px rgba(0, 0, 0, 0.18);
      &:first-child {
        margin-right: 8px;
      }
    }
  }
`;
interface IProps {
  photos: string[];
}

const RegisterRoomPhotoCardList: React.FC<IProps> = ({ photos }) => {
  return (
    <Container>
      {photos.map((photo, index) => (
```

```
        <React.Fragment key={index}>
          {index === 0 && (
            <li className="register-room-first-photo-wrapper">
              <img src={photo} alt="" />
              <div className="register-room-photo-interaction-buttons">
                <button type="button" onClick={() => {}}>
                  <TrashCanIcon />
                </button>
                <button type="button" onClick={() => {}}>
                  <PencilIcon />
                </button>
              </div>
            </li>
          )}
        </React.Fragment>
      ))}
    </Container>
  );
};

export default RegisterRoomPhotoCardList;
```

7단계
게스트가 사진을 보고 숙소의 느낌을 생생히 떠올려볼 수 있도록 해주세요.
우선 사진 1장을 업로드하고 숙소를 등록한 후에 추가할 수 있습니다.

[그림 17-11] 숙소 첫 번째 사진

두 개 이상의 사진일 때의 UI와 카드 추가하기 버튼을 만들도록 하겠습니다. 작업을 할 때에 임시적으로 리덕스 스토어의 photos 값을 사진 url들로 변경하면 편리하게 작업할 수 있습니다.

▶ **store/registerRoom.ts**

```
  photos: [
    "https://jerrynim-next-bnb.s3.ap-northeast-2.amazonaws.com/room_
    image_1_2x__5e286c64-83c9-4377-9967-240b6e1e4844.jpg",
    "https://jerrynim-next-bnb.s3.ap-northeast-2.amazonaws.com/room_
    image_1_2x__5e286c64-83c9-4377-9967-240b6e1e4844.jpg",
    "https://jerrynim-next-bnb.s3.ap-northeast-2.amazonaws.com/room_
    image_1_2x__5e286c64-83c9-4377-9967-240b6e1e4844.jpg",
  ],
```

▶ **components/room/register/RegisterRoomPhotoCardList.tsx**

```
import GrayPlusIcon from "../../../public/static/svg/register/photo/gray_
plus.svg";
import palette from "../../../styles/palette";

  ...

li:nth-child(3n + 1) {
    margin-right: 0;
  }
  .register-room-photo-card {
    position: relative;
    display: inline-block;
    width: calc((100% - 48px) / 3);
    height: 180px;
    border-radius: 6px;

    overflow: hidden;
    margin-right: 24px;
    margin-bottom: 24px;
```

```
    &:hover {
      .register-room-photo-interaction-buttons {
        display: flex;
      }
    }
    img {
      position: absolute;
      top: 0;
      left: 0;
      width: 100%;
      height: 100%;
    }
  }
  /** 사진 추가하기 카드 */
  .register-room-add-more-photo-card {
    position: relative;
    flex-direction: column;
    justify-content: center;
    align-items: center;
    width: 100%;
    height: 100%;
    border: 2px dashed ${palette.gray_bb};
    border-radius: 6px;
    cursor: pointer;
    overflow: hidden;
    margin-right: 24px;
    margin-bottom: 24px;
    display: flex;

    svg {
      margin-bottom: 12px;
    }
  }
`;

  ...

          {index !== 0 && (
```

```
        <li className="register-room-photo-card">
          <img src={photo} alt="" />
          <div className="register-room-photo-interaction-buttons">
            <button type="button" onClick={() => {}}>
              <TrashCanIcon />
            </button>
            <button type="button" onClick={() => {}}>
              <PencilIcon />
            </button>
          </div>
        </li>
      )}
    </React.Fragment>
  ))}
  <li
    className="register-room-photo-card"
    role="presentation"
    onClick={() => {}}
  >
    <div className="register-room-add-more-photo-card">
      <GrayPlusIcon />
      추가하기
    </div>
  </li>
</Container>
```

[그림 17-12] 숙소 사진 추가하기

이제 사진을 추가하는 기능을 만들도록 하겠습니다. 이번에는 input 태그를 사용하지 않았습니다. input 태그를 매번 스타일링 해주는 일이 번거로울 수 있습니다. 그래서 함수 내에서 이미지를 업로드 할 수 있는 방법을 사용해보도록 하겠습니다.

▶ components/room/register/RegisterRoomPhotoCardList.tsx

```
import { useDispatch } from "react-redux";
import { uploadFileAPI } from "../../lib/api/file";
import { registerRoomActions } from "../../store/registerRoom";


  const dispatch = useDispatch();

//* 사진 추가하기
  const addPhoto = () => {
```

```
  const el = document.createElement("input");
  el.type = "file";
  el.accept = "image/*";
  el.onchange = (event) => {
    const { files } = event.target as HTMLInputElement;
    if (files && files.length > 0) {
      const file = files[0];
      const formData = new FormData();
      formData.append("file", file);
      uploadFileAPI(formData)
        .then(({ data }) => {
          dispatch(registerRoomActions.setPhotos([...photos, data]));
        })
        .catch((e) => console.log(e));
    }
  };

  el.click();
};

...

    <li
      className="register-room-photo-card"
      role="presentation"
      onClick={addPhoto}
    >
```

함수 내부에서 input element를 생성하여 onchange를 만들어 사용하였습니다. 매번 인풋을 투명하게 스타일링하는 번거로움을 줄일 수 있지만, 테스트를 할 때 불편한 점이 있습니다.

다음으로 사진을 삭제하는 함수를 만들도록 하겠습니다. 간단하게 photos에서 해당 인덱스를 삭제하게 됩니다.

▶ components/room/register/RegisterRoomPhotoCardList.tsx

```
//* 사진 삭제하기
const deletePhoto = (index: number) => {
  const newPhotos = [...photos];
  newPhotos.splice(index, 1);
  dispatch(registerRoomActions.setPhotos(newPhotos));
};


            <div className="register-room-photo-interaction-buttons">
              <button
                type="button"
                onClick={() => {
                  deletePhoto(index);
                }}
              >
                <TrashCanIcon />
              </button>

...


              <button
                type="button"
                onClick={() => {
                  deletePhoto(index);
                }}
              >
                <TrashCanIcon />
              </button>
```

사진 수정하기 함수를 만들도록 하겠습니다.

```
//* 사진 수정하기
const editPhoto = (index: number) => {
  const el = document.createElement("input");
  el.type = "file";
```

```
  el.onchange = (event) => {
    const file = (event.target as HTMLInputElement)?.files?.[0];
    if (file) {
      const formData = new FormData();
      formData.append("file", file);
      uploadFileAPI(formData)
        .then(({ data }) => {
          const newPhotos = [...photos];
          newPhotos[index] = data;
          dispatch(registerRoomActions.setPhotos(newPhotos));
        })
        .catch((e) => console.log(e.message));
    }
  };
  el.click();
};

...

              <button
                type="button"
                onClick={() => {
                  editPhoto(index);
                }}
              >
                <PencilIcon />
              </button>

...

              <button
                type="button"
                onClick={() => {
                  editPhoto(index);
                }}
              >
                <PencilIcon />
              </button>
```

이것으로 사진에 대한 추가, 수정, 삭제를 완료했습니다. 하단에 푸터를 추가하고 마무리하도록 하겠습니다.

▶ components/room/register/RegisterRoomPhoto.tsx

```
    <RegisterRoomFooter
      prevHref="/room/register/conveniences"
      nextHref="/room/register/description"
    />
  </Container>
```

숙소 등록하기 8단계 (숙소 설명)

숙소 설명에는 textarea 태그가 들어갑니다. 텍스트아레아를 공통 컴포넌트를 만들어서 숙소 설명 값을 넣을 수 있도록 만들도록 하겠습니다. 리덕스에 숙소 설명에 대한 값인 description과 리듀서를 만들도록 하겠습니다.

18.1 숙소 등록하기 8단계 리덕스 설정

▸ store/registerRoom.ts

```
type RegisterRoomState = {
  ...
  description: string;
```

```
}

const initialState: RegisterRoomState = {
  ...
  //* 숙소 설명
  description: "",

    //* 숙소 설명 변경하기
    setDescription(state, action: PayloadAction<string>) {
      state.description = action.payload;
    },
```

18.2 숙소 등록하기 상단 스타일링

숙소 등록하기 8단계 페이지와 경로를 만들도록 하겠습니다. 그리고 페이지의 상단을 스타일링 하도록 하겠습니다.

▸ pages/room/register/description.tsx

```
import React from "react";
import { NextPage } from "next";
import RegisterRoomDescription from "../../../components/room/register/
RegisterRoomDescription";

const description: NextPage = () => {
  return <RegisterRoomDescription />;
};

export default description;
```

▸ components/room/register/RegisterRoomDescription.tsx

```
import React from "react";
import styled from "styled-components";
```

```
import palette from "../../../styles/palette";

const Container = styled.div`
  padding: 62px 30px 100px;
  h2 {
    font-size: 19px;
    font-weight: 800;
    margin-bottom: 56px;
  }
  h3 {
    font-weight: bold;
    color: ${palette.gray_76};
    margin-bottom: 6px;
  }
  .register-room-step-info {
    font-size: 14px;
    max-width: 400px;
    margin-bottom: 24px;
  }
`;

const RegisterRoomDescription: React.FC = () => {
  return (
    <Container>
      <h2>게스트에게 숙소에 대해 설명해주세요.</h2>
      <h3>8단계</h3>
      <p className="register-room-description-wrapper">
        숙소의 장점, 특별한 편의 시설(예: 빠른 와이파이 또는 주차 시설)과 주변
        지역의 매력을 소개해주세요.
      </p>
    </Container>
  );
};

export default RegisterRoomDescription;
```

18.3 공통 텍스트아레아 컴포넌트

공통 텍스트아레아 컴포넌트는 Input 컴포넌트와 비슷하지만 min-height를 인풋보다 크게 가지고 줄의 높이가 길어지면 텍스트아레아의 크기도 커지도록 만들려고 합니다. 텍스트아레아의 크기가 자동으로 늘어나는 것을 도와주는 'react-autosize-textarea' 라이브러리를 추가하도록 하겠습니다.

```
$ yarn add react-autosize-textarea
```

▸ components/common/Textarea.tsx

```
import React from "react";
import ReactAutosizeTextarea from "react-autosize-textarea";
import styled from "styled-components";

import palette from "../../styles/palette";

const StyledTextarea = styled(ReactAutosizeTextarea)`
  textarea {
    position: relative;
    width: 100%;
    min-height: 216px;
    padding: 11px;
    border: 1px solid ${palette.gray_eb};
    border-radius: 4px;
    font-size: 16px;
    outline: none;
    resize: none;
    font: inherit;
    & ::placeholder {
      color: ${palette.gray_76};
    }
    & :focus {
      border-color: ${palette.dark_cyan};
    }
  }
`;
```

```
const Textarea: React.FC<React.TextareaHTMLAttributes<HTMLTextAreaElement>>
= ({
  ...props
}) => {
  return <StyledTextarea {...props} />;
};

export default React.memo(Textarea);
```

기존 텍스트아레아의 props를 받도록 하였고, 'react-autosize-textarea' 컴포넌트를 스타일드 컴포넌트를 이용하여 스타일을 주었습니다. 공통 텍스트아레아 컴포넌트를 적용하도록 하겠습니다.

▶ **components/register/RegisterRoomDescription.tsx**

```
import { useDispatch } from "react-redux";
import { registerRoomActions } from "../../store/registerRoom";
import Textarea from "../common/Textarea";

  .register-room-description-wrapper {
    width: 430px;
    font-size: 14px;
    margin-bottom: 16px;
  }

  ...

const RegisterRoomDescription: React.FC = () => {
  const dispatch = useDispatch();

  const description = useSelector((state) => state.registerRoom.description);

  //* 숙소 설명 변경 시
  const onChangeDescription = (e: React.ChangeEvent<HTMLTextAreaElement>) =>
    dispatch(registerRoomActions.setDescription(e.target.value));

  ...
```

```
      <div className="register-room-description-wrapper">
        <Textarea
          value={description}
          onChange={onChangeDescription}
        />
      </div>
    </Container>
```

마지막으로 푸터를 추가하여 숙소 설명 등록하기를 마무리하겠습니다.

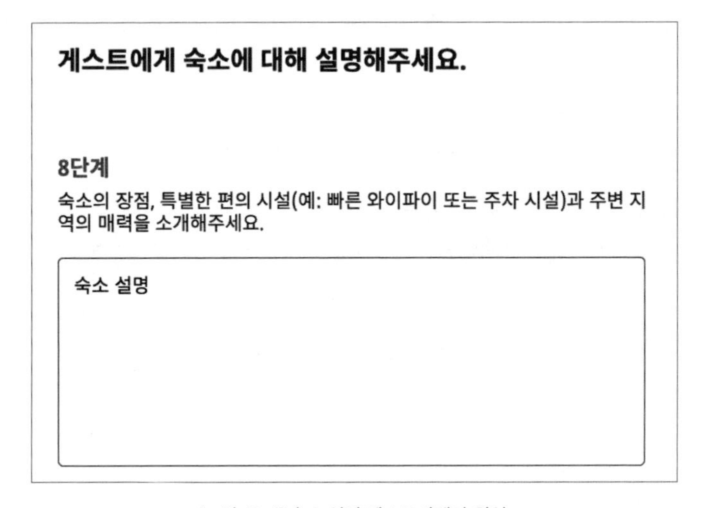

[그림 18-1] 숙소 설명 텍스트아레아 완성

다음 단계로 이동하는 푸터를 추가하여 숙소 등록하기 8단계를 마무리하도록 하겠습니다.

▸ components/register/RegisterRoomDescription.tsx

```
import RegisterRoomFooter from "./RegisterRoomFooter";

      <RegisterRoomFooter
        prevHref="/room/register/photo"
        nextHref="/room/register/title"
      />
```

숙소 등록하기 9단계 (제목)

제목은 공통 인풋 컴포넌트를 사용하여 간단하게 만들어집니다. 리덕스에 제목 값인 title과 title을 변경하는 리듀서를 추가하겠습니다.

▶ store/registerRoom.ts

```
type RegisterRoomState = {
  ...
  title: string
}

const initialState: RegisterRoomState = {
  ...
  //* 숙소 제목
  title: "",
};
```

```
...

  //* 숙소 제목 변경하기
  setTitle(state, action: PayloadAction<string>) {
    state.title = action.payload;
  },
```

숙소 등록하기 9단계의 페이지를 만들고 공통 인풋 컴포넌트를 사용하여 title을 변경하도록 하겠습니다.

▶ pages/room/register/title.tsx

```
import React from "react";
import { NextPage } from "next";
import RegisterRoomTitle from "../../../components/room/register/
RegisterRoomTitle";

const title: NextPage = () => {
  return <RegisterRoomTitle />;
};

export default title;
```

▶ components/room/register/RegisterRoomTitle.tsx

```
import React from "react";
import styled from "styled-components";
import { useDispatch } from "react-redux";
import palette from "../../../styles/palette";
import { useSelector } from "../../../store";
import { registerRoomActions } from "../../../store/registerRoom";
import RegisterRoomFooter from "./RegisterRoomFooter";
import Input from "../../common/Input";

const Container = styled.div`
  padding: 62px 30px 100px;
```

```
  width: 445px;
  h2 {
    font-size: 19px;
    font-weight: 800;
    margin-bottom: 56px;
  }
  h3 {
    font-weight: bold;
    color: ${palette.gray_76};
    margin-bottom: 6px;
  }
  .register-room-step-info {
    font-size: 14px;
    max-width: 400px;
    margin-bottom: 24px;
  }
`;

const RegisterRoomTitle: React.FC = () => {
  const title = useSelector((state) => state.registerRoom.title);

  const dispatch = useDispatch();

  //* 제목 변경 시
  const onChangeTitle = (event: React.ChangeEvent<HTMLInputElement>) =>
    dispatch(registerRoomActions.setTitle(event.target.value));

  return (
    <Container>
      <h2>숙소의 제목을 만드세요.</h2>
      <h3>9단계</h3>
      <div className="register-room-description-wrapper">
        <Input
          label="
          숙소의 특징과 장점을 강조하는 제목으로 게스트의 관심을 끌어보세요."
          value={title}
          onChange={onChangeTitle}
        />
      </div>
```

```
      <RegisterRoomFooter
        prevHref="/room/register/description"
        nextHref="/room/register/price"
      />
    </Container>
  );
};

export default RegisterRoomTitle;
```

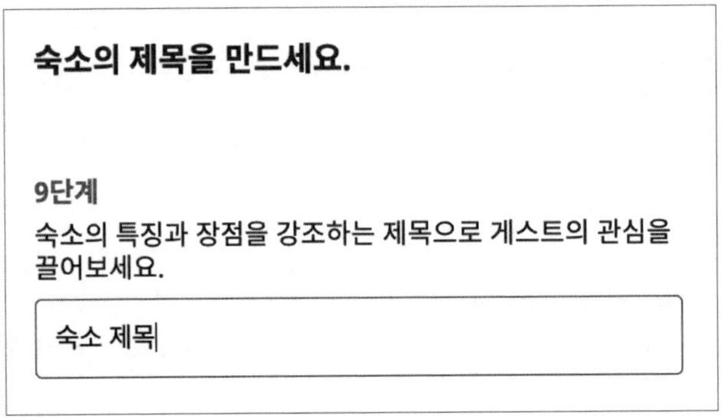

숙소의 제목을 만드세요.

9단계

숙소의 특징과 장점을 강조하는 제목으로 게스트의 관심을 끌어보세요.

숙소 제목

[그림 19-1] 숙소 등록하기 9단계 완성

CHAPTER

20 숙소 등록하기 10단계 (가격)

숙소 가격은 공통 인풋 컴포넌트를 사용하지만 입력 값을 숫자만 받게 하려고 합니다. 저장하는 price 값의 타입은 number이고 인풋 컴포넌트에 들어가는 value 값의 타입은 string이 될 것입니다. 그리고 금액을 단위별로 나누어 ' , '를 표시하는 작업을 하려고 합니다.

20.1 숙소 요금 리덕스 설정

리덕스에 가격인 price 값과 price를 변경하는 리듀서를 만들도록 하겠습니다.

▸ store/registerRoom.ts

```
type RegisterRoomState = {
  ...
  price: number
}

const initialState: RegisterRoomState = {
  ...
  //* 숙소 요금
  price: 0,

    //* 숙소 요금 변경하기
    setPrice(state, action: PayloadAction<number>) {
      state.price = action.payload;
    },
```

20.2 숙소 등록하기 10단계 스타일링

▸ pages/room/register/price.tsx

```
import React from "react";
import { NextPage } from "next";
import RegisterRoomPrice from "../../../components/register/
RegisterRoomPrice";

const price: NextPage = () => {
  return <RegisterRoomPrice />;
};

export default price;
```

▸ components/register/RegisterRoomPrice.tsx

```
import React from "react";
import styled from "styled-components";
```

```
import { useDispatch } from "react-redux";

import RegisterRoomFooter from "./RegisterRoomFooter";
import palette from "../../../styles/palette";
import { useSelector } from "../../../store";
import Input from "../../common/Input";

const Container = styled.div`
  padding: 62px 30px 100px;
  width: 445px;
  h2 {
    font-size: 19px;
    font-weight: 800;
    margin-bottom: 56px;
  }
  h3 {
    font-weight: bold;
    color: ${palette.gray_76};
    margin-bottom: 6px;
  }
`;

const RegisterRoomPrice: React.FC = () => {
  const dispatch = useDispatch();

  const price = useSelector((state) => state.registerRoom.price);

  return (
    <Container>
      <h2>숙소 요금 설정하기</h2>
      <h3>10단계</h3>
      <Input label="기본요금" value={String(price)} />
      <RegisterRoomFooter
        prevHref="/room/register/title"
        nextHref="/room/register/date"
      />
    </Container>
  );
};
```

```
export default RegisterRoomPrice;
```

숙소 요금 설정하기

10단계

기본요금

0

[그림 20-1] 숙소 요금 인풋 컴포넌트

20.3 금액 표기 함수 만들기

우선 ‘,’ 가 포함된 금액 형식으로 입력 값을 변경하는 함수를 만들도록 하겠습니다.

▶ lib/utils.ts

```
//* 금액 변경시
const onChangePrice = (event: React.ChangeEvent<HTMLInputElement>) => {
  const input = event.target.value;

  const numberPrice = Number(input.replace(/,/g, ""));
  //? 인풋 값이 비워지면 price를 0으로 변경
  if (!numberPrice || numberPrice === 0) {
    dispatch(registerRoomActions.setPrice(0));
  }

  if (numberPrice !== 0) {
    dispatch(registerRoomActions.setPrice(numberPrice));
  }
};
```

정규표현식을 이용하여 숫자 이외의 값은 제거하였으며, 숫자의 단위마다 ' , '를 추가해주는 함수를 만들었습니다. 인풋에 함수를 이용하여 값이 어떻게 나오는지 확인하도록 하겠습니다.

▶ **components/room/register/RegisterRoomPrice.tsx**

```
import { makeMoneyString } from "../../lib/utils";

  ...

      <Input label="기본요금" value={makeMoneyString("10000000")} />
```

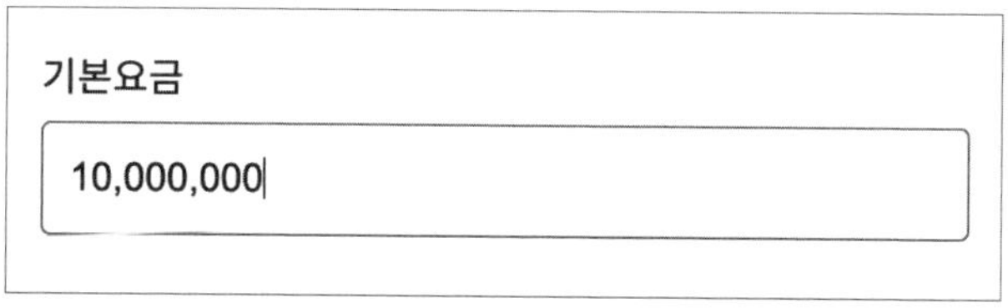

기본요금

10,000,000

[그림 20-2] 숙소 요금 표시하기

값에 ' , '가 추가되어 출력되고 있습니다. 이를 유의하여 onChange 함수를 만들도록 하겠습니다. 입력 값을 모두 지우면 가격을 0으로 바꾸고, 금액 형식이 아니라면 변경하지 않도록 onChange를 하겠습니다.

```
//* 금액 변경 시
const onChangePrice = (event: React.ChangeEvent<HTMLInputElement>) => {
  const input = event.target.value;

  //? 인풋 값이 비워지면 price를 0으로 변경
  if (!input) {
    dispatch(registerRoomActions.setPrice(0));
  }

  const numberPrice = Number(input.replace(/,/g, ""));
  if (numberPrice) {
```

```
    dispatch(registerRoomActions.setPrice(numberPrice));
  }
};

...

    <Input
      label="기본요금"
      value={makeMoneyString(String(price))}
      onChange={onChangePrice}
    />
```

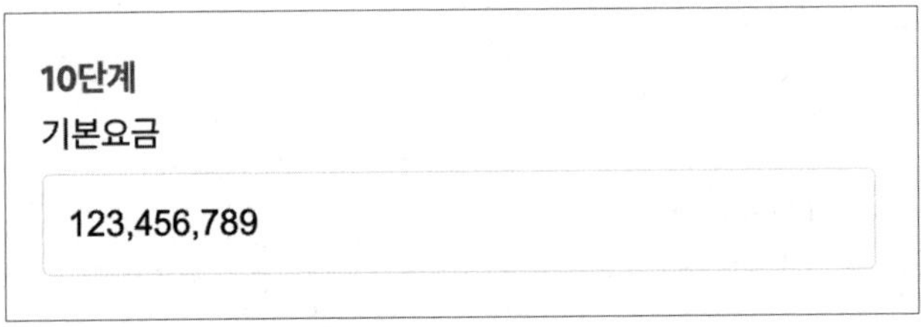

10단계

기본요금

123,456,789

[그림 20-3] 숙소 요금 변경하기

숙소 등록하기 11단계 (날짜)

숙소를 등록하기 위해서 예약이 가능한 날짜를 설정해야 합니다. 예약이 가능한 시작 날짜와 마감 날짜가 필요합니다. 리덕스에 예약 시작 날짜 startDate와, endDate 초깃값과 리듀서를 작성하도록 하겠습니다.

21.1 숙소 예약 날짜 리덕스 설정

▸ store/registerRoom.ts

```
type RegisterRoomState = {
  ...
  startDate: string | null;
```

```
  endDate: string | null;
}

const initialState: RegisterRoomState = {
  ...
  //* 예약 시작 날짜
  startDate: null,
  //* 예약 마감 날짜
  endDate: null,
};

  ...

    //* 예약 시작 날짜 변경하기
    setStartDate(state, action: PayloadAction<string | null>) {
      state.startDate = action.payload;
    },
    //* 예약 마감 날짜 변경하기
    setEndDate(state, action: PayloadAction<string | null>) {
      state.endDate = action.payload;
    },
```

날짜 등록 페이지를 만들고 페이지의 상단을 스타일링 하도록 하겠습니다.

▸ **pages/room/register/date.tsx**

```
import React from "react";
import { NextPage } from "next";
import RegisterRoomDate from "../../../components/room/register/
RegisterRoomDate";

const date: NextPage = () => {
  return <RegisterRoomDate />;
};

export default date;
```

▶ components/register/RegisterRoomDate.tsx

```
import React from "react";
import styled from "styled-components";
import palette from "../../../styles/palette";

const Container = styled.div`
  padding: 62px 30px 100px;
  h2 {
    font-size: 19px;
    font-weight: 800;
    margin-bottom: 56px;
  }
  h3 {
    font-weight: bold;
    color: ${palette.gray_76};
    margin-bottom: 6px;
  }
`;

const RegisterRoomDate: React.FC = () => {
  return (
    <Container>
      <h2>예약 가능 여부 설정하기</h2>
      <h3>11단계</h3>
    </Container>
  );
};

export default RegisterRoomDate;
```

21.2 숙소 예약 날짜 DatePicker 만들기

최종적으로 공통 DatePicker 컴포넌트를 만들어서 시작일과 마감일을 선택할 수 있도록 만들려고 합니다. 디자인은 다음 그림과 같이 되어 있습니다.

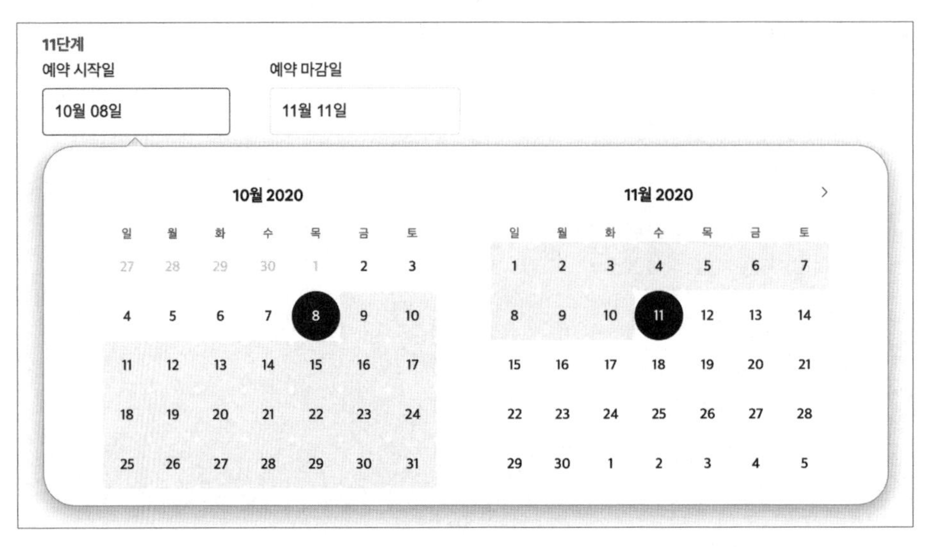

[그림 21-1] 숙소 예약 날짜 DatePicker

21.3 react-datepicker 사용하기

그림과 같이 만드는 데 유용한 모듈이 있어 사용하려고 합니다. 'react-datepicker' 라이브러리를 사용하여 그림처럼 날짜를 선택하는 기능을 사용할 수 있습니다. 'react-datepicker'를 설치하도록 하겠습니다.

```
$ yarn add react-datepicker
  yarn add @types/react-datepicker -D
```

'reactk-datepicker'를 사용해보도록 하겠습니다. DatePicker 컴포넌트와 DatePicker의 css를 import 하여 사용하도록 하겠습니다. DatePicker의 onChange 값은 필수입니다.

```
import DatePicker from "react-datepicker";
import "react-datepicker/dist/react-datepicker.css";
```

```
...

    <DatePicker onChange={(date) => console.log(date)} />
  </Container>
```

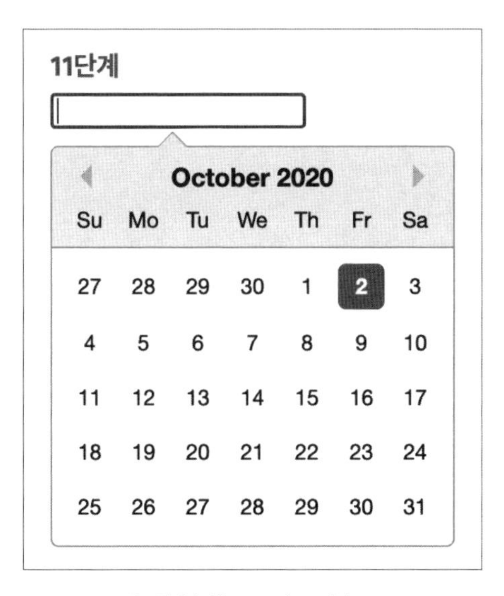

[그림 21-2] react-datepicker

리액트 DatePicker로 날짜를 선택하게 되면 onChange로 Date 타입의 값을 주게 됩니다. DatePicker의 선택된 값은 selected 속성으로 설정할 수 있습니다. selected의 타입은 Date 또는 null 입니다.

21.4 공통 DatePicker 컴포넌트 만들기

DatePicker의 기본 스타일을 디자인대로 변경하도록 하겠습니다. 스타일이 변경된 DatePicker를 공통 DatePicker 컴포넌트로 만들어 사용하도록 하겠습니다. react-datepicker.css를 이곳에서 import 하도록 변경해주세요.

▸ components/common/DatePicker.tsx

```
import React from "react";
import styled from "styled-components";
import ReactDatePicker, { ReactDatePickerProps } from "react-datepicker";
import palette from "../../styles/palette";
import "react-datepicker/dist/react-datepicker.css";

const Container = styled.div`
  width: 100%;
  height: 100%;
  .react-datepicker {
    padding: 16px 32px;
    background-color: white;
    box-shadow: rgba(0, 0, 0, 0.2) 0px 6px 20px !important;
    border-radius: 32px;
    cursor: default;
  }
  .react-datepicker__triangle {
    border-bottom-color: white !important;
  }
  .react-datepicker__month-container {
    padding: 0 27px;
  }
  .react-datepicker__header {
    padding-top: 22px;
    font-size: 16px;
    font-weight: 600;
    border: 0;
    background-color: white;
  }
  .react-datepicker__navigation--previous {
    top: 40px;
    left: 56px;
    border: 0;
    background-image: url("/static/svg/common/datePicker/datepicker_left_
    arrow.svg");
    background-repeat: no-repeat;
  }
```

```
.react-datepicker__navigation--next {
  top: 40px;
  right: 56px;
  border: 0;
  background-image: url("/static/svg/common/datePicker/datepciker_right_
  arrow.svg");
  background-repeat: no-repeat;
}
.react-datepicker__current-month {
  font-size: 16px;
  font-weight: 600;
  font-family: Airbnb Cereal, sans-serif;
}
.react-datepicker__day-names {
  padding-top: 16px;
}
.react-datepicker__day-name {
  width: 48px;
  margin: 0;
  font-size: 12px;
  line-height: 16px;
  font-weight: 400;
  color: ${palette.gray_71};
}
.react-datepicker__month {
  margin: 0;
}
.react-datepicker__day {
  width: 48px;
  height: 48px;
  display: inline-flex;
  justify-content: center;
  align-items: center;
  margin: 0;
  font-size: 14px;
  font-weight: 600;
  font-family: -apple-system, sans-serif;
  color: ${palette.black};
  outline: none;
```

```
    &:hover {
      border: 1px solid ${palette.black};
      color: ${palette.black};
      background-color: white;
      border-radius: 50%;
    }
  }

  .react-datepicker__day--in-range {
    background-color: ${palette.gray_f7};
  }
  .react-datepicker__day--in-selecting-range {
    background-color: ${palette.gray_f7};
  }
  .react-datepicker__day--selected {
    background-color: ${palette.black};
    color: white;
    border-radius: 50%;
  }
  .react-datepicker__day--range-start {
    background-color: ${palette.black};
    color: white;
    border-radius: 50%;
  }
  .react-datepicker__day--range-end {
    background-color: ${palette.black};
    color: white;
    border-radius: 50%;
  }
  .react-datepicker__day--disabled {
    color: ${palette.gray_dd};
    cursor: no-drop;
    &:hover {
      border: 0;
    }
  }
`;

const DatePicker: React.FC<ReactDatePickerProps> = ({ ...props }) => {
```

```
  return (
    <Container>
      <ReactDatePicker {...props} disabledKeyboardNavigation />
    </Container>
  );
};

export default DatePicker;
```

disabledKeyboardNavigation라는 속성은 기본적으로 DatePicker는 키보드를 이용하여 날짜를 선택할 수 있는데 이를 사용하지 않도록 하는 옵션입니다.

공통 DatePicker 컴포넌트를 적용하도록 하겠습니다.

▶ **components/room/register/RegisterRoomDate.tsx**

```
import DatePicker from "../../common/DatePicker";

      <DatePicker onChange={(date) => console.log(date)} />
```

[그림 21-3] 스타일을 적용한 DatePicker

21.4.1 DatePicker 커스텀하기

이번에는 스타일이 적용된 DatePicker의 언어가 영어로 되어 있는데 이를 한글로 바꿔주도록 하겠습니다. 'date-fns' 라이브러리의 언어를 지원하는 기능을 이용하도록 하겠습니다. 'date-fns' 라이브러리를 설치해주세요.

```
$ yarn add date-fns
```

'date-fns'를 이용하여 다음과 같이 작성해주세요.

▶ **components/common/DatePicker.tsx**

```
import ko from "date-fns/locale/ko";

      <ReactDatePicker {...props} disabledKeyboardNavigation locale={ko} />
```

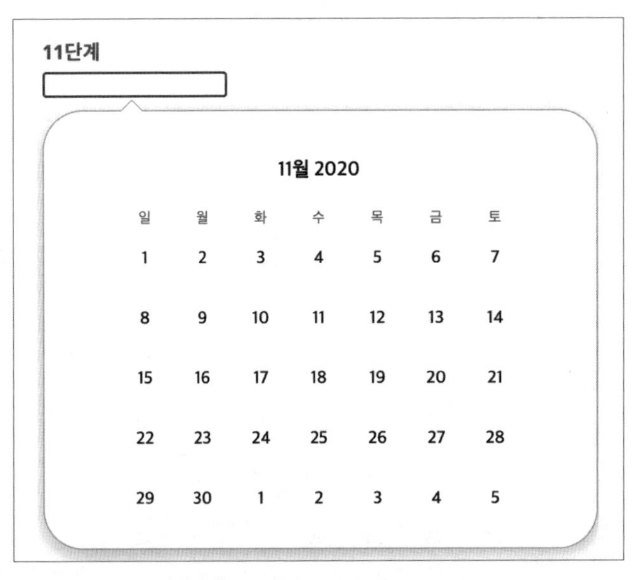

[그림 21-4] DatePicker 한글 지원

그림과 같이 한글이 적용된 것을 확인할 수 있습니다.

예약 시작일인 startDate를 DatePicker와 연동하도록 하겠습니다.

```
import { useSelector } from "../../../store";
import { registerRoomActions } from "../../../store/registerRoom";


const RegisterRoomDate: React.FC = () => {
  const startDate = useSelector((state) => state.registerRoom.startDate);

  const dispatch = useDispatch();

  //* 예약 시작 날짜 변경 시
  const onChangeStartDate = (date: Date | null) => {
    console.log(date);
    dispatch(
      registerRoomActions.setStartDate(date ? date.toISOString() : null)
    );
  };

  ...

      <DatePicker
        selected={startDate ? new Date(startDate) : null}
        onChange={onChangeStartDate}
      />
```

DatePicker를 이용하여 값을 변경하도록 하겠습니다.

[그림 21-5] DatePicker로 예약 날짜 변경하기

[그림 21-5]와 같이 값이 변경되는 것을 확인할 수 있습니다. 하지만 날짜가 9시간 전 시간으로 표시되는 것을 볼 수 있습니다. 이는 서울이 UTC시간 기준 +9시간이기 때문에 9시간 전의 시간으로 표시되는 것입니다. 따라서 시간을 맞춰주기 위해 DatePicker로 시간을 선택할 때 9시간을 더해주도록 하겠습니다. 시간을 더하는 것은 date-fns의 addHours 함수를 이용하여 더하도록 하겠습니다.

▶ **components/common/DatePicker.tsx**

```
import addHours from "date-fns/addHours";

const DatePicker: React.FC<ReactDatePickerProps> = ({ onChange, ...props })
=> {
  return (
    <Container>
      <ReactDatePicker
        {...props}
        disabledKeyboardNavigation
        locale={ko}
        onChange={(date, event) => {
          if (date) {
            onChange(addHours(date as Date, 9), event);
          } else {
            onChange(null, event);
          }
        }}
      />
    </Container>
  );
};
```

DatePicker를 이용하여 값을 선택하면 인풋에 '01/09/2020' 형식으로 값이 들어가게 됩니다. 저희는 '00월 00일'형식으로 값이 출력되기를 원합니다. 따라서 DatePicker의 dateFormat 속성을 이용하여 출력 형식을 바꾸도록 하겠습니다.

▶ components/common/DatePicker.tsx

```
<ReactDatePicker
  {...props}
  dateFormat="MM월 dd일"
```


[그림 21-6] DatePicker 날짜 출력 형식 변경

커스텀한 DatePicker를 이용하여 숙소 예약 날짜를 설정하도록 하겠습니다.

21.5 공통 DatePicker 적용하기

디자인에 맞도록 스타일링을 하도록 하겠습니다.

```
.register-room-date-wrapper {
  display: flex;
  align-items: center;
  label {
    span {
      display: block;
      margin-bottom: 8px;
    }
  }
  input {
    display: block;
    position: relative;
    width: 100%;
    height: 46px;
    padding: 0 11px;
    border: 1px solid ${palette.gray_eb};
```

```
    border-radius: 4px;
    font-size: 16px;
    outline: none;
    & ::placeholder {
      color: ${palette.gray_76};
    }
    & :focus {
      border-color: ${palette.dark_cyan};
    }
  }
  .register-room-start-date {
    margin-right: 20px;
  }
}


const RegisterRoomDate: React.FC = () => {
  const startDate = useSelector((state) => state.registerRoom.startDate);
  const endDate = useSelector((state) => state.registerRoom.endDate);

  const dispatch = useDispatch();

  //* 예약 시작 날짜 변경 시
  const onChangeStartDate = (date: Date | null) => {
    console.log(date);
    dispatch(
      registerRoomActions.setStartDate(date ? date.toISOString() : null)
    );
  };
  //* 예약 종료 날짜 변경 시
  const onChangeEndDate = (date: Date | null) => {
    console.log(date);
    dispatch(registerRoomActions.setEndDate(date ? date.toISOString() :
    null));
  };

  return (
    <Container>
      <h2>예약 가능 여부 설정하기</h2>
```

```
      <h3>11단계</h3>
      <div className="register-room-date-wrapper">
        <div className="register-room-start-date">
          <label>
            <span>예약 시작일</span>
            <DatePicker
              selected={startDate ? new Date(startDate) : null}
              onChange={onChangeStartDate}
            />
          </label>
        </div>

        <div className="register-room-end-date">
          <label>
            <span>예약 마감일</span>
            <DatePicker
              selected={endDate ? new Date(endDate) : null}
              onChange={onChangeEndDate}
            />
          </label>
        </div>
      </div>
    </Container>
  );
};
```

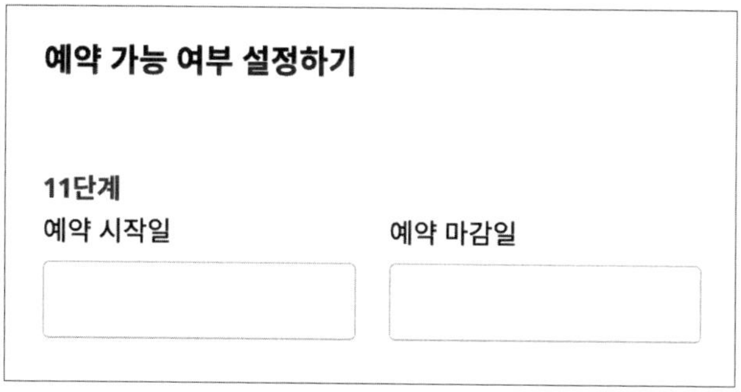

[그림 21-7] 예약 날짜 DatePicker 인풋 스타일링

21.6 DatePicker 기간 설정하기

다음으로 리액트 DatePicker가 가지고 있는 기능들을 이용하여 달력에 기간을 표시하는 UI를 더해보도록 하겠습니다.

```
const dateStartDate = startDate ? new Date(startDate) : null;
const dateEndDate = endDate ? new Date(endDate) : null;


          <DatePicker
            ...
            monthsShown={2}
            selectsStart
            startDate={dateStartDate}
            endDate={dateEndDate}
            minDate={new Date()}

        <label>
          <span>예약 마감일</span>
          <DatePicker
            ...
            monthsShown={2}
            selectsEnd
            startDate={dateStartDate}
            endDate={dateEndDate}
            minDate={dateStartDate}
          />
        </label>
```

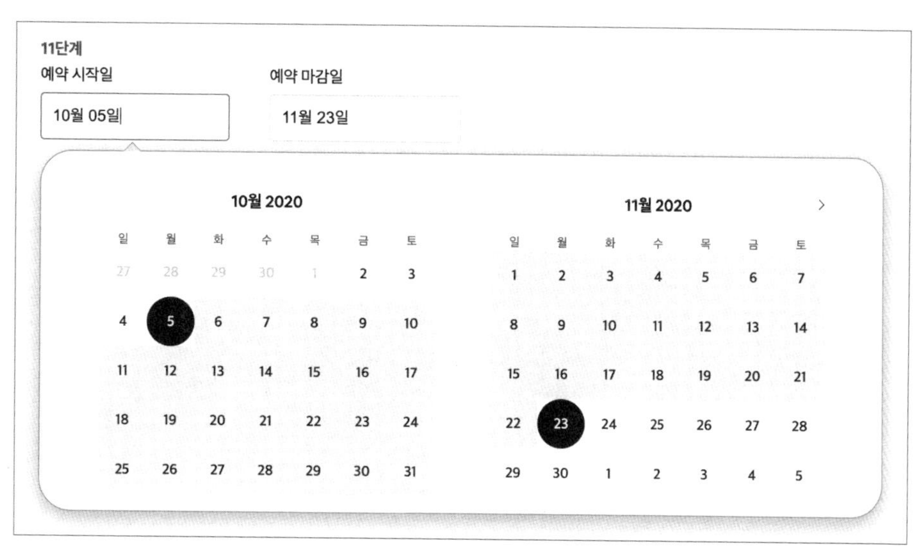

[그림 21-8] DatePicker 기간 설정하기

monthsShown 속성을 이용하여 2개의 날을 띄우게 하였고, selectsStart와 selectsEnd 속성을 이용하여 기간을 표시하였습니다. minDate와 endDate를 사용하여 날짜의 선택에 제한을 주었습니다.

숙소 예약 가능 기간을 설정하는 것까지 완료했습니다. 푸터를 추가하고 숙소 등록하기 11단계를 마무리하도록 하겠습니다.

```
import RegisterRoomFooter from "./RegisterRoomFooter";

    <RegisterRoomFooter
      prevHref="/room/register/price"
      nextHref="/room/register/checklist"
    />
```

CHAPTER

22 숙소 등록하기 체크리스트

숙소를 등록하기에 앞서서 필요한 값들이 전부 있는지 확인하도록 하겠습니다.

숙소를 등록한 후 언제든 숙소를 수정할 수 있습니다.

✓ 숙소 유형

✓ 숙소 종류

✓ 침대

✓ 욕실 수

✓ 위치

✓ 편의 시설

계속

공용 공간

사진

요금

[그림 22-1] 숙소 등록하기 체크리스트 디자인 패턴

[그림 22-1]과 같이 체크리스트를 이용하여 필요한 값이 없는 단계를 안내하고 이동하도록 할 수 있습니다. 만약 이전 단계의 필요한 값이 비워져 있다면 이전 단계 다음의 모든 단계는 비활성하게 됩니다.숙소 등록에 필요한 값이 전부 채워지면 푸터에 '등록하기' 버튼이 활성화됩니다.

체크 항목에는 3가지 상태가 있습니다. 1.필요한 값이 전부 있을 때 2. 비활성되었을 때 3. 진행 중인 단계일 때로 구분됩니다. 예를 들어 1, 2, 3단계의 값이 채워지고 4단계는 채워져 있지 않았다면, 4단계는 진행 중이고 5단계부터는 비활성된 상태입니다.

페이지를 만들고 간단하게 리스트를 만들도록 하겠습니다.

▶ pages/room/register/checklist.tsx

```
import React from "react";
import { NextPage } from "next";
import RegisterRoomChecklist from "../../../components/room/register/
RegisterRoomChecklist";

const checklist: NextPage = () => {
  return <RegisterRoomChecklist />;
};

export default checklist;
```

▶ components/room/register/RegisterRoomChecklist.tsx

```
import React from "react";
import styled from "styled-components";
import { useSelector } from "../../store";

const Container = styled.div`
  padding: 62px 30px 100px;
  min-height: 100vh;
  .register-room-checklist-info {
    margin-bottom: 39px;
```

```
  }
  ul {
    display: inline-flex;
    flex-direction: column;
  }
`;

const RegisterRoomChecklist: React.FC = () => {
  const registerRoom = useSelector((state) => state.registerRoom);

  return (
    <Container>
      <p className="register-room-checklist-info">
        숙소를 등록한 후 언제든 숙소를 수정할 수 있습니다.
      </p>
      <ul>
        <li>숙소 유형</li>
      </ul>
    </Container>
  );
};

export default RegisterRoomChecklist;
```

숙소를 등록한 후 언제든 숙소를 수정할 수 있습니다.

숙소 유형

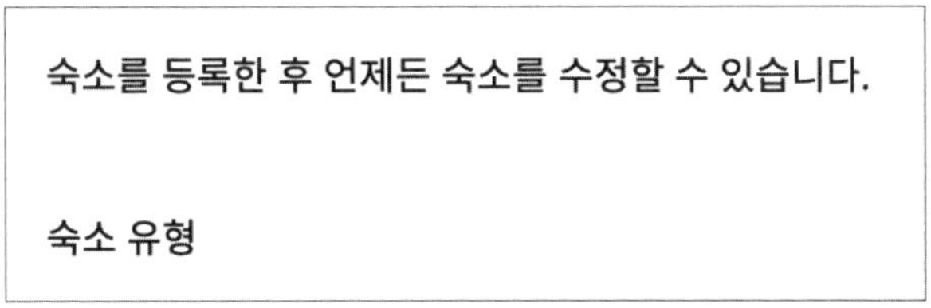

[그림 22-2] 숙소 등록하기 체크리스트 상단

22.1 숙소 체크리스트 상태 표시하기

useSelector를 사용하여 registerRoom객체를 불러왔습니다. 이전에는 값을 따로 불러왔지만 이 페이지에서는 리렌더가 발생하는 일이 없도록 만들 예정이기 때문에 사용하기 쉽도록 객체로 불러오도록 하였습니다.

숙소 등록하기 1단계인 숙소 유형의 값이 전부 유효한지 확인하는 값을 만들도록 하겠습니다.

▶ **components/room/register/RegisterRoomChecklist.tsx**

```
//* 숙소 유형이 활성화됐는지
const isBuildingTypeActived = () => {
  const {
    largeBuildingType,
    buildingType,
    roomType,
    isSetUpForGuest,
  } = registerRoom;
  if (!largeBuildingType || !buildingType || !roomType || !isSetUpForGuest) {
    return false;
  }
  return true;
}
```

2단계인 침대 유형의 필수 값들이 채워져 있는지 확인하는 값을 만들도록 하겠습니다. 이때 1단계인 isBuildingTypeActived가 false라면 2단계도 false가 됩니다.

```
//* 숙소 종류가 활성화됐는지
const isRoomTypeActived = useMemo(() => {
  const {
    maximumGuestCount,
    bedroomCount,
    bedCount,
    bedList,
```

```
    publicBedList,
  } = registerRoom;
  if (
    !isBuildingTypeActived ||
    !maximumGuestCount ||
    !bedroomCount ||
    !bedCount
  ) {
    return false;
  }
  return true;
}, []);
```

숙소 등록하기 2단계는 최대 숙박 인원, 침실 개수, 침대 개수가 0이라면 유효하지 않습니다. 사용하지 않는 값인 bedList, publicBedList를 사용한 것은 필수 값이 아니라는 것을 보여주기 때문에 지워도 상관이 없습니다. 이와 같은 방식으로 모든 단계의 값 여부를 확인하는 값을 만들도록 하겠습니다.

```
//* 숙소 유형이 활성화됐는지
const isBuildingTypeActived = useMemo(() => {
  const {
    largeBuildingType,
    buildingType,
    roomType,
    isSetUpForGuest,
  } = registerRoom;
  if (
    !largeBuildingType ||
    !buildingType ||
    !roomType ||
    isSetUpForGuest === null
  ) {
    return false;
  }
  return true;
}, []);
```

```
//* 숙소 종류가 활성화됐는지
const isRoomTypeActived = useMemo(() => {
  const {
    maximumGuestCount,
    bedroomCount,
    bedCount,
    bedList,
    publicBedList,
  } = registerRoom;
  if (
    !isBuildingTypeActived ||
    !maximumGuestCount ||
    !bedroomCount ||
    !bedCount
  ) {
    return false;
  }
  return true;
}, []);

//* 욕실 항목이 활성화됐는지
const isBathroomActived = useMemo(() => {
  const { bathroomCount, bathroomType } = registerRoom;
  if (!isRoomTypeActived || !bathroomCount || bathroomType === null) {
    return false;
  }
  return true;
}, []);

//* 위치 항목이 활성화됐는지
const isLocationActived = useMemo(() => {
  const {
    latitude,
    longitude,
    country,
    city,
    district,
    streetAddress,
```

```
    detailAddress,
    postcode,
  } = registerRoom;
  if (
    !isBathroomActived ||
    !latitude ||
    !longitude ||
    !country ||
    !city ||
    !district ||
    !streetAddress ||
    !postcode
  ) {
    return false;
  }
  return true;
}, []);

//* 편의 시설이 활성화됐는지
const isAmentitiesActived = useMemo(() => {
  const { amentities } = registerRoom;

  if (!isLocationActived) {
    return false;
  }
  return true;
}, []);

//* 공용공간이 활성화됐는지
const isConviniencesActived = useMemo(() => {
  if (!isAmentitiesActived) {
    return false;
  }
  return true;
}, []);

//* 사진 항목이 다 채워져 있는지
const isPhotoActived = useMemo(() => {
  const { photos } = registerRoom;
```

```
  if (!isConviniencesActived || isEmpty(photos)) {
    return false;
  }
  return true;
}, []);

//* 숙소 설명이 다 채워져 있는지
const isDescriptionActived = useMemo(() => {
  const { description } = registerRoom;
  if (!isPhotoActived || !description) {
    return false;
  }
  return true;
}, []);

//* 숙소 제목이 다 채워져 있는지
const isTitleActived = useMemo(() => {
  const { title } = registerRoom;
  if (!isDescriptionActived || !title) {
    return false;
  }
  return true;
}, []);

//* 숙소 금액이 채워져 있는지
const isPriceActived = useMemo(() => {
  const { price } = registerRoom;
  if (!isTitleActived || !price) {
    return false;
  }
  return true;
}, []);

//* 예약 날짜가 채워져 있는지
const isDateActived = useMemo(() => {
  const { startDate, endDate } = registerRoom;
  if (!isPriceActived || !startDate || !endDate) {
    return false;
  }
```

```
    return true;
  }, []);
```

편의 시설과 편의 공간은 선택된 체크박스가 없어도 유효하도록 하였습니다. 최소 1개 이상의 편의 시설을 제공하도록 하고 싶다면 다음과 같이 배열의 길이를 체크해 주세요.

```
  //* 편의 시설이 활성화됐는지
  const isAmentitiesActived = useMemo(() => {
    const { amentities } = registerRoom;
    if(amentities.length===0) {}
    if(isEmpty(amentities)) {}
```

각 단계별로 활성화 되었는지 아닌지를 구할 수 있게 되었습니다. 이를 통해 진행 중인 단계를 알 수 있게 되었습니다. 비활성화 된 단계 중에 가장 앞의 단계가 진행 중인 단계가 됩니다. 이를 코드로 작성하면 앞에서부터 false인지 확인하여 가장 먼저 false가 된 단계가 진행 중인 단계가 됩니다.

```
//* 진행 중인 단계
  const stepInProgress = useMemo(() => {
    if (!isBuildingTypeActived) {
      return "building";
    }
    if (!isRoomTypeActived) {
      return "bedrooms";
    }
    if (!isBathroomActived) {
      return "bathroom";
    }
    if (!isLocationActived) {
      return "location";
    }
    if (!isAmentitiesActived) {
      return "amentities";
    }
```

```
    if (!isConviniencesActived) {
      return "conviniences";
    }
    if (!isPhotoActived) {
      return "photo";
    }
    if (!isDescriptionActived) {
      return "description";
    }
    if (!isTitleActived) {
      return "title";
    }
    if (!isPriceActived) {
      return "price";
    }
    if (!isDateActived) {
      return "date";
    }
    return "";
  }, []);
```

앞에서 구한 값들을 이용하여 각 단계별로 유효한지, 진행 중인 단계인지 값을 전달하여 활성, 비활성, 혹은 진행 중인 상태임을 나타내도록 하겠습니다. 이를 위해 각 단계를 컴포넌트로 만들도록 하겠습니다.

▶ **components/room/register/RegisterRoomCheckStep.tsx**

```
import React from "react";
import styled from "styled-components";
import Link from "next/link";
import CheckMarkIcon from "../../../public/static/svg/register/dark_cyan_
check_mark.svg";
import Button from "../../common/Button";
import palette from "../../../styles/palette";

const Container = styled.li`
  display: inline-block;
```

```
  padding: 16px 0;
  a {
    display: flex;
    align-items: center;

    svg {
      margin-right: 12px;
    }

    span {
      font-size: 16px;
      font-weight: 600;
      text-decoration: underline;
    }
  }
  .register-room-check-step-in-progress {
    margin-left: 28px;
  }
  .register-room-check-step-continue-button {
    margin: 8px 0 0 28px;
  }
  .disabled-step {
    margin-left: 28px;
    font-size: 16px;
    color: ${palette.gray_76};
  }
`;

interface IProps {
  disabled: boolean;
  inProgress: boolean;
  step: string;
  href: string;
}

const RegisterRoomCheckStep: React.FC<IProps> = ({
  disabled,
  inProgress,
  step,
```

```
  href,
}) => {
  if (inProgress) {
    return (
      <Container>
        <Link href={href}>
          <a className="register-room-check-step-in-progress">
            <span>{step}</span>
          </a>
        </Link>
        <Link href={href}>
          <a className="register-room-check-step-continue-button">
            <Button color="dark_cyan">계속</Button>
          </a>
        </Link>
      </Container>
    );
  }
  if (disabled) {
    return (
      <Container>
        <p className="disabled-step">{step}</p>
      </Container>
    );
  }
  return (
    <Container>
      <Link href={href}>
        <a>
          <CheckMarkIcon />
          <span>{step}</span>
        </a>
      </Link>
    </Container>
  );
};

export default RegisterRoomCheckStep;
```

진행 중(inProgress)이 제일 우선되기 때문에 제일 상단에 작성되었습니다. 이제 각 단계별 값들을 전달해 주도록 하겠습니다.

▶ components/register/RegisterRoomChecklist.tsx

```
<ul>
      <RegisterRoomCheckStep
        step="숙소 유형"
        href="/room/register/building"
        disabled={!isBuildingTypeActived}
        inProgress={stepInProgress === "building"}
      />
      <RegisterRoomCheckStep
        step="숙소 종류"
        href="/room/register/bedrooms"
        disabled={!isRoomTypeActived}
        inProgress={stepInProgress === "bedrooms"}
      />
      <RegisterRoomCheckStep
        step="욕실"
        href="/room/register/bathroom"
        disabled={!isBathroomActived}
        inProgress={stepInProgress === "bathroom"}
      />
      <RegisterRoomCheckStep
        step="위치"
        href="/room/register/location"
        disabled={!isLocationActived}
        inProgress={stepInProgress === "location"}
      />
      <RegisterRoomCheckStep
        step="편의 시설"
        href="/room/register/amentities"
        disabled={!isAmentitiesActived}
        inProgress={stepInProgress === "amentities"}
      />
      <RegisterRoomCheckStep
        step="공용공간"
```

```
  href="/room/register/conviniences"
  disabled={!isConviniencesActived}
  inProgress={stepInProgress === "conviniences"}
/>
<RegisterRoomCheckStep
  step="사진"
  href="/room/register/photo"
  disabled={!isPhotoActived}
  inProgress={stepInProgress === "photo"}
/>
<RegisterRoomCheckStep
  step="설명"
  href="/room/register/description"
  disabled={!isDescriptionActived}
  inProgress={stepInProgress === "description"}
/>
<RegisterRoomCheckStep
  step="제목"
  href="/room/register/title"
  disabled={!isTitleActived}
  inProgress={stepInProgress === "title"}
/>
<RegisterRoomCheckStep
  step="요금"
  href="/room/register/price"
  disabled={!isPriceActived}
  inProgress={stepInProgress === "price"}
/>
<RegisterRoomCheckStep
  step="예약 날짜"
  href="/room/register/date"
  disabled={!isDateActived}
  inProgress={stepInProgress === "date"}
/>
</ul>
```

계속 버튼이 디자인보다 크게 되어 있습니다. 공통 버튼 컴포넌트의 기본 높이가 48px인데 이 버튼은 36px로 되어 있습니다. 또한, font-size도 '14px'로 되어 있습니다.

따라서 공통 버튼 컴포넌트에 size 값을 받아 크기를 변경할 수 있도록 하겠습니다.

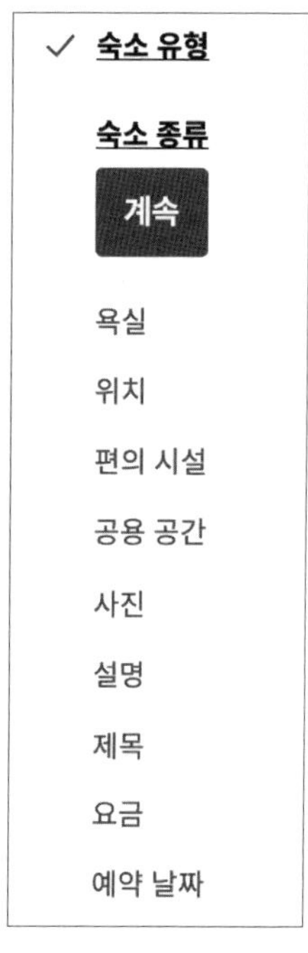

[그림 22-3] 숙소 등록하기 체크리스트 상태 적용하기

▸ components/common/Button.tsx

```
//* 버튼 크기 구하기
const getButtonSize = (size: "small" | "medium") => {
  switch (size) {
    case "medium":
      return css`
        height: 48px;
      `;
    case "small":
      return css`
        font-size: 14px;
        height: 36px;
      `;
    default:
      return "";
  }
};
```

```
interface StyledButtonProps {
  width: string | undefined;
  colorReverse: boolean;
  size: "small" | "medium";
}

const Container = styled.button<StyledButtonProps>`
  ...
  ${(props) => getButtonSize(props.size)}
`;

interface IProps extends React.ButtonHTMLAttributes<HTMLButtonElement> {
  ...
  size?: "small" | "medium";
}

const Button: React.FC<IProps> = ({
  ...
  size = "medium",
}) => {
  return (
    <Container
      ...
      size={size}
```

▶ components/room/register/RegisterRoomCheckStep.tsx

```
          <Button color="dark_cyan" size="small" width="55px">
            계속
          </Button>
```

[그림 22-4] 버튼 사이즈 변경하기

22.2 숙소 등록하기 푸터 만들기

이제 값들이 전부 있는지 확인하였으니 숙소 등록하기 버튼이 활성화 되도록 만들겠습니다. 숙소 등록하기 푸터가 공통컴포넌트이기 때문에 이 페이지를 위해 수정하기보다, 새로운 푸터 컴포넌트를 만들어서 사용하도록 하겠습니다. 마지막 단계인 예약 날짜 값이 유효하다면 모든 단계의 값이 유효하다고 볼 수 있습니다. 따라서 예약 날짜 값이 유효하다면 숙소 등록하기 푸터를 나타내도록 하겠습니다.

▶ **components/room/register/RegisterRoomChecklist.tsx**

```
      {isDateActived ? (
        <RegisterRoomSubmitFooter />
      ) : (
        <RegisterRoomFooter
          prevHref="/room/register/date"
          nextHref={`/room/register/${stepInProgress}`}
        />
      )}
    </Container>
```

예약 날짜 값이 유효하다면 숙소 등록하기 푸터를 나타내도록 하였고, 유효하지 않을 때 숙소 등록하기 푸터의 '계속' 버튼을 누르면 진행 중인 단계로 이동하도록 경로를 설정하였습니다.

▶ **components/room/register/RegisterRoomSubmitFooter.tsx**

```
import React from "react";
import styled from "styled-components";
import Link from "next/link";
import BackArrowIcon from "../../../public/static/svg/register/register_
room_footer_back_arrow.svg";
import palette from "../../../styles/palette";
import Button from "../../common/Button";

const Container = styled.footer`
```

```
  position: fixed;
  bottom: 0;
  display: flex;
  justify-content: space-between;
  align-items: center;
  width: 548px;
  height: 82px;
  padding: 14px 30px 20px;
  background-color: white;
  z-index: 10;
  border-top: 1px solid ${palette.gray_dd};

  .register-room-footer-back {
    display: flex;
    align-items: center;
    color: ${palette.dark_cyan};
    cursor: pointer;
    svg {
      margin-right: 8px;
    }
  }
`;

const RegisterRoomSubmitFooter: React.FC = () => {
  //* 등록하기 클릭 시
  const onClickregisterRoom = async () => {};
  return (
    <Container>
      <Link href="/room/register/date">
        <a className="register-room-footer-back">
          <BackArrowIcon />
          뒤로
        </a>
      </Link>
      <Button onClick={onClickregisterRoom} color="bittersweet"
      width="102px">
        등록하기
      </Button>
    </Container>
```

```
  );
};

export default RegisterRoomSubmitFooter;
```

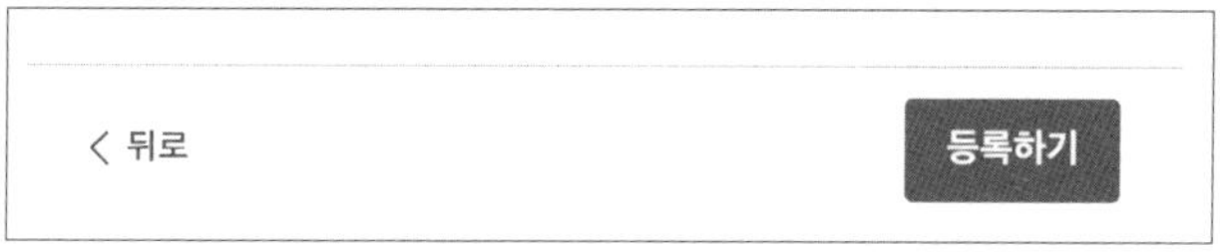

< 뒤로 등록하기

[그림 22-5] 숙소 등록하기 푸터

22.3 숙소 등록하기 api 만들기

숙소 등록하기에 필요한 값들이 준비가 되었으니, 숙소 등록하기 api를 만들어 값을 저장하도록 하겠습니다. 만들어질 숙소 데이터의 타입은 다음과 같습니다.

▶ types/room.d.ts

```
export type StoredRoomType = {
  id: number;
  largeBuildingType: string | null;
  buildingType: string | null;
  roomType: string | null;
  isSetUpForGuest: boolean | null;
  maximumGuestCount: number;
  bedroomCount: number;
  bedCount: number;
  bedList: { id: number; beds: { type: BedType; count: number }[] }[];
  publicBedList: { type: BedType; count: number }[];
  bathroomCount: number;
  bathroomType: "private" | "public";
  latitude: number;
  longitude: number;
  country: string;
```

```
  city: string;
  district: string;
  streetAddress: string;
  detailAddress: string;
  postcode: string;
  amentities: string[];
  conveniences: string[];
  photos: string[];
  description: string;
  title: string;
  price: string;
  startDate: Date;
  endDate: Date;
  createdAt: Date;
  updatedAt: Date;
  hostId: number;
};
```

리덕스의 registerRoom에 들어 있는 값에서 id, createdAt, updatedAt, hostId가 추가됩니다. hostId는 숙소의 호스트로 api를 보낼 때 body에 userId를 보낼 예정입니다.

숙소 정보는 'data/rooms.json'에 저장하도록 하겠습니다. 'data/rooms.json'파일을 만들어주세요. rooms.json을 쉽게 다루기 위한 숙소 파일 함수들을 만들도록 하겠습니다.

▸ **lib/data/room.ts**

```
import { readFileSync, writeFileSync } from "fs";
import { StoredRoomType } from "../../types/room";

//* 숙소 리스트 데이터 불러오기
const getList = () => {
  const roomsBuffer = readFileSync("data/rooms.json");
  const roomsString = roomsBuffer.toString();
  if (!roomsString) {
```

```
    return [];
  }
  const rooms: StoredRoomType[] = JSON.parse(roomsString);
  return rooms;
};

//* id의 숙소가 있는지 확인하기
const exist = (roomId: number) => {
  const rooms = getList();
  return rooms.some((room) => room.id === roomId);
};

//* id의 숙소 불러오기
const find = (roomId: number) => {
  const rooms = getList();
  return rooms.find((room) => room.id === roomId);
};

//* 숙소 리스트 저장하기
const write = (rooms: StoredRoomType[]) => {
  writeFileSync("data/rooms.json", JSON.stringify(rooms));
};

export default { getList, exist, write, find };
```

▶ lib/data/index.ts

```
import user from "./user";
import room from "./room";

const Data = { user, room };

export default Data;
```

다음과 같은 순서로 진행하면서 숙소 등록하기 api 만들도록 하겠습니다.

1. api method가 POST인지 확인합니다.

2. req.body에 필요한 값이 전부 들어 있는지 확인합니다.
3. 'data/rooms.json'에 저장합니다.

▶ **pages/api/rooms/index.ts**

```
import { NextApiResponse, NextApiRequest } from "next";
import isEmpty from "lodash/isEmpty";
import { StoredRoomType } from "../../../types/room";
import Data from "../../../lib/data";

export default async (req: NextApiRequest, res: NextApiResponse) => {
  if (req.method === "POST") {
    //? 숙소 등록하기
    try {
      const {
        largeBuildingType,
        buildingType,
        roomType,
        isSetUpForGuest,
        maximumGuestCount,
        bedroomCount,
        bedCount,
        bedList,
        publicBedList,
        bathroomCount,
        bathroomType,
        latitude,
        longitude,
        country,
        city,
        district,
        streetAddress,
        detailAddress,
        postcode,
        amentities,
        conveniences,
        photos,
        description,
```

```
    title,
    price,
    startDate,
    endDate,
    hostId,
  } = req.body;
  if (
    !largeBuildingType ||
    !buildingType ||
    !roomType ||
    isSetUpForGuest === null ||
    !maximumGuestCount ||
    !bedroomCount ||
    !bedCount ||
    !bedList ||
    !publicBedList ||
    !bathroomCount ||
    bathroomType === null ||
    !latitude ||
    !longitude ||
    !country ||
    !city ||
    !district ||
    !streetAddress ||
    (detailAddress !== "" && !detailAddress) ||
    !postcode ||
    !amentities ||
    !conveniences ||
    !photos ||
    !description ||
    !title ||
    !price ||
    !startDate ||
    !endDate ||
    !hostId
  ) {
    res.statusCode = 400;
    res.send("필수 값이 없습니다.");
  }
```

```
      const rooms = Data.room.getList();
      if (isEmpty(rooms)) {
        const newRoom: StoredRoomType = {
          id: 1,
          ...req.body,
          createdAt: new Date(),
          updatedAt: new Date(),
        };
        Data.room.write([newRoom]);
        res.statusCode = 201;
        return res.end();
      }

      const newRoom: StoredRoomType = {
        id: rooms[rooms.length - 1].id + 1,
        ...req.body,
        createdAt: new Date(),
        updatedAt: new Date(),
      };
      Data.room.write([...rooms, newRoom]);
      res.statusCode = 201;
      return res.end();
    } catch (e) {
      console.log(e);
      return res.send(e.message);
    }
  }
  res.statusCode = 405;

  return res.end();
};
```

이제 숙소 등록하기 api를 사용하여 숙소를 등록하도록 하겠습니다.

RegisterRoomState 타입을 사용하기 위해 'store/registerRoom.ts'에서 'types/room.d.ts'로 옮겨주세요.

▶ lib/api/room.ts

```
import axios from ".";
import { RegisterRoomState } from "../../types/reduxState";

//* 숙소 등록하기
export const registerRoomAPI = (body: RegisterRoomState & { hostId: number
}) =>
  axios.post("/api/rooms", body);
```

등록하기 버튼을 클릭하면 숙소 등록하기 api를 요청하고 숙소 등록에 성공한다면 메인 페이지로 이동하도록 하겠습니다.

▶ components/register/RegisterRoomSubmitFooter.tsx

```
import { useRouter } from "next/dist/client/router";
import { registerRoomAPI } from "../../lib/api/room";
import { useSelector } from "../../store";

const RegisterRoomSubmitFooter: React.FC = () => {
  const userId = useSelector((state) => state.user.id);
  const registerRoom = useSelector((state) => state.registerRoom);

  const router = useRouter();

  //* 등록하기 클릭 시
  const onClickregisterRoom = async () => {
    const registerRoomBody = {
      ...registerRoom,
      hostId: userId,
    };
    try {
      await registerRoomAPI(registerRoomBody);
      router.push("/");
    } catch (e) {
      console.log(e);
    }
  };
```

```
<Button onClick={onClickregisterRoom}>등록하기</Button>
```

숙소 등록하기에 필요한 값들을 모두 입력후 등록하기 버튼을 클릭한다면 'data/rooms.json'에 데이터가 생성되는 것을 확인할 수 있습니다.

메인 페이지 만들기

메인 페이지에는 상단에 숙소를 검색할 수 있는 바가 있습니다. 하단에는 페이지 이동을 유도하는 세 개의 카드가 있습니다. 숙소 검색 바를 이용하여 숙소를 검색할 수 있습니다. 숙소 검색 바는 위치, 체크인 날짜, 체크아웃 날짜, 인원으로 숙소를 필터링할 수 있습니다.

[그림 23-1] 메인 페이지 디자인

23.1 메인 페이지 레이아웃 스타일링하기

메인 페이지의 상단부분을 먼저 스타일링부터 하도록 하겠습니다.

▶ pages/index.tsx

```
import React from "react";
import { NextPage } from "next";
import Home from "../components/home/Home";

const index: NextPage = () => {
  return <Home />;
};

export default index;
```

▶ components/home/Home.tsx

```
import React from "react";
import styled from "styled-components";
import SearchRoomBar from "./searchRoomBar/SearchRoomBar";
import palette from "../../styles/palette";

const Container = styled.div`
  width: 100%;
  padding: 0 80px;

  .home-serach-bar-label {
    margin: 32px 0 16px;
    font-weight: 600;
    font-size: 14px;
  }
  h2 {
    width: 557px;
    margin: 80px 0 60px;
    font-size: 50px;
    color: ${palette.cardinal};
  }
`;

const Home: React.FC = () => {
  return (
    <Container>
      <p className="home-serach-bar-label">숙소</p>
      <SearchRoomBar />
      <h2>가까운 여행지, 에어비엔비와 탐험해보세요.</h2>
    </Container>
  );
};

export default Home;
```

23.2 숙소 검색 바 만들기

숙소 검색 바의 기본 틀을 만들도록 하겠습니다.

▶ components/home/searchRoomBar/SearchRoomBar.tsx

```
import React from "react";
import styled from "styled-components";

const Container = styled.div`
  width: 100%;
  height: 70px;
  display: flex;
  align-items: center;
  box-shadow: 0px 4px 8px rgba(0, 0, 0, 0.08);
  border-radius: 12px;
`;

const SearchRoomBar: React.FC = () => {
  return (
    <Container>
      <div className="search-room-bar-inputs"></div>
    </Container>
  );
};

export default SearchRoomBar;
```

숙소

가까운 여행지, 에어비엔비와
탐험해보세요.

[그림 23-2] 메인 페이지 레이아웃 스타일링

숙소 검색 바 안에는 width가 1:1:1:1 비율인 4개의 컴포넌트가 있습니다. 첫 번째 컴포넌트는 위치를 검색하고 선택할 수 있습니다. 두 번째는 체크인 날짜를 DatePicker를 이용하여 선택할 수 있습니다. 세 번째는 체크아웃 날짜를 DatePicker를 이용하여 선택할 수 있습니다. 네 번째는 게스트의 인원을 카운터를 이용하여 선택할 수 있으며 검색 버튼을 가지고 있습니다. 각 컴포넌트를 비율에 맞게 만들도록 하겠습니다. 'SearchRoomBarLocation.tsx', 'SearchRoomCheckInDate.tsx', 'SearchRoomCheckOutDate.tsx', 'SearchRoomGuests.tsx' 파일을 각각 만들어 레이아웃을 만들도록 하겠습니다.

▸ **components/home/searchRoomBar/SearchRoomBar.tsx**

```
import palette from "../../../styles/palette";
import SearchRoomBarLocation from "./SearchRoomBarLocation";
import SearchRoomCheckInDate from "./SearchRoomCheckInDate";
import SearchRoomCheckOutDate from "./SearchRoomCheckOutDate";
import SearchRoomGuests from "./SearchRoomGuests";

const Container = styled.div`
  width: 100%;
  height: 70px;
  display: flex;
  align-items: center;
  box-shadow: 0px 4px 8px rgba(0, 0, 0, 0.08);
  border-radius: 12px;

  .search-room-bar-inputs {
    display: flex;
    align-items: center;
    width: 100%;
    .search-room-bar-input-divider {
      width: 1px;
      height: 44px;
      background-color: ${palette.gray_dd};
    }
  }
`;
```

```
const SearchRoomBar: React.FC = () => {
  return (
    <Container>
      <div className="search-room-bar-inputs">
        <SearchRoomBarLocation />
        <div className="search-room-bar-input-divider" />
        <SearchRoomCheckInDate />
        <div className="search-room-bar-input-divider" />
        <SearchRoomCheckOutDate />
        <div className="search-room-bar-input-divider" />
        <SearchRoomGuests />
      </div>
    </Container>
  );
};
```

▸ **components/home/searchRoomBar/SearchRoomBarLocation.tsx**

```
import React from "react";
import styled from "styled-components";

import palette from "../../../styles/palette";

const Container = styled.div`
  position: relative;
  width: 100%;
  height: 70px;
  border: 2px solid transparent;
  border-radius: 12px;
  cursor: pointer;
  &:hover {
    border-color: ${palette.gray_dd};
  }
`;

const SearchRoomBarLocation: React.FC = () => {
  return <Container>위치</Container>;
```

```
};

export default SearchRoomBarLocation;
```

▶ components/home/searchRoomBar/SearchRoomCheckInDate.tsx

```
import React from "react";
import styled from "styled-components";
import palette from "../../../styles/palette";

const Container = styled.div`
  position: relative;
  width: 100%;
  height: 70px;
  border: 2px solid transparent;
  border-radius: 12px;
  cursor: pointer;
  &:hover {
    border-color: ${palette.gray_dd};
  }
`;

const SearchRoomCheckInDate: React.FC = () => {
  return <Container>체크인</Container>;
};

export default SearchRoomCheckInDate;
```

▶ components/home/searchRoomBar/SearchRoomCheckOutDate.tsx

```
import React from "react";
import styled from "styled-components";
import palette from "../../../styles/palette";

const Container = styled.div`
  position: relative;
  width: 100%;
  height: 70px;
```

```
  border: 2px solid transparent;
  border-radius: 12px;
  cursor: pointer;
  &:hover {
    border-color: ${palette.gray_dd};
  }
`;

const SearchRoomCheckOutDate: React.FC = () => {
  return <Container>체크아웃</Container>;
};

export default SearchRoomCheckOutDate;
```

▸ **components/home/searchRoomBar/SearchRoomGuests.tsx**

```
import React from "react";
import styled from "styled-components";

import palette from "../../../styles/palette";

const Container = styled.div`
  position: relative;
  width: 100%;
  height: 70px;
  border: 2px solid transparent;
  border-radius: 12px;
  cursor: pointer;
  &:hover {
    border-color: ${palette.gray_dd};
  }
`;

const SearchRoomGuests: React.FC = () => {
  return <Container>게스트와 버튼</Container>;
};

export default SearchRoomGuests;
```

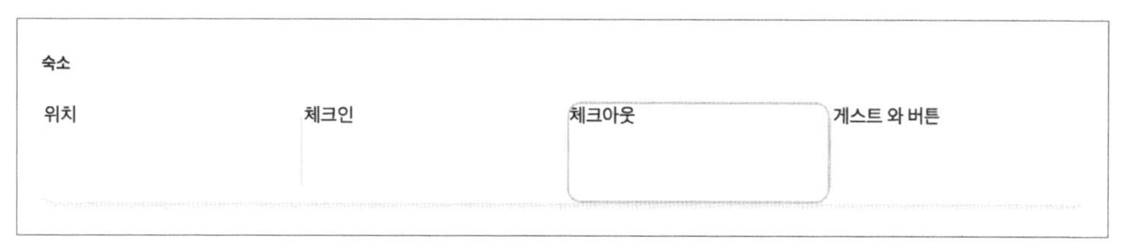

[그림 23-3] 숙소 검색 바 레이아웃

23.2.1 숙소 검색 리덕스 설정

숙소 검색에 사용되는 값들은 리덕스를 사용하여 관리하도록 하겠습니다. 숙소 리스트 페이지에서도 사용될 예정이며, 코드가 더 간결해질 수 있습니다. 숙소 검색 값에 대한 리덕스 설정부터 하도록 하겠습니다.

숙소 검색은 다음과 같은 타입의 값들로 검색하게 될 예정입니다.

▸ types/reduxState.d.ts

```
//* 숙소 검색 redux state
export type SearchRoomState = {
  location: string;
  latitude: number;
  longitude: number;
  checkInDate: string | null;
  checkOutDate: string | null;
  adultCount: number;
  childrenCount: number;
  infantsCount: number;
};
```

숙소 검색에 필요한 값들의 초깃값을 설정하고, 타입에 맞게 리듀서를 만들도록 하겠습니다.

▸ store/searchRoom.ts

```
import { createSlice, PayloadAction } from "@reduxjs/toolkit";
import { SearchRoomState } from "../types/reduxState";

//* 초기 상태
const initialState: SearchRoomState = {
  location: "",
  latitude: 0,
  longitude: 0,
  checkInDate: null,
  checkOutDate: null,
  adultCount: 1,
  childrenCount: 0,
  infantsCount: 0,
};

const searchRoom = createSlice({
  name: "searchRoom",
  initialState,
  reducers: {
    //* 유저 변경하기
    setLocation(state, action: PayloadAction<string>) {
      state.location = action.payload;
      return state;
    },
    //* 체크인 날짜 변경하기
    setStartDate(state, action: PayloadAction<string | null>) {
      state.checkInDate = action.payload;
      return state;
    },

    //* 체크아웃 날짜 변경하기
    setEndDate(state, action: PayloadAction<string | null>) {
      state.checkOutDate = action.payload;
      return state;
    },
    //* 성인 수  변경하기
    setAdultCount(state, action: PayloadAction<number>) {
```

```
      state.adultCount = action.payload;
      return state;
    },

    //* 어린이 수 변경하기
    setChildrenCount(state, action: PayloadAction<number>) {
      state.childrenCount = action.payload;
      return state;
    },

    //* 유아 수 변경하기
    setInfantsCount(state, action: PayloadAction<number>) {
      state.infantsCount = action.payload;
      return state;
    },

    //* 위도 설정하기
    setLatitude(state, action: PayloadAction<number>) {
      state.latitude = action.payload;
    },

    //* 경도 설정하기
    setLongitude(state, action: PayloadAction<number>) {
      state.longitude = action.payload;
    },
  },
});

export const searchRoomActions = { ...searchRoom.actions };

export default searchRoom;
```

루트 리듀서에 searchRoom 리듀서를 추가하도록 합니다.

▶ store/index.ts

```
import searchRoom from "./searchRoom";
```

```
const rootReducer = combineReducers({
  ...
  searchRoom: searchRoom.reducer,
});
```

23.3 숙소 위치 검색하기

숙소 위치 인풋은 다음과 같은 기능을 가지고 있습니다. 인풋을 클릭하면 팝업이 열리면서 근처 추천 장소 값을 선택할 수 있습니다. 인풋에 값을 입력하면 입력 값을 가지고 장소를 검색하여 장소를 설정할 수 있습니다. 장소 검색은 구글 api를 이용하여 검색할 예정입니다.

숙소 검색 인풋의 UI와 'react-outside-click-handler'를 이용하여 팝업이 열리는 것까지 해보도록 하겠습니다.

▶ **components/home/searchRoomBar/SearchRoomBarLocation.tsx**

```
import React, { useState } from "react";
import OutsideClickHandler from "react-outside-click-handler";
import { useDispatch } from "react-redux";
import styled from "styled-components";
import { useSelector } from "../../../store";
import { searchRoomActions } from "../../../store/searchRoom";

import palette from "../../../styles/palette";

const Container = styled.div`
  position: relative;
  width: 100%;
  height: 70px;
  border: 2px solid transparent;
  border-radius: 12px;
```

```
cursor: pointer;
&:hover {
  border-color: ${palette.gray_dd};
}
.search-room-bar-location-texts {
  position: absolute;
  width: calc(100% - 40px);
  top: 16px;
  left: 20px;
  .search-room-bar-location-label {
    font-size: 10px;
    font-weight: 800;
    margin-bottom: 4px;
  }
  input {
    width: 100%;
    border: 0;
    font-size: 14px;
    font-weight: 600;
    outline: none;
    overflow: hidden;
    text-overflow: ellipsis;
    white-space: nowrap;
    &::placeholder {
      font-size: 14px;
      opacity: 0.7;
    }
  }
}
.search-roo-bar-location-results {
  position: absolute;
  background-color: white;
  top: 78px;
  width: 500px;
  padding: 16px 0;
  box-shadow: 0 6px 20px rgba(0, 0, 0, 0.2);
  border-radius: 32px;
  cursor: default;
  overflow: hidden;
```

```
  z-index: 10;
  li {
    display: flex;
    align-items: center;
    height: 64px;
    padding: 8px 32px;
    cursor: pointer;
    &:hover {
      background-color: ${palette.gray_f7};
    }
  }
 }
`;

const SearchRoomBarLocation: React.FC = () => {
 const location = useSelector((state) => state.searchRoom.location);

 const dispatch = useDispatch();

 //* 위치  변경 Dispatch
 const setLocationDispatch = (value: string) => {
  dispatch(searchRoomActions.setLocation(value));
 };
 const [popupOpened, setPopupOpened] = useState(false);

 const onClickInput = () => {
  setPopupOpened(true);
 };
 return (
  <Container onClick={onClickInput}>
   <OutsideClickHandler onOutsideClick={() => setPopupOpened(false)}>
    <div className="search-room-bar-location-texts">
     <p className="search-room-bar-location-label">인원</p>
     <input
      value={location}
      onChange={(e) => setLocationDispatch(e.target.value)}
      placeholder="어디로 여행 가세요?"
     />
    </div>
```

```
        {popupOpened && (
          <ul className="search-roo-bar-location-results">
            <li>근처 추천 장소</li>
          </ul>
        )}
      </OutsideClickHandler>
    </Container>
  );
};

export default SearchRoomBarLocation;
```

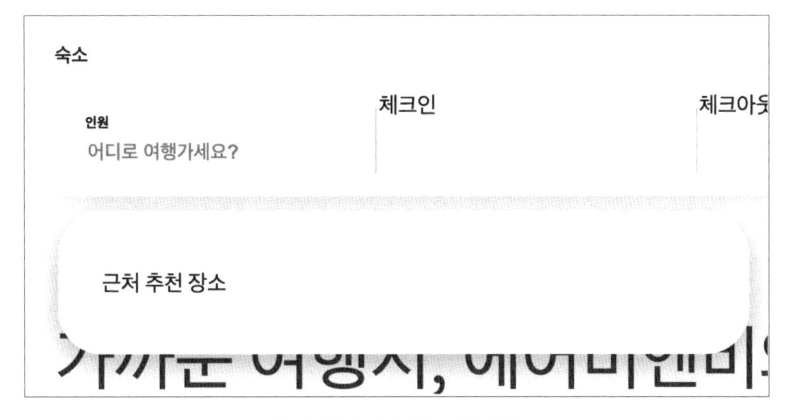

[그림 23-4] 숙소 위치 검색 팝업

숙소 검색 위치 인풋을 클릭하였을 때 바로 검색할 수 있도록 안의 인풋에 포커스가 되었으면 좋을 것 같습니다. 클릭 시에 인풋에 포커스가 되어 바로 검색할 수 있도록 하겠습니다. useRef를 사용하여 input에 ref를 전달하여 클릭 시 ref.current.focus 함수를 이용하여 인풋에 포커싱이 되도록 하겠습니다.

▶ **components/home/searchRoomBar/SearchRoomBarLocation.tsx**

```
import React, { useRef, useState } from "react";

  const inputRef = useRef<HTMLInputElement | null>(null);
```

```
const onClickInput = () => {
  if (inputRef.current) {
    inputRef.current.focus();
  }
  setPopupOpened(true);
};

...

        <input
          ...
          ref={inputRef}
        />
```

인풋을 눌러보면 인풋 안에 커서가 깜박이는 것을 확인할 수 있습니다.

23.3.1 구글 장소 검색 api

이제 구글 api를 이용하여 인풋의 값이 변경될 때 장소를 검색하도록 하겠습니다. location 값이 변결될 때 검색하기 위해 useEffect를 이용하도록 하겠습니다.

```
import React, { useRef, useState, useEffect } from "react";

  //* 검색어가 변하면 장소를 검색
  useEffect(() => {
    if (searchKeyword) {
      //* 장소 검색하기
    }
  }, [location]);
```

구글 장소 검색 api를 사용하려면 구글 라이브러리에서 장소 검색 api를 사용하도록 설정해야 합니다.

[그림 23-5] 구글 장소 검색 api

저희가 사용하려는 api는 구체적으로 장소 자동완성 api 입니다. 다음은 구글 장소 자동완성 api 대한 문서입니다.

https://developers.google.com/places/web-service/autocomplete

구글의 장소 자동완성 api 를 이용하여 숙소를 검색하는 api를 만들도록 하겠습니다. 검색할 keyword를 쿼리로 전달받도록 하겠습니다. 장소 검색 결과의 장소 명과 placeId를 결과 값으로 보내도록 하겠습니다.

▸ pages/api/maps/places/index.ts

```
import { NextApiResponse, NextApiRequest } from "next";
import axios from "axios";

export default async (req: NextApiRequest, res: NextApiResponse) => {
  if (req.method === "GET") {
    const { keyword } = req.query;
    if (!keyword) {
      res.statusCode = 400;
      return res.send("keyword가 없습니다.");
    }
    try {
      const { data } = await axios.get(
        `https://maps.googleapis.com/maps/api/place/queryautocomplete/
        json?key=${
```

```
        process.env.NEXT_PUBLIC_GOOGLE_MAP_API_KEY
      }&language=ko&input=${encodeURI(keyword as string)}`
    );
    console.log(data);
    //* description과 placeId를 전달
    const results = data.predictions.map((prediction: any) => ({
      description: prediction.description,
      placeId: prediction.place_id,
    }));
    res.statusCode = 200;
    res.send(results);
  } catch (e) {
    res.statusCode = 404;
    return res.end();
  }
}
res.statusCode = 405;

return res.end();
};
```

숙소 위치 검색 인풋에 인풋 값이 바뀔 때마다 api를 실행하도록 하겠습니다.

▶ lib/api/map.ts

```
//* 구글 장소 검색 api
export const searchPlacesAPI = (keyword: string) =>
  axios.get<{ description: string; placeId: string }[]>(
    `/api/maps/places?keyword=${keyword}`
  );
```

▶ components/home/searchRoomBar/SearchRoomBarLocation.tsx

```
  const searchPlaces = async () => {
    try {
      const { data } = await searchPlacesAPI(encodeURI(location));
    } catch (e) {
```

```
    console.log(e);
  }
};

//* 검색어가 변하면 장소를 검색
useEffect(() => {
  if (location) {
    searchPlaces();
  }
}, [location]);
```

저는 '한국'을 검색했고, 다음과 같이 터미널에 장소 데이터가 출력되었습니다.

```
{
  predictions: [
    {
      description: '한국',
      matched_substrings: [Array],
      place_id: 'ChIJm7oRy-tVZDURS9uIugCbJJE',
      reference: 'ChIJm7oRy-tVZDURS9uIugCbJJE',
      structured_formatting: [Object],
      terms: [Array],
      types: [Array]
    },
    {
      description: '대한민국 경기도 용인시 기흥구 상갈동 민속촌로 한국민속촌',
      matched_substrings: [Array],
      place_id: 'ChIJUSM8XqVaezUR65ah4DglaD4',
      reference: 'ChIJUSM8XqVaezUR65ah4DglaD4',
      structured_formatting: [Object],
      terms: [Array],
      types: [Array]
    },
    {
      description: '대한민국 경기도 시흥시 정왕동 한국산업기술대학교',
      matched_substrings: [Array],
      place_id: 'ChIJX85USQhxezURWcCXvfFtZws',
```

```
      reference: 'ChIJX85USQhxezURWcCXvfFtZws',
      structured_formatting: [Object],
      terms: [Array],
      types: [Array]
    },
    {
      description: '대한민국 서울특별시 동대문구 이문1동 이문로 한국외국어대학교 서울캠퍼스',
      matched_substrings: [Array],
      place_id: 'ChIJRVSlfXS7fDURtkLU5oAR16w',
      reference: 'ChIJRVSlfXS7fDURtkLU5oAR16w',
      structured_formatting: [Object],
      terms: [Array],
      types: [Array]
    },
    {
      description: '베트남 Ho Chi Minh City, 1군 Bến Thành, Nguyễn Du, 한국영사관',
      matched_substrings: [Array],
      place_id: 'ChIJt1DyFjkvdTERs14chBlSpwY',
      reference: 'ChIJt1DyFjkvdTERs14chBlSpwY',
      structured_formatting: [Object],
      terms: [Array],
      types: [Array]
    }
  ],
  status: 'OK'
}
```

검색 결과 값을 state에 저장하도록 하겠습니다.

▸ **components/home/searchRoomBar/SampleSearchRoomBarLocation.tsx**

```
  //* 검색 결과
  const [results, setResults] = useState<
    {
      description: string;
      placeId: string;
    }[]
```

```
>([]);

//* 장소 검색하기
const searchPlaces = async () => {
  try {
    const { data } = await searchPlacesAPI(encodeURI(location));
    setResults(data);
  } catch (e) {
    console.log(e);
  }
};
```

결과 값을 가지고 UI를 만들도록 하겠습니다. 인풋 값이 없다면 '근처 추천 장소'를 표시하고 검색 결과 값이 있다면 결과를 나열하도록 합니다. 검색 결과가 없다면 검색 결과가 없음을 알려주도록 하겠습니다.

```
import isEmpty from "lodash/isEmpty";

        {popupOpened && location !== "근처 추천 장소" && (
          <ul className="search-roo-bar-location-results">
            {!location && <li>근처 추천 장소</li>}
            {!isEmpty(results) &&
              results.map((result, index) => (
                <li key={index}>{result.description}</li>
              ))}
            {location && isEmpty(results) && <li>검색 결과가 없습니다.</li>}
          </ul>
        )}
```

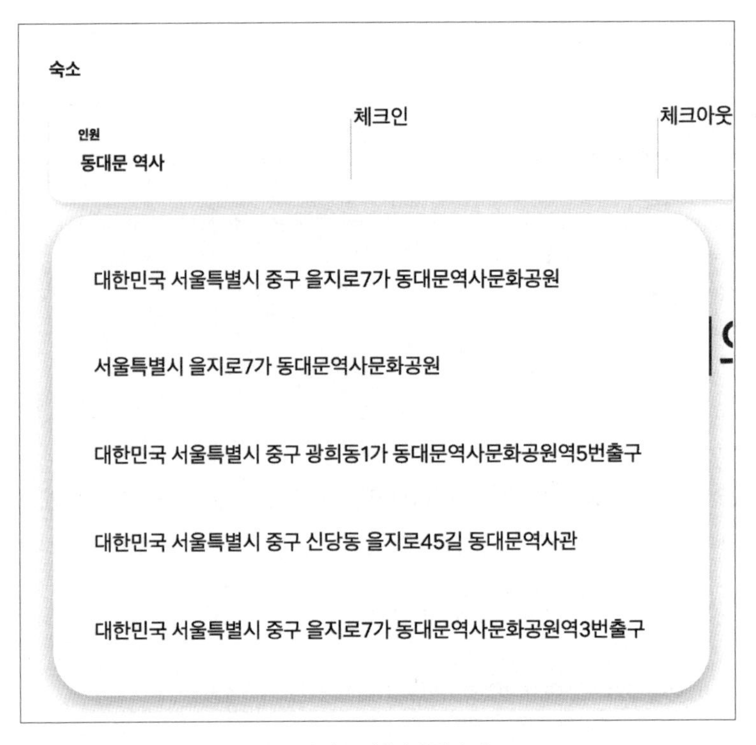

[그림 23-6] 장소 검색하기 결과 리스트

인풋 값이 바뀔 때마다 검색하는 것은 잦은 api 호출을 유발합니다. api 호출을 줄이기 위해 인풋 작성이 끝났을 때 api를 보내도록 debounce를 적용하도록 하겠습니다. debounce는 이벤트를 그룹화하여 특정 시간이 지난 후 하나의 이벤트만 발생하도록 하는 기술입니다. 쉽게 풀어보자면, 여러 번 입력해도 마지막 이벤트만 발생하게 되는 것을 의미합니다. 예를 들어, 1초의 delay를 가진 debounce는 이벤트 발생 후 1초 내로 이벤트가 다시 발생한다면 이전 이벤트는 실행되지 않습니다. 이를 위해 debounce 된 값을 주는 useDebounde 훅스를 만들도록 하겠습니다.

▸ **hooks/useDebounce.tsx**

```
import { useState, useEffect } from "react";

//* debounce 된 값을 return
```

```
const useDebounce = (value: string, delay: number) => {
  const [debouncedValue, setDebouncedValue] = useState(value);
  useEffect(() => {
    const handler = setTimeout(() => {
      setDebouncedValue(value);
    }, delay);
    return () => {
      clearTimeout(handler);
    };
  }, [value, delay]);

  return debouncedValue;
};
export default useDebounce;
```

useDebounce를 이용하여 장소 검색 api를 사용하도록 하겠습니다. 그리고 인풋 값을 비울 때에는 검색 결과도 비워주도록 하겠습니다. 기존의 useEffect를 다음과 같이 변경해주세요.

▶ **components/home/searchRoomBar/SearchRoomBarLocation.tsx**

```
import useDebounce from "../../../hooks/useDebounce";

  const searchKeyword = useDebounce(location, 150);

  //* 검색어가 변하면 장소를 검색
  useEffect(() => {
    if (!searchKeyword) {
      setResults([]);
    }
    if (searchKeyword) {
      searchPlaces();
    }
  }, [searchKeyword]);
```

인풋에 입력을 해본다면 debounce가 적용된 것을 확인할 수 있을 겁니다. 이제 '근처 추천 장소'를 클릭했을 때와 검색된 결과 값을 클릭했을 때 스토어의 latitude와 longitude를 변경되도록 합니다.

'근처 추천 장소' 클릭 시에는 현재 위치를 불러와 latitude와 longitude를 변경하고 인풋 값을 근처 추천 장소로 변경합니다.

```
const dispatch = useDispatch();

 //* 위치  변경 Dispatch
 const setLocationDispatch = (value: string) => {
   dispatch(searchRoomActions.setLocation(value));
 };

 //* 위도 변경 Dispatch
 const setLatitudeDispatch = (value: number) => {
   dispatch(searchRoomActions.setLatitude(value));
 };

 //* 경도  변경 Dispatch
 const setLongitudeDispatch = (value: number) => {
   dispatch(searchRoomActions.setLongitude(value));
 };

 //* 근처 추천 장소 클릭 시
 const onClickNearPlaces = () => {
   setPopupOpened(false);
   navigator.geolocation.getCurrentPosition(
     ({ coords }) => {
       setLocationDispatch("근처 추천 장소");
       setLatitudeDispatch(coords.latitude);
       setLongitudeDispatch(coords.longitude);
     },
     (e) => {
       console.log(e);
     }
   );
 };
```

```
...
        {!location && (
          <li role="presentation" onClick={onClickNearPlaces}>
            근처 추천 장소
          </li>
        )}
```

검색된 장소를 클릭하게 되면 장소의 placeId로 구글 api 에 검색하여 latitude와 longitude를 받은 뒤 저장하도록 합니다. placeId로 장소에 대한 정보를 받아오는 api를 만들도록 하겠습니다.

▶ **pages/api/maps/places/[placeId].ts**

```
import { NextApiResponse, NextApiRequest } from "next";
import axios from "axios";

export default async (req: NextApiRequest, res: NextApiResponse) => {
  if (req.method === "GET") {
    const { placeId } = req.query;
    if (!placeId) {
      res.statusCode = 400;
      return res.send("placeId 없습니다.");
    }
    try {
      const { data } = await axios.get(
        `https://maps.googleapis.com/maps/api/geocode/json?place_id=${placeI
        d}&language=ko&key=${process.env.NEXT_PUBLIC_GOOGLE_MAP_API_KEY}`
      );
      const { formatted_address: location } = data.results[0];
      const { lat, lng } = data.results[0].geometry.location;
      const result = {
        location,
        latitude: lat,
        longitude: lng,
      };
```

```
      res.statusCode = 200;
      res.send(result);
    } catch (e) {
      res.statusCode = 404;
      console.log(e);
      return res.end();
    }
  }
  res.statusCode = 405;

  return res.end();
};
```

장소 정보 가져오기 api 를 사용하도록 하겠습니다.

▸ lib/api/map.ts

```
//* placeId로 장소 정보 가져오기
export const getPlaceAPI = (placeId: string) =>
  axios.get<{ location: string; latitude: number; longitude: number }>(
    `/api/maps/places/${placeId}`
  );
```

▸ components/home/searchRoomBar/SearchRoomBarLocation.tsx

```
import { searchPlacesAPI, getPlaceAPI } from "../../../lib/api/map";


  //* 검색된 장소 클릭 시
  const onClickResult = async (placeId: string) => {
    try {
      const { data } = await getPlaceAPI(placeId);
      setLocationDispatch(data.location);
      setLatitudeDispatch(data.latitude);
      setLongitudeDispatch(data.longitude);
      setPopupOpened(false);
    } catch (e) {
      console.log(e);
```

```
    }
  };
```

클릭을 하면 스토어의 값이 변경되는 것을 확일할 수 있습니다.

23.4 숙소 검색 예약 날짜 인풋

숙소의 체크인 날짜와 체크아웃 날짜를 선택하도록 하겠습니다. SearchRoomCheckInDate 컴포넌트와 SearchRoomCheckOutDate는 동일한 state 값을 가지게 됩니다. 커스텀 훅스를 만들어 두 컴포넌트에서 사용할 수 있도록 하겠습니다.

▶ hooks/useSearchRoomDate.ts

```
import { useDispatch } from "react-redux";
import { useSelector } from "../store";
import { searchRoomActions } from "../store/searchRoom";

const useSearchRoomDate = () => {
  const checkInDate = useSelector((state) => state.searchRoom.checkInDate);
  const checkOutDate = useSelector((state) => state.searchRoom.checkOutDate);

  const dispatch = useDispatch();

  //* 체크인 날짜 변경 Dispatch
  const setCheckInDateDispatch = (date: Date | null) => {
    if (date) {
      dispatch(searchRoomActions.setStartDate(date.toISOString()));
    } else {
      dispatch(searchRoomActions.setStartDate(null));
    }
  };

  //* 체크아웃 날짜 변경 Dispatch
```

```
  const setCheckOutDateDispatch = (date: Date | null) => {
    if (date) {
      dispatch(searchRoomActions.setEndDate(date.toISOString()));
    } else {
      dispatch(searchRoomActions.setStartDate(null));
    }
  };
  return {
    checkInDate: checkInDate ? new Date(checkInDate) : null,
    checkOutDate: checkOutDate ? new Date(checkOutDate) : null,
    setCheckInDateDispatch,
    setCheckOutDateDispatch,
  };
};

export default useSearchRoomDate;
```

날짜의 string 형식을 사용할 때에 매번 new Date를 해주어야 하기 때문에, return 할 때 Date | null 형식으로 return 하도록 하여 사용하기 쉽도록 하였습니다. DatePicker를 이용하여 체크인 날짜를 선택할 수 있도록 해보겠습니다. 숙소 등록하기에서 예약 가능 날짜를 만들 때와 방식은 같습니다.

▸ **components/home/searchRoomBar/SearchRoomCheckInDate.tsx**

```
import React from "react";
import styled from "styled-components";
import useSearchRoom from "../../../hooks/useSearchRoomDate";
import palette from "../../../styles/palette";
import DatePicker from "../../common/DatePicker";

const Container = styled.div`
  position: relative;
  width: 100%;
  height: 70px;
  border: 2px solid transparent;
  border-radius: 12px;
  &:hover {
```

```
    border-color: ${palette.gray_dd};
  }
  .search-room-bar-date-label {
    font-size: 10px;
    font-weight: 800;
    margin-bottom: 4px;
    position: absolute;
    z-index: 1;
    left: 20px;
    top: 16px;
  }
  input {
    width: 100%;
    height: 100%;
    padding: 20px 0 0 20px;
    border: 0;
    border-radius: 12px;
    font-weight: 600;
    outline: none;
    cursor: pointer;
  }
  > div {
    width: 100%;
    height: 100%;
    .react-datepicker-wrapper {
      width: 100%;
      height: 100%;
      .react-datepicker__input-container {
        width: 100%;
        height: 100%;
      }
    }
    .react-datepicker {
      display: flex;
    }
  }
`;

const SearchRoomCheckInDate: React.FC = () => {
```

```
  const { checkInDate, checkOutDate, setCheckInDateDispatch } =
  useSearchRoom();

  //* 체크인 날짜 변경 시
  const onChangeCheckInDate = (date: Date | null) =>
    setCheckInDateDispatch(date);
  return (
    <Container>
      <div>
        <p className="search-room-bar-date-label">체크인</p>
        <DatePicker
          selected={checkInDate}
          monthsShown={2}
          onChange={onChangeCheckInDate}
          selectsStart
          startDate={checkInDate}
          endDate={checkOutDate}
          placeholderText="날짜 추가"
          minDate={new Date()}
        />
      </div>
    </Container>
  );
};

export default SearchRoomCheckInDate;
```

▶ components/home/searchRoomBar/SearchRoomCheckOutDate.tsx

```
import React from "react";
import styled from "styled-components";
import useSearchRoom from "../../../hooks/useSearchRoomDate";
import palette from "../../../styles/palette";
import DatePicker from "../../common/DatePicker";

const Container = styled.div`
  position: relative;
  width: 100%;
```

```
height: 70px;
border: 2px solid transparent;
border-radius: 12px;
&:hover {
  border-color: ${palette.gray_dd};
}
.search-room-bar-date-label {
  font-size: 10px;
  font-weight: 800;
  margin-bottom: 4px;
  position: absolute;
  z-index: 1;
  left: 20px;
  top: 16px;
}
input {
  width: 100%;
  height: 100%;
  padding: 20px 0 0 20px;
  border: 0;
  border-radius: 12px;
  font-weight: 600;
  outline: none;
  cursor: pointer;
}
> div {
  width: 100%;
  height: 100%;
  .react-datepicker-wrapper {
    width: 100%;
    height: 100%;
    .react-datepicker__input-container {
      width: 100%;
      height: 100%;
    }
  }
  .react-datepicker {
    display: flex;
  }
```

```
  }
`;

const SearchRoomCheckOutDate: React.FC = () => {
  const {
    checkInDate,
    checkOutDate,
    setCheckOutDateDispatch,
  } = useSearchRoom();

  //* 체크인 날짜 변경 시
  const onChangeCheckOutDate = (date: Date | null) =>
    setCheckOutDateDispatch(date);

  return (
    <Container>
      <div>
        <p className="search-room-bar-date-label">체크아웃</p>
        <DatePicker
          selected={checkOutDate}
          monthsShown={2}
          onChange={onChangeCheckOutDate}
          selectsEnd
          popperPlacement="bottom-end"
          startDate={checkInDate}
          endDate={checkOutDate}
          minDate={checkInDate}
          placeholderText="날짜 추가"
        />
      </div>
    </Container>
  );
};

export default SearchRoomCheckOutDate;
```

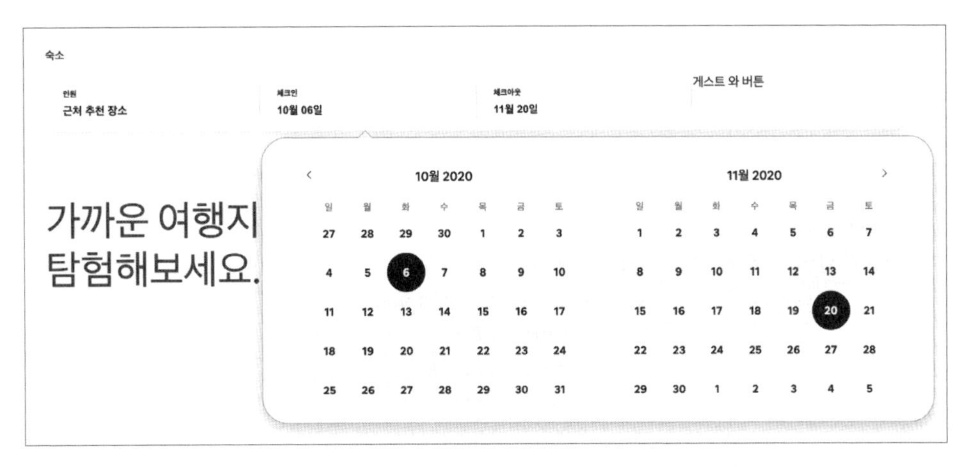

[그림 23-7] 숙소 검색하기 날짜 DatePicker

23.5 숙소 검색 인원 인풋

숙소 인원 검색 인풋은 클릭하면 성인, 어린이, 유아의 수를 변경할 수 있는 카운터 컴포넌트가 있는 팝업이 뜨게 됩니다. 그리고 검색하는 버튼을 가지고 있습니다. 보기에는 버튼이지만 클릭하게 되면 숙소 리스트로 이동하는 링크 컴포넌트입니다.

[그림 23-8] 숙소 인원 인풋 및 검색 버튼

숙소 인원 검색 인풋에 팝업이 뜨게 하고, 팝업 안에 성인 어린이 유아의 카운터가 들어가도록 만들겠습니다.

▶ components/home/searchRoomBar/SearchRoomGuests.tsx

```
import React, { useState } from "react";
import styled from "styled-components";
import OutsideClickHandler from "react-outside-click-handler";
import Counter from "../../common/Counter";
import palette from "../../../styles/palette";
import { useSelector } from "../../../store";
import SearchRoomButton from "./SearchRoomButton";

const Container = styled.div`
  position: relative;
  width: 100%;
  height: 70px;
  border: 2px solid transparent;
  border-radius: 12px;
  cursor: pointer;
  &:hover {
    border-color: ${palette.gray_dd};
  }
  > div {
    width: 100%;
    height: 100%;
  }
  .search-room-bar-guests-texts {
    position: absolute;
    width: calc(100% - 114px);
    top: 16px;
    left: 20px;
  }
  .search-room-bar-guests-label {
    font-size: 10px;
    font-weight: 800;
    margin-bottom: 4px;
  }
  .search-room-bar-guests-popup {
```

```
    position: absolute;
    width: 394px;
    top: 78px;
    right: 0;
    padding: 16px 32px;
    background-color: white;
    border-radius: 32px;
    box-shadow: rgba(0, 0, 0, 0.2) 0px 6px 20px;
    cursor: default;
  }
  .search-room-bar-guests-counter-wrapper {
    padding: 16px 0;
    border-bottom: 1px solid ${palette.gray_eb};
    &:last-child {
      border: 0;
    }
  }
  .search-room-bar-guests-text {
    font-size: 14px;
    font-weight: 600;
    overflow: hidden;
    text-overflow: ellipsis;
    white-space: nowrap;
  }
  .search-room-bar-button-wrapper {
    position: absolute;
    right: 0;
    top: 12px;
    right: 12px;
  }
`;

const SearchRoomGuests: React.FC = () => {
  const [popupOpened, setPopupOpened] = useState(false);

  const adultCount = useSelector((state) => state.searchRoom.adultCount);
  const childrenCount = useSelector((state) => state.searchRoom.
  childrenCount);
  const infantsCount = useSelector((state) => state.searchRoom.infantsCount);
```

```
return (
  <Container onClick={() => setPopupOpened(true)}>
    <OutsideClickHandler onOutsideClick={() => setPopupOpened(false)}>
      <div className="search-room-bar-guests-texts">
        <p className="search-room-bar-guests-label">인원</p>
        <p className="search-room-bar-guests-text">성인 0명</p>
      </div>

      <div className="search-room-bar-button-wrapper">
        <SearchRoomButton />
      </div>
      {popupOpened && (
        <div className="search-room-bar-guests-popup">
          <div className="search-room-bar-guests-counter-wrapper">
            <Counter
              label="성인"
              description="만 13세 이상"
              minValue={1}
              value={adultCount}
            />
          </div>
          <div className="search-room-bar-guests-counter-wrapper">
            <Counter
              label="어린이"
              description="2~12세"
              value={childrenCount}
            />
          </div>
          <div className="search-room-bar-guests-counter-wrapper">
            <Counter
              label="유아"
              description="2세 미만"
              value={infantsCount}
            />
          </div>
        </div>
      )}
    </OutsideClickHandler>
```

```
    </Container>
  );
};

export default SearchRoomGuests;
```

▸ **components/home/SearchRoomBar/SearchRoomButton.tsx**

```
import React from "react";
import Link from "next/link";
import Button from "../../common/Button";
import SearchIcon from "../../../public/static/svg/search/white_search.svg";

const SearchRoomButton: React.FC = () => {
  return (
    <Link href="/room">
      <a>
        <Button icon={<SearchIcon />} color="amaranth" width="89px">
          검색
        </Button>
      </a>
    </Link>
  );
};

export default SearchRoomButton;
```

버튼의 색상이 공통 버튼 컴포넌트에 없으므로 추가하도록 하겠습니다.

```
//* 버튼 색상 구하기
const getButtonColor = (color: string, colorReverse: boolean) => {
    ...
    case "amaranth":
      return css`
        background-color: ${palette.amaranth};
        color: white;
      `;
```

```
interface IProps extends React.ButtonHTMLAttributes<HTMLButtonElement> {
  ...
  color?: "dark_cyan" | "white" | "bittersweet" | "amaranth";
```

SearchRoomButton은 컴포넌트로 따로 만들어 인풋마다 값이 변경될 때 리렌더가 되지 않도록 하였습니다. searchRoom 리덕스에 저장한 값들을 숙소 리스트로 불러올 때 query로 전달해 숙소 리스트를 필터링 하려고 합니다. 이를 편하게 하기 위해 객체의 값들로 query가 생성되도록 함수를 만들겠습니다.

23.5.1 queryString 만들기

▸ lib/utils.ts

```
//* query string 만들기
export const makeQueryString = (
  baseUrl: string,
  queriesObject: Object & { [key: string]: any }
) => {
  const keys = Object.keys(queriesObject);
  const values = Object.values(queriesObject);
  if (keys.length === 0) {
    return baseUrl;
  }
  let queryString = `${baseUrl}?`;
  keys.forEach((key, i) => {
    if (queriesObject[key]) {
      queryString += `${keys[i]}=${values[i]}&`;
    }
  });
  //* 마지막 '&' 제거하기
  return queryString.slice(0, -1);
};
```

makeQueryString이라는 함수를 만들었습니다. url과 객체로 url에 쿼리를 붙여주는 함수입니다. 라이브러리 중에 'query-string'라는 라이브러리 또한 이와 같은 기능을 하니 다운 받아 사용해도 됩니다. 만들어진 url을 <Link> 컴포넌트의 href로 전달하도록 하겠습니다.

▶ **components/home/searchRoomBar/SearchRoomButton.tsx**

```
import React from "react";
import Link from "next/link";
import { makeQueryString } from "../../../lib/utils";
import { useSelector } from "../../../store";
import Button from "../../common/Button";
import SearchIcon from "../../../public/static/svg/search/white_search.svg";

const SearchRoomButton: React.FC = () => {
  const searchRoom = useSelector((state) => state.searchRoom);

  const roomListHref = makeQueryString("/room", searchRoom);

  return (
    <Link href={roomListHref}>
      <a>
        <Button icon={<SearchIcon />} color="amaranth" width="89px">
          검색
        </Button>      </a>
    </Link>
  );
};

export default SearchRoomButton;
```

이제 카운터 값을 변경할 수 있도록 Dispatch를 만들도록 하겠습니다.

▶ **components/home/searchRoomBar/SearchRoomCheckOutDate.tsx**

```
import { useDispatch } from "react-redux";
import { searchRoomActions } from "../../../store/searchRoom";
```

```
const dispatch = useDispatch();

//* 성인 수 변경하기 Dispatch
const setAdultCountDispatch = (value: number) => {
  dispatch(searchRoomActions.setAdultCount(value));
};
//* 어린이 수 변경하기 Dispatch
const setChildrenCountDispatch = (value: number) => {
  dispatch(searchRoomActions.setChildrenCount(value));
};

//* 유아 수 변경하기 Dispatch
const setInfantsCountDispatch = (value: number) => {
  dispatch(searchRoomActions.setInfantsCount(value));
};


          <div className="search-room-bar-guests-counter-wrapper">
            <Counter
              ...
              onChange={(count) => setAdultCountDispatch(count)}
            />
          </div>
          <div className="search-room-bar-guests-counter-wrapper">
            <Counter
          ...
              onChange={(count) => setChildrenCountDispatch(count)}
            />
          </div>
          <div className="search-room-bar-guests-counter-wrapper">
            <Counter
          ...
              onChange={(count) => setInfantsCountDispatch(count)}
            />
          </div>
```

숙소 리스트 페이지

검색 버튼을 눌러 입력한 값들을 제대로 전달받는지 확인하도록 하겠습니다. 이동하게 되는 페이지의 경로는 '/room'로 getInitialProps에서 query를 확인하도록 하겠습니다.

```
import React from "react";
import { NextPage } from "next";
import { wrapper } from "../../store";
import RoomMain from "../../components/room/main/RoomMain";

const index: NextPage = () => {
  return <RoomMain />;
};

index.getInitialProps = async ({ query }) => {
```

```
  console.log(query);

  return {};
};

export default index;
```

▶ **components/room/main/RoomMain.tsx**

```
import React from "react";s

const RoomMain: React.FC = () => {
  return <div>숙소</div>;
};

export default RoomMain;
```

터미널을 확인하여 query 값을 잘 받았는지 확인하도록 하겠습니다.

```
{
  location: '근처 추천 장소',
  latitude: '37.7308662',
  longitude: '126.7280586',
  checkInDate: '2020-09-30T00:00:00.000Z',
  checkOutDate: '2020-10-08T00:00:00.000Z',
  adultCount: '2',
  childrenCount: '1',
  infantsCount: '1'
}
```

숙소 리스트 필터를 위한 값들을 성공적으로 받았습니다. 이제 이 query를 이용하여 숙소 리스트에 필터링 기능을 만들도록 하겠습니다.

24.1 숙소 리스트 불러오기 api

기본적인 숙소 리스트를 불러오는 api를 만들도록 하겠습니다.

▶ pages/api/rooms/index.ts

```
if (req.method === "GET") {
  const {
    checkInDate,
    checkOutDate,
    adultCount,
    childrenCount,
    latitude,
    longitude,
    limit,
    page = "1",
  } = req.query;
  try {
    const rooms = Data.room.getList();

    //* 개수 자르기
    const limitedRooms = rooms.splice(
      0 + (Number(page) - 1) * Number(limit),
      Number(limit)
    );
    //* host 정보 넣기
    const roomsWithHost = await Promise.all(
      limitedRooms.map(async (room) => {
        const host = Data.user.find({ id: room.hostId });
        return { ...room, host };
      })
    );
    res.statusCode = 200;
    return res.send(roomsWithHost);
  } catch (e) {
    console.log(e);
  }
}
```

기존의 query에는 없는 limit와 page라는 값이 있습니다. limit 값은 불러올 숙소 리스트의 개수를 의미하고, page는 숙소 리스트를 limit 값 만큼 잘랐을 때 몇 번째 그룹인지를 나타냅니다. 이 두 개의 값을 이용하여 페이지네이션을 하도록 하겠습니다.

'/room'의 getServerSideProps에서 query를 전달하여 숙소 리스트를 불러오도록 하겠습니다.

▸ **types/room.d.ts**

```
import { UserType } from "./user";

//* 숙소 타입
export type RoomType = {
  id: number;
  largeBuildingType: string | null;
  buildingType: string | null;
  roomType: string | null;
  isSetUpForGuest: boolean | null;
  maximumGuestCount: number;
  bedroomCount: number;
  bedCount: number;
  bedList: { id: number; beds: { type: BedType; count: number }[] }[];
  publicBedList: { type: BedType; count: number }[];
  bathroomCount: number;
  bathroomType: "private" | "public";
  latitude: number;
  longitude: number;
  country: string;
  city: string;
  district: string;
  streetAddress: string;
  detailAddress: string;
  postcode: string;
  amentities: string[];
  conveniences: string[];
  photos: string[];
  description: string;
```

```
  title: string;
  price: string;
  startDate: string;
  endDate: string;
  createdAt: string;
  updatedAt: string;
  host: UserType;
};
```

▶ lib/api/room.ts

```
import { RoomType } from "../../types/room";
import { makeQueryString } from "../utils";

//* 숙소 리스트 불러오기 query
type GetRoomListAPIQueries = {
  location?: string | string[];
  checkInDate?: string | string[];
  checkOutDate?: string | string[];
  adultCount?: string | string[];
  childrenCount?: string | string[];
  infantsCount?: string | string[];
  latitude?: string | string[];
  longitude?: string | string[];
  limit: string | string[];
  page: string | string[];
};

//* 숙소 리스트 불러오기
export const getRoomListAPI = (queries: GetRoomListAPIQueries) => {
  return axios.get<RoomType[]>(makeQueryString("/api/rooms", queries));
};
```

▶ pages/room/index.tsx

```
index.getInitialProps = async ({ store, query }) => {
  const {
    checkInDate,
```

```
    checkOutDate,
    adultCount,
    childrenCount,
    latitude,
    longitude,
    limit,
    page = "1",
  } = query;
  try {
    const { data } = await getRoomListAPI({
      checkInDate,
      checkOutDate,
      adultCount,
      childrenCount,
      latitude,
      longitude,
      limit: limit || "20",
      page: page || "1",
      //? 한글은 encode 해주세요.
      location: query.location
        ? encodeURI(query.location as string)
        : undefined,
    });
    store.dispatch(roomActions.setRooms(data));
  } catch (e) {
    console.log(e);
  }

  return {};
};
```

쿼리 값을 {...query}를 사용하면 편리할 수 있으나, 임의로 다른 값을 넣게 된다면 원하지 않는 값이 서버로 전송될 수 있어 하나씩 넣어 주었습니다.

24.2 숙소 리덕스 설정하기

불러온 값을 리덕스 스토어에 저장하도록 하겠습니다.

▶ types/reduxState.d.ts

```
//* 숙소 redux state
export type RoomState = {
  rooms: RoomType[];
};
```

▶ store/room.ts

```
import { createSlice, PayloadAction } from "@reduxjs/toolkit";
import { RoomState } from "../types/reduxState";
import { RoomType } from "../types/room";

//* 초기 상태
const initialState: RoomState = {
  rooms: [],
};

const room = createSlice({
  name: "room",
  initialState,
  reducers: {
    setRooms(state, action: PayloadAction<RoomType[]>) {
      state.rooms = action.payload;
    },
  },
});

export const roomActions = { ...room.actions };

export default room;
```

▸ store/index.ts

```
import room from "./room";

const rootReducer = combineReducers({
  ...
  room: room.reducer,
});
```

숙소 리스트를 리덕스에 저장하도록 하겠습니다.

```
export const getServerSideProps = wrapper.getServerSideProps(
  async ({ store, query }) => {
      ...
      store.dispatch(roomActions.setRooms(data));
  } catch (e) {
    console.log(e);
  }
```

24.3 숙소 리스트 스타일링

필터링을 하기에 앞서 리덕스 스토어로 저장한 숙소 리스트의 UI를 만들도록 하겠습니다.

숙소 리스트 이전까지의 UI 입니다.

▸ components/room/main/RoomMain.tsx

```
import React, { useState } from "react";
import styled, { css } from "styled-components";
import { format } from "date-fns";
import MapIcon from "../../../public/static/svg/room/main/map.svg";
import palette from "../../../styles/palette";
```

```
import { useSelector } from "../../../store";
import RoomList from "./RoomList";

const Container = styled.div`
  padding: 50px 80px;
  margin: auto;

  .room-list-info {
    margin-bottom: 8px;
  }
  .room-list-title {
    font-size: 32px;
    font-weight: 800;
    margin-bottom: 24px;
  }
  .room-list-buttons {
    display: flex;
    justify-content: space-between;
    align-items: center;
    .room-list-buttons-left-side {
      display: flex;
      button {
        height: 36px;
        padding: 0 16px;
        margin-right: 8px;
        border-radius: 30px;
        border: 1px solid ${palette.gray_b0};
        background-color: white;
        cursor: pointer;
        outline: none;
        &:hover {
          border-color: ${palette.black};
        }
      }
    }
    .room-list-show-map-button {
      display: flex;
      align-items: center;
      height: 42px;
```

```
      padding: 12px;
      background-color: white;
      border-radius: 8px;
      border: 0;
      background-color: white;
      cursor: pointer;
      outline: none;

      &:hover {
        background-color: ${palette.gray_f7};
      }
      svg {
        margin-right: 8px;
      }
    }
  }

  .room-list-wrapper {
    display: flex;
  }
`;

const RoomMain: React.FC = () => {
  const rooms = useSelector((state) => state.room.rooms);
  const checkInDate = useSelector((state) => state.searchRoom.checkInDate);
  const checkOutDate = useSelector((state) => state.searchRoom.checkOutDate);

  const [showMap, setShowMap] = useState(false);

  const getRoomListInfo = `${rooms.length}개의 숙소 ${
    checkInDate
      ? `${checkInDate ? format(new Date(checkInDate), "MM월 dd일") : ""}`
      : ""
  } ${
    checkInDate
      ? `${checkOutDate ? format(new Date(checkOutDate), "- MM월 dd일") : ""}`
      : ""
  }`;
```

```
  return (
    <Container>
      <p className="room-list-info">{getRoomListInfo}</p>
      <h1 className="room-list-title">숙소</h1>
      <div className="room-list-buttons">
        <div className="room-list-buttons-left-side">
          <button type="button">숙소 유형</button>
          <button type="button">요금</button>
        </div>
        <button
          type="button"
          className="room-list-show-map-button"
          onClick={() => {
            setShowMap(!showMap);
          }}
        >
          <MapIcon /> 지도 표시하기
        </button>
      </div>
      <div className="room-list-wrapper">
        <RoomList />
      </div>
    </Container>
  );
};

export default RoomMain;
```

리덕스 스토에어 저장된 rooms 값을 이용하여 숙소 리스트 UI를 만들도록 하겠습니다. 숙소 리스트는 카드가 4개씩 정렬되게 되어있습니다. 화면의 크기가 1440px 이상에서는 5개씩 정렬되게 됩니다.

▶ **components/room/main/RoomList.tsx**

```
import React from "react";
import styled from "styled-components";
import { useSelector } from "../../../store";
```

```
import RoomCard from "./RoomCard";

const Container = styled.ul`
  display: flex;
  flex-wrap: wrap;
  padding-top: 50px;
  width: 100%;
`;

const RoomList: React.FC = () => {
  const rooms = useSelector((state) => state.room.rooms);
  return (
    <Container>
      {rooms.map((room) => (
        <RoomCard room={room} key={room.id} />
      ))}
    </Container>
  );
};

export default RoomList;
```

▶ components/room/main/RoomCard.tsx

```
import React, { useMemo } from "react";
import styled, { css } from "styled-components";
import differenceInDays from "date-fns/differenceInDays";
import Link from "next/link";
import { RoomType } from "../../../types/room";
import palette from "../../../styles/palette";
import { useSelector } from "../../../store";
import { makeMoneyString } from "../../../lib/utils";

const Container = styled.li<{ showMap: boolean }>`
  width: calc((100% - 48px) / 4);
  &:nth-child(4n) {
    margin-right: 0;
  }
```

```
margin-right: 16px;
margin-bottom: 32px;

@media (min-width: 1440px) {
  width: calc((100% - 64px) / 5);
  &:nth-child(4n) {
    margin-right: 16px;
  }
  &:nth-child(5n) {
    margin-right: 0;
  }
}
.room-card-photo-wrapper {
  position: relative;
  width: 100%;
  padding-bottom: 66.66%;
  margin-bottom: 14px;
  img {
    position: absolute;
    top: 0;
    left: 0;
    width: 100%;
    height: 100%;
  }
}
.room-card-room-info {
  font-size: 12px;
  color: ${palette.gray_71};
  margin-bottom: 9px;
  overflow: hidden;
  text-overflow: ellipsis;
  white-space: nowrap;
}
.room-card-title {
  font-size: 16px;
  margin-bottom: 4px;
  overflow: hidden;
  text-overflow: ellipsis;
  white-space: nowrap;
```

```
}
.room-card-price {
  margin-bottom: 4px;
  b {
    font-weight: 800;
  }
}
.room-card-total-price {
  font-size: 14px;
  color: ${palette.gray_71};
}
.room-bed-bath-room-info {
  display: none;
}

${({ showMap }) =>
  showMap &&
  css`
    width: 100% !important;
    margin: 0;
    padding: 24px 0;
    border-bottom: 1px solid ${palette.gray_eb};
    &:first-child {
      padding-top: 0;
    }
    a {
      width: 100%;
      display: flex;
      .room-card-info-texts {
        position: relative;
        flex-grow: 1;
        height: 200px;
      }
      .room-card-photo-wrapper {
        width: 300px;
        min-width: 300px;
        height: 200px;
        margin-right: 16px;
        margin-bottom: 0;
```

```
      padding-bottom: 0;
      border-radius: 8px;
      overflow: hidden;
    }
    .room-card-room-info {
      font-size: 14px;
      margin-bottom: 13px;
    }
    .room-card-title {
      font-size: 18px;
      white-space: break-spaces;
      margin-bottom: 11px;
    }
    .room-card-text-divider {
      width: 32px;
      height: 1px;
      margin-bottom: 10px;
      background-color: ${palette.gray_dd};
    }
    .room-bed-bath-room-info {
      display: block;
      font-size: 14px;
      color: ${palette.gray_71};
    }
    .room-card-price {
      position: absolute;
      margin: 0;
      right: 0;
      bottom: 17px;
    }
    .room-card-total-price {
      position: absolute;
      right: 0;
      bottom: 0;
      text-decoration: underline;
    }
  }
  `}
`;
```

```
interface IProps {
  room: RoomType;
  showMap: boolean;
}

const RoomCard: React.FC<IProps> = ({ room, showMap }) => {
  const checkInDate = useSelector((state) => state.searchRoom.checkInDate);
  const checkOutDate = useSelector((state) => state.searchRoom.checkOutDate);

  const remainDays =
    checkOutDate &&
    checkInDate &&
    differenceInDays(new Date(checkOutDate), new Date(checkInDate));

  //* 한글로 된 숙소 유형
  const translatedRoomType = useMemo(() => {
    switch (room.roomType) {
      case "entire":
        return "집 전체";
      case "private":
        return "개인실";
      case "public":
        return "공용";
      default:
        return "";
    }
  }, []);
  return (
    <Container showMap={showMap}>
      <Link href={`/room/${room.id}`}>
        <a>
          <div className="room-card-photo-wrapper">
            <img src={room.photos[0]} alt="" />
          </div>
          <div className="room-card-info-texts">
            <p className="room-card-room-info">
              {room.buildingType} {translatedRoomType} {room.district}{" "}
              {room.city}
```

```
          </p>
          <p className="room-card-title">{room.title}</p>
          <div className="room-card-text-divider" />

          <p className="room-card-price">
            <b>₩{room.price} </b>/1박
          </p>
          {!!remainDays && (
            <p className="room-card-total-price">
              총 요금: ₩
              {makeMoneyString(`${Number(room.price) * remainDays}`)}
            </p>
          )}
        </div>
      </a>
    </Link>
  </Container>
  );
};

export default RoomCard;
```

searchRoom의 체크인과 체크아웃 날짜가 설정되어 있어야 총 요금이 계산 가능합니다.

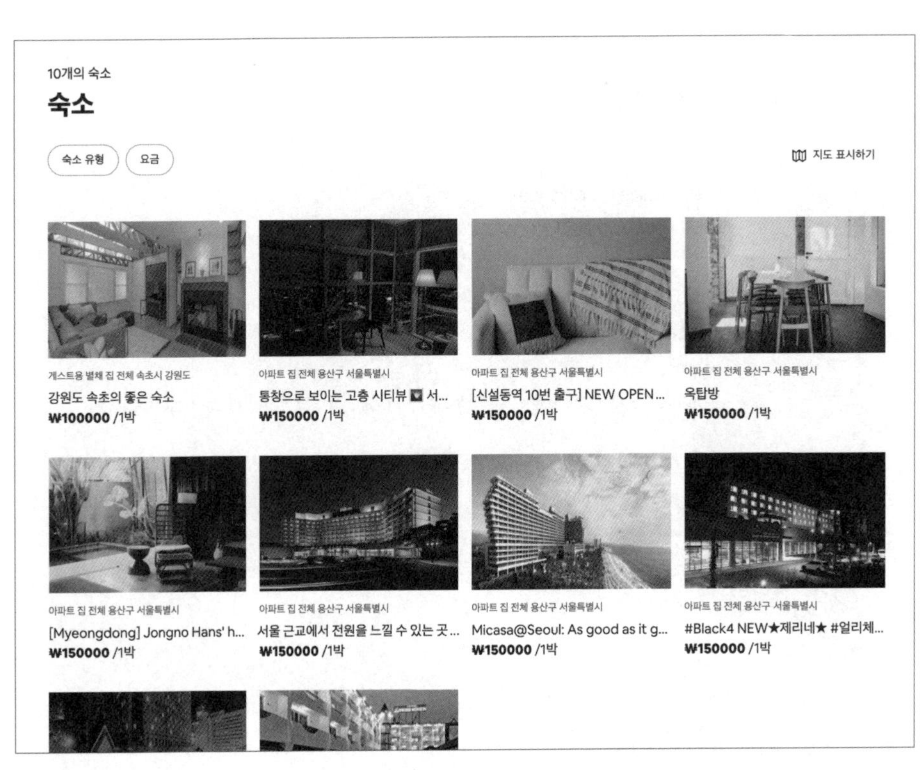

[그림 24-1] 숙소 리스트 UI

24.4 숙소 리스트 api 필터링

이제 숙소 불러오기 api에 필터링 기능을 추가하도록 하겠습니다.

▶ pages/api/rooms/index.ts

```
try {
  const rooms = await Data.room.getList();
  //* 위치로 필터링 하기
  const filteredRooms = rooms.filter((room) => {
    if (latitude && latitude !== "0" && longitude && longitude !== "0") {
      if (
```

```
      !(
        Number(latitude) - 0.5 < room.latitude &&
        room.latitude < Number(latitude) + 0.05 &&
        Number(longitude) - 0.5 < room.longitude &&
        room.longitude < Number(longitude) + 0.05
      )
    ) {
      return false;
    }
  }
  if (checkInDate) {
    if (
      new Date(checkInDate as string) < new Date(room.startDate) ||
      new Date(checkInDate as string) > new Date(room.endDate)
    ) {
      return false;
    }
  }
  if (checkOutDate) {
    if (
      new Date(checkOutDate as string) < new Date(room.startDate) ||
      new Date(checkOutDate as string) > new Date(room.endDate)
    ) {
      return false;
    }
  }

  if (
    room.maximumGuestCount <
    Number(adultCount as string) +
      (Number(childrenCount as string) * 0.5 || 0)
  ) {
    return false;
  }

  return true;
});

//* 개수 자르기
```

```
    const limitedRooms = filteredRooms.splice(
      0 + (Number(page) - 1) * Number(limit),
      Number(limit)
    );
    //* host 정보 넣기
    const roomsWithHost = await Promise.all(
      limitedRooms.map(async (room) => {
        const host = await Data.user.find({ id: room.hostId });
        return { ...room, host };
      })
    );
    res.statusCode = 200;
    return res.send(roomsWithHost);
  } catch (e) {
    console.log(e);
  }
```

query로 값을 전달해준 값마다 filter 함수를 이용하여 필터링을 하도록 하였습니다.

같은 방법으로 숙소 유형과 요금을 이용하여 숙소를 필터링을 할 수 있습니다. 숙소 유형과 요금 필터링은 챌린지로 제공하도록 하여 디자인만 만들어 두었습니다.

24.5 숙소 리스트 지도 표시하기

숙소 리스트의 지도 표시하기를 클릭하면 지도에 숙소들의 위치가 나타나게 됩니다. 구글 maps를 이용하여 지도를 표시하고 마커 기능을 이용하여 숙소들의 위치를 표시하도록 하겠습니다. 지도가 표시되면 숙소 리스트는 정렬이 가로 방향에서 세로 방향으로 바뀝니다. 그에 따른 UI의 변화도 적용하도록 하겠습니다.

▶ components/room/main/RoomMain.tsx

```
import dynamic from "next/dynamic";
const RoomListMap = dynamic(() => import("./RoomListMap"), { ssr: false });
```

```
const Container = styled.div<{ showMap: boolean }>

  ...

  ${({ showMap }) =>
    showMap &&
    css`
      width: 840px;
      padding: 50px 24px;
      margin: 0;
    `}
  .flex {
    display: flex;
  }
`;
const RoomListPage: React.FC = () => {
  const [showMap, setShowMap] = useState(false);

    <Container showMap={showMap}>

        {!showMap && (
          <button
            type="button"
            className="room-list-show-map-button"
            onClick={() => {
              setShowMap(!showMap);
            }}
          >
            <MapIcon /> 지도 표시하기
          </button>
        )}
      </div>
      <div className="room-list-wrapper">
        <RoomList showMap={showMap} />
        {showMap && <RoomListMap showMap={showMap} setShowMap={setShowMap} />}
      </div>
```

▶ components/room/main/RoomList.tsx

```
const Container = styled.ul<{ showMap: boolean }>`
  display: flex;
  flex-wrap: wrap;
  padding-top: 50px;
  width: 100%;
  ${({ showMap }) =>
    showMap &&
    css`
      flex-direction: column;
    `}
`;

interface IProps {
  showMap: boolean;
}

const RoomList: React.FC<IProps> = ({ showMap }) => {
  const rooms = useSelector((state) => state.room.rooms);
  return (
    <Container showMap={showMap}>
      {rooms.map((room) => (
        <RoomCard room={room} key={room.id} showMap={showMap} />
      ))}
    </Container>
  );
};
```

▶ components/room/main/RoomCard.tsx

```
${({ showMap }) =>
    showMap &&
    css`
      width: 100% !important;
      margin: 0;
      padding: 24px 0;
      border-bottom: 1px solid ${palette.gray_eb};
      &:first-child {
```

```
    padding-top: 0;
  }
  a {
    width: 100%;
    display: flex;
    .room-card-info-texts {
      position: relative;
      flex-grow: 1;
      height: 200px;
    }
    .room-card-photo-wrapper {
      width: 300px;
      height: 200px;
      margin-right: 16px;
      margin-bottom: 0;
      padding-bottom: 0;
      border-radius: 8px;
      overflow: hidden;
    }
    .room-card-room-info {
      font-size: 14px;
      margin-bottom: 13px;
    }
    .room-card-title {
      font-size: 18px;
      margin-bottom: 11px;
    }
    .room-card-text-divider {
      width: 32px;
      height: 1px;
      margin-bottom: 10px;
      background-color: ${palette.gray_dd};
    }
    .room-bed-bath-room-info {
      display: block;
      font-size: 14px;
      color: ${palette.gray_71};
    }
    .room-card-price {
```

```
          position: absolute;
          margin: 0;
          right: 0;
          bottom: 17px;
        }
        .room-card-total-price {
          position: absolute;
          right: 0;
          bottom: 0;
          text-decoration: underline;
        }
      }
    `}
`;

interface IProps {
  room: RoomType;
  showMap: boolean;
}

const RoomCard: React.FC<IProps> = ({ room, showMap }) => {

    ...

    <Container showMap={showMap}>
```

▶ **components/room/RoomListMap.ts**

```
/* eslint-disable no-undef */
import React, { useEffect, useRef, useState } from "react";
import styled from "styled-components";
import { useSelector } from "../../../store";

const Container = styled.div`
  width: calc(100% - 840px);
  position: fixed;
  top: 80px;
  right: 0;
  height: calc(100vh - 80px);
```

```
> div {
  width: 100%;
  height: 100%;
}
/** 지도 위성 제거 */
.gmnoprint .gm-style-mtc {
  display: none;
}
/** 로드뷰 아이콘 제거 */
.gm-svpc {
  display: none;
}
/** 풀스크린 제거 */
.gm-fullscreen-control {
  display: none;
}
/** 확대 축소 위치 변경 */
.gm-bundled-control {
  top: -40px;
  right: 55px !important;
}
.gmnoprint > div {
  border-radius: 8px !important;
  overflow: hidden;
}
/** 닫기 버튼 */
.room-list-map-close-button {
  position: absolute;
  width: 40px;
  height: 40px;
  border-radius: 8px;
  background-color: white;
  outline: 0;
  border: 0;
  top: 40px;
  left: 40px;
  cursor: pointer;
  box-shadow: rgba(0, 0, 0, 0.08) 0px 1px 12px;
  background-image: url("/static/svg/room/map/google_close.svg");
```

```
    background-repeat: no-repeat;
    background-position: center;
  }
`;

declare global {
  interface Window {
    google: any;
    initMap: () => void;
  }
}

const loadMapScript = () => {
  return new Promise<void>((resolve) => {
    const script = document.createElement("script");

    script.src = `https://maps.googleapis.com/maps/api/js?key=${process.env.
    NEXT_PUBLIC_GOOGLE_MAP_API_KEY}&callback=initMap`;
    script.defer = true;
    document.head.appendChild(script);
    script.onload = () => {
      resolve();
    };
  });
};

interface IProps {
  showMap: boolean;
  setShowMap: React.Dispatch<React.SetStateAction<boolean>>;
}

const RoomListMap: React.FC<IProps> = ({ setShowMap }) => {
  const rooms = useSelector((state) => state.room.rooms);
  const mapRef = useRef<HTMLDivElement>(null);
  const [currentLocation, setCurrentLocation] = useState({
    latitude: 37.5666784,
    longitude: 126.9778436,
  });
```

```
const loadMap = async () => {
  await loadMapScript();
};

window.initMap = () => {
  //* 지도 불러오기
  if (mapRef.current) {
    const map = new google.maps.Map(mapRef.current, {
      center: {
        lat: currentLocation.latitude,
        lng: currentLocation.longitude,
      },
      zoom: 14,
    });
    rooms.forEach((room) => {
      const marker = new google.maps.Marker({
        position: { lat: room.latitude, lng: room.longitude },
        map,
      });
      console.log(marker);
    });
  }
};

useEffect(() => {
  navigator.geolocation.getCurrentPosition(
    ({ coords }) => {
      setCurrentLocation({
        latitude: coords.latitude,
        longitude: coords.longitude,
      });
    },
    () => {
      console.log("위치 받기 에러");
    }
  );
}, []);

useEffect(() => {
```

```
    loadMap();
  }, [rooms, currentLocation]);

  return (
    <>
      <Container>
        <div ref={mapRef} id="map" />
        <button
          type="button"
          className="room-list-map-close-button"
          onClick={() => setShowMap(false)}
        />
      </Container>
    </>
  );
};

export default RoomListMap;
```

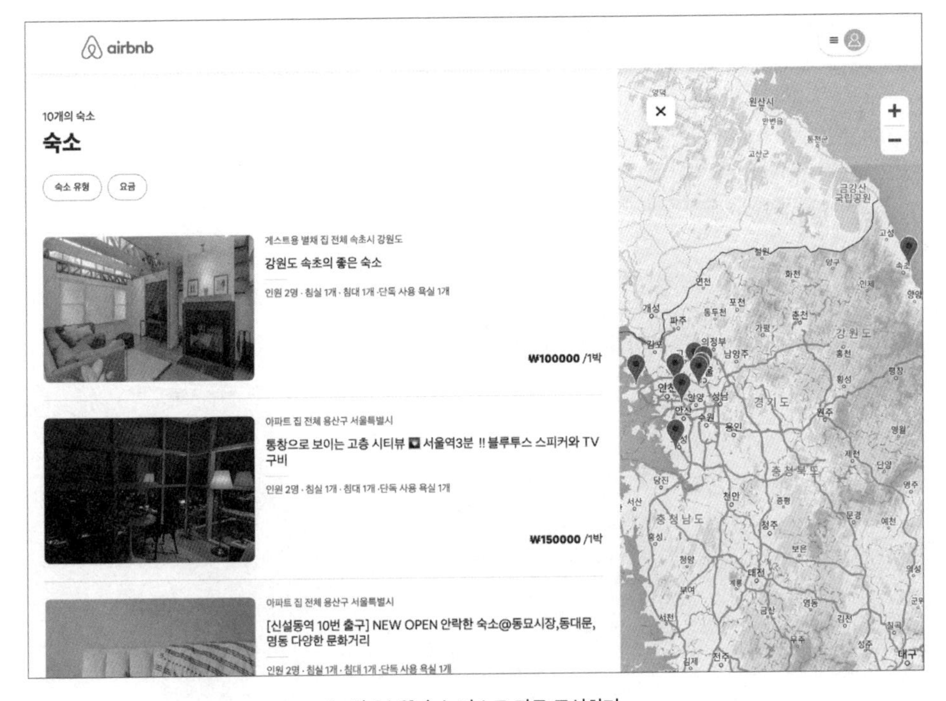

[그림 24-2] 숙소 리스트 지도 표시하기

숙소 상세 페이지

이제 숙소 카드를 클릭하였을 때 이동하는 숙소의 상세 페이지를 만들도록 하겠습니다.

숙소 상세 페이지로 이동하면 getInitialProps에서 숙소의 id로 해당 숙소를 불러오게 됩니다. 불러온 숙소를 리덕스 스토어에 저장하여 상태를 관리하도록 하겠습니다.

25.1 숙소 불러오기 api

숙소 불러오기 api 를 만들도록 하겠습니다. id로 숙소를 찾은 후 숙소의 hostId에 맞는 유저의 정보 중 비밀번호를 제거하여 RoomType으로 만들어 전달하도록 하겠습니다.

▸ pages/api/rooms/[id].ts

```
import { NextApiResponse, NextApiRequest } from "next";

import Data from "../../../lib/data";
import { StoredUserType } from "../../../types/user";

export default async (req: NextApiRequest, res: NextApiResponse) => {
  if (req.method === "GET") {
    const { id } = req.query;
    try {
      const room = Data.room.find(Number(id as string));
      if (room) {
        const host = Data.user.find({ id: room.hostId });
        if (host) {
          const newUserWithoutPassword: Partial<Pick<
            StoredUserType,
            "password"
          >> = host;
          delete newUserWithoutPassword.password;
          const roomWithHost = { ...room, host: newUserWithoutPassword };
          res.statusCode = 200;
          return res.send(roomWithHost);
        }
        res.statusCode = 404;
        return res.send("호스트 정보가 없습니다.");
      }
      res.statusCode = 404;
      return res.send("해당 숙소가 없습니다.");
    } catch (e) {
      console.log(e);
    }
  }
  res.statusCode = 405;

  return res.end();
};
```

25.2 숙소 상세 리덕스 설정

숙소 상세 페이지에 들어갈 숙소의 값을 리덕스에 저장하도록 하겠습니다.

▶ types/reduxState.d.ts

```
//* 숙소 redux state
export type RoomState = {
  rooms: RoomType[];
  detail: RoomType | null;
};
```

▶ lib/api/room.ts

```
//* 숙소 하나 불러오기
export const getRoomAPI = (roomId: number) =>
  axios.get<RoomType>(`/api/rooms/${roomId}`);
```

▶ store/room.ts

```
//* 초기 상태
const initialState: RoomState = {
  rooms: [],
  detail: null,
};

  ...

    //* 상세 숙소 변경하기
    setDetailRoom(state, action: PayloadAction<RoomType>) {
      state.detail = action.payload;
    },
pages/room/[id].tsx
import { NextPage } from "next";
import { getRoomAPI } from "../../lib/api/room";
import { roomActions } from "../../store/room";

const roomDetail: NextPage = () => {
```

```
  return <div />;
};

roomDetail.getInitialProps = async ({ query, store }) => {
  const { id } = query;

  try {
    if (id) {
      const { data } = await getRoomAPI(Number(id as string));
      store.dispatch(roomActions.setDetailRoom(data));
    }
  } catch (e) {
    console.log(e);
  }
  return {};
};
```

25.3 숙소 상세 스타일링

리덕스 스토어에 숙소 상세에 대한 값을 저장하는 데까지 성공했다면, 숙소 상세 UI를 만들어보도록 하겠습니다. 숙소 사진을 만드는 방법이 독특하기 때문에 숙소 사진 전까지의 UI 먼저 만들도록 하겠습니다.

▸ **components/room/detail/RoomDetail.tsx**

```
import React from "react";
import styled from "styled-components";
import { useSelector } from "../../../store";
import palette from "../../../styles/palette";

const Container = styled.div`
  width: 1120px;
  margin: auto;
  padding-top: 26px;
```

```
  padding-bottom: 100px;
  .room-detail-title {
    font-size: 26px;
    font-weight: 800;
    margin-bottom: 15px;
  }

  .room-detail-location {
    font-size: 14px;
    font-weight: 600;
    text-decoration: underline;
    color: ${palette.gray_71};
    margin-bottom: 24px;
  }
`;

const RoomDetail: React.FC = () => {
  const room = useSelector((state) => state.room.detail);
  if (!room) {
    return null;
  }

  return (
    <Container>
      <h1 className="room-detail-title">{room.title}</h1>
      <p className="room-detail-location">
        {room.district}, {room.city}, {room.country}
      </p>
    </Container>
  );
};

export default RoomDetail;
 pages/room/[id].tsx
import RoomDetail from "../../components/room/detail/RoomDetail";

const roomDetail: NextPage = () => {
  return <RoomDetail />;
};
```

25.3.1 숙소 이미지 컴포넌트

[그림 25-1] 숙소 상세 이미지 디자인

숙소의 사진은 그림처럼 최대 5개의 사진을 보여줄 수 있습니다. 1개일 때는 하나의 사진을, 3개 혹은 4개라면 3개의 사진을, 5개 이상이라면 5개의 사진을 보여줍니다. 하나의 사진을 보여줄 때부터 만들도록 하겠습니다.

▶ components/room/detail/RoomDetailPhotos.tsx

```
import React from "react";
import styled from "styled-components";
import { useSelector } from "../../../store";

const Container = styled.div`
  position: relative;
  width: 100%;
  padding-bottom: 50%;
  border-radius: 12px;
  overflow: hidden;
  display: flex;
```

```
  max-height: 465px;
  margin-bottom: 48px;

  .room-detail-one-photo {
    img {
      position: absolute;
      width: 100%;
      height: 100%;
      top: 0;
      left: 0;
    }
  }
`;

const RoomDetailPhotos: React.FC = () => {
  const roomTitle = useSelector((state) => state.room.detail?.title);
  const photos = useSelector((state) => state.room.detail?.photos);
  if (!photos) {
    return null;
  }
  if (photos.length === 1) {
    return (
      <Container>
        <div className="room-detail-one-photo">
          <img src={photos[0]} alt={roomTitle} />
        </div>
      </Container>
    );
  }
  return <></>;
};

export default RoomDetailPhotos;
```

▶ components/room/detail/RoomDetail.tsx

```
  return (
    <Container>
      <h1 className="room-detail-title">{room.title}</h1>
```

```
      <p className="room-detail-location">
        {room.district}, {room.city}, {room.country}
      </p>
      <RoomDetailPhotos />
    </Container>
  );
};
```

사진의 개수가 3개 혹은 4개일 때 3개의 사진을 보여주는 UI를 추가하도록 하겠습니다. 큰 사진과 작은 사진의 width 비율은 2:1입니다.

▶ **components/room/detail/RoomDetailPhotos.tsx**

```
.room-detail-photos-wrapper {
    position: absolute;
    width: 100%;
    height: 100%;
    top: 0;
    left: 0;
    display: flex;
  }
  .room-detail-three-photos-first {
    position: relative;
    margin-right: 8px;
    width: 66.66%;
    img {
      width: 100%;
      height: 100%;
      object-fit: cover;
    }
  }
  .room-detail-three-photos-second {
    display: flex;
    flex-direction: column;
    justify-content: space-between;
    position: relative;
    width: 33.33%;
    img {
```

```
    height: calc((100% - 8px) / 2);
  }
}

if (photos.length < 4) {
  return (
    <Container>
      <div className="room-detail-photos-wrapper">
        <div className="room-detail-three-photos-first">
          <img src={photos[0]} alt={roomTitle} />
        </div>
        <div className="room-detail-three-photos-second">
          <img src={photos[1]} alt={roomTitle} />
          <img src={photos[2]} alt={roomTitle} />
        </div>
      </div>
    </Container>
  );
}
```

[그림 25-2] 숙소 이미지 3개 표시하기

숙소 사진이 5개 이상일 때 숙소 사진을 보여주어 만들도록 하겠습니다. 큰 숙소 사진과 작은 숙소 사진들의 width 비율은 1:1입니다.

▸ components/room/detail/RoomDetailPhotos.tsx

```
.room-detail-five-photos-first {
  position: relative;
  margin-right: 8px;
  width: 50%;
  img {
    width: 100%;
    height: 100%;
    object-fit: cover;
  }
}
.room-detail-five-photos-second {
  position: relative;
  width: 50%;
  display: flex;
  flex-direction: column;
  justify-content: space-between;
  flex-wrap: wrap;
  img {
    width: calc((100% - 8px) / 2);
    height: calc((100% - 8px) / 2);
    &:first-child {
      margin-right: 8px;
    }
    &:nth-child(3) {
      margin-right: 8px;
    }
  }
}

if (photos.length > 4) {
  return (
    <Container>
      <div className="room-detail-photos-wrapper">
        <div className="room-detail-five-photos-first">
```

```
          <img src={photos[0]} alt={roomTitle} />
        </div>
        <div className="room-detail-five-photos-second">
          <img src={photos[1]} alt={roomTitle} />
          <img src={photos[2]} alt={roomTitle} />
          <img src={photos[3]} alt={roomTitle} />
          <img src={photos[4]} alt={roomTitle} />
        </div>
      </div>
    </Container>
  );
}
```

[그림 25-3] 숙소 이미지 5개 표시하기

25.3.2 숙소 정보 스타일링

이제 숙소의 정보를 보여주는 UI를 만들겠습니다.

▶ components/room/detail/RoomDetail.tsx

```
.room-detail-contents {
    display: flex;
    justify-content: space-between;
  }
  .room-detail-infos {
    width: 644px;
    .room-detail-room-type {
      font-size: 22px;
      font-weight: 800;
      margin-bottom: 8px;
    }
    .room-detail-space-counts {
      font-size: 14px;
    }
    .room-detail-divider {
      width: 100%;
      height: 1px;
      background-color: ${palette.gray_dd};
      margin: 32px 0;
    }
    .room-detail-description {
      white-space: break-spaces;
      word-break: keep-all;
    }
  }
`;

const RoomDetail: React.FC = () => {
  const room = useSelector((state) => state.room.detail);
  if (!room) {
    return null;
  }

  const getTranslatedRoomType = () => {
    switch (room.roomType) {
      case "entire":
        return "집 전체";
      case "private":
```

```
      return "개인실";
    default:
      return "";
  }
};

const getBedTypesText = (
  beds: {
    type: any;
    count: number;
  }[]
) => {
  const bedTypesText = beds
    .map((bed) => `${bed.type} ${bed.count}개,`)
    .join("")
    .slice(0, -1);
  return bedTypesText;
};

return (
  <Container>
    <h1 className="room-detail-title">{room.title}</h1>
    <p className="room-detail-location">
      {room.district}, {room.city}, {room.country}
    </p>
    <RoomDetailPhotos />
    <section className="room-detail-contents">
      <div className="room-detail-infos">
        <p className="room-detail-room-type">
          {room.host.lastname}님의 호스팅하는 {getTranslatedRoomType()}
        </p>
        <p className="room-detail-space-counts">
          인원 {room.maximumGuestCount}명 · 침실 {room.bedroomCount}개 · 침대
          {room.bedCount}개 · 욕실 {room.bathroomCount}개
        </p>
        <div className="room-detail-divider" />
        <p className="room-detail-description">{room.description}</p>
        <div className="room-detail-divider" />
        {!isEmpty(room.bedList) && (
```

```
      <>
        <p className="room-detatil-bed-type-label">침대/침구 유형</p>
        <ul className="room-detail-bed-type-list">
          {room.bedList.map((bedroom) => (
            <li className="room-detail-bedroom-card" key={bedroom.id}>
              <BedIcon />
              <p className="room-detail-bed-card-number">
                {bedroom.id}번 침실
              </p>
              <p>{getBedTypesText(bedroom.beds)}</p>
            </li>
          ))}
          {room.publicBedList.map((bedroom, index) => (
            <li className="room-detail-bedroom-card" key={index}>
              <BedIcon />
              <p className="room-detail-bed-card-number">공용 공간</p>
              <p>{getBedTypesText([bedroom])}</p>
            </li>
          ))}
        </ul>
        <div className="room-detail-divider" />
      </>
    )}
    {!isEmpty(room.conveniences) && (
      <>
        <p className="room-detatil-conveniences-label">편의시설</p>
        <ul className="room-detatil-conveniences-list">
          {room.amentities.map((amentity, index) => (
            <li key={index}>
              <RoomAmentityIcon amentity={amentity} />
              {amentity}
            </li>
          ))}
        </ul>
      </>
    )}
  </div>
  <RoomDetailReservation />
</section>
```

```
    </Container>
  );
};
```

다음은 숙소의 침실 카드와 편의 시설에 대한 정보를 표시하도록 하겠습니다.

▶ **components/room/detail/RoomDetail.tsx**

```
import BedIcon from "../../public/static/svg/room/bed.svg";
import RoomAmentityIcon from "./RoomAmentityIcon";

  .room-detatil-bed-type-label {
    font-size: 22px;
    font-weight: 600;
    margin-bottom: 24px;
  }
  .room-detail-bed-type-list {
    display: flex;
    .room-detail-bedroom-card {
      padding: 26px 24px;
      width: 204px;
      margin-right: 16px;
      border: 1px solid ${palette.gray_dd};
      border-radius: 12px;
      svg {
        margin-bottom: 20px;
      }
      .room-detail-bed-card-number {
        font-size: 16px;
        font-weight: 600;
        margin-bottom: 12px;
      }
    }
  }
  .room-detatil-conveniences-label {
    font-size: 22px;
    font-weight: 600;
    margin-bottom: 24px;
```

```
}
.room-detatil-conveniences-list {
  width: 100%;
  display: flex;
  flex-wrap: wrap;
  li {
    display: flex;
    align-items: center;
    width: 50%;
    margin-bottom: 16px;
    svg {
      margin-right: 16px;
    }
  }
}

...

const getBedTypesText = (
  beds: {
    type: any;
    count: number;
  }[]
) => {
  const bedTypesText = beds
    .map((bed) => `${bed.type} ${bed.count}개,`)
    .join("")
    .slice(0, -1);
  return bedTypesText;
};


...

      <section className="room-detail-contents">
        <div className="room-detail-infos">
          <p className="room-detail-room-type">
            {room.host.lastname}님의 호스팅하는 {getTranslatedRoomType()}
          </p>
```

```
      <p className="room-detail-space-counts">
        인원 {room.maximumGuestCount}명 · 침실 {room.bedroomCount}개 · 침대
        {room.bedCount}개 · 욕실 {room.bathroomCount}개
      </p>
      <div className="room-detail-divider" />
      <p className="room-detail-description">{room.description}</p>
      <div className="room-detail-divider" />
      {!isEmpty(room.bedList) && (
        <>
          <p className="room-detatil-bed-type-label">침대/침구 유형</p>
          <ul className="room-detail-bed-type-list">
            {room.bedList.map((bedroom) => (
              <li className="room-detail-bedroom-card" key={bedroom.id}>
                <BedIcon />
                <p className="room-detail-bed-card-number">
                  {bedroom.id}번 침실
                </p>
                <p>{getBedTypesText(bedroom.beds)}</p>
              </li>
            ))}
          </ul>
          <div className="room-detail-divider" />
        </>
      )}
      {!isEmpty(room.conveniences) && (
        <>
          <p className="room-detatil-conveniences-label">편의시설</p>
          <ul className="room-detatil-conveniences-list">
            {room.amentities.map((amentity, index) => (
              <li key={index}>
                <RoomAmentityIcon amentity={amentity} />
                {amentity}
              </li>
            ))}
          </ul>
        </>
      )}
    </div>
  </section>
```

▸ components/room/detail/RoomAmentityIcon.tsx

```
import React from "react";
import TvIcon from "../../public/static/svg/room/detail/tv.svg";
import WifiIcon from "../../public/static/svg/room/detail/wifi.svg";
import ThermometerIcon from "../../public/static/svg/room/detail/thermometer.
svg";
import IceIcon from "../../public/static/svg/room/detail/ice.svg";
import IronIcon from "../../public/static/svg/room/detail/iron.svg";
import ShampooIcon from "../../public/static/svg/room/detail/shampoo.svg";
import HairDryerIcon from "../../public/static/svg/room/detail/hair-dryer.
svg";
import CoffeeIcon from "../../public/static/svg/room/detail/coffee.svg";
import NotebookIcon from "../../public/static/svg/room/detail/notebook.svg";
import FireplaceIcon from "../../public/static/svg/room/detail/fireplace.
svg";
import ClosetIcon from "../../public/static/svg/room/detail/closet.svg";
import DoorIcon from "../../public/static/svg/room/detail/door.svg";

interface IProps {
  amentity: string;
}

const RoomAmentityIcon: React.FC<IProps> = ({ amentity }) => {
  switch (amentity) {
    case "TV":
      return <TvIcon />;
    case "무선 인터넷":
      return <WifiIcon />;
    case "난방":
      return <ThermometerIcon />;
    case "에어컨":
      return <IceIcon />;
    case "다리미":
      return <IronIcon />;
    case "샴푸":
      return <ShampooIcon />;
    case "헤어 드라이어":
      return <HairDryerIcon />;
    case "조식, 커피, 차":
```

```
      return <CoffeeIcon />;
    case "업무 가능 공간/책상":
      return <NotebookIcon />;
    case "벽난로":
      return <FireplaceIcon />;
    case "옷장/서랍장":
      return <ClosetIcon />;
    case "게스트 전용 출입문":
      return <DoorIcon />;
    default:
      return <></>;
  }
};

export default RoomAmentityIcon;
```

침대/침구 유형

1번 침실
퀸 1개

편의시설

무선 인터넷
TV
난방
에어컨
다리미
샴푸
헤어 드라이어
조식, 커피, 차
업무가능 공간/책상
벽난로
옷장/서랍장
게스트 전용 출입문

[그림 25-4] 숙소 상세 정보

25.4 숙소 예약하기

숙소 상세의 오른쪽에 있는 숙소 예약하기를 만들도록 하겠습니다. 숙소 예약하기 컴포넌트의 UI부터 만들도록 하겠습니다.

▶ components/room/detail/RoomDetailReservation.tsx

```
import React from "react";
import styled from "styled-components";
import DatePicker from "../common/DatePicker";
import palette from "../../styles/palette";
import Button from "../common/button/Button";
import { useSelector } from "../../store";

const Container = styled.div`
  position: sticky;
  top: 128px;
  padding: 24px 24px 16px;
  width: 362px;
  height: fit-content;
  background-color: white;
  box-shadow: 0px 6px 16px rgba(0, 0, 0, 0.12);
  border-radius: 12px;

  .room-detail-reservation-info {
    font-size: 22px;
    font-weight: 600;
    margin-bottom: 24px;
  }
  .room-detail-reservation-inputs {
    width: 100%;
    margin-bottom: 16px;
    border: 1px solid ${palette.gray_71};
    border-radius: 8px;

    .room-detail-reservation-date-inputs {
      position: relative;
      display: flex;
```

```
width: 100%;
height: 56px;
border-bottom: 1px solid ${palette.gray_71};

.room-detail-reservation-check-in {
  position: relative;
  width: 50%;
  height: 100%;
  top: 0;
  left: 0;
  border-radius: 8px 0 0 0;
  label {
    display: block;
    width: 100%;
    height: 100%;
    padding: 10px 12px;
    font-size: 10px;
    font-weight: 600;
    border-radius: 8px 0 0 0;
    cursor: pointer;
    border-right: 1px solid ${palette.gray_71};
    input {
      width: 100%;
      margin-top: 7px;
      padding: 0;
      border: 0;
      outline: none;
    }
  }
}
.room-detail-reservation-check-out {
  position: relative;
  width: 50%;
  height: 100%;
  top: 0;
  right: 0;
  border-radius: 8px 0 0 0;
  label {
    display: block;
```

```
      width: 100%;
      height: 100%;
      padding: 10px 12px;
      font-size: 10px;
      font-weight: 600;
      border-radius: 0 8px 0 0;
      cursor: pointer;
      input {
        width: 100%;
        margin-top: 7px;
        padding: 0;
        border: 0;
        outline: none;
      }
    }
  }
}
.room-detail-reservation-guests-count-wrapper {
  position: relative;
  .room-detail-reservation-guests-count {
    width: 100%;
    height: 56px;
    border-radius: 0 0 8px 8px;
    padding: 10px 12px;
    cursor: pointer;
    span {
      display: block;
      font-size: 10px;
      font-weight: 600;
      margin-bottom: 7px;
    }
    p {
      font-size: 14px;
      color: ${palette.gray_71};
    }
  }
  .room-detail-reservation-guests-popup {
    position: absolute;
    width: 100%;
```

```
        top: 60px;
        left: 0;
        padding: 16px;
        background-color: white;
        border-radius: 4px;
        box-shadow: rgba(0, 0, 0, 0.2) 0px 6px 20px;
        cursor: default;

        .room-detail-reservation-guests-info {
          font-size: 14px;
          margin-top: 24px;
          color: ${palette.gray_71};
        }
      }
      .mb-24 {
        margin-bottom: 24px;
      }
    }
  }
  .room-detail-reservation-price-date {
    margin-top: 24px;
    margin-bottom: 16px;
    span {
      float: right;
    }
  }
  .room-detail-reservation-total-price {
    padding-top: 24px;
    border-top: 1px solid ${palette.gray_dd};
    font-size: 16px;
    font-weight: 800;
    span {
      float: right;
    }
  }
`;

const RoomDetailReservation: React.FC = () => {
  const room = useSelector((state) => state.room.detail);
```

```
if (!room) {
  return null;
}

return (
  <Container>
    <p className="room-detail-reservation-info">
      요금을 확인하려면 날짜를 입력하세요.
    </p>
    <div className="room-detail-reservation-inputs">
      <div className="room-detail-reservation-date-inputs">
        <div className="room-detail-reservation-check-in">
          <label>
            체크인
            <DatePicker
              placeholderText="날짜 추가"
              popperPlacement="top-end"
              disabledKeyboardNavigation
              onChange={() => {}}
            />
          </label>
        </div>
        <div className="room-detail-reservation-check-out">
          <label>
            체크아웃
            <DatePicker
              placeholderText="날짜 추가"
              popperPlacement="top-end"
              disabledKeyboardNavigation
              onChange={() => {}}
            />
          </label>
        </div>
      </div>
      <div className="room-detail-reservation-guests-count-wrapper">
        <div className="room-detail-reservation-guests-count">
          <span>인원</span>
          <p>게스트 1명</p>
```

```
          </div>
        </div>
      </div>
      <Button color="amaranth" width="100%" onClick={() => {}}>
        예약하기
      </Button>
    </Container>
  );
};

export default RoomDetailReservation;
```

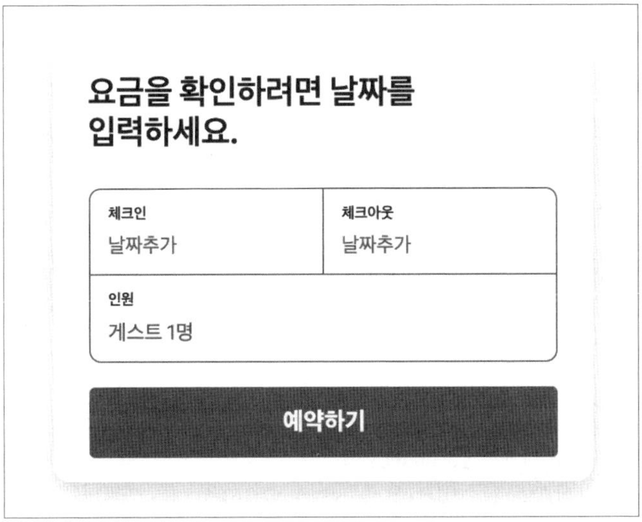

[그림 25-5] 숙소 예약하기 컴포넌트

체크인과 체크아웃을 클릭하게 되면 데이트픽커가 열리게 됩니다. 데이트픽커를 이용하여 체크인 날짜와 체크아웃 날짜를 선택할 수 있도록 만들겠습니다.

▶ **components/room/detail/RoomDetailReservation.tsx**

```
  const [startDate, setStartDate] = useState<Date | null>(null);
  const [endDate, setEndDate] = useState<Date | null>(null);
```

```
...
        <div className="room-detail-reservation-check-in">
    <label>
      체크인
      <DatePicker
        placeholderText="날짜 추가"
        popperPlacement="top-end"
        selected={startDate}
        onChange={(date) => setStartDate(date as Date)}
        openToDate={new Date()}
        selectsStart
        startDate={startDate as Date}
        endDate={new Date(endDate as Date)}
        minDate={new Date(room.startDate)}
        maxDate={new Date(room.endDate)}
      />
    </label>
  </div>
  <div className="room-detail-reservation-check-out">
    <label>
      체크아웃
      <DatePicker
        placeholderText="날짜 추가"
        popperPlacement="top-end"
        selected={endDate}
        onChange={(date) => setEndDate(date as Date)}
        selectsEnd
        openToDate={new Date()}
        startDate={startDate as Date}
        endDate={new Date(endDate as Date)}
        minDate={new Date(startDate as Date)}
        maxDate={new Date(room.endDate)}
      />
    </label>
  </div>
```

숙소 예약 버튼을 클릭했을 때 startDate가 없다면 체크인 DatePicker에 focus가 가도록 하고, startDate를 선택하면 endDate에 DatePicker에 포커스가 자동으로 가도록 해보겠습니다.

▸ **components/room/detail/RoomDetailReservation.tsx**

```
const checkInRef = useRef<HTMLLabelElement>(null);
const checkOutRef = useRef<HTMLLabelElement>(null);

//* 예약하기 클릭 시
const onClickReservationButton = async () => {
  if (checkInRef.current && !startDate) {
    checkInRef.current.focus();
  } else if (checkOutRef.current && !endDate) {
    checkOutRef.current.focus();
  }
};

...

          <label ref={checkInRef}>
            체크인
            <DatePicker

...

          <label ref={checkOutRef}>
            체크아웃
            <DatePicker

...

     <Button color="amaranth" width="100%" onClick=
     {onClickReservationButton}>
      {startDate && endDate ? "예약하기" : "예약 가능 여부 보기"}
    </Button>
```

다음으로 예약할 인원을 설정하도록 만들겠습니다. 게스트 인풋을 클릭하면 팝업이 생성되고 팝업 안의 카운터를 이용하여 인원을 설정할 수 있습니다.

▶ components/room/detail/RoomDetailReservation.tsx

```
import OutsideClickHandler from "react-outside-click-handler";
import Counter from "../../common/Counter";

  ...

const [adultCount, setAdultCount] = useState(1);
  const [childrenCount, setChildrenCount] = useState(0);
  const [infantsCount, setInfantsCount] = useState(0);

  const getGuestCountText = useMemo(
    () =>
      `게스트 ${adultCount + childrenCount}명${
        infantsCount ? `, 유아 ${infantsCount}명` : ""
      }`,
    [adultCount, childrenCount, infantsCount]
  );

  ...

        <div className="room-detail-reservation-guests-count-wrapper">
          <OutsideClickHandler
            onOutsideClick={() => {
              setGuestCountPopupOpened(false);
            }}
          >
            <div
              role="presentation"
              className="room-detail-reservation-guests-count"
              onClick={() => setGuestCountPopupOpened
               (!guestCountPopupOpened)}
            >
              <span>인원</span>
              <p>{getGuestCountText}</p>
            </div>
```

```
      {guestCountPopupOpened && (
        <div className="room-detail-reservation-guests-popup">
          <div className="mb-24">
            <Counter
              label="성인"
              description="만 13세 이상"
              minValue={1}
              value={adultCount}
              onChange={(count) => setAdultCount(count)}
            />
          </div>
          <div className="mb-24">
            <Counter
              label="어린이"
              description="2~12세"
              value={childrenCount}
              onChange={(count) => setChildrenCount(count)}
            />
          </div>
          <Counter
            label="유아"
            description="2세 미만"
            value={infantsCount}
            onChange={(count) => setInfantsCount(count)}
          />
          <p className="room-detail-reservation-guests-info">
            최대 {room.maximumGuestCount}명. 유아는 숙박 인원에 포함되지
            않습니다.                    </p>
        </div>
      )}
    </OutsideClickHandler>
  </div>
```

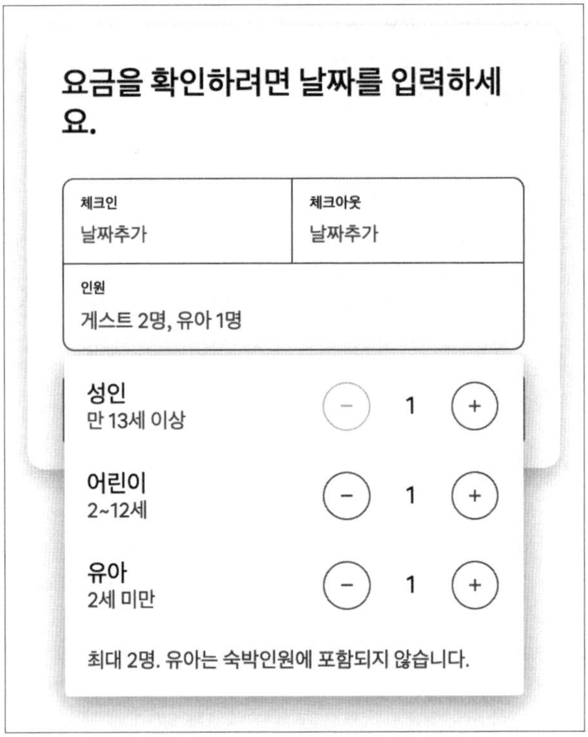

[그림 25-6] 숙소 예약 인원 설정 팝업

체크인 날짜, 체크아웃 날짜가 있다면 기간을 계산하여 총 금액을 구할 수 있게 됩니다. 총 금액을 구하여 표시하도록 하겠습니다.

▸ components/room/detail/RoomDetailReservation.tsx

```
<Button color="amaranth" width="100%" onClick={onClickReservation}>
  {startDate && endDate ? "예약하기" : "예약 가능 여부 보기"}
</Button>
{startDate && endDate && (
  <>
    <p className="room-detail-reservation-price-date">
      {price} X {endDate.getDay() - startDate.getDay()}박
      <span>
        {Number(price) * (endDate.getDay() - startDate.getDay())}
```

```
        </span>
      </p>
      <p className="room-detail-reservation-total-price">
        총 합계
        <span>
          {Number(price) * (endDate.getDay() - startDate.getDay())}
        </span>
      </p>
    </>
)}
```

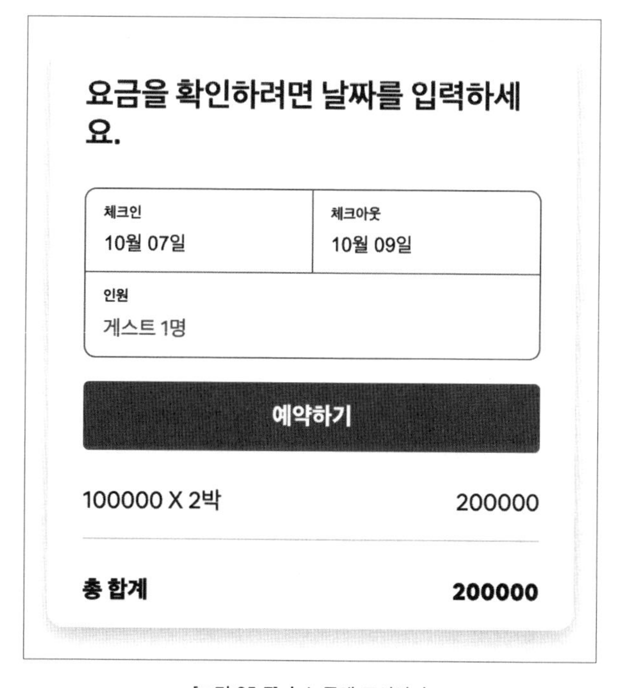

[그림 25-7] 숙소 금액 표시하기

이제 예약하기 위한 값이 준비되었습니다. 그전에 예약하기 기능은 로그인이 되어 있어야만 가능한 기능입니다. 예약하기를 눌렀을 때 로그인할 수 있는 모달이 뜨도록 만들어 로그인을 할 수 있도록 하겠습니다.

▶ components/room/detail/RoomDetailReservation.tsx

```
  const userId = useSelector((state) => state.user.id);

  const { openModal, ModalPortal, closeModal } = useModal();

  const onClickReservation = async () => {
    if (!userId) {
      openModal();
    }

  ...

      <ModalPortal>
        <AuthModal closeModal={closeModal} />
      </ModalPortal>
    </Container>
```

숙소를 예약할 모든 준비가 되었습니다. 숙소 등록하기 api를 만들도록 하겠습니다. 예약 데이터는 'data/reservations.json'에 저장하도록 하겠습니다. 'data/reservations.json' 파일을 만들고, 'reservations.json'을 다루는 함수를 만들도록 하겠습니다.

▶ lib/data/reservation.ts

```
import { readFileSync, writeFileSync } from "fs";
import { StoredReservation } from "../../types/reservation";

//* 예약 리스트 데이터 불러오기
const getList = () => {
  const reservationsBuffer = readFileSync("data/reservations.json");
  const reservationsString = reservationsBuffer.toString();
  if (!reservationsString) {
    return [];
  }
  const reservations: StoredReservation[] = JSON.parse(reservationsString);
  return reservations;
```

```
};

//* id의 예약이 있는지 확인하기
const exist = (reservationId: number) => {
  const reservations = getList();
  return reservations.some((room) => room.id === reservationId);
};

//* id의 예약 불러오기
const find = (reservationId: number) => {
  const reservations = getList();
  return reservations.find((room) => room.id === reservationId);
};

//* 예약 리스트 저장하기
const write = (reservations: StoredReservation[]) => {
  writeFileSync("data/reservations.json", JSON.stringify(reservations));
};

export default { getList, exist, write, find };
```

▶ lib/data/index.ts

```
import reservation from "./reservation";

const Data = { user, room, reservation };
```

저장되는 숙소의 타입은 다음과 같습니다.

▶ types/reservation.d.ts

```
//* 숙소 예약 타입
export type StoredReservation = {
  id: number;
  roomId: number;
  userId: number;
  checkInDate: string;
  checkOutDate: string;
```

```
  adultCount: number;
  childrenCount: number;
  infantsCount: number;
  createdAt: string;
  updatedAt: string;
};
```

25.4.1 숙소 예약하기 api

숙소 예약 데이터 함수를 이용하여 숙소 만들기 api를 만들도록 하겠습니다.

▶ pages/api/reservations/index.ts

```
import { NextApiResponse, NextApiRequest } from "next";
import isEmpty from "lodash/isEmpty";
import Data from "../../../lib/data";
import { StoredReservation } from "../../../types/reservation";

export default async (req: NextApiRequest, res: NextApiResponse) => {
  if (req.method === "POST") {
    //? 숙소 등록하기
    try {
      const {
        userId,
        checkInDate,
        checkOutDate,
        adultCount,
        childrenCount,
        infantsCount,
      } = req.body;
      if (
        !userId ||
        !checkInDate ||
        !checkOutDate ||
        adultCount === undefined ||
        childrenCount === undefined ||
```

```
        infantsCount === undefined
      ) {
        res.statusCode = 400;
        return res.send("필수 값이 없습니다.");
      }

      const reservations = Data.reservation.getList();
      if (isEmpty(reservations)) {
        const reservation: StoredReservation = {
          id: 1,
          ...req.body,
          createdAt: new Date(),
          updatedAt: new Date(),
        };
        Data.reservation.write([reservation]);
        res.statusCode = 201;
        return res.end();
      }

      const reservation = {
        id: reservations[reservations.length - 1].id + 1,
        ...req.body,
        createdAt: new Date(),
        updatedAt: new Date(),
      };
      Data.reservation.write([...reservations, reservation]);
      res.statusCode = 201;
      return res.end();
    } catch (e) {
      console.log(e);
      return res.send(e.message);
    }
  }
  res.statusCode = 405;

  return res.end();
};
```

숙소 예약하기 api를 사용하도록 하겠습니다.

▸ lib/api/reservation.ts

```
import axios from ".";

type MakeReservationAPIBody = {
  userId: number;
  checkInDate: string;
  checkOutDate: string;
  adultCount: number;
  childrenCount: number;
  infantsCount: number;
};

//* 숙소 예약하기
export const makeReservationAPI = (body: MakeReservationAPIBody) =>
  axios.post("/api/reservations", body);
```

▸ components/room/RoomDetailReservation.tsx

```
  //* 예약하기 클릭 시
  const onClickReservationButton = async () => {
    if (!userId) {
      openModal();
    } else if (checkInRef.current && !startDate) {
      checkInRef.current.focus();
    } else if (checkOutRef.current && !endDate) {
      checkOutRef.current.focus();
    } else {
      try {
        const body = {
          roomId: room.id,
          userId,
          checkInDate: startDate!.toISOString(),
          checkOutDate: endDate!.toISOString(),
          adultCount,
          childrenCount,
          infantsCount,
        };
        await makeReservationAPI(body);
```

```
      alert("숙소 등록을 완료하였습니다.");
      router.push("/");
    } catch (e) {
      console.log(e);
    }
  }
};
```

숙소 예약하기를 사용하여 'data/reservations.json'에 값이 잘 생성되는지 확인하도록 하겠습니다.

```
[
  {
    "id": 1,
    "roomId": 1,
    "userId": 5,
    "checkInDate": "2020-08-31T15:00:00.000Z",
    "checkOutDate": "2020-08-31T15:00:00.000Z",
    "adultCount": 1,
    "childrenCount": 0,
    "infantsCount": 0,
    "createdAt": "2020-09-05T08:20:51.649Z",
    "updatedAt": "2020-09-05T08:20:51.649Z"
  }
]
```

숙소를 등록하는 데 성공하였습니다. 이제 나의 숙소 데이터를 이용하여 숙소 관리 페이지를 만들 수 있게 되었습니다. 유저 메뉴의 숙소 관리를 클릭하면 숙소 관리 페이지로 이동하여 예약한 숙소 리스트를 불러와 보여주어야 합니다. 이것은 챌린지로 제공하면 좋을 것 같다고 생각하여 디자인만 만들어 두겠습니다. 이전에 한 방식에 익숙해졌다면 어렵지 않을 거라고 생각합니다.

찾아보기

클론 코딩으로 시작하는 Next.js

Next.js와 타입스크립트로 숙박 공유 플랫폼 만들기

초판 1쇄 발행 | 2021년 1월 29일

지은이 | 이창주
펴낸이 | 김범준
기획·책임편집 | 김용기
교정교열 | 윤구영
편집디자인 | 한지혜
표지디자인 | 이창욱

발행처 | 비제이퍼블릭
출판신고 | 2009년 05월 01일 제300-2009-38호
주소 | 서울시 중구 청계천로 100 시그니처타워 서관 10층 1011호
주문/문의 | 02-739-0739 **팩스** | 02-6442-0739
홈페이지 | http://bjpublic.co.kr **이메일** | bjpublic@bjpublic.co.kr

가격 | 33,000원
ISBN | 979-11-6592-037-1

소스코드 다운로드 | https://github.com/bjpublic/next.js